Christ as the Mystery of God

하나님의 비밀,
그리스도

오광만 지음

Θέλω γὰρ ὑμᾶς εἰδέναι ἡλίκον ἀγῶνα ἔχω ὑπὲρ ὑμῶν καὶ τῶν ἐν Λαοδικείᾳ καὶ ὅσοι οὐχ ἑόρακαν τὸ πρόσωπόν μου ἐν σαρκί,
ἵνα παρακληθῶσιν αἱ καρδίαι αὐτῶν, συμβιβασθέντες ἐν ἀγάπῃ καὶ εἰς πᾶν πλοῦτος τῆς πληροφορίας τῆς συνέσεως, εἰς ἐπίγνωσιν τοῦ μυστηρίου τοῦ θεοῦ, Χριστοῦ,
ἐν ᾧ εἰσιν πάντες οἱ θησαυροὶ τῆς σοφίας καὶ γνώσεως ἀπόκρυφοι.
Τοῦτο λέγω ἵνα μηδεὶς ὑμᾶς παραλογίζηται ἐν πιθανολογίᾳ.
εἰ γὰρ καὶ τῇ σαρκὶ ἄπειμι, ἀλλὰ τῷ πνεύματι σὺν ὑμῖν εἰμι, χαίρων καὶ βλέπων ὑμῶν τὴν τάξιν καὶ τὸ στερέωμα τῆς εἰς Χριστὸν πίστεως ὑμῶν.
Ὡς οὖν παρελάβετε τὸν Χριστὸν Ἰησοῦν τὸν κύριον, ἐν αὐτῷ περιπατεῖτε,
ἐρριζωμένοι καὶ ἐποικοδομούμενοι ἐν αὐτῷ, καὶ βεβαιούμενοι τῇ πίστει καθὼς ἐδιδάχθητε, περισσεύοντες ἐν εὐχαριστίᾳ.
Βλέπετε μή τις ὑμᾶς ἔσται ὁ συλαγωγῶν διὰ τῆς φιλοσοφίας καὶ κενῆς ἀπάτης κατὰ τὴν παράδοσιν τῶν ἀνθρώπων, κατὰ τὰ στοιχεῖα τοῦ κόσμου καὶ οὐ κατὰ Χριστόν·
ὅτι ἐν αὐτῷ κατοικεῖ πᾶν τὸ πλήρωμα τῆς θεότητος σωματικῶς,

생명나무

Christ as the Mystery of God

Oh, Kwang Man

Copyright ⓒ Oh, Kwang Man, 2012

하나님의 비밀, 그리스도

초판 1쇄 발행 _ 2012년 11월

지은이	오광만
펴낸이	노천상
펴낸곳	생명나무
전화	02-977-2780
팩스	02-977-2780
등록일	2011. 11. 9
동록번호	306-2011-31
주소	서울, 중랑구 묵2동, 234-15호
총판	(주)비전북출판유통
	경기도 고양시 일산서구 덕이동 1347-7
	전화: 031-907-3927 팩스: 031-905-3297
디자인	토라 디자인(908 - 5538)

ISBN 978-89-9676-911-8 03230

가격 _ 16,000

Christ as the Mystery of God

하나님의 비밀,
그리스도

Θέ λω γὰ ρ ὑ μᾶ ς εἰ δέ ναι ἡ λί κον ἀ γῶ να ἔ χω ὑ πὲ ρ ὑ μῶ ν καὶ τῶ ν ἐ ν Λαοδικεί α
καὶ   ὅ σοι οὐ χ ἑ ό ρακαν τὸ   πρό σωπό ν μου ἐ ν σαρκί ,
ἵ να παρακληθῶ σιν αἱ καρδί αι αὐ τῶ ν, συμβιβασθέ ντες ἐ ν ἀ γά πῃ καὶ   εἰ ς πᾶ ν
πλοῦ τος τῆ ς πληροφορί ας τῆ ς συνέ σεως, εἰ ς ἐ πί γνωσιν τοῦ μυστηρί ου τοῦ θεοῦ ,
Χριστοῦ ,
ἐ ν ᾧ , εἰ σιν πά ντες οἱ θησαυροὶ τῆ ς σοφί ας καὶ γνώ σεως ἀ πό κρυφοι .
Τοῦ το λέ γω ἵ να μηδεὶ ς ὑ μᾶ ς παραλογί ζηται ἐ ν πιθανολογί ᾳ .
εἰ γὰ ρ καὶ τῇ σαρκὶ ἄ πειμι, ἀ λλὰ τῷ   πνεύ ματι σὺ ν ὑ μῖ ν εἰ μι, χαί ρων καὶ
βλέ πων ὑ μῶ ν τὴ ν τά ξιν καὶ τὸ στερέ ωμα τῆ ς εἰ ς Χριστὸ ν πί στεως ὑ μῶ ν.
Ὡς οὖ ν παρελά βετε τὸ ν Χριστὸ ν Ἰησοῦ ν τὸ ν κύ ριον, ἐ ν αὐ τῷ   περιπατεῖ τε,
ἐ ρριζωμέ νοι καὶ ἐ ποικοδομού μενοι ἐ ν αὐ τῷ καὶ βεβαιού μενοι τῇ πί στει καθὼ ς
ἐ διδά χθητε, περισσεύ οντες ἐ ν εὐ χαριστί ᾳ .
Βλέ πετε μή τις ὑ μᾶ ς ἔ σται ὁ συλαγωγῶ ν διὰ τῆ ς φιλοσοφί ας καὶ κενῆ ς ἀ πά της
κατὰ τὴ ν παρά δοσιν τῶ ν ἀ νθρώ πων, κατὰ τὰ στοιχεῖ α τοῦ κό σμου καὶ οὐ κατὰ
Χριστό ν·
ὅ τι ἐ ν αὐ τῷ · κατοικεῖ πᾶ ν τὸ πλή ρωμα τῆ ς θεό τητος σωματικῶ ς,

CNB 시리즈 서문

CNB(The Church and The Bible) 시리즈는 개혁신앙의 교회관과 성경신학적 구속사 해석에 근거한 신·구약 성경 연구 시리즈이다.
이 시리즈는 보다 정확한 성경 본문 해석을 바탕으로 역사적 개혁 교회의 면모를 조명하고 우리 시대의 교회가 마땅히 추구해야 할 방향을 제시함으로써 교회의 삶과 문화를 창달하는 것을 그 목적으로 하고 있다.
따라서 이 시리즈는 진지하게 성경을 연구하며 본문이 제시하는 메시지에 충실하고 있다. 그렇다고 이 시리즈가 다분히 학문적이거나 또는 적용이라는 의미에 국한되지 않는다. 학구적인 자세는 변함 없지만 궁극적으로 하나님의 나라를 지향함에 있어 개혁주의 교회관을 분명히 하기 위해 보다 더 관심을 가진다는 의미이다.
본 시리즈의 집필자들은 이미 신·구약 계시로써 말씀하셨던 하나님께서 지금도 말씀하고 계시며, 몸된 교회의 머리이자 영원한 왕이신 그리스도께서 지금도 통치하시며, 태초부터 모든 성도들을 부르시어 복음으로 성장하게 하시는 성령께서 지금도 구원 사역을 성취하심으로써 창세로부터 종말에 이르기까지 거룩한 나라로서 교회가 여전히 존재하고 있음을 그 무엇보다도 중요하게 여기고 있다.
아무쪼록 이 시리즈를 통해 계시에 근거한 바른 교회관과 성경관을 가지고 이 땅에 진정한 그리스도인의 삶과 문화가 확장되기를 바라는 바이다.

시리즈 편집인
김영철 목사, 미문(美聞)교회, Th. M.
송영찬 목사, 기독교개혁신보 편집국장, M. Div.
오광만 목사, 대한신학대학원대학교, Ph. D.
이광호 목사, 실로암교회, Ph. D.

추천사 · I

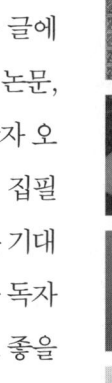

국내 신학생과 목회자는 오광만 교수님의 신학적 사고와 글에 빚진 자가 이미 적지 않을 것으로 압니다. 명쾌한 강의와 함께 논문, 저서, 영문 신약학 전문 도서 다수에 대한 한글 번역서는 신약학자 오 교수님의 흔적을 잘 대변해줍니다. 이런 즈음에 오 교수님께서 집필하신 『하나님의 비밀, 그리스도』가 출간된다는 소식은 제게 많은 기대를 갖게 해주었습니다. 오 교수님의 짜임새 있는 이 글을 대하는 독자들은 잘 차려진 세트 메뉴를 대함과 같이 설레는 마음을 가져도 좋을 것 같습니다.

이 책이 다루는 "비밀"(뮈스테리온)이라는 단어는 성경에 나타난 하나님의 구속 경륜을 이해하는데 있어 적은 빈도수에 비해 그 신학적 의미가 매우 중요한 주제입니다. 그럼에도 이런 신학적 가치가 높은 "비밀"의 단어와 이 단어가 활용되는 성경적 문맥들에 대한 꼼꼼한 연

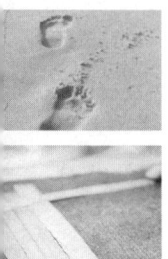

구는 아이러니하게도 국내뿐 아니라 서구 학계에서도 꽤 오랫동안 '비밀스럽게' 감춰져왔던 것 같습니다. 이런 사실 자체만으로도 오 교수님의 저서는 매우 의미 있는 일이 아닐 수 없습니다.

오 교수님은 제가 수학했던 미국 웨스트민스터신학대학원의 선배이신데 '웨스트민스터의 아들답게' "비밀"이라는 신학적 개념을 개혁파 성경신학적 관점과 함께 신약본문 주경적 접근을 통해 상호 균형적으로 연구함으로써 신약 단어 연구를 통전적이면서도 문맥적으로 이해하는데 소중한 기여와 모범을 보여주셨습니다. 앞으로 신약신학적 단어 연구를 중심으로 학위논문을 쓰기 원하는 분이 있다면 이 책의 내용과 별개로 이 책의 형식을 잘 관찰할 필요가 있습니다. 물론 이 책의 명백한 공헌은 신약성경에서 활용되는 "비밀"의 용어가 구약성경과 유대교적 토양 속에서 기독론적이면서도 종말론적 함의의 꽃을 활짝 피우게 된 사실을 학문적으로 설득력 있게 드러내고 있다는 점일 것입니다.

국내의 열악한 환경 속에서 소중한 학문적 열매를 맺으신 오 교수님께 존경과 사랑의 마음을 전합니다. 국내 신학생들과 성경연구에 애쓰시는 목회자들은 본서를 통해 귀한 배움과 깨달음 얻을 것을 확신합니다. 이에 즐거운 마음으로 이 책을 권하며 추천하고자 합니다. 본서를 읽는 모든 독자 여러분에게 우리 믿음의 비밀 되시는 주 예수 그리스도의 은혜와 평강이 날마다 더욱 가득 하시길 기원합니다.

아세아연합신학대학교(ACTS) 신약학 교수
허주

추천사 · II

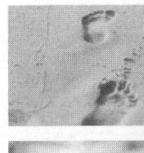

"sola scriptura!" - 믿음의 선배들이 외쳤던 이 구호를 이제 우리가 외칠 때가 되었다. 현대 교회가 직면한 가장 안타까운 문제 가운데 하나는 계시된 말씀이 제 위치에서 밀려나고 있다는 점이다. 수많은 교회들이 있지만 온전한 하나님의 말씀이 선포되는 경우를 찾아보기 힘들게 되었다. 어리석은 자들은 교회의 중심에 두어야 할 진리의 말씀을 밀쳐내고 그 자리에 다른 것으로 대체시키려 하고 있다.

다수의 목회자들은 교회 성장이라는 왜곡된 실용주의에 빠져 있는가 하면, 다수의 신학자들은 세상으로부터 발생한 잘못된 철학적 사조에 함몰되어 가고 있다. 거기다가 하나님의 말씀을 가까이하는 법을 배우지 못한 어린 교인들은 교회 지도자들을 향해 종교적인 흥밋거리를 제공하도록 요구하고 있다

이와 같은 기독교 현실은 마치 구약시대 아모스 선지자가 예언

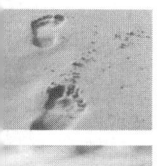

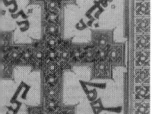

하던 때를 연상케 한다(암8:11-13). 어려운 상황 가운데서 이스라엘 민족을 향해 말씀의 중요성을 외친 아모스 선지자의 예언은 단순히 과거의 교훈에만 머물러 있지 않다. 그 내용은 메시아의 강림과 더불어 현대 교회 가운데 실체적으로 선포되고 있다.

우리 시대는 기록된 성경을 눈앞에 두고 있으면서도 말씀에 대한 기근과 기갈이 심각하다. 그럼에도 불구하고 절대 다수는 그와 같은 현실에 대해 별다른 위기의식을 느끼지 못하고 있다. 현대 교회는 겉보기에 모든 것이 풍요로워 보이지만 실상은 진리의 말씀에 대한 영적인 영양결핍은 심각한 수준에 처해있다.

이와 같이 세속화 된 우리의 형편을 감안한다면 하나님을 경외하며 그의 말씀을 진중하게 살피는 학자들이 있다는 것은 우리 시대 교회를 위해 크게 다행한 일이다. 이번에 오광만 교수의 저술 "하나님의 비밀, 그리스도"가 출간된 것을 진심으로 감사하게 생각한다. 저자의 박사학위 논문 일부가 정리되어 교회가 공유할 수 있게 된 것은 크게 다행한 일이 아닐 수 없다.

본서는 골로새서를 중심으로 한 연구로서 구약에 나타나는 비밀에 대한 소개와 더불어 신약 성경의 각 책에 나타나는 비밀에 관한 내용을 전반적으로 다루고 있다. 성경에 관한 모든 연구는 기록된 본문에 충실하게 근거하지 않으면 안 된다. 올바른 신학 연구는 교회를 위한 것이어야 하며 개인의 업적을 추구하지 않는다. 즉 신학은 하나님의 진리를 교회 가운데 더욱 명확하게 밝히는 작업이어야 하는 것이다.

본서가 한국 교회 가운데 널리 읽혀지기를 소망한다. 신학자들과 목회자들 뿐 아니라 신학생들과 관심 있는 일반성도들도 이 책을 읽고 한층 심오한 진리를 깨닫게 되길 바란다. 독자들은 말씀을 근간으로 한 저자의 연구를 통해 풍요로운 지식의 습득과 더불어 이 땅에 주님의 몸 된 교회를 온전히 세우는 일에 참여하는 축복을 누리게 될 것이다.

구약 시편 중 맨 앞에 놓여 있는 노래가 떠오른다. 천상의 나라에 소망을 둔 복된 성도는 항상 여호와 하나님의 편에서 그의 율법을 즐거워하며 주야로 묵상한다: "복 있는 사람은 악인의 꾀를 좇지 아니하며 죄인의 길에 서지 아니하며 오만한 자의 자리에 앉지 아니하고 오직 여호와의 율법을 즐거워하여 그 율법을 주야로 묵상하는 자로다"(시1:1,2).

세월이 아무리 변한다고 해도 이 시편은 우리의 마음 판에 깊이 새겨져야할 진리의 말씀이다. 종말에 처한 우리 시대 교회 가운데도 기록된 하나님의 말씀이 회복되어야 한다. 성경에 대한 고등비평과 종교다원주의 사상이 난무하는 이 때 하나님의 말씀이 제자리를 찾지 않으면 안 된다. 동역자 오광만 교수의 땀과 고백이 담긴 본서가 한국의 교회와 성도들을 말씀으로 이끄는 소중한 견인차 역할을 하게 되기를 간절히 바란다.

실로암교회
이광호 목사

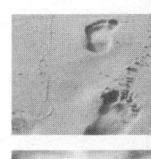

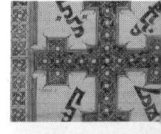

Christ as the Mystery of God

저자서문

본서는 필자의 박사학위 논문("골로새서에 나타난 하나님의 비밀과 지혜이신 그리스도") 후반부의 내용을 중심으로 구약과 신약의 관계, 신약 복음의 특성, 그리고 계시 역사에 있어 그리스도의 중요성을 연구한 책이다.

그 동안 "비밀" 연구는 상대적으로 학자들의 관심을 받지 못해왔다. "비밀" 주제를 다룬 몇몇 논문을 비롯하여 "비밀"을 주제로 복음의 특성이나 신약의 메시지의 성격을 규명한 연구서가 두어 권 출간되었을 뿐이다. 학자들이 주로 헬라사상과 관련하여 "비밀" 주제를 연구하던 분위기 속에서 이 용어가 히브리어와 셈어족에 속하였음을 처음으로 연구한 브라운의 저서가 이 분야에서 거의 독보적인 연구서였다(R. E. Brown. The Semitic Background of the Term "Mystery" in the New Testament. Philadelphia: Fortress, 1968). 그 후 20년이 지나 보크뮤엘이 "비밀" 용어의 유대문헌 연구를 시도한 그의 박사학위 논문(1987)을 단행본으로 출간하였다(M. Bockmuehl. Revelation and Mystery in Ancient Judaism and Pauline Christianity. WUNT 2. Tübingen: Mohr, 1990.). 이밖에 "비밀" 주제를 다룬 짧은 논문들과 관련 서적 몇 개가 더 소개 되었 지만 [G. Bornkamm(1942<German>, 1967<English>); K. Prömm(1960); C. C. Caragounis(1977); R. Penna(1978); A. E. Harvey(1980)], 대부분의 연구가 비밀 개념에 대한 단편적인 정보만을 제공할 뿐, 비밀과 관련된 신약성경의 본문을 철저히 설명하지는 못하였다.

필자의 연구는 앞서 이 문제를 다룬 선각자들의 업적을 발판으로 삼았으나 "비밀" 개념의 유대적 특성을 밝히는 것에서 한 걸음 더 나아가, 신약본문에 사용된 "비밀"의 종말론적, 기독론적 특성을 밝히고, 그 내용이 신약의 구체적인 본문에서 어떻게 사용되었는지를 제시하려 하였다. 필자의 연구 대상과 범위는 신구약 성경에 한정하였다.

이 책을 내면서 감사할 분들이 있다. 이 주제를 연구하고 글로 표현하면서 많은 이야기를 나누고 조언을 해주신 조병수 교수께 감사한다. 본서에 열거된 수많은 도서와 논문을 접할 수 있게 한 대한성서공회 문헌정보자료실과 영국의 도서관에서 자료를 가져다주신 서울대학교의 이후철 교수님께 고마움을 전한다. 필자의 책을 출간하겠다는 선한 뜻을 보이면서 출판사를 새로 만들 정도로 필자를 후원하고 격려하신 노천상 목사님께 감사의 마음을 표하며 그의 노고를 치하한다. 그리고 이 책이 출판되기 전에 최종 원고를 읽고 문장의 오자 탈자를 바로 잡아준 서경주 선생에게 감사한다.

무엇보다도 필자의 셋째 누나인 오정순 여사의 은혜를 잊을 수가 없다. 이 책이 필자의 박사학위 논문에서 시작된 것이니만큼 필자가 성장하면서 박사학위를 받기까지 헌신적인 사랑을 보여준 누나에게 고마움을 전하고싶다. 가정형편이 어려운 시절 누나는 필자가 중학교 과정부터 시작하여 대학교 과정을 마치는 동안 필자의 등록금을 대주었다. 또한 지난 해 11월, 90세의 나이로 생을 마감하고 하나님의 부름을 받으신 어머니(박옥봉 권사님)의 사랑을 추념한다. 어머니는 살아계시는 동안 우리 동기들로 하여금 하나님의 사랑이 어떠한지 가늠할 수 있게 무한 사랑을 보여주셨다. 그 나이만큼이나 걸어오신 인생의 질고(疾苦)도 엄청나게 많았고 말년에는 가중되는 육신의 고통을 몸에 짊어지고 계시면서도 그리스도의 고난과 이후의 부활을 생각하면서 주님의 영광스런 나라를 소망하셨다. "우리가 항상 예수의 죽음을 몸에 짊어짐은 예수의 생명이 또한 우리 몸에 나타나게 하려 함이라"(고후 4:10)는 말씀을 어머니보다 더 잘 실천할 수 있을까? 이 책을 이제는 주님 품에서 안식하고 계시는 어머니 영전에 바칩니다.

2012년 11월
저자 씀

차례 · 1

추천사 I	5
추천사 II	7
저자서문	11
약어표	16

서론　　　　　　　　　　　　　　　　23

1부 배경　　　　　　　　　　　　　　35
제1장 구약성경과 비밀　　　　　　37
1. "비밀"을 의미하는 단어들: 소드와 사타르　　39
2. 다니엘서의 "비밀": 라쯔　　44

2부 신약성경과 비밀　　　　　　　　53
제2장 복음서　　　　　　　　　　55
마태복음 13:10-11; 마가복음 4:10-11; 누가복음 8:9-10a　　56

제3장 로마서　　　　　　　　　　76
1. 로마서 11:25-26　　78
2. 로마서 16:25-26　　103

제4장 고린도전서　　　　　　　　117
1. 고린도전서 2:1　　118
2. 고린도전서 2:7　　131
3. 고린도전서 4:1　　145
4. 고린도전서 13:2　　149
5. 고린도전서 14:2　　157
6. 고린도전서 15:51　　169

차례 · 2

제5장 예베소서 … 180
  1. 에베소서 1:9 … 181
  2. 에베소서 3:3, 4, 9 … 186
  3. 에베소서 5:32 … 194
  4. 에베소서 6:19 … 199

제6장 골로새서 … 202
  1. 골로새서 1:26-27 … 203
  2. 골로새서 2:2-3 … 232
  3. 골로새서 4:3(4) … 241

제7장 데살로니가후서 … 249
  데살로니가후서 2:7 … 249

제8장 디모데전서 … 254
  1. 디모데전서 3:9 … 254
  2. 디모데전서 3:16 … 257

제9장 요한계시록 … 267
  1. 요한계시록 1:20 … 268
  2. 요한계시록 10:7 … 281
  3. 요한계시록 17:5, 7 … 290

결론 … 297

부록: 유대문헌에 나타난 "비밀" … 303
  1. 묵시문학 … 305
  2. 외경 … 320
  3. 쿰란 문헌 … 326

참고문헌 … 340

약어표 · 1

AB	Anchor Bible
ABD	*The Anchor Bible Dictionary*, 6 Vols. Ed. Freedman, D. N. New York: Doubleday, 1992.
ANTC	Abingdon New Testament Commentaries
AOTC	Abingdon Old Testament Commentaries
AV	Authorized Version
BDAG	*A Greek-English Lexicon of the New Testament and Other Early Christian Literature*. 3rd Edition. Baur, W.; F. W. Danker; W. F. Arndt; and F. W. Gingrich. Chicago: Chicago University Press, 1957, 2000.
BDB	*A Hebrew and English Lexicon of the Old Testament*. Eds. Brown, F.; S. R. Driver; and C. A. Briggs. Oxford: Clarendon Press, 1906, 1980.
BDF	Blass, F. and A. DeBrunner. Trans. R. W. Funk. *A Greek Grammar of the New Testament and Other Early Christian Literature*. Chicago: The University of Chicago Press, 1961.
BECNT	Baker Exegetical Commentary on the New Testament
Bib	*Biblica*
BibNot	*Biblisch Notizen*
BibSac	*Bibliotheca Sacra*
BNTC	Black's New Testament Commentary
CBNTS	Coniectanea Biblica New Testament Series
CBQ	*The Catholic Biblical Quarterly*
CBQMS	The Catholic Biblical Quarterly Monograph Series
CD	다메섹 문서(Damascus Document)
CGTC	The Cambridge Greek Testament Commentary
CTJ	*Calvin Theological Journal*
CNTUOT	*Commentary on the New Testament Use of the Old Testament*. Eds. G. K. Beale and D. A. Carson. Grand Rapids: Baker Academic, 2007.
DPL	*Dictionary of Paul and His Letters*. Eds. Hawthorne, G.; R. P. Martin; and D. G. Reid. Downers Grove: IVP, 1993.
EC	An Exegetical Commentary
EKKNT	Evangelisch-Katholischer Kommentar zum Neuen Testament
ESV	English Standard Version
ET	English Translation

약어표 · 2

ETL	*Ephemerides Theologicae Louvanienses*
EvQ	*Evangelical Quarterly*
ExpT	*Expository Times*
GNS	Good News Studies
GNT	Greek New Testament
GTJ	*Grace Theological Journal*
HALOT	*The Hebrew and Aramic Lexicon of the Old Testament*. Eds. Koehler, L. and W. Baumgartner. Leiden: Brill, 2001.
HNTC	Harper's New Testament Commentaries
HTR	*Harvard Theological Review*
IB	Interpreter's Bible
ICC	International Critical Commentary
IDB	*Interpreter's Dictionary of the Bible*. 4 Vols. Ed. Buttrick, G. A. Nashville: Abingdon, 1962.
IDBSup	Interpreter's Dictionary of the Bible Supplementary Volume
Int	*Interpretation*
JB	Jerusalem Bible
JBL	*Journal of Biblical Literature*
JETS	*Journal of the Evangelical Theological Society*
JJS	*Journal of Jewish Studies*
JSNT	*Journal for the Study of the New Testament*
JSNTSS	Journal for the Study of the New Testament Supplement Series
JTS	*The Journal of Theological Studies*
KJV	King James Version
Louw/Nida	*Greek-English Lexicon of the New Testament Based on Semantic Domains*. 2 Vols. Eds. Louw, J. and E. A. Nida. New York: UBS, 1988.
LSJ	*A Greek-English Lexicon*. Ninth Edition. Liddell, H. G.; R. Scott; and H. S. Jones. Eds. Oxford: Clarendon, 1983.
LXX	Septuaginta
MT	Masoretic Text
NA27	*Novum Testamentum Graece*. 27th Edition. Eds. Nestle, E. and K. Aland. Stuttgart: Deutsche Bibelgesellschaft, 1993.
NAB	New American Bible

약어표 · 3

NAC	New American Commentary
NAS	New American Standard
NCBC	The New Century Bible Commentary
NIBC	New International Biblical Commentary
NICNT	The New International Commentary on the New Testament
NICOT	The New International Commentary on the Old Testament
NIDNTT	*The New International Dictionary of New Testament Theology*, 3 Vols. Ed. Brown, C. Grand Rapids: Zondervan, 1975.
NIGTC	The New International Greek Testament Commentary
NIV	New International Version
NIVAC	NIV Application Commentary
NJB	New Jerusalem Bible
Neot	*Neotestamentica*
NovT	*Novum Testamentum*
NovTSup	Novum Testamentum Supplement
NRS	New Revised Standard
NSBT	New Studies in Biblical Theology
NTG	New Testament Guide
NTS	*New Testament Studies*
OTL	The Old Testament Library
PBTM	Paternoster Biblical and Theological Monograph
PNTC	The Pillar New Testament Commentary
PTM	Pittsburgh Theological Monographs
1QH	찬양집(Thanksgiving Hymns)
1QM	전쟁 규칙(War Scroll)
1QpHab	하박국 주석(Habakkuk Commentary)
1QS	공동체 규범(Rule of Congregation)
1QSb	축도송(Benediction)
4QpPsa	시편 주석(Psalm Commentary)
REB	The Revised English Bible.
RSV	Revised Standard Version
SBLDS	Society of Biblical Literature Dissertation Series
SNTSMS	Society for New Testament Studies Monograph Series

약어표 · 4

TDNT	*Theological Dictionary of the New Testament*. 10 Vols. Eds. Kittel, G. and G. Friedrich. Trans. Bromiley. G. Grand Rapids: Eerdmans, 1964-76.
TDOT	*Theological Dictionary of the Old Testament*. Eds. Botterweek, G. J. and H. Ringgren. Trans. Willis, J. et. al. Grand Rapids: Eerdmans, 1974-.
THNTC	The Two Horizons New Testament Commentary
TNTC	Tyndale New Testament Commentaries
TOTC	Tyndale Old Testament Commentaries
TrinJ	*Trinity Journal*
TWOT	*Theological Wordbook of the Old Testament*, 2 Vols. Eds. Harris, R. et al. Chicago: Moody Press, 1980.
TynB	*Tyndale Bulletin*
UBS	United Bible Societies
UBS3	*The Greek New Testament*. Third Edition. Eds. Kurt, A. et al. Stuttgart: United Bible Societies, 1975.
VR	*Vox Reformata*
WBC	Word Biblical Commentary
WTJ	*Westminster Theological Journal*
WUNT	Wissenschaftliche Untersuchungen zum Neuen Testament
ZNW	*Zeitschrift für die neutestamentliche Wissenschaft*

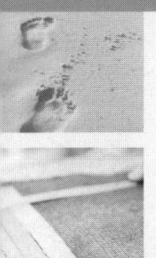

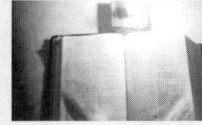

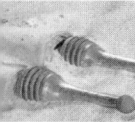
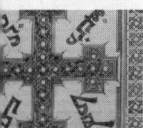

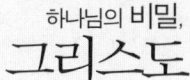

하나님의 비밀,
그리스도

서론

Θέλω γὰρ ὑμᾶς εἰδέναι ἡλίκον ἀγῶνα ἔχω ὑπὲρ ὑμῶν καὶ τῶν ἐν Λαοδικείᾳ καὶ ὅσοι οὐχ ἑόρακαν τὸ πρόσωπόν μου ἐν σαρκί,
ἵνα παρακληθῶσιν αἱ καρδίαι αὐτῶν, συμβιβασθέντες ἐν ἀγάπῃ καὶ εἰς πᾶν πλοῦτος τῆς πληροφορίας τῆς συνέσεως, εἰς ἐπίγνωσιν τοῦ μυστηρίου τοῦ θεοῦ, Χριστοῦ,
ἐν ᾧ εἰσιν πάντες οἱ θησαυροὶ τῆς σοφίας καὶ γνώσεως ἀπόκρυφοι.
Τοῦτο λέγω ἵνα μηδεὶς ὑμᾶς παραλογίζηται ἐν πιθανολογίᾳ.
εἰ γὰρ καὶ τῇ σαρκὶ ἄπειμι, ἀλλὰ τῷ πνεύματι σὺν ὑμῖν εἰμι, χαίρων καὶ βλέπων ὑμῶν τὴν τάξιν καὶ τὸ στερέωμα τῆς εἰς Χριστὸν πίστεως ὑμῶν.
Ὡς οὖν παρελάβετε τὸν Χριστὸν Ἰησοῦν τὸν κύριον, ἐν αὐτῷ περιπατεῖτε,
ἐρριζωμένοι καὶ ἐποικοδομούμενοι ἐν αὐτῷ, καὶ βεβαιούμενοι τῇ πίστει καθὼς ἐδιδάχθητε, περισσεύοντες ἐν εὐχαριστίᾳ.
Βλέπετε μή τις ὑμᾶς ἔσται ὁ συλαγωγῶν διὰ τῆς φιλοσοφίας καὶ κενῆς ἀπάτης κατὰ τὴν παράδοσιν τῶν ἀνθρώπων, κατὰ τὰ στοιχεῖα τοῦ κόσμου καὶ οὐ κατὰ Χριστόν·
ὅτι ἐν αὐτῷ κατοικεῖ πᾶν τὸ πλήρωμα τῆς θεότητος σωματικῶς,

Christ as the Mystery of God

서론

　　신약성경에는 "비밀"($\mu\nu\sigma\tau\acute{\eta}\rho\iota o\nu$)이란 단어가 스물여덟 번 등장한다.[1] 복음서 저자들은 "비밀"이라는 단어를 하나님의 나라와 연결하여 예수님이 하나님 나라의 비밀을 말씀하셨다고 소개하고(마 13:11; 막 4:11; 눅 8:10), 바울은 비밀을 그가 전한 복음(의 내용)과 그가 수행한 사도직과 연관시킨다(롬 11:25; 16:25-26; 고전 2:1, 7; 4:1; 13:2; 14:2; 15:51; 엡 1:9; 3:3, 4, 9; 5:32; 6:19; 골 1:26, 27; 2:2; 4:3, 4; 살후 2:7; 딤전 3:9, 16). 요한은 그가 본 환상과 하나님의 예언 성취의 내용을 비밀로 표현한다(계 1:20; 10:7; 17:5, 7). 매 경우 "비밀"이라는 단어는 구약성경의 성취와 관련을 갖기도 하고, 복음으로 정의되기도 하며, 그리스도와 동일시되어 신약성경의 메시지를 특징짓는다. 신약성경에서 "비

---

[1] 이 회수는 헬라어 성경에 등장하는 것을 기준으로 삼는다. 마 13:11; 막 4:11; 눅 8:10; 롬 11:25; 16:25-26; 고전 2:1, 7; 4:1; 13:2; 14:2; 15:51; 엡 1:9; 3:3, 4, 9; 5:32; 6:19; 골 1:26, 27; 2:2; 4:3, 4(인칭대명사 $\alpha\mathring{v}\tau\acute{o}$가 사용됨); 살후 2:7; 딤전 3:9, 16; 계 1:20; 10:7; 17:5, 7.

밀"이 등장하는 본문과 그 내용은 다음과 같다.

복음서:
제자들이 예수께 나아와 이르되 어찌하여 그들에게 비유로 말씀하시나이까 대답하여 이르시되 천국의 비밀을 아는 것이 너희에게는 허락되었으나 그들에게는 아니 되었나니. (마 13:10-11)

예수께서 홀로 계실 때에 함께 한 사람들이 열두 제자와 더불어 그 비유들에 대하여 물으니 이르시되 하나님 나라의 비밀을 너희에게는 주었으나 외인에게는 모든 것을 비유로 하나니. (막 4:10-11)

제자들이 이 비유의 뜻을 물으니 이르시되 하나님 나라의 비밀을 아는 것이 너희에게는 허락되었으나 다른 사람에게는 비유로 하나니. (눅 8:9-10a)

바울서신:
형제들아 너희가 스스로 지혜 있다 하면서 이 비밀을 너희가 모르기를 내가 원하지 아니하노니 이 비밀은 이방인의 충만한 수가 들어오기까지 이스라엘의 더러는 우둔하게 된 것이라. (롬 11:25)

나의 복음과 예수 그리스도를 전파함은 영세 전부터 감추어졌다가 이제는 나타내신바 되었으며 영원하신 하나님의 명을 따라 선지자들의 글로 말미암아 모든 민족이 믿어 순종하게 하시려고 알게 하신 바 그 비밀의 계시를 따라 된 것이니. (롬 16:25-26)

형제들아 내가 너희에게 나아가 하나님의 비밀을 전할 때에 말과 지혜의 아름다운 것으로 아니하였나니.(고전 2:1)

오직 비밀한 가운데 있는 하나님의 지혜를 말하는 것으로서 곧 감추어졌던 것인데 하나님이 우리의 영광을 위하여 만세 전에 미리 정하신 것이라.(고전 2:7)

사람이 반드시 우리를 그리스도의 일꾼이요 하나님의 비밀을 맡은 자로 여길지어다.(고전 4:1)

내가 예언하는 능력이 있어 모든 비밀과 모든 지식을 알고 또 산을 옮길 만한 모든 믿음이 있을지라도 사랑이 없으면 내가 아무 것도 아니요.(고전 13:2)

방언을 말하는 자는 사람에게 하지 아니하고 하나님께 하나니 이는 알아듣는 자가 없고 영으로 비밀을 말함이라.(고전 14:2)

보라 내가 너희에게 비밀을 말하노니 우리가 다 잠 잘 것이 아니요 마지막 나팔에 순식간에 홀연히 다 변화되리니.(고전 15:51)

그 뜻의 비밀을 우리에게 알리신 것이요 그의 기뻐하심을 따라 그리스도 안에서 때가 찬 경륜을 위하여 예정하신 것이니.(엡 1:9)

곧 계시로 내게 비밀을 알게 하신 것은 내가 먼저 간단히 기록함과 같으니.(엡 3:3)

그것을 읽으면 내가 그리스도의 비밀을 깨달은 것을 너희가 알 수 있으

리라. (엡 3:4)

영원부터 만물을 창조하신 하나님 속에 감추어졌던 비밀의 경륜이 어떠한 것을 드러내게 하려 하심이라. (엡 3:9)

이 비밀이 크도다 나는 그리스도와 교회에 대하여 말하노라. (엡 5:32)

또 나를 위하여 구할 것은 내게 말씀을 주사 나로 입을 열어 복음의 비밀을 담대히 알리게 하옵소서 할 것이니. (엡 6:19)

이 비밀은 만세와 만대로부터 감추어졌던 것인데 이제는 그의 성도들에게 나타났고. (골 1:26)

하나님이 그들로 하여금 이 비밀의 영광이 이방인 가운데 얼마나 풍성한지를 알게 하려 하심이라 이 비밀은 너희 안에 계신 그리스도시니 곧 영광의 소망이니라. (골 1:27)

이는 그들로 마음에 위안을 받고 사랑 안에서 연합하여 확실한 이해의 모든 풍성함과 하나님의 비밀인 그리스도를 깨닫게 하려 함이니. (골 2:2)

또한 우리를 위하여 기도하되 하나님이 전도할 문을 우리에게 열어 주사 그리스도의 비밀을 말하게 하시기를 구하라 내가 이 일 때문에 매임을 당하였노라 그리하면 내가 반드시 할 말로써 이 비밀을 나타내리라. (골 4:3, 4)

불법의 비밀이 이미 활동하였으나 지금은 그것을 막는 자가 있어 그 중

에서 옮겨질 때까지 하리라. (살후 2:7)

(이와 같이 집사들도) ……깨끗한 양심에 믿음의 비밀을 가진 자라야 할지니. (딤전 3:9)

크도다 경건의 비밀이여, 그렇지 않다 하는 이 없도다 그는 육신으로 나타난바 되시고 영으로 의롭다 하심을 받으시고 천사들에게 보이시고 만국에서 전파되시고 세상에서 믿은바 되시고 영광 가운데서 올려지셨느니라. (딤전 3:16)

요한계시록:
네가 본 것은 내 오른손의 일곱 별의 비밀과 또 일곱 금 촛대라 일곱 별은 일곱 교회의 사자요 일곱 촛대는 일곱 교회니라. (계 1:20)

일곱째 천사가 소리 내는 날 그의 나팔을 불려고 할 때에 하나님이 그의 종 선지자들에게 전하신 복음과 같이 하나님의 그 비밀이 이루어지리라 하더라. (계 10:7)

그의 이마에 이름이 기록되었으니 비밀이라, 큰 바벨론이라, 땅의 음녀들과 가증한 것들의 어미라 하였더라. (계 17:5)

천사가 이르되 왜 놀랍게 여기느냐 내가 여자와 그가 탄 일곱 머리와 열 뿔 가진 짐승의 비밀을 네게 이르리라. (계 17:7)

위의 예에서 보듯이, 복음서에서 "비밀"은 예수님이 씨 뿌리는 자 비유를 말씀하신 후 제자들이 그 비유의 의미와 비유를 말씀하신 이유를 묻는 문맥에 한 번 등장한다(마 13:11; 막 4:11; 눅 8:10). 예수님은 이것을 "하나님 나라의 비밀"이라고 명명하셨다. 하나님의 나라는 예수님의 독특한 메시지이다. 예수님은 "때가 찼고 하나님의 나라가 가까이 왔다"고 선언하셨으며(마 4:17; 막 1:15), 자신은 하나님 나라의 복음을 전하러 보냄을 받았다고 밝히셨다(눅 4:43). 때의 충만은 하나님의 약속의 종말론적인 성취를 나타낸다.

바울은 자신을 "그리스도의 복음" 또는 "하나님의 복음"을 위하여 택정함을 입은 사도라고 소개하면서[2] 그가 전에 전한 복음을 율법과 선지자들이 예언한 것의 성취라고 주장한다.[3] 더욱이 바울은 그의 복음이 전에 감춰졌다가 이제는 나타난바 된 "비밀의 계시"를 따른 것이라고 밝혀 그의 복음이 종말론적인 특성을 지녔음을 밝힌다(롬 16:25, 26). 특히 앞에 인용한 본문에 나타나 있듯이 신약성경에서 "비밀"이라는 용어의 사용례(28회) 중에서 바울이 21회(75%)를 사용한 것을 보면, "비밀"이라는 단어는 바울의 특징적인 용어일뿐더러,[4] 신약 복음의 특성과 사도들의 사역을 이해할 수 있는 중요한 용어라는 느낌을 받는다.[5]

---

[2] 롬 1:1; 고전 1:1; 고후 1:1; 갈 1:1; 엡 1:1; 골 1:1; 딤전 1:1; 딤후 1:1; 딛 1:1. 빌립보서와 데살로니가전, 후서 그리고 빌레몬서에서 바울은 자신을 사도로 소개하지는 않는다. 반면에, 로마서와 갈라디아서에서는 자신이 사도로 택정함을 받은 것과 그가 받은 복음과의 관계를 강조한다.

[3] 롬 1:2; 3:21; 16:26; 고전 2:7; 딛 1:20.

[4] J. C. Coetzee, "The Pauline Eschatology," in *Guide to the New Testament*, vol. V: *The Pauline Letters: Introduction and Theology*, ed. A. B. du Toit (Pretoria: N. G. Kerkboekhandel Transvaal, 1985), 321.

[5] 바울 신학의 중심성 논쟁에서 문크는 바울 신학을 이해하는 열쇠가 $\mu\nu\sigma\tau\acute{\eta}\rho\iota o\nu$에 있다고 주의를 환기시켰다. J. Munck, *Paul and the Salvation of Mankind* (London: SCM, 1959), 40-41, 47.

요한계시록에서는 몇몇 본문에서 다니엘서와 스가랴서와 연관하여 비밀의 의미와 비밀의 성취를 소개한다(계 1:20; 10:7; 17:5, 7). 특히 하나님의 비밀은 하나님께서 마지막 때에 그분의 종들에게 전하신 복음과 같이 이루어질 것이다(10:7).

헬라어 뮈스테리온($\mu\upsilon\sigma\tau\acute{\eta}\rho\iota o\nu$은 "닫다"(to close)라는 뜻의 동사 뮈에오($\mu\upsilon\acute{\epsilon}\omega$)에서 유래했다. 그래서 어원학적으로 이 단어는 "비밀" 또는 "신비"를 가리킨다.[6] 이 단어가 특히 고대 신비종교에서 사용되었기에, 몇몇 학자들은 헬라의 신비종교를 비롯한 지중해의 종교적 배경에서 발전한 초기 기독교 역시 이런 의미에서 "비밀"이란 단어를 사용했을 것이라고 추정한다.[7] 그래서 "비밀"이라는 단어를 비교적 많이 사용한 바울을 두고, 학자들 중에서는 초기 기독교가 1세기에 활발하게 작용한 이교의 신비종교에 영향을 받았는데 바울도 예외가 아니었다고 설명하는 사람들이 있다. 부세와 라이첸스타인이 그들이다. 부세(Bousset)는 신약 성경에 사용된 단어와 이교 신비종교 사이의 유사성을 추적했으며,[8] 라이첸스타인(Reitzenstein)은 바울 신학을 바울 주변에 풍성히 존재하는 헬라 종교와 문학에서 발전한 것으로 이해한다.[9]

이들과 달리, 하비(Harvey)는 신약 시대에 "비밀"이라는 단어가 "사장

---

[6] G. Bornkamm, "$\mu\upsilon\sigma\tau\acute{\epsilon}\rho\iota o\nu$," *TDNT*, IV, 803; M. W. Meyer, "Mystery Religion," *ABD*, IV: 941.

[7] Meyer, "Mystery Religion," 944. 보른캄은 신비종교 이외에 철학과 마술과 영지주의에서 "비밀들"의 용례를 제시한다. Bornkamm, "$\mu\upsilon\sigma\tau\acute{\epsilon}\rho\iota o\nu$," 803-13.

[8] W. Bousset, *Kyrios Christos: A History of the Belief in Christ from the Beginnings of Christianity to Irenaeus*, trans. J. E. Steely (Nashville: Abingdon, 1970).

[9] R. Reitzenstein, *Hellenistic Mystery Religions: Their Basic Ideas and Significance*, PTM 15 trans. J. E. Steely (Pittsburgh: Pickwick, 1978).

된 은유"(dead metaphor)였으며, 종교적인 의미를 내포하지 않은 채 사용될 수 있었는데, 바울도 그랬을 것이라고 우회하여 설명하려 한다.10) 크라우스(Krause)는 원래의 종교적인 상황에서 새로운 종교적인 상황으로 옮겨갈 때 "사장된 은유" 현상 때문에 새로운 종교 상황에서는 이전에 사용되던 용어의 의미론적인 영향을 받지 않는다고 하비의 견해를 두둔한다.11) 하비와 크라우스의 통찰이 사실이라면, 설령 이 단어가 신비종교에서 사용되었다고 하더라도 그 단어 자체에는 전문적인 의미가 없기 때문에 신약의 저자들은 무의식적으로라도 신비종교를 인정하지나 않을까 하는 고민을 하지 않고서도 얼마든지 이 단어를 편하게 사용한 것이 된다.12) 하지만 하비는 여전히 신약성경의 비밀 개념이 헬라 철학에서 왔다는 입장을 고수하면서 에픽테투스가 철학을 논할 때 철학이 거대하고 신비적인 것이어서 초심자들에게는 주어지지 않는다(Epictetus Diss. 3.21)고 언급한 것을 예로 든다.13) 그러나 하비의 주장과 다르게, 신약성경에서는 비밀이 (신비종교의 경우처럼) 내부의 특정한 사람에게만 알려지는 것이 아니라 교회에서 누구에게나 널리 알려졌다는 것과 비밀을 신비적인 것과 관련하여 언급하지 않는 것으로 봐서 하비의 결론은 정당성을 잃는다.

로제(Lohse)는 신약 저자들의 신앙과 신비종교 사이에 존재하는 큰

---

10) A. E. Harvey, "The Use of Mystery Language in the Bible," *JTS* 31 (1980), 329.

11) M. S. Krause, "Parable, Obduracy, and Mystery: Converging Issues in Mark 4," (Ph. D. Thesis at Trinity Evangelical Divinity School, 1995), 168-69.

12) 신약성경 저자들이 헬라의 종교적 환경에 있으면서도 신비종교의 의식에 사용된 용어를 얼마든지 접촉할 수 있었다는 쾨스터의 글을 보라. H. Koester, *Introduction to the New Testament*(1982). 「신약성서 배경 연구: 헬레니즘 시대의 역사, 문화, 그리고 종교」, 개정판, 이억부 번역 (서울: 은성, 1995), 327-28.

13) Harvey, "The Use of Mystery Language," 335-36.

차이를 들어 신약의 저자들이 신비종교로부터 직접적으로 영향을 받았다는 생각을 일축한다. 로제는 "신비종교에서 '비밀'은 특별한 예배 행위를 하려고 모여든 사람들이 종교의 내용과 의미를 그 종교에 속하지 않는 사람들에게 누설하지 않겠다고 맹세한 엄격한 침묵을 가리키는 용어로 사용되었던 것"인 반면에,14) 바울의 경우에는 "비밀"의 의미가 예수 그리스도의 단번에 발생한 죽음과 부활 사건에 비추어 이해되었으며, 바울에게 "비밀"이라는 단어는 "비밀스런 의식"과 관련된 것이 아니라 …… "십자가에 달리신 그리스도를 구세주로 선포하는 선포된 말씀"과 관련되었다고 주장한다.15)

바울이 "비밀"을 단지 종교나 제의적 차원에서 사용하지 않고 예수 그리스도의 십자가와 초대교회의 선포(케리그마)와 관련하여 이해하였다면, 그 단어는 헬라적 배경이 아니라 유대적 배경을 가지고 있을 가능성이 많다. 이런 상황에서 브라운(Brown)은 신약성경의 비밀 개념이 유대교적 배경에 기원을 두고 있다고 주장하면서, 유대교에서 비밀이 "유대인들 고유의 신학적인 장비(native theological equipment)"였다고 밝힌다.16) 특히 구약성경과 유대교의 묵시문학(단 2; 에녹1서 51:3; 103:2; 104:10; 에스라4서 14:5)과 쿰란문헌(1QS 3:21-23; 4:18; 11:34; 1QM 3:8; 16:9; 1QH 7:27; 10:4; 11:9, 16; 1QpHab 7:4, 8, 13)에서 "비밀"은 계시 용어로 사용되었다. 당대 유대교에서는 비밀이 "선택 받은 소수에게(만) 알려졌던 계시였지만, 종말에 누구에게나 보편적

---

14) E. Lohse, 「신약성서 배경사」, 박창건 옮김 (서울: 대한기독교출판사, 1984), 274.

15) Lohse, 「신약성서 배경사」, 285-86. 메이첸도 바울에게서 헬라 종교의 영향을 배제한다. J. G. Machen, *The Origin of Paul's Religion* (Grand Rapids: Eerdmans, 1965), 특히 라이첸스타인과 부세의 주장을 논박한 261-73을 보라.

16) R. E. Brown, *The Semitic Background of the Term "Mystery" in the New Testament* (Philadelphia: Fortress, 1968), 69.

으로 알려지게" 될 것으로 기대했다.[17] 이런 까닭에 유대교에서 비밀은 (마지막 때와 관련된) 종말론적인 의미와 (하나님께서 계시하신다는 것과 관련된) 묵시적 의미로 이해되었다.

이 두 가지 개념과 관련하여 보크뮤엘(Bockmuehl)은 비밀이 구약성경과 유대교에서 자신을 숨기고 계시하신 하나님 사상과 연결되었음을 간파하였다.[18] 보크뮤엘에 따르면, "비밀"은 일반적으로 "감춤과 비밀(secret)로 특징되는 하나님 또는 하늘에서 기원하는 어떤 실체"와 "인간 지식으로는 달리 가까이 갈 수 없는 것"을 가리키는데, 적당한 때에 역사에 계시될 것을 예상되는 구속사적인 특징을 지닌 것이다.[19] 이런 의미에서 "비밀"은 어느 정도 하나님의 경륜의 신비를 묘사하면서, 동시에 하늘에 존재하여 그 곳에서 볼 수 있는 종말론적인 사건들과 종말에 발생할 내용을 포함하며,[20] 마지막 날에 "최종적으로 계시되기로 예정된 하나님의 경륜" 자체를 가리키는 용어로 사용되었다.[21] "비밀"에 이처럼 하나님께서 마지막 때에 계시하신다는 종말론적 계시 사상이 담겨 있다는 사실에서 우리는 신약성경 저자들, 특히 바울의 "비밀" 사용의 의미를 밝히는 중요한 단서를 찾을

---

[17] BDAG에서도 $\mu\nu\sigma\tau\dot{\eta}\rho\iota o\nu$은 사람들에게는 감춰졌으나 언젠가 하나님이 계획하신 사람들에게 반드시 계시되어야 할 것으로 정의되었다. "the secret thoughts, plans, and dispensations of God which are hidden from the human reason, as well as from all other comprehension below the divine level, and hence must be revealed to those for whom they are intended." BDAG, 662, ①. 참조. C. M. Tuckett, "Mark's Concerns in the Parables Chapter (Mark 4, 1-34)," *Bib* 69 (1988), 15.

[18] M. Bockmuehl, *Revelation and Mystery in Ancient Judaism and Pauline Christianity*. WUNT 2 (Tübingen: Mohr, 1990), 7-23.

[19] Bockmuehl, *Revelation and Mystery*, 2, 14.

[20] 이런 점에서 $\mu\nu\sigma\tau\dot{\eta}\rho\iota o\nu$은 비밀 용어인 소드(סוד)와 지혜 용어인 머쩜마(מגמה)와 관련이 있다. M. V. Fox, "Words for Wisdom: חבוה and עדמה ; ביוה and עצה ; מומה and תושיח," *ZAH* 6/2 (1993): 149-69.

[21] Bornkamm, "$\mu\nu\sigma\tau\dot{\eta}\rho\iota o\nu$," 816.

수 있다.

　본서에서 필자는 신약성경에서 무슨 근거로 비밀이 복음과 그리스도와 관련을 갖게 되었는지, 또 "비밀"에 대한 성경 저자들의 이해가 무엇인지를 밝히려 한다. 이 사실을 염두에 두면서 필자는 먼저 배경적인 내용으로 구약성경에 사용된 "비밀"을 의미하는 단어들과 다니엘 2장에서 비밀의 사용례를 밝히고, 신약성경 저자들이 구약성경에 사용된 "비밀" 개념을 어떻게 그들의 상황에 적용했는지 복음서와 바울서신과 요한계시록을 차례로 살펴볼 것이다.

하나님의 비밀,
그리스도

1부
배경

Θέλω γὰρ ὑμᾶς εἰδέναι ἡλίκον ἀγῶνα ἔχω ὑπὲρ ὑμῶν καὶ τῶν ἐν Λαοδικείᾳ καὶ ὅσοι οὐχ ἑόρακαν τὸ πρόσωπόν μου ἐν σαρκί,
ἵνα παρακληθῶσιν αἱ καρδίαι αὐτῶν, συμβιβασθέντες ἐν ἀγάπῃ καὶ εἰς πᾶν πλοῦτος τῆς πληροφορίας τῆς συνέσεως, εἰς ἐπίγνωσιν τοῦ μυστηρίου τοῦ θεοῦ, Χριστοῦ,
ἐν ᾧ εἰσιν πάντες οἱ θησαυροὶ τῆς σοφίας καὶ γνώσεως ἀπόκρυφοι.
Τοῦτο λέγω ἵνα μηδεὶς ὑμᾶς παραλογίζηται ἐν πιθανολογίᾳ.
εἰ γὰρ καὶ τῇ σαρκὶ ἄπειμι, ἀλλὰ τῷ πνεύματι σὺν ὑμῖν εἰμι, χαίρων καὶ βλέπων ὑμῶν τὴν τάξιν καὶ τὸ στερέωμα τῆς εἰς Χριστὸν πίστεως ὑμῶν.
Ὡς οὖν παρελάβετε τὸν Χριστὸν Ἰησοῦν τὸν κύριον, ἐν αὐτῷ περιπατεῖτε,
ἐρριζωμένοι καὶ ἐποικοδομούμενοι ἐν αὐτῷ, καὶ βεβαιούμενοι τῇ πίστει καθὼς ἐδιδάχθητε, περισσεύοντες ἐν εὐχαριστίᾳ.
Βλέπετε μή τις ὑμᾶς ἔσται ὁ συλαγωγῶν διὰ τῆς φιλοσοφίας καὶ κενῆς ἀπάτης κατὰ τὴν παράδοσιν τῶν ἀνθρώπων, κατὰ τὰ στοιχεῖα τοῦ κόσμου καὶ οὐ κατὰ Χριστόν·
ὅτι ἐν αὐτῷ κατοικεῖ πᾶν τὸ πλήρωμα τῆς θεότητος σωματικῶς.

Christ as the Mystery of God

제 1 장
구약성경과 비밀

구약성경에서는 종종 감춰진 것들과 비밀들이 언급된다. 주권자이시고 모든 것을 아시는 하나님을 묘사할 때 성경 저자들은 하나님께 감춰진 것이나 비밀스러운 것이 아무 것도 없다고 설명한다. 하나님은 우주의 운행을 아시고(욥 38:1-39:30), 사람의 마음을 헤아리신다(삼상 16:7; 시 139:1-4, 11-12; 렘 17:9, 10; 고전 4:5; 히 4:13). 하나님의 뜻과 하나님의 활동은 비밀스럽다(욥 42:3사 49:9-11). 하나님 속에 있는 것을 알 사람이 아무도 없으므로 하나님의 뜻은 아무도 알지 못한 채 하나님만 아시는 비밀로 남아 있다(욥 38:4, 36; 슥 8:14, 15).

그런데 좀 더 전문적인 의미에서 구약성경에 사용된 "비밀"이란 의미와 그 특성을 밝히기 위해서는 구체적으로 "비밀" 용어를 살피는 것이 필요하다. 여기서 먼저 생각해야 할 문제는 해당 단어의 범위를 어디까지 한정할 것인지를 정하는 일이다. 우선 번역 성경에 "비밀" 또는 이와 관련한 ("은밀함" 또는 "감춤" 등) 단어가 등장하는 본문을 살피는 일부터 시작해보자. 70인경에서 "비밀"이라는 뜻의 "뮈스테리온"(μυστήριον)은 모두 아람어 "라쯔"(raz, רז)를 번역한 것이며, 총 21회 등장한다.[1] 그나마 구약성경에서 이 단어가 사용된 곳은 다니엘서가 유일하다(단 2:18, 19, 27, 28, 29, 30, 47〈 2〉; 4:6). 이 단어는 우리말 성경에 "은밀한 일"로 번역되었고, 감춤과 계시의 의미를 지닌다.

그 다음으로 개념적인 면을 고려하여, 70인경에서 "비밀"(μυστήριον)로 번역되지는 않았지만 라쯔의 특징적인 의미인 감춤과 계시의 개념을 전하는 단어를 살펴보자. 이 범주에 드는 단어는 아람어 라쯔와 동의어로 사용되는 히브리어 "소드"(sod, סוד)와 "사타르"(satar, סתר)이다. 사실 이 두 단어는 그 의미가 명확하게 규명된 단어는 아니다. 보크뮤엘은 소드와 사타르가 하나님의 비밀들이라는 광범위한 주제에서 별로 중요하지 않은 위치에 있다고 지적한다.[2] 보크뮤엘은 소드(sod)가 70인경에서 μυστήριον으로 번역되지 않으며, 기껏해야 "(행동을) 의논하는 가까운 친구들의 모임" 또는 하나님의 모사나 비밀스런 계획을 언급하여 신탁(꿈, 환상, 계시)의 해석을 의미하는 라쯔와 다르게 사용되었다고 주장한다.

그러나 브라운은 신약의 "비밀"의 셈어적 배경을 간파하고 "소드"가 어느 정도 신약성경의 "비밀"의 의미를 밝혀주는 중요한 단어라고 지적하면서 소드의 중요성을 일깨웠다.[3] 파브리(Fabry)와 하비 역시 라쯔와 소드

---

[1] 토빗 12:7, 11; 유딧 2:2; 솔로몬의 지혜서 2:22; 6:22; 14:15, 23; 시락서 3:18; 22:22; 27:16, 17, 21; 단 2:18, 19, 27, 28, 29, 30, 47(2); 4:6.

[2] Bockmuehl, *Revelation and Mystery*, 15-16.

[3] Brown, *The Semitic Background*, 5. 또한 "하나님의 하늘 회의"로서 סוד의 일반적인 배경을 논한 Heinz-Dieter Neef, *Gottes himmlischer Thronrat: Hintergrund und Bedeutung von sôd JHWH im Alten Testament* (Stuttgart: Calwer, 1994), 34-56을 보라.

가 매우 유사한 의미를 지닌 단어임을 상기시킨다. 파브리에 따르면, 소드는 시와 선지서 장르에 사용되는 단어이고, 라쯔는 묵시 사상의 저자들이 선호하는 단어였다.[4] 이런 현상은 소드에만 해당되지 않는다. 사타르도 어느 정도 라쯔의 의미를 전달한다. 특히 잠언 25장에서는 사타르("일을 숨기는 것⟨satar⟩은 하나님의 영화요⋯⋯," 25:2)와 소드("남의 은밀한 일⟨sod⟩은 누설하지 말라," 25:9)가 라쯔와 같은 의미로 사용되었다.[5] 그래서 본서에서는 "비밀" 사상을 밝히는 데 이 두 단어를 고려할 것이다.

1. "비밀"을 의미하는 단어들: 소드(סוד)와 사타르(סתר)

앞에서 언급했듯이, 소드와 사타르는 "비밀" 개념을 나타내는 전형적인 단어는 아니지만, 비밀 개념의 중요한 특징을 제공한다. 두 단어가 하나님(과 그분의 일)을 설명하는 경우, 소드는 "하나님의 하늘 회의"에서 일어나는 하나님의 비밀과 관련된 의미를 표현하고, 사타르는 하나님 속에 감춰진 비밀 사상을 전달한다.

---

[4] H. Fabry, "סוד," *TDOT*, X: 172; Harvey, "The Use of Mystery Language," 327.

[5] 소드와 사타르 외에도 하나님의 비밀스러움을 전하는 지혜 용어가 있다. 비밀과 유사한 개념을 전하는 대표적인 지혜용어는 에차(עצה)이다. 소드와 사타르가 하나님의 비밀스러움과 계시를 암시하는 용어들이라면, 에차는 하나님의 계획이 신비라는 사실을 지시하는 지혜 용어다. 보통 여호와의 "계획"이나 "경영" 또는 "모사"로 번역되는 이 단어는 사람이 하나님께서 하시는 일의 신비를 알 수 없고 그곳에 들어갈 수도 없음을 알려준다(욥 38:2; 42:3; 시 33:11; 잠 14:26, 27; 19:21; 사 40:13; 46:10, 11). P. R. Gilchrist, "יעץ," *TWOT*, I: 390; M. Fox, *Proverbs 1-9*, AB (Garden City: Doubleday, 2000), 32.

(1) 소드(סוד)

소드는 사람들이 알지 못하는 하나님의 비밀을 강조한다. 70인경에서 히브리어 "소드"는 "비밀"(μυστήριον)로 번역되지 않았다.[6] 그렇지만 몇몇 경우에서 이 단어는 "비밀"과 거의 같은 의미로 사용되었다. 소드는 구약성경에 단수 형태로 스물한 번 등장하는데,[7] 그 첫 번째 의미는 "(행동을) 의논하는 가까운 친구들의 모임"이다. 그렇지만 이 단어는 믿을 만한 인간관계(창 49:6; 렘 6:11; 15:17; 겔 13:9; 시 55:15; 64:3; 111:1; 욥 19:19; 잠 15:22), 의논/계획(시 83:4; 잠 11:13; 20:19; 25:9), 하늘 회의(총회)/하나님의 회의(렘 23:18, 22; 시 89:8; 욥 15:8; 잠 3:32), 비밀스런 계획(암 3:7; 시 25:14) 등의 의미로 더 많이 사용된다.[8] 소드는 하나님과 관련하여 사용될 경우, 하나님의 비밀스러운 뜻이 강조된다. 소드는 비밀스러운 것이어서 하나님의 모의(소드)를 아는 사람이 없으며(욥 15:8), 하나님의 회의에 참석하여 그 말을 알아듣는 사람이 없다(렘 23:18, 22). 소드가 하늘 회의를 언급하는 대표적인 예는 욥기 15:7-8이다. 이 본문은 데만 사람 엘리바스가 욥의 교만을 꾸짖으면서 욥에게 따지듯이 질문할 때 사용되었다. 엘리바스는 욥에게 그가 세상 창조 이전에 태어난 "제일 처음 난 사람"이냐고 물으면서 욥이 과연 "하나님의 소

---

[6] 예외적으로 시락서 3:19에는 소드가 μυστήριον으로 번역되었다. 그 외에 소드가 사용된 잠언 11:13과 20:19는 LXX에서 βουλή로(Symmachus에서는 μυστήριον으로), 욥기 15:8은 σύνταγμα로(Theodotion에서는 μυστήριον으로), 시편 24(25):14은 κραταίωμα로 (Theodotion과 Aquila에서는 μυστήριον으로) 각각 번역되었다.

[7] סוד (시 25:14; 55:15; 83:4; 잠 11:13; 15:22; 20:19); וסוד (잠 25:9); בסוד (렘 15:17; 23:18; 겔 13:9; 시 89:8; 시 111:1; 욥 29:4); 의문형인 הסוד (욥 15:8); מסוד (시 64:3); סודי (욥 19:19); בסודי (렘 23:22); וסודי (암 3:7; 잠 3:32); בסדם (창 49:6).

[8] BDB, 691. HALOT에는 소드의 의미로 "비밀스런 계획" (secret/scheme)의 뜻에 암 3:7; 렘 23:18-22; 시 25:14; 잠 3:32가 열거되었다. HALOT, I, 745.

드" 즉 하나님의 하늘 회의에 참여하여 지혜를 얻었느냐고 따진다. "하나님의 오묘하심을 네가 들었느냐 지혜를 홀로 가졌느냐?"(욥 15:8). 여기서 소드는 욥기 1장에 언급된 하나님의 하늘 회의 장면을 상기시킨다.[9]

소드가 하나님의 "계시"와 연결되어 사용된 예는 아모스 3:7이다. 이 본문에는 소드가 계시 용어인 "갈라"(גלה)와 함께 등장한다. "주 여호와께서는 자기의 '비밀'을 그 종 선지자들에게 '보이지'(גלה, 계시하지) 아니하시고는 결코 행하심이 없으시리라." 여기서 중요한 사실은 하나님은 그분만이 소유하고 있는 비밀을 그분의 선지자에게 먼저 계시하신 다음에야 그 계시의 내용대로 행동하신다는 것이다. 그래서 선지자들은 하나님의 경영과 그분의 계획(즉, 비밀)을 알게 된다. 미래를 말하는 것(foretelling)이 선지자들의 본래 사명은 아니지만, 하나님께서 장차 하실 일을 선지자들에게 계시하시면, 선지자들은 "미래를 말할 수 있게" 된다.[10] 선지자들이 전하는 계시는 하나님의 경영과 뜻과 계획(비밀)이다.

선지자들이 하나님의 계시를 받아 앞으로 있을 하나님의 비밀스런 계획을 알 수 있다는 것은 하늘에 있는 하나님의 회의에 참석한 것과 연결된다(민 24:4, 16; 렘 23:18). 이 회의에서 최종적인 판단을 내리는 분은 오직 하나님이시고, 천사들의 역할은 기껏해야 의견을 제안하고 결정된 것을 시행하는 것뿐이지만,[11] 하늘 회의는 종종 하나님과 그분의 천사들의 회의를 지칭했다. 하나님의 계획이나 모사를 아는 사람은 아무도 없다. 선지자

---

9) 욥기 15:8에 언급된 하늘 회의와 같은 의미로 사용된 본문은 시편 89:8(MT)과 예레미야 23:18-22이다. D. J. A. Clines, *Job*, WBC 17 (Dallas: Word Books, 1989), 350; Fabry, "סוד," 174.

10) G. Vos, *Biblical Theology*. 「성경신학」, 원광연 옮김 (고양: 크리스챤다이제스트, 2005), 259.

11) 대표적인 예가 왕상 22:19-23과 사 6:1-3이다. Brown, *The Semitic Background*, 4.

들도 하나님께서 자신이 하려는 것을 자기들에게 계시하셔야 비로소 하나님의 비밀을 알기도 하고 그 내용을 사람들에게 전할 수 있다. 하늘 회의에 들어가 그 회의의 증인이 되는 것은 참 선지자와 거짓 선지자를 구별하는 기준이다(렘 23:18, 22). 이 사실에 비춰볼 때, 여호와께서 행하시는 것을 계시로 받아 전하는 선지자들은 "여호와의 회의"에 참석할 수 있는 참 선지자의 조건을 구비한 사람들이다.[12] 선지자들은 하나님 측근에 있는 하나님의 종들이며(왕하 17:13, 23; 21:10; 24:2; 렘 7:25; 25:4; 26:5; 29:19; 35:15), 하나님의 백성에게 하나님께서 행하시는 일과 그분의 뜻을 해석하는 사람들이다.[13]

이에 비춰볼 때 아모스 3:7은 선지자들이 여호와의 비밀을 받아 전달하는 자격을 갖춘 사람들인 근거로 그들이 말하는 내용이 여호와의 소드("하늘 회의")와 관련이 있음을 제시한다.[14] 그래서 선지자들이 전하는 말은 하나님께서 장차 하실 그분의 은밀한 계획이다. 이처럼 선지자들의 활동은 비밀스럽고 감춰진 일들과 관련이 있다. 선지자들은 어둠과 혼란 등 하나님의 뜻을 헤아리지 못하는 상황에서 하나님의 현재와 미래의 목적과 계획을 계시하는 중보자로 활동했다(사 9:2; 29:18; 45:3; 60:1, 2; 겔 34:12; 암 3:7; 미 7:8, 9).

---

[12] H. W. Wolff, *Joel and Amos*, Hermeneia (Philadelphia: Fortress, 1975 <German: 1969>), 187.

[13] W. R. Harper, *Amos and Hosea*, ICC (Edinburgh: T&T Clark, 1979), 72.

[14] D. Stuart, *Hosea-Jonah*, WBC 31 (Dallas: Word Books, 1987), 324-25.

(2) 사타르(סתר)

사타르는 "하나님 속에 감춰진 비밀"을 뜻한다. 사타르를 사용하여 하나님의 "비밀들"이 어떤 특성이 있는지를 제시하는 본문은 신명기 29:29(LXX)이다. "감춰진 것들은 우리 하나님 여호와께 속했거니와 나타난 것들은 영구히 우리와 우리 자손에게 속한다"(신 29:29). 이 본문에서는 "감춰진 것"(크뤼입타, κρυπτα)과 "나타난 것"(파네라, φανερά)이 대조되면서, 감춰진 것은 하나님에게 속한 고유 영역임을 분명히 한다. 이스라엘 백성에게 나타난(계시된) 것은 "율법의 말씀"이다. 사람들은 이것을 찾고 그 말씀대로 행할 수 있다. 그러나 사람들에게 감춰진 것들은 전적으로 하나님에게만 속한 비밀이며, 인간의 한계 밖에 있다.[15] 사람들은 아무리 노력하더라도 스스로의 힘으로 그 비밀을 알 수 없다. 그 비밀은 하나님 고유 영역에 속하기 때문이다. 그런데 하나님께서 그분의 비밀들을 사람들에게 계시하기로 결정하셨더라도 이 비밀들은 미래에 계시될 것이며 그 비밀을 계시하는 시기와 비밀의 내용은 철저하게 하나님께 속했으며, 인간의 한계 밖에 있다.[16] 여기에 언젠가는 하나님께서 "감춰진 것들"을 친히 계시하실 것이라는 사실이 암시되어 있다.[17]

신명기 29:29 이외에도 이러한 사상을 나타내는 본문이 더 있다. 잠언은 비밀이 하나님에게 속했으며 인간의 능력 밖에 있다는 것과 인간의

---

[15] G. von Rad, *Deuteronomy*, OTL (London: SCM, 1966), 181; J. A. Thompson, *Deuteronomy*, TOTC (Leicester: IVP, 1974), 284.

[16] P. Craigie, *The Book of Deuteronomy*, NICOT (Grand Rapids: Eerdmans, 1976), 361; S. R. Driver, *Deuteronomy*, ICC (3rd ed.; Edinburgh: T&T Clark, 1978), 328.

[17] Bockmuehl, *Revelation and Mystery*, 14.

지혜가 그 비밀을 아는 데 한계가 있음을 지혜 용어로 표현했다. "나는 지혜를 배우지 못했고 또 거룩하신 자를 아는 지식이 없거니와 하늘에 올라갔다가 내려온 자가 누구인지, ……너는 아느냐?"(잠 30:3, 4. 참조. 욥 28:12-14; 38:4-41:34). 이 구절에서 저자는 사람이 하나님의 뜻을 알지 못한다는 것과 하나님의 뜻을 알려면 "하늘에 올라갔다" 와야 한다는 점을 밝힌다.

그러나 특기할 만한 사실은 이 비밀이 역사의 중간에라도 하나님의 선지자들에게는 계시되었다는 점이다. 선지자들은 이러한 비밀스럽고 감춰진 하나님의 비밀을 전달하는 사람으로 부름을 받았다. 그래서 그들은 예외적으로 종말이 임하기 전, 역사의 중간에라도 하나님의 신비롭고 감춰진 비밀의 내용을 알았고(참조. 벧전 1:10-11), 이스라엘의 비밀스런 상황과 하나님의 현재적 목적과 미래의 계획을 백성들에게 계시하는 중보자로 사역했다.[18] 하나님은 선지자를 통하여 자신의 뜻을 "좀 더 넓은 구원 역사의 차원에서 그의 백성에게 계시하신다."[19] 이런 경우에 계시는 선지자 개인의 유익을 위해 주어진 것이 아니라 전체 공동체에게 전달하라고 주어졌다.

2. 다니엘서의 "비밀": 라쯔 (רז)

"비밀"로 번역되는 아람어 라쯔(raz, רז)는 페르시아어에서 차용한 단어이다. 구약성경에서 이 단어는 느브갓네살이 꾼 꿈을 하나님께서 다

---

[18] H. H. D. Williams, III, "Mystery," in *New Dictionary of Biblical Theology*, eds. T. D. Alexander, et al. (Leicester, Downers Grove: IVP, 2000), 675.

[19] Bockmuehl, *Revelation and Mystery*, 9.

니엘에게 해석해주신 다니엘 2장에 아홉(또는, 열) 번 등장한다(단 2:1-49. 참조. 4:6(LXX), 한글 4:9)[20]. 다니엘 2장에서 "비밀"은 복수형과 단수형으로 자유롭게 활용되면서 (인간의 이해를 넘어서는) 꿈 또는 환상의 "내용"을 언급하든지(2:18, 19, 27),[21] 아니면 그 꿈의 "해석"을 언급한다(2:28, 29, 30, 47; 4:9). 꿈 해석은 비밀이 하나님의 계시를 통해서 알려진다는 점을 강조한다.[22] 계시가 꿈으로 임했다는 사실은 꿈이 계시 수납자의 수동성을 강조하는 것과 관련이 있다.[23] 이것은 꿈의 내용을 알리는 분이 하나님이시며, 그 내용을 아는 것이 전적으로 하나님의 주권에 있음을 알려준다. 그 대표적인 예는 야곱의 꿈(창 28:12-15)과 요셉의 꿈이다(창 37:5-11). 야곱과 요셉이 꾼 꿈은 꿈꾼 사람들의 의사와는 상관없이 하나님께서 그분이 장차 하실 일을 각 사

---

[20] 70인경에는 다음과 같이 단수형과 복수형으로 등장한다. 단 2:18(단수), 19(단수), 27(단수), 28(복수), 29(복수), 30(단수), 47(두 번; 복수와 단수); 4:6(단수). 단수형과 복수형은 의미에 차이가 없다. 단지 복수형은 "거대한 비밀을 표현하는 문학적인 다양성"으로서 다양한 비밀을 언급하기 위한 것이다. Brown, *The Semitic Background*, 44. 유대 문헌에 복수형의 "비밀들"을 언급하는 자료들을 보라. 에녹1서 9:6; 유다의 유언 16:4; 1QM 3:9; 14:14; 16:11, 16; 17:9; 1QS 4:18; 9:18-19; 1QpHab 7:4, 8, 13-14; CD 3:18.

[21] 꿈은 구약에서 하나님의 중요한 계시 수단 가운데 하나였다. R. W. Yarbrough, "Revelation," *New Dictionary of Biblical Theology* eds. T. D. Alexander et. al. (Leicester: IVP, 2000): 733-34. 말리나는 고대 지중해 세계에서 꿈이나 엑스터시를 통해 주어지는 계시의 예를 제시한다. B. J. Malina, *On the Genre and Message of Revelation. Star Visions and Sky Journeys* (Peabody: Hendrickson, 1995), 31-33; J. M. Husser, *Dreams and Dream Narratives in the Biblical World* (Sheffield: Sheffield Academic, 1999). 유대 문헌의 꿈 연구에 대해서는 R. K. Gnuse, *Dreams and Dream Reports in the Writings of Josephus: a Traditio-historical Analysis* (Leiden: Brill, 1996)를 보라.

[22] E. C. Lucas, *Daniel*, AOTC 20 (Leicester: Apollo, 2002), 72; J. J. Collins, *Daniel*, Hermeneia (Philadelphia: Fortress, 1993), 159; L. F. Hartman and A. A. Di Lella, *The Book of Daniel*. AB 23 (New York: Doubleday, 1977), 139.

[23] 왕대일, "묵시문학 다니엘의 종말론 - 그 신학적 이해," 「신학과 세계」 37 (1998, 가을), 11. 다니엘서에서는 "꿈"과 "이상"이 거의 구별이 없이 사용되거나 두 용어가 나란히 사용된다. 단 1:17; 2:19, 28; 4:5, 9, 10, 13; 7:1, 2, 7, 13, 15. 반면에 단 8-11장에서는 "꿈"은 언급되지 않고 "이상"만 언급되었다. 단 8:1, 2, 13, 15, 16, 17, 19, 26, 27; 9:21, 23, 24; 10:1, 7, 8, 14, 16; 11:14.

람에게 알리신(계시하신) 것이다.[24]

다니엘서에서도 "비밀"이 꿈의 형식으로 주어지고 해석된 것은 이 단어가 지니고 있는 종말론적인 비밀을 강조한다. 하나님(과 하나님의 영의 감동을 받은 사람들)만 하나님께서 정하신 미래 사건을 감추고 계시하고 해석할 수 있다. 이런 까닭에 다니엘서 70인경에서 "비밀"은 "나타내다"($ἐκφαίνω$, 단 2:19, 47)와 "계시하다"($ἀνακαλύπτω$, 2:22, 28, 29)라는 두 계시 용어와 결합되어 등장한다.

에크파이노($ἐκφαίνω$)는 70인경에 열네 번 등장한다. 이 단어의 가장 전형적인 의미는 어떤 사람의 비밀이나 그 사람과 관련된 은밀한 정보를 "누설하다(sharing)" 또는 "드러내다(revealing)"이다. 하지만 이 단어는 비밀들 또는 진리에 대한 신적인 계시와 관련해서도 사용된다. 다니엘서의 용례가 그 대표적인 경우이다.[25] 아나칼뤼입토($ἀνακαλύπτω$)는 70인경에 스물다섯 번 등장하는데, 일반적으로 "드러내다(uncover)" 또는 "베일을 벗기다(unveil)"의 의미로 사용된다.[26] 이 단어는 에크파이노처럼 단순히 사람들의 은밀한 정보를 드러낸다는 의미를 전달하기도 하고,[27] 하나님께서 어떤 것을 계시하신다는 사실을 전달하기도 한다.[28]

이런 점에서 다니엘서에 사용된 명사(名詞) 라쯔는 하나님의 계시를

---

[24] 꿈과 이상은 시각적으로 임하는 계시다. Vos, 「성경신학」, 303-305. 꿈에서 주신 하나님의 말씀(창 28:13-15)과 야곱이 그 장소를 "하나님의 전이요 하늘의 문"으로 인식한 것이 그러하다(창 28:17). 요셉은 그의 꿈대로 형들이 행하자 그 꿈을 기억했다(창 42:9; 50:18-19).

[25] 다니엘서 이외에 이런 의미로 사용된 경우는 시락서 16:25과 24:27에서 발견된다.

[26] A. Oepke, "$καλύπτω, κτλ$," *TDNT*, III: 560-61; BDAG, "$ἀνακαλύπτω$," 65.

[27] 사 20:4; 22:8, 9; 렘 13:22; 30:4.

[28] 욥 12:22; 사 22:14.

전하는 동사들과 함께 사용되는 계시 용어이다. 라쯔에는 신적인 비밀이 함의되었다. 라쯔가 다니엘서에서 구체적으로 어떻게 사용되었는지 살펴보자.

다니엘 2장에서는 느브갓네살의 잊어버린 꿈의 내용을 알아내고 해석하는 문제가 다뤄져 있다. 바벨론의 박사들과 술객과 점쟁이들은 느브갓네살의 잃어버린 꿈과 그 꿈의 의미를 알아내지 못했다(단 2:10, 27). 느브갓네살이 꾼 꿈은 하나님께서 장래에 하실 일을 계시하신 것이며, 그 꿈의 뜻은 하나님만이 알릴 수 있으시기 때문이다(2:11, 28). 하나님께서는 다니엘에게 그 꿈의 내용을 알리시면서 그 꿈에 등장하는 실체(2:31-35)가 네 나라를 상징한다고 해석해 주셨다(2:36-45). 꿈의 초점은 네 나라 중에서 (강하기가 철과 같은) 느브갓네살의 꿈에서 절정에 달한 부분인 네 번째 나라에 맞춰져 있다(2:33, 40-45). 일련의 나라가 일어나고 망하는 중에 하나님께서는 꿈으로써 "장래에" 하나님의 나라를 세우실 것이라고 알리신다(2:28, 45). "오직 은밀한 것을 나타내실 이는 하늘에 계신 하나님이시라 그가 느부갓네살 왕에게 후일에 될 일을 알게 하셨나이다"(2:28). "하나님이 장래 일을 왕께 알게 하신 것이라"(2:45).

그러므로 느브갓네살이 꾼 꿈은 일상적인 꿈이 아니라 하나님의 계시였다. 그것도 장래에 발생할 종말론적 계시였다. 하나님의 계시는 꿈이라는 베일에 감춰진 채 (느브갓네살에게) 주어졌으며, 나중에 하나님께서는 그의 종 선지자 다니엘을 통하여 그 꿈의 내용을 알리고 그 의미를 해석해 주셨다(2:17-23, 28-30). 말하자면 그 계시는 하나님의 종(다니엘)의 해석(페쉐르, פְּשַׁר)이 동반되어야 그 내용을 알 수 있는 "비밀"이다. 특히 본문에서 이 문제는 꿈의 내용이 철저하게 감춰졌다는 것과 그것을 알고 해석하는 것은 참 신(하나님)의 조건이라는 문제로 이어진다. 이 사실은 바벨론의 박사들의 입을 통해 증언된다. "육체와 함께 거하지 아니하는 신들 외에는 왕 앞에 그것(꿈 해석)을 보일 자가 없나이다"(2:11). 바벨론의 박사들은 하나님께서 느브갓네살에게 꿈으로 보여주신 비밀의 내용을 해석할 수가 없었던 반면에, 다니엘이 섬기는 하나님은 은밀한 것(비밀)을 나타내실 뿐만 아니라 그것을 해석할 수 있으시다. 다니엘은 다음과 같이 증언한다.

> 그(하나님)는 깊고 "은밀한 일"을 "나타내시고" 어두운 데에 있는 것을 아시며 또 빛이 그와 함께 있도다. 나의 조상들의 하나님이여, 주께서 이제 내게 지혜와 능력을 주시고 우리가 주께 구한 것을 내게 알게 하셨사오니 내가 주께 감사하고 주를 찬양하나이다. 곧 주께서 왕의 그 일을 내게 보이셨나이다(단 2:22-23).

여기서 느브갓네살의 꿈은 깊고 "은밀한 일"로 묘사되었다. "감춰진"(satar)이라는 단어는 "비밀(raz)"과 다른 단어이지만 그 내용이 인간의 지식을 넘어 아무도 그것을 헤아릴 수 없이 하나님에게 감춰졌다는 의미를 담고 있어, 비밀의 의미를 이해하는 데 도움이 된다(참조. 신 29:29).[29] 다니엘은 하나님께 이 비밀을 알려 달라고 기도했고(단 2:18), "비밀"이 밤에 이상으로 다니엘에게 나타내 보였다(gali)(2:19). "나타내 보이다"는 수동태이며, 하나님이 비밀을 나타내는 분이시다(passivus divinus). 70인역에서 "에크세판데"(ἐξεφάνθη, 단 2:19, 30)로 번역한 이 단어(gali, גלי) 역시 라쯔와 마찬

---

[29] 이것은 신명기 29:29(LXX; MT, 29:28)의 "오묘한 일"과 의미가 같다. S. R. Miller, *Daniel*, NAC (Nashville: Broadman & Holman, 1994), 87; T. Longman, *Daniel*, NIVAC (Grand Rapids: Zondervan, 1999), 78-79.

가지로 계시 용어이다.30) 이것은 하나님만이 그 내용을 알리시고(계시하시고) 또 그것을 아는 것이 하나님에 의해 주어진다는 사실을 강조한다.

하나님만이 비밀을 계시하신다는 사실은 다니엘 2:27, 28에서 반복된다. 여기서 다니엘은 "은밀한 것" 즉, "비밀"이 박사나 술객이나 박수나 점쟁이에게 보일 수 없다고 분명히 밝힌다. 다니엘이 느브갓네살에게 알게 한 그 비밀은 하나님의 계시이고, 하나님만 주실 수 있는 것이기 때문이다. "은밀한 것들을 나타내실 이는 (오직) 하늘에 계신 하나님이시라. 그분이 느브갓네살 왕에게 후일에 될 일을 알게 하셨나이다"(단 2:28).31) 본문에는 두 가지 사실이 강조되었다.

첫째는 비밀을 나타내시는 분이 하나님뿐이라는 사실이다. 다니엘은 2:22에서 그 이유를 밝혔다. 그 비밀은 깊고 어두운 데 있으며, 하나님만 그것을 나타내고 그것을 아시고 빛이 그와 함께 있기 때문이다.

둘째는 그 비밀이 "후일에 될 일"32)을 내용으로 한다는 사실이다. 여기서 "후일(마지막 날)"은 단순히 미래의 어떤 한 순간이 아니라 "현존하는 날들의 마지막 부분" 즉, 이 시대의 끝(종말)을 가리킨다.33) 그래서 70인경

---

30) 참조. H. Zobel, "גלה," TDOT, II: 477-78, 483. 특히 조벨은 "갈라"(גלה)가 소드(סוד)와 결합하여 "비밀을 계시한다"는 의미로 사용되었음을 밝힌다(참조. 암 3:7).

31) 여기서 하나님을 하늘에 계신 분으로 언급한 것은 그분이 사람이 만든 신과 다르다는 것, 그래서 비밀스러운 것(꿈)을 계시할 수 있는 유일한 분이시라는 것을 알려준다. 이것을 다니엘서의 주제와 연결한 Miller, *Daniel*, 89를 보라.

32) "후일에 될 일"은 전형적인 종말론적인 어구이다. Hartman and Di Lella, *Daniel*, 140.

33) 참조. 단 8:19, 23; 10:14; 11:4; 12:8. J. E. Goldingay, *Daniel*. WBC 50 (Dallas: Word Books, 1986), 48. 이 어구는 "성취의 때"를 지시할 목적으로 사용되었고, 성취의 때는 이 세대의 끝(at the end of this age, REB)에 온다. 신약성경에서 "마지막 날"을 언급하는 용어도 본문에 사용된 용어들과 유사하다. 신약성경에서 이와 비슷한 표현이 종말을 나타내는 어구로 사용되었다. 히 1:2(ἐπ' ἐσχάτου τῶν ἡμερῶν τούτων). 참조. 행 2:17(ἐν ταῖς ἐσχάταις ἡμέραις); 딤전 4:1(ἐν ὑστέροις καιροῖς); 딤후 3:1(ἐν ἐσχάταις ἡμέραις); 요일 2:18(ἐσχάτη ὥρα).

에서는 아람어 "후일에"를 "마지막 날에"(ἐπ ἐσχάτων τῶν ἡμερῶν)라고 번역했다(28절).[34] 이것은 70인경 번역자가 느브갓네살의 꿈에 언급된 사건이 단순히 미래에 될 일이 아니라 "종말론적" 상황에 발생할 것으로 이해했다는 증거이다. 하나님께서 느브갓네살에게 계시한 "비밀"은 하나님의 뜻과 계획과 구원이 성취되는 때 즉, 하나님께서 정하신 구체적인 시점에 발생할 종말론적인 사건이다.[35] 다니엘서에서 "비밀"은 구체적으로 세상 끝에 세상 나라를 멸하고 하나님의 영원한 나라를 세우신다는 "종말론적인 비밀"이라는 것이 판명되었다(단 2:44, 45).[36] 다니엘서의 예에서 볼 수 있듯이, 선지자들에게 알려진 "하나님의 비밀"은 "날의 마지막"에 속한 종말론적인 실체이다. 그 비밀은 하나님께서 작정하고 계획한 것이므로 "반드시 발생한다"(단 11:36; 12:7; 계 1:1. 참조. 사 14:24; 65:6; 행 26:22).

다니엘 2:29-30은 비밀이 미래에 속한 내용을 담고 있다는 사실을 더욱 강조한다. 느브갓네살은 잠자리에 들 때 "장래에 일어날 일(אחרי דנה)"을 생각했다. 하나님께서는 그것을 꿈으로 계시하셨고(29절), 이렇게 하여 다니엘을 통하여 장래일과 관련된 은밀한 것(과 그 해석)을 느브갓네살에게 알리셨다(30절).

다니엘 2장의 비밀의 내용과 비밀 해석은 하나님께서 마지막 때에 그분의 나라를 세우신다는 내용을 담고 있는 다니엘 2:44에서 절정에 달한

---

34) 이 단어와 동일한 의미의 히브리어 표현이 단 8:19과 10:14에도 사용되었다

35) 말일에 있을 구체적인 언급과 관련해서는 창 49:1; 민 24:14; 사 2:2; 겔 38:16; 호 3:5을 보라. Collins, *Daniel*, 161. 영(Young)은 너무 성급하긴 하지만, 비밀이 계시되는 "마지막 날"을 "이 세대의 끝"인 메시아의 시대를 가리킨다며 기독론적으로 해석했다. E. J. Young, *The Prophecy of Daniel* (Grand Rapids: Eerdmans, 1947, 1980), 70.

36) G. K. Beale, *The Use of Daniel in Jewish Apocalyptic Literature and in the Revelation of St. John* (Lanham: University Press of America, 1984), 13, 17.

다. "이 여러 왕들의 시대에 하늘의 하나님이 한 나라를 세우시리니 이것은 영원히 망하지도 아니할 것이요 그 국권이 다른 백성에게로 돌아가지도 아니할 것이요 도리어 이 모든 나라를 쳐서 멸망시키고 영원히 설 것이라." 마지막 때에 실현될 하나님의 계획은 모든 나라를 멸망시키고 하나님의 나라를 세우는 것이다. 느브갓네살의 꿈에서 이 사실은 한 돌이 태산을 이루는 것으로 상징되었다(단 2:34-35, 45). 구약성경에 산이 하나님의 통치가 구현되는 상징으로 언급되었다는 사실(시 2:6; 48:2-3〈MT 48:1-2〉; 사 2:2-3; 겔 17:23; 미 4:1-2)을 고려하면, 꿈에서 한 돌이 태산을 이룬다는 것은 새로운 나라가 하나님에게서 기원하여 영원히 지속될 것을 의미하는 것이 분명하다.[37]

그런데 비밀이 비록 종말의 때와 관련되었다고 하더라도 느브갓네살이 꾼 꿈의 내용은 비밀로 알려진 선지자의 시대의 상황을 배제하지 않는다. 빌(Beale)이 통찰력 있게 지적했듯이, 꿈 해석의 초점이 종말론적인 사건에 있다고 하더라도 "그 해석은 여전히 다니엘 당대의 상황과 관련이 있다."[38] 이러한 사실은 다니엘 2:36-38에서 다니엘이 꿈을 느브갓네살의 현재 통치와 그가 다스리는 바벨론 나라와 관련하여 해석한 것에서 증명된다. 그러므로 비밀의 내용은 역사 안에 발생하는 하나님의 현재 활동 속에서 하나님의 미래 활동을 예시한다.[39]

---

[37] Longman, *Daniel*, 82-83; Goldingay, *Daniel*, 52. 특히 이것을 메시아 예언과 연결시킨 Young, *The Prophecy of Daniel*, 78을 보라.

[38] 빌은 신약 저자들이 그들이 인용하려는 구약성경의 역사적 문맥과 문학적 문맥을 고려했다는 점을 강조한다. Beale, *The Use of Daniel*, 14; idem, "Revelation," in *It is Written: Scripture Citing Scripture. Essays in Honour of Barnabas Lindars, SSF.* eds. D. A. Carson and H. G. M. Williamson (Cambridge: Cambridge University Press, 1988): 323.

[39] Williams, "Mystery," 674.

다니엘의 하나님이 비밀들을 계시할 수 있는 하나님이시라는 사실을 깨달은 느브갓네살은 다니엘의 하나님만이 "모든 신의 신이시며 모든 왕의 주재" 이시라고 고백한다(단 2:47). 그러므로 다니엘 2:47은 다니엘 2장의 주제인 "다니엘의 하나님이 장래일과 관련된 비밀의 내용을 아시는 참 하나님인가?"의 문제에 대한 결론이다. 하나님께서는 느브갓네살에게 비밀을 계시하심으로써 자신만이 장래에 될 일의 비밀을 알고 계시하는 유일한 분이심을 알리셨다. 그러므로 다니엘서에서 "비밀"은 하나님께서 마지막 때에 관한 일을 알려주는 계시 용어였다. 여기서 "비밀"은 하나님께서 종말론적 시대에 나타내실 하나님의 뜻과 하나님의 구원 계획과 관련이 있다.

요약

다니엘 2장에서 라쯔("비밀")는 비밀의 내용과 해석으로 사용되었다. 비밀의 내용은 하나님께서 역사 안에서 행하시는 계시이다. 구체적으로 느브갓네살의 왕국과 그 후에 계속되는 여러 나라들과 마침내 하나님께서 세우실 하나님 나라가 비밀의 내용으로 등장한다. 비밀의 해석은 다니엘이 중보자로서 그 역할을 수행하고 하나님이 역사 안에서 현재 행하시고 종말에 행하실 사역을 가리킨다.

하나님의 비밀,
그리스도

2부
신약성경과
비밀

Θε λων γά ρ ὐ μᾶ ς εἰ δέ ναι ἠ λί κον ἀ γῶ να ἔ χω ὐ πὲ ρ ὑ μῶ ν καὶ τῶ ν ἐ ν Λαοδικεί ᾳ
καὶ ὅ σοι οὐ χ ἑ ὁ ράκασι τὸ πρό σωπό μου ἐ ν σαρκί,
ἵ να παρακληθῶ σιν αἱ καρδί αι αὐ τῶ ν, συμβιβασθέ ντες ἐ ν ἀ γά πῃ καὶ εἰ ς πᾶ ν
πλοῦ τος τῆ ς πληροφορί ας τῆ ς συνέ σεως, εἰ ς ἐ πί γνωσιν τοῦ μυστηρί ου τοῦ θεοῦ ,
Χριστοῦ ,
ἐ ν ᾧ , εἰ σιν πά ντες οἱ θησαυροὶ τῆ ς σοφί ας καὶ γνώ σεως ἀ πό κρυφοι.
Τοῦ το λέ γω ἵ να μηδεὶ ς ὑ μᾶ ς παραλογί ζηται ἐ ν πιθανολογί ᾳ .
εἰ γὰ ρ καὶ τῇ , σαρκὶ ἄ πειμι, ἀ λλὰ τῷ , πνεύ ματι σὺ ν ὑ μῖ ν εἰ μι, χαί ρων καὶ
βλέ πων ὑ μῶ ν τὴ ν τά ξιν καὶ τὸ στερέ ωμα τῆ ς εἰ ς Χριστὸ ν πί στεως ὑ μῶ ν.
Ὡς οὖν παρελά βετε τὸ ν Χριστὸ ν Ἰησοῦ ν τὸ ν κύ ριον, ἐ ν αὐ τῷ , περιπατεῖ τε,
ἐ ρριζωμέ νοι καὶ ἐ ποικοδομού μενοι ἐ ν αὐ τῷ , καὶ βεβαιού μενοι τῇ , πί στει καθὼ ς
ἐ διδά χθητε, περισσεύ οντες ἐ ν εὐ χαριστί ᾳ.
βλέ πετε μή τις ὑ μᾶ ς ἔ σται ὁ συλαγωγῶ ν διὰ τῆ ς φιλοσοφί ας καὶ κενῆ ς ἀ πα της
κατὰ τὴ ν παρά δοσιν τῶ ν ἀ νθρώ πων, κατὰ τὰ στοιχεῖ α τοῦ κό σμου καὶ οὐ κατὰ
Χριστὸ ν·
ὅ τι ἐ ν αὐ τῷ , κατοικεῖ πᾶ ν τὸ πλή ρωμα τῆ ς θεό τητος σωματικῶ ς.

Christ as the Mystery of God

제 2 장
복음서

복음서에는 "비밀"이 세 번 언급되었는데, 그것도 예수님께서 씨 뿌리는 자 비유를 말씀하셨을 때 제자들이 비유를 말씀하시는 이유 또는 비유의 의미를 묻는 동일한 문맥에 등장한다(마 13:10-13; 막 4:10-12; 눅 8:9-10). 씨 뿌리는 자 비유는 다른 비유들을 해석하는 열쇠가 되는 중요한 비유이다. "너희가 이 비유를 알지 못할진대 어떻게 모든 비유를 알겠느냐?"(막 4:13). 예수께서 씨 뿌리는 자 비유로써 알리려고 하시는 비밀은 "하나님 나라의 비밀"이다. 그러므로 하나님 나라의 "비밀"은 예수님이 누구시며 그분의 교훈과 사역이 어떤 의미와 특성을 지니는지를 이해할 수 있는 핵심 단어이다.[1] 예수님은 씨 뿌리는 자 비유의 뜻을 설명하시면서 "하나님 나라(또는 천국)의 비밀"이 어떤 사람들에게는 계시되었지만, 다른 사람들에게는 감춰었다고 말씀하신다.

---

[1] J. G. Williams, *Gospel against Parable. Mark's Language of Mystery*, Bible and Literature Series 12 (Decatur: The Almond, 1985), 41.

본문: 마태복음 13:10-11; 마가복음 4:10-11; 누가복음 8:9-10a

세 복음서에 등장하는 "비밀" 본문은 다음과 같다.

마태복음 13:10-11	마가복음 4:10-11	누가복음 8:9-10a
10 제자들이 예수께 나아와 이르되 어찌하여 그들에게 비유로 말씀하시나이까 11 대답하여 이르시되 천국의 비밀들($\mu\nu\sigma\tau\acute{\eta}\rho\iota\alpha$)을 아는 것이 너희에게는 허락되었으나 그들에게는 아니되었나니	10 함께 한 사람들이 열두 제자와 더불어 그 비유들에 대하여 물으니 11 이르시되 하나님 나라의 비밀($\mu\nu\sigma\tau\acute{\eta}\rho\iota o\nu$)을 너희에게는 주었으나 외인에게는 모든 것을 비유로 하나니	9 제자들이 이 비유의 뜻을 물으니 10 이르시되 하나님 나라의 비밀들($\mu\nu\sigma\tau\acute{\eta}\rho\iota\alpha$)을 아는 것이 너희에게는 허락되었으나 다른 사람에게는 비유로 하나니

세 복음서에는 다음과 같은 비슷한 점이 발견된다.

첫째, 이 기사는 예수님의 비유의 말씀 → 제자들의 이해 부족 → 제자들의 질문 → 예수님의 대답이라는 공통적인 패턴으로 이루어졌다. 이 패턴은 다니엘 2장에 등장하는 패턴(꿈 → 뜻을 모름 → 질문 → 해석)과 동일하다.

둘째, 세 복음서 저자 모두 이 언급 뒤에 예수님이 비유로 말씀하시는 이유/목적으로 이사야 6:9-10을 인용한다(마 13:13-15; 막 4:12; 눅 8:10b). 복음서 저자들이 이사야 6:9-10을 인용한 목적 중에 하나는 예수님의 "비밀"

---

2) 이런 의미에서 "이는" (히나, ἵνα)은 목적(telic)의 의미로 이해될 수 있다. C. A. Evans,

사용에 나타난 성경적 성취를 강조하려는 데 있다.[2]

셋째, 비밀이 계시되거나 알려진 사람("너희")이 있고, 동일한 비밀이 감춰지거나 수수께끼로 여겨지는 사람("그들," "외인," "다른 사람")이 있다.

그런데 세 복음서를 비교하면 다음과 같은 다른 점이 발견되기도 한다.

첫째, 예수님의 비유의 말씀에 대해 제자들이 궁금해 하는 것이 다르다. 마태복음에서는 제자들이 예수께서 비유를 말씀하시는 "이유"를 물었고, 마가복음에서는 비유의 "내용"(또는 의미)을 물었고, 누가복음에서는 비유의 "뜻(해석)"을 물었다.[3]

둘째, "비밀"이란 단어의 형태가 각각 다르다. 마태와 누가는 비밀을 복수형($\mu\upsilon\sigma\tau\acute{\eta}\rho\iota\alpha$)으로 표현했고, 마가는 단수형($\mu\upsilon\sigma\tau\acute{\eta}\rho\iota\upsilon$)으로 표현했다.[4]

"The Function of Isaiah 6:9-10 in Mark and John," *NovT* 24/2 (1982), 130-32.

3) 그러나 세 복음서에 제시된 예수님의 대답이 동일한 것으로 보아 위의 세 가지는 서로 연관이 있는 질문이다. 실제로 이 질문은 "비밀"이 내용과 해석으로 구성되었다는 비밀의 특성을 알리는 데 중요한 역할을 한다.

4) "비밀"이 단수형으로 표현되었든지 복수형으로 표현되었든지 두 의미 사이에 근본적인 차이는 없다. W. D. Davies and D. C. Allison, *The Gospel According to Saint Matthew VIII-XVIII*, vol. II, ICC (Edinburgh: T&T Clark, 1991), 389 n. 62. 마가복음의 단수형은 하나님의 통치 자체를 의미하고, 마태복음과 누가복음의 복수형은 그 통치에 대한 정보를 포함하는 비유를 가리킨다고 제안하는 건드리나, 복수형은 "하나님 나라의 다양한 면모들"을 가리키고, 단수형은 "하나의 사건"을 가리킨다고 주장하는 암브로직의 견해는 단지 복음서 저자의 강조점의 차이를 언급한 것으로 받아들여야 할 것이다. R. H. Gundry, *Matthew, A Commentary on His Literary and Theological Art* (Grand Rapids: Eerdmans, 1982), 255; A. M. Ambrozic, *The Hidden Kingdom: A Redaction-Critical Study of the Reference to the Kingdom of God in Mark's Gospel*, CBQMS 2 (Washington D. C.: The Catholic Biblical Association of America, 1972), 90; E. F. Siegmann, "Teaching in Parables," *CBQ* 23 (1961), 172. 또한 킹스베리는 마태가 복수형을 사용한 것이 종말론과 윤리 등 비밀들을 "포괄적으로" 정의되어야 하는 것 때문에 생겨난 일이라고 생각한다. J. D. Kingsbury, *The Parables of Jesus in Matthew 13*, 「마태복음 13장에 나타난 예수의 비유」, 김근수 옮김 (서울: 도서출판 나단, 1991), 78-79.

셋째, 마태와 누가는 "비밀"을 천국을 "아는 것"[5]과 연결시킨 반면에, 마가는 단순히 하나님 나라의 비밀을 "주었다"고 언급한다.

넷째, 비밀이 계시되지 않은 다른 사람들과 관련한 언급에서, 마가와 누가는 예수님이 그들에게 "비유로 한다"라고 표현한 반면에, 마태는 "(비밀을 아는 것이 허락되지) 아니하였다"라고 표현한다.

그러나 이런 차이점은 복음서 저자마다 표현 방식과 그들이 접한 구전 전승과 복음서 각 본문이 놓여 있는 문맥의 다른 점 때문에 발생했을 가능성이 많고 본질적인 차이점은 발견되지 않는다.[6] 각각의 복음서 저자가 강조하는 내용을 차례로 살펴보자.

a. 문맥

1) 마태복음 13:10-11

마태복음에서 "천국의 비밀들"은 예수님께서 일련의 천국 비유를

---

[5] 암브로직은 "비밀"을 "아는 것"(knowledge)과 연결시킨 마태와 누가의 표현이 쿰란의 자료와 비슷하다고 하면서 복음서의 "비밀" 이해가 유대적 경향을 지닌다고 밝힌다. Ambrozic, *The Hidden Kingdom*, 88.

[6] 복음서 간의 차이를 복음서의 내용이 구전으로 전승되었기 때문이라고 설명하는 D. L. Bock, *Luke 1:1-9:50*, BECNT (Grand Rapids: Baker, 1994), 728 n. 22를 보라. 반면에, 복음서 간의 차이를 공관복음서의 문제로 설명하려는 사람들도 있다. 테일러는 누가복음에서 C k sys 사본과 Clement와 Ireneus가 τὸ μυστήριον으로 읽은 것과, 마가의 ἐκείνοις δὲ τοῖς ἔξω를 누가가 τοῖς δὲ λοιποῖς로 바꾸고, 마태가 ἐκείνοις δὲ라고 바꾼 것을 근거로 마가의 단수형태(τὸ μυστήριον)가 원래의 것이라고 생각한다. V. Taylor, The Gospel According to St. Mark (Second Edition; Grand Rapids: Baker, 1966, 1981), 255. 그러나 이것은 마가복음 우선설을 인정할 경우에만 고려할 만한 이론이다. 각각의 사례에 정 반대로 생각할 수 있는 가능성도 얼마든지 존재한다. 복음서의 자료비평은 해결되지 않은 이론만 무성할 뿐이다. 특히 마가복음 우선설의 빈약한 근거를 제시하고 비판한 E. Linneman, *Is There a Synoptic Problem?: Rethinking the Literary Dependence of the First Three Gospels*, trans. R. W. Yarbrough (Grand Rapids: Eerdmans, 1992); 오광만, "마가복음 우선설 비판," 「개혁논총」 14 (2010): 323-64를 보라.

말씀하시는 맥락에, 좀 더 직접적으로는 씨 뿌리는 자 비유를 말씀하시고 이사야 6:9-10이 성취되었음을 공포하는 중에 언급되었다(13:13). 마태는 예수님이 하나님의 나라를 가져온 분이시라는 사실과 하나님의 나라가 예수님과 함께 지금 이곳에 와 있음을 강조하려고 13장에서 예수님이 말씀하신 천국 비유를 몇 개 더 소개한다. 이 비유들은 예수님의 사역이 선지자의 글을 성취하는 것임을 간접적으로 증언한다. 특히 마태는 예수님이 비유로 말씀하신 의의를 선지자 사역과 관련하여 언급한다. "예수께서 이 모든 것을 무리에게 비유로 말씀하시고 비유가 아니면 아무 것도 말씀하지 아니하셨으니 이는 선지자를 통하여 말씀하신 바 내가 입을 열어 비유로 말하고 창세부터 감추인 것들을 드러내리라 함을 이루려 하심이라"(13:34, 35. 시편 78:2). 예수께서 비유로 말씀하신 천국의 "비밀"은 오래 전에 감추어져 왔던 하나님의 나라라는 점에서, "비밀"은 하나님께서 장차 그의 나라를 세우겠다고 약속하신 종말론적인 비밀을 표현한다.

    예수님은 이처럼 씨 뿌리는 자 비유를 비롯하여 마태복음 13장에 기록된 비유를 통하여, 자신이 구약의 선지자들처럼 창세부터 감추인 것들을 계시하신다는 것과 그 감추인 것이 그분의 천국 비유를 통해 현존한다고 선언하신다. 마태복음에 따르면, 종말론적인 예언은 천국 복음을 전하는 예수님의 인격으로 현존한다.[7] 예수님과 더불어 계시는 완성되었고 옛 선지자들을 통해 하신 하나님의 약속과 계획은 성취되었다.[8] 말하자면 "마지막 때"의 통치가 역사에 들어온 것이다. 구속사에 있어 예수님의 의의는 그분의 인격과 사역이 예언의 종말론적 성취라는 데 있다. "예수님의

---

[7] Siegmann, "Teaching," 172; Ambrozic, *The Hidden Kingdom*, 92.

[8] B. Rigaux & P. Grelot, "Mystery," in *Dictionary of Biblical Theology*, ed. X. Léon-Dufour (Revised Ed.; New York: The Seabury Press, 1973), 375.

때"는 종말의 현재이다.9) 이런 의미에서 천국 비밀은 예수님 자신과 긴밀하게 연결되어 있다.

2) 마가복음 4:10-11

마가복음에서도 마태복음처럼 하나님 나라의 "비밀"은 씨 뿌리는 자 비유를 말씀하시는 중에 언급되었다. 그런데 마가는 마태보다도 더 강하게 씨 뿌리는 자 비유의 중요성을 강조한다. "너희가 이 비유를 알지 못할진대 어떻게 모든 비유를 알겠느냐?"고(막 4:13). 그리고 이어지는 예수님의 교훈을 통해서 마가는 그분의 교훈의 감춤과 나타내심의 두 특성을 제시한다. 하나님 나라의 비밀이 예수님의 제자들에게는 "주었으나" 외인들에게는 "모든 것을 비유로 한다"는 것에 구약의 패턴이 반영되었다.10) 마가는 비밀에 감춤과 계시의 특성이 있음을 부각시키려고 예수님의 교훈이 비유로만 행해졌다는 사실을 언급한다(4:33-34). 비유는 모호하고 그 속에 진리가 감춰 있어 해석이 필요하다. 예수님의 교훈은 한편 모든 사람들에게 모호하게 전달되어 그들로 하여금 그분을 믿는 데 방해가 되었다(4:12). 반면에, 제자들에게는 "모든 것이 해석되어" 비유의 의미가 밝혀졌다(34절).

마가가 씨 뿌리는 자 비유와 가라지 비유 다음에 등경 비유(4:21-25)를

---

9) D. C. Allison, Jr., *The End of the Ages Has Come: An Early Interpretation of the Passion and Resurrection of Jesus* (Edinburgh: T&T Clark, 1985), 106; J. Jeremias, *New Testament Theology: The Proclamation of Jesus* (New York: Scribner's, 1971), 120, 256-57; M. Hengel, *Studies in the Gospel of Mark* (Philadelphia: Fortress, 1985), 45; J. D. Kingsbury, *Matthew: Structure, Christology, Kingdom* (Philadelphia: Fortress, 1975), 146-47.

10) J. D. Kingsbury, *The Christology of Mark's Gospel* (Philadephia: Fortress, 1983), 「마가의 기독론」, 김근수 옮김 (서울: 나단, 1994), 41; M. Boucher, *The Mysterious Parable: A Literary Study*, CBQMS 6 (Washington: Catholic Biblical Association of America, 1977), 24-25, 44, 83-84.

배치한 것도 계시와 은폐와 관련하여 예수님의 의도를 강조하려는 데 목적이 있다. "드러내려 하지 않고는 숨긴 것이 없고 나타내려 하지 않고는 감추인 것이 없느니라"(막 4:22). 마르쿠스(Marcus)는 이 구절에 담긴 사상적 배경에 "올 시대에야 비로소 하나님의 비밀들이 충만히 계시될 것이라"는 묵시적인 언급이 자리한다고 지적한다.[11] 하나님 나라의 비밀을 선포하는 것 자체는 이제 신비한 것(esoteric)이 아니다. (하나님 나라의) 비밀은 누구에게나 공공연하게 선포되었다(막 1:15; 4:15). 감추인 것 중에 계시되지 않은 것이 없다. 하지만 비유의 베일은 예수님 가까이 있고 그 비유를 이해하는 사람들에게만 벗겨질 것이다. 예수님의 제자들이 비밀을 알게 된 것은 그들의 시대가 "구원사의 목표인 메시아의 시대"이기 때문이다.[12]

반면에 다른 사람들에게는 하나님 나라의 실현의 진정한 목적이 감춰져 있다. 여기서 "다른 사람들"은 예수님의 주요 원수들을 가리키지 특수한 소수 이외의 대중들을 가리키는 것은 아니다.[13] 헹엘(Hengel)은 이러한 감추임을 "계시적 감추임"(revelatory concealment)이라고 표현한다. 그렇다면 예수님의 출현으로 말미암아 "계시는 감출 수 있고, 은폐는 계시할 수 있다"는 역설이 발생한다.[14] 그닐카(Gnilka)는 비밀이 어떤 사람에게는 알려지지만 다른 사람들에게는 수수께끼처럼 일어나는 까닭을 "비밀"이란 단어와 수수께끼 용어인 "비유"가 반립적인 병행구로 놓였다는 데서

---

[11] J. Marcus, "Mark 4:10-12 and Marcan Epistemology," *JBL* 103/4 (1984), 567. 이런 사상은 쿰란에서도 발견된다. 1QH 9:24; 1QS 4:23-25.

[12] Kingsbury, 「마태복음 13장」, 75.

[13] 굴더는 이들이 구체적으로 서기관들을 가리키며, 그들은 바울의 "멸망하는 자들"과 병행관계에 있는 사람들이라고 생각한다. M. D. Goulder, "Those Outside(Mk 4:10-12)," *NovT* 33/4 (1991), 300-302.

[14] Hengel, *Studies*, 95.

찾는다.15) 계속해서 그닐카는 반립적인 병행구를 "(바깥)사람들에게는 비유를, 제자들에게는 해석이 주어졌다는 데서 찾을 수 있는 것이 아니라 (바깥)사람들은 비유로 받지만 제자들에게는 그 '비밀'을 아는 것이 주어졌다는 데서 찾아야 한다"고 주장한다.16)

3) 누가복음 8:9-10a

누가복음에는 하나님 나라의 "비밀"이 제자들이 예수님께 씨 뿌리는 자 비유의 뜻을 묻는 맥락에 등장한다. 특히 누가복음에서는 씨 뿌리는 자 비유가 예수님이 하나님의 나라를 선포하고 복음을 전하고(8:1) 귀신을 쫓아내고 병을 고쳐주시자(8:2) 제자들과 다른 사람들이 예수님 주변에 모여들었다는 언급 다음에 등장한다. 그래서 씨 뿌리는 자 비유는 하나님의 나라와 복음과 관련한 예수님의 사역에 사람들이 어떤 식으로 다르게 반응하는지를 보여주는 데 초점이 맞춰져 있다. 본문 이후에는 예수께서 씨 뿌리는 자 비유의 의미를 설명해주고(눅 8:11-15) 난 이후 바로 마가복음(막 4:21-25)에 등장하는 등경 비유가 이어진다(눅 8:16-18). 누가복음에서도 등경 비유는 숨은 것과 드러날 것, 감추인 것과 알려지고 나타날 것을 대조하며, 제자들에게 "어떻게 들을까" 조심하라는 경고가 주어진다(18절). 그 후에 이어지는 기사에서 누가복음은 마태복음과 마가복음과 다르게 "비유"의 교훈이 하나도 등장하지 않고 예수님이 "누구이신지"를 증언하는 이적들

---

15) Gnilka, 「마르코복음」, 208.

16) J. Gnilka, *Die Verstockung Israels* (Munich: Kösel, 1961), 82-83. 그닐카는 "하나님 나라의 비밀을 예수님의 인격과 관련되었다"고 옳게 지적한다. 36. S. Brown, "The Secret of the Kingdom of God' (MARK 4:11)," *JBL* 92 (1973), 61 n. 8, 63에서 재인용. 그러나 브라운은 그닐카의 입장을 비판적으로 인용한다. 브라운은 오히려 마가복음 4장에서는 비밀스러운 것이 없다고 주장한다. 예수님의 비천한 사역이 진정한 의미에서 비밀이기 때문이다. Brown, "The Secret," 64, 66 nn. 32, 71.

이 소개된다(8:22-25, 26-39, 40-56). 등경 비유와 이적들 사이에 놓인 예수님의 어머니와 동생들과 관련한 기사에서는 제자들을 비롯하여 독자들에게 "하나님의 말씀을 듣고 행하는" 것의 중요성이 강조된다(21절).

이런 상황에서 누가복음의 하나님 나라의 "비밀"은 다니엘서 2장의 경우처럼 예수님의 사역의 종말론적인 의미를 이해한 택함 받은 사람들("제자들")에게 계시된 하나님의 종말론적인 계획을 언급한다. 이것은 구체적으로 구속사에서 예수님이 수행하시는 특별한 역할과 관련한 하나님의 종말론적인 계획이다.[17]

b. 막 4:10-11(마 13:10-11; 눅 8:9-10a) 주해

복음서에 등장하는 "비밀" 언급은 문맥과 복음서 저자들의 강조점이 다르게 제시되었다고 하더라도 본문 자체는 거의 동일하다. 앞에서 언급한 복음서 간에 존재하는 비슷한 점과 다른 점을 염두에 두면서, 마가복음(4:10-12)을 중심으로 "비밀" 본문을 분석하고 본문에서 부각되는 사상을 관찰해 보자. 마가복음 4:10-11은 다음과 같다.

> καί ὅτε ἐγνέτο κατάς, ἠρώτων αὐτὸν οἱ τερὶ αὐτὸν σὺν τοῖς δώδεκα τὰς παραβολάς. καὶ ἔλεγεν αὐτοῖς ὑμῖν τὸ μυστήριον δέδοται τῆς βασιλείας τοῦ θεοῦ ἐκείνοις δὲ τοῖς ἔξω ἐν παραβολαις τὰ πάντα γίνεται,

---

[17] D. W. Pao and E. J. Schnabel, "Luke," in *CNTUOT*, 305.

예수께서 홀로 계실 때에 함께 한 사람들이 열두 제자와 더불어 그 비유들에 대하여 물으니 이르시되 하나님 나라의 비밀을 너희에게는 주었으나 외인에게는 모든 것을 비유로 하나니.

본문은 제자들의 질문(4:10)과 예수님의 답변(4:11-12) 등 두 부분으로 나뉜다. 여기서 이야기 진행은 예수님(4:10a)에게서 제자들(4:10b-11a)과 외인들(4:11b-12)에게로 초점이 이동한다. 이러한 이야기 전개에 어떤 패턴이 나타나는데, 그것은 제자들(과 외인들)이 예수님의 비유를 들었으나 그 뜻을 이해하지 못했다는 것과, 제자들이 비유의 뜻을 묻는 질문을 제기하고, 예수님이 그들에게 비유의 뜻을 설명(해석)하는 패턴이다. 이것은 다니엘 2장의 비밀을 계시하는 패턴을 따른 것이다. 이 패턴에는 비밀을 아는 사람("너희")이 존재하고, 그 비밀을 알지 못해 수수께끼로 여기는 사람("외인" 즉, "다른 사람")이 존재한다.

특히 제자들과 외인들을 다루는 부분은 4:11b의 역접접속사 "데"(δέ, "~었으나")로 대조된다. 베어드(Baird)가 이것을 도식으로 잘 표현했다시피,[18] 11절은 11b절의 역접접속사를 중심으로 아래와 같은 대칭구조로 이루어졌다.

4:11a	4:11b
1. 하나님 나라의 비밀($\mu\upsilon\sigma\tau\acute{\eta}\rho\iota o\nu$)을	모든 것($\tau\grave{\alpha}\ \pi\acute{\alpha}\nu\tau\alpha$)을
2. 너희에게는($\acute{\upsilon}\mu\hat{\iota}\nu$)	외인에게는($\acute{\epsilon}\kappa\epsilon\acute{\iota}\nu o\iota\varsigma\ \delta\grave{\epsilon}\ \tau o\hat{\iota}\varsigma\ \acute{\epsilon}\xi\omega$)
3. 주었으나($\delta\acute{\epsilon}\delta o\tau\alpha\iota$)	비유로 하나니($\acute{\epsilon}\nu\ \pi\alpha\rho\alpha\beta o\lambda\alpha\hat{\iota}\varsigma\ \gamma\acute{\iota}\nu\epsilon\tau\alpha\iota$)

---

18) J. A. Baird, "A Pragmatic Approach to Parable Exegesis: Some New Evidence on Mark 4:11, 33-34," *JBL* 76 (1957): 201-207.

이 대칭구조에서 본문 이해에 몇 가지 통찰을 얻을 수 있다.

첫째는 (현대 독자들은 의외라고 생각하겠지만) 본문에서 하나님 나라의 "비밀"과 병행을 이루는 것은 "비유"가 아니라,[19] "모든 것"이란 사실이다. 반면에, "비유로 한다"는 말은 "주었다"와 대조를 이룬다.

둘째는 하나님 나라의 비밀이 다른 두 대상에게 각각 다른 의미를 지닌다는 사실이다. 예수님의 제자들("너희")에게는 하나님 나라의 비밀(아는 것)이 주어진 반면에, "외인들"에게는 주어지지 않고 비유로 즉, 수수께끼로 남는다. 후자의 경우는 "보기는 해도 알지 못하고 듣기는 해도 깨닫지 못하는" 사람들을 가리키는 이사야 6:9-10의 경우와 비슷하다.[20] 예수님은 과거 하나님의 말씀을 깨닫는 데 둔한 이사야의 상황을 청중들에게 적용하신다(막 4:12). 마가는 히나(ἵνα)를 도입부로 사용함으로써 이 글이 인용이라는 사실을 암시한다.[21] 그래서 이사야 본문은 이사야의 문맥에서만 아니라 복음서에서도 사람들의 믿지 않음을 강조한다(마 13:14; 막 4:12; 눅 8:10. 참조. 행 28:26; 롬 11:8). 복음서와 이사야의 문맥에서 특히 "깨닫다"가 매우 중요하다(막 4:12). 이 단어는 두 본문의 문맥에서 사람들의 믿음과 믿지 않음 그리고 이해(해석) 여부가 핵심적인 문제라는 것을 보여준다.[22] 그 깨달

---

[19] J. Jeremias, *Die Gleichnisse Jesu* (1970), 「예수의 비유」, 허혁 옮김 (왜관: 분도출판사, 1974), 14.

[20] "하나님 나라 비밀"의 계시와 감춤이 나타나는 예수님 당대의 상황은 성경의 성취이다. Evans, "The Function of Isaiah 6:9-10," 130-32.

[21] M. D. Hooker, "Isaiah in Mark's Gospel," in *Isaiah in the New Testament* eds. S. Moyise and M. J. J. Menken (London: T&T Clark, 2005), 38.

[22] R. Beaton, "Isaiah in Matthew's Gospel," in *Isaiah in the New Testament* eds. S. Moyise and M. J. J. Menken (London: T&T Clark, 2005), 73. 이 내용이 이사야 본문에서는 백성들의 눈 멈을 묘사했던 것인데, 복음서의 본문에서는 백성들의 눈 감김과 제자들의 깨달음을 대조할 목적으로 사용되었다. O. L. Cope, *Matthew: A Scribe Trained for the Kingdom of Heaven*, CBQMS 5 (Washington D. C.: The Catholic Biblical Association of America, 1976), 30.

음은 예수님으로 말미암아 시작된 종말론적 실체와 종말론적 시대가 임하였다는 사실을 깨닫는 문제였다. 종말론적 실체인 하나님의 나라는 예수 그리스도와 더불어 임했지만, 청중들은 자기들이 예상했던 것과 다르게 임한 하나님 나라와 예언 성취를 이해하지 못했기에 결국 하나님 나라의 비밀을 깨닫지 못했다.[23]

셋째는 하나님 나라의 비밀이 어떤 사람들에게는 "주어지는" 반면에, 다른 사람들에게는 "비유로 한다"는 사실이다. 이러한 동작은 각각 동사 "주었으나"와 "비유로 하나니"로 대조되었다.[24] 이 동사들은 "하나님의 나라의 비밀"(4:11a)과 "모든 것"(4:11b) 등 주어 두 개와 관련된 사람들(예수님의 제자들과 외인들)과 연관이 있다. 이러한 패턴은 느브갓네살이 꾼 꿈과 그 해석이 바벨론의 박사나 술객들에게는 감춰진 "비밀"로 남았지만 다니엘에게는 하나님께서 "계시해주셨다"는 다니엘 2장의 "비밀(raz)" 패턴을 따른 것이다.[25] 이러한 사실들을 고려하면서 복음서에서 "비밀"이 어떤 의미로 사용되었는지 살펴보자.

예수님은 씨 뿌리는 자 비유를 말씀하시는 중에 "비밀"을 언급하시면서 그것을 "하나님 나라의" 비밀이라고 말씀하셨다. "너희" 즉 제자들에게 주어진 "비밀"은 단순한 비밀이 아니라 "하나님 나라의" 비밀이다.

---

[23] C. Tuckett, "Isaiah in Q," in *Isaiah in the New Testament*, eds. S. Moyise and M. J. J. Menken (London: T&T Clark, 2005), 60.

[24] 두 동사는 모두 수동태($\delta\acute{\epsilon}\delta o\tau\alpha\iota$, $\gamma\acute{\iota}\nu\epsilon\tau\alpha\iota$)로서 하나님의 행동을 에둘러 표현하는 셈족어 표현(Semitism)이다. Jeremias,「예수의 비유」, 13; R. A. Guelich, *Mark 1-8:26*, WBC 34A (Dallas: Word Books, 1989), 205.

[25] 일반인들에게는 비밀로지만 특정한 이들에게는 그 뜻이 해석되었다는 계시 주제는 묵시문학을 비롯하여 쿰란에도 등장한다. B. W. Henaut, *Oral Tradition and the Gospels: The Problem of Mark 4*, JSNTSS 82 (Sheffield: JSOT, 1993), 178-81; Davies & Allison, *Matthew VIII-XVIII*, 389.

소유격 "하나님 나라의"는 비밀을 "하나님 나라와 관련이 있는 비밀"로 특징짓는다.[26] 하나님의 나라는 구약 시대의 성도들 입장에서 보면 종말론적 시대에 나타날 실체였다(단 2:44). 그러므로 복음서에서 "비밀"은 아직 완전히 드러나지는 않았지만 예수님의 활동에 의해 주어진 종말론적인 하나님 나라의 현존을 의미한다.[27]

비밀의 내용을 이해하는 또 다른 열쇠는 하나님의 나라와 병행구로 언급된 "모든 것"에 있다. "외인들"이 알지 못하는 "모든 것"이 무엇을 가리키는지 본문에 분명하게 드러나지는 않았지만, 그것이 무엇을 지칭하는지는 쉽게 알 수 있다. 이 어구는 "하나님의 나라"와 병행으로 언급되었기에 비단 씨 뿌리는 자 비유만 가리키는 것이 아니라 사람들이 적대적으로 반응한 예수님의 사역 전체(예수님의 가르침과 행위)를 망라하는 것으로 이해해야 한다(막 2:7, 16, 18, 24; 3:2, 6, 22, 28, 30, 33).[28]

사람들이 예수님의 하나님 나라 교훈을 깨닫지 못하고 적대적인 반응을 한 이유는 하나님의 나라가 사람들의 기대했던 것과 다른 방식인 예수님의 임재와 사역 가운데 임했으며, 예수께서 하나님의 나라 비유를 말씀하셨다는 데 있었다. 예수님의 말씀에 따르면, 그 나라의 충분한 실체는

---

26) 여기서 소유격 $τῆς\ βασιλείας$는 "비밀($μυστήριον$)"에 대해 설명적 용법 (epexegetic) 관계에 있는 소유격이다. E. Boring, "The Kingdom of God in Mark," in *The Kingdom of God in 20th Century Interpretation*, ed. W. Willis (Peabody: Hendrickson, 1987), 140; R. H. Gundry, *Mark, A Commentary on His Apology for the Cross* (Grand Rapids: Eerdmans, 1993), 203. 크라우스가 이 구문을 "the mysterious idea of the kingdom of God"으로 읽는 것은 본문에서 "비밀"과 "하나님 나라"의 관계를 정확히 파악하지 못한 소치이다. 특히 그가 이 구문을 "하나님 나라의 실제적인 비밀을 주는 것을" 의미한다고 해석한 것은 설명적 용법 (epexegetic)을 오해한 것이다. Krause, "Parable, Obduracy, and Mystery," 207.

27) J. Gnilka, *Das Evangelium nach Markus*, EKKNT (Köln: Benziger, 1978), 「마르코복음」 (서울: 한국신학연구소, 1985), 211.

28) Guelich, Mark 1-8:26, 208; R. T. France, *The Gospel of Mark*, NIGTC (Grand Rapids: Eerdmans, 2002), 198.

미래에 나타날 것이다. 그러나 동시에 많은 사람들의 예상과는 다르게 하나님의 나라는 그리스도와 함께 이미 임하여 지금 이곳에 존재한다. 하나님 나라의 미래의 모습을 볼 눈이 없는 사람들은 이미 현존하는 하나님의 종말론적인 통치도 경험할 수 없었다. 하나님의 나라는 예수님과 제자들의 상황 속에 감춰 있고, 누구에게나 밝히 드러나는 방법으로 계시되지 않았기 때문이다. 그 나라의 비밀은 하나님의 통치의 현존을 받아들이는 제자들에게만 계시되었다. 예수님은 비유의 말씀으로 하나님의 나라를 계시하셨기에 하나님의 나라가 "비밀"이라고 선언하신 것이다."[29] 종말론적인 의미에서, 옛 시대에는 하나님의 나라가 감춰 있었고 그 나라의 나타남은 예언으로 주어졌었다.[30] 예수께서 하나님의 나라를 선포하면서 하나님 나라의 비밀을 언급하신 것은 하나님께서 장차 그의 나라를 세우시겠다는 종말론적 비밀이 예수님 자신과 더불어 성취되었음을 선언하려는 데 목적이 있다.[31]

예수님의 제자들은 메시아 시대의 특징인 비밀의 계시를 경험하였다. 그러나 "외인들" 즉 '다른 사람'은 하나님의 나라가 실현된 것을 알지 못했다. 예수님은 이것을 제자들에게는 하나님 나라의 비밀을 아는 것이 허락된 반면에, 외인들에게는 허락되지 않았다고 설명하신다. 마태복음

---

[29] C. E. B. Cranfield, *The Gospel according to St Mark*, CGTC (Cambridge: Cambridge University Press, 1959, 1989), 153.

[30] 구약의 종말론적인 대망과 후기 유대교에서 현재 감추어져 있고 미래에 계시될 하나님 나라에 대한 언급을 보라. R. Schnackenburg, *Gottes Herrschaft und Reich* (1965), 「하느님의 다스림과 하느님 나라」, 조규만, 조규홍 옮김 (서울: 가톨릭출판사, 2002), 47-108.

[31] M. D. Hooker, *The Gospel According to Saint Mark*, BNTC (Peabody: Hendrickson, 1991), 127; H. Riley, *The Making Mark, An Exploration* (Macon: Mercer University, 1989), 46.; Allison, *The End of the Ages*, 106; Jeremias, *New Testament Theology:*, 120, 256-57; Hengel, Studies, 45.

13:13a와 마가복음 4:11 그리고 누가복음 8:10a에서는 "제자들"과 "외인들"의 특성과 그 효과가 병행을 이루며 대조된다.[32] 예수님의 출현으로 말미암아 과거에 감춰져 왔던 비밀의 실체가 드러났다. 그러나 그 내용을 받느냐 받지 못하느냐에 따라 그 비밀은 계시와 감춤이라는 상반되는 결과가 나타난다. 그래서 예수님의 사역으로 계시된 것은 믿지 않는 사람들[33]에게 얼마든지 감춰질 수 있고, 감춰졌던 것은 이제 실체가 드러났으므로 그것을 알아볼 수 있는 믿음의 눈이 있는 사람들에게는 얼마든지 계시될 수 있다.

하나님 나라의 비밀이 처음에는 제자들에게도 모호하게 보였다. 그러나 (역설적으로) 종말론적 비밀을 "아는 것"[34]이 제자들에게는 "주어졌다." "주어졌다"는 동사는 두 가지 사실을 알려준다.

첫째, 그것은 제자들에게 비밀을 아는 특권이 있다는 사실을 암시한다.[35] 비밀을 받는 것과 비밀을 아는 것이 반드시 일치하는 것은 아니지만 제자들에게 그 비밀이 주어진 것만은 틀림없다.[36]

---

[32] 마르쿠스는 이 두 부류를 "내부 사람들(In Group)"과 "외부 사람들(Out Group)"로 분류하면서 두 부류를 대조한다. J. Marcus, *The Mystery of the Kingdom of God*, SBLDS 90 (Atlanta: Scholars, 1986), 78-79, 89-119.

[33] 암브로직이 본문의 "외인들"을 예수님의 주요 원수들-구체적으로 서기관과 바리새인-을 가리키며, 특수한 몇 사람-예수님의 제자들-이외의 모든 사람들을 가리키는 것이 아니라고 한 것은 지나쳤다. Ambrozic, *The Hidden Kingdom*, 55, 66, 105.

[34] 마태와 누가는 "하나님 나라의 비밀" 다음에 "아는 것($\gamma\nu\hat{\omega}\nu\alpha\iota$)"을 첨가하여 이 문제가 비밀의 계시와 감춤 문제라는 것을 강조한다(마 13:11; 눅 8:10). 또한 마태는 13:13, 19, 23, 51에 "이해하다($\sigma\upsilon\nu\iota\eta\mu\iota$)"를 사용한다. Ambrozic, *The Hidden Kingdom*, 88.

[35] 구약시대부터 어떤 사람들(하나님을 경외하는 사람, 선지자)에게는 하나님의 비밀들이 계시되었다. J. Nolland, *Luke 1-9:20*, WBC 35A (Dallas: Word Books, 1989), 379.

[36] 비교. 브라운은 제자들에게 하나님 나라 비밀이 주어진 것과 그들이 그 비밀을 이해하는 것 사이에 시간적인 차이가 있다는 것과 하나님 나라의 비밀을 이해하는 것과 예수님이 누구신지를 이해하는 것에도 차이가 있다는 점을 주목한다. Brown, "The Secret," 61-63. 이에 대해 크라우스는 예수님이 누구이신지의 문제 즉, 메시아 비밀 문제와 하나님 나라의

둘째, 제자들이 그 비밀을 알 수 있었던 것은 그러한 능력마저 그들 자신에게서 나오는 것이 아니라 "하나님의 계시"에 의한 것이라는 사실이다.37) 인간은 하나님의 종말론적인 비밀들에 무지하다. 그 비밀은 하나님에게서 오는 계시이기 때문이다(마 11:26-27). 누군가 종말론적인 지식(계시)을 갖게 되었다면, 그것은 하나님께서 그에게 은혜로 주신 선물 때문에 가능하다.38) 외인들에게는 적용되지 않았지만, 비유의 목적은 하나님과 비밀을 계시하는 것이고, 그 계시를 받는 수단은 전적으로 하나님의 선물에 의거한다.39)

그래서 제자들에게는 "비밀"이 드러난 반면에, 외인들에게는 여전히 "모든 것"이 수수께끼로 남는다.40) 제자들에게 비유가 주어진 것은 그 비밀을 알게 하려는 예수님의 의도 때문이다. 제자들은 구약의 선지자나 의인들이 받지 못했던 특권을 받아 하나님 나라의 비밀을 보고 듣고 깨달았다(마 13:16, 17).41) 그러므로 여기서 "비밀"은 단순히 비유 해석과 동일시 될 수 없고, 예수님과 그분으로 말미암아 현존하는 하나님의 나라로, 그리고

비밀은 동일한 것이라고 답하면서 브라운의 이해가 잘못되었다고 지적한다. Krause, "Parable, Obduracy, and Mystery," 217-19.

37) 완료수동태인 이 동사(δέδοται)는 셈어적 표현(Semitism)으로서 하나님이 그 동작의 주체가 되심을 표현한다(마 11:25; 16:17). 신적 수동태에 대한 논의는 BDF, §313; M Zerwick, *Biblical Greek*, trans, J. Smith (Rome: Biblical institute, 1963), §236을 보라. 제자들에게 비밀을 아는 것이 주어졌다는 것이 신적 계시라는 점에 대해서는 다음의 글들을 보라. Kingsbury, 「마태복음 13장」, 81; J. A. Fitzmyer, *The Gospel According to Luke I-IX*, AB 28 (New York: Doubleday, 1979), 707; Gundry, *Mark*, 197; Bock, *Luke 1:1-9:50*, 728.

38) Davies & Allison, Matthew VIII-XVIII, 389-90; Krause, "Parable, Obduracy, and Mystery," 222.

39) Marcus, *The Mystery of the Kingdom*, 98; E. Schweizer, *The Good News According to Mark* (Atlanta: John Knox, 1970), 100.

40) Jeremias, 「예수의 비유」, 14-15.

41) Cope, *Matthew: A Scribe*, 19.

그 나라가 임했다는 증거로 선포된 예수님의 하나님 나라 설교로 이해해야 한다(눅 4:43).[42]

이런 의미에서 복음서에 언급된 "비밀"은 하나님의 감추인 것을 종말론적으로 나타내는 계시 언어의 한 부분으로 기능한다.[43] 그리고 그 계시는 비밀의 증거인 예수님이 누구신지 아는 것과 밀접하게 연결되었다는 점에서 철저하게 기독론적인 특성을 지닌다.[44] 이와 같이 예수님이 "비밀" 말씀에서 강조하신 것은 마태복음 11:25-27의 요점과 같다.

> 그 때에 예수께서 대답하여 이르시되 천지의 주재이신 아버지여 "이것"을 지혜롭고 슬기 있는 자들에게는 "숨기시고" 어린 아이들에게는 "나타내심"을 감사하나이다 옳소이다 이렇게 된 것이 아버지의 뜻이니이다 내 아버지께서 "모든 것"을 내게 주셨으니 아버지 외에는 아들을 "아는" 자가 없고 아들과 또 아들의 소원대로 "계시를 받는" 자 외에는 아버지를 "아는" 자가 없느니라(마 11:25-27).

본문에서 "숨김"과 "나타냄"의 내용은 "이것" 또는 "모든 것"으로 표현되었는데, "이것"과 "모든 것"이 무엇인지를 알 수 있는 단서는 본문 자체(27절)에 있다. "내 아버지께서 모든 것을 내게 주셨으니 아버지 외에는 아들을 아는 자가 없고 아들과 또 아들의 소원대로 계시를 받는 자 외에는

---

[42] 하나님의 나라가 예수님의 인격과 직결되었다는 점에 대해서는 G. R. Beasley-Murray, *Jesus and the Kingdom of God* (Grand Rapids: Eerdmans, 1986), 104를 보라. 그래서 예수님의 교훈은 하나님의 나라가 임했다는 표지이며, 하나님 나라의 현재성을 나타내는 계시이다. Ambrozic, *The Hidden Kingdom*, 69, 84.

[43] Guelich, *Mark 1-8:26*, 206; Bornkamm, "μυστήριον," 820-21.

[44] Krause, "Parable, Obduracy, and Mystery," 227.

아버지를 아는 자가 없느니라." 여기서 어떤 사람들은 알지 못하고, 성부만 아시는 앎의 대상이 "아들"로 묘사되었다. 그래서 성부께서 감추시고 계시하신 것은 아들 자신과 아들과 관련된 그 무엇이다. 그리고 그 무엇이 가리키는 구체적인 내용은 마태복음 11:2부터 논의되는 예수님과 그분의 사역과 관련이 있다(마 11:3-6). 마태복음 11:3-6은 예수님이 세례자 요한의 제자들에게 주신 답변 내용이다. 여기서 예수님은 자신이 바로 그 "오실 자"이며, 그의 사역과 행위가 "오실 자"로서 행하는 것임을 분명하게 밝히신다.[45] 그분은 종말론적인 인물이고, 그분이 행하시는 이적과 복음 선포는 종말론적인 행위이다. 그러므로 마태복음 11:25의 "이것"은 예수님이 종말론적인 인물로서 행하시는 행위(즉 하나님 나라 활동) 즉, 하나님의 나라와 관련된 행위 전부를 가리키는 것이 분명하다.

　　동일한 계시 용어인 "나타냄"(ἀπεκαλύπτω)을 사용하여 하나님께서 어떤 사람에게 종말론적인 실체를 계시하신다는 패턴은 마태복음 16:17에도 등장한다. "바요나 시몬아 네가 복이 있도다 이를 네게 알게 한(ἀπεκάλυψεν) 이는 혈육이 아니요 하늘에 계신 내 아버지시니라." 복음서의 이 본문들(마 11:27; 16:16; 참조. 막 4:11)에서 감춤과 계시(알게 하심)는 예수님의 인격과 사역과 밀접한 관련이 있다. 하나님의 아들이신 예수님의 사역은 하나님 나라를 전하는 것과 관련이 있고, 하나님 나라 선포는 종말론적인 사건이었다(11:20-24).[46] 그분은 치유, 설교, 교훈 등 그의 능력 있는 행위를 통해 종말론적인 순간이 현존하고 있음을 보여주셨다(11:2-6; 12:1-14, 15-21).

---

[45] C. Deutsch, *Hidden Wisdom and the Easy Yoke: Wisdom, Torah and Discipleship in Matthew 11.25-30*, JSNTSS 18 (Shffield: JSOT, 1987), 30, 46.

[46] M. J. Suggs, *Wisdom, Christology and Law in Matthew's Gospel* (Cambridge: Harvard University, 1970), 95.

예수님은 감춰진 것을 계시하는 분이시다.[47]

　　예수님과 그분이 행하시는 것을 보고 그분이 누구이신지를 아는 것은 계시에 의존한다.[48] 이것은 누구나 예수님의 사역의 의미를 자연스럽게 알 수 있는 것이 아니라는 의미이다. 그래서 예수님은 계속해서 "지혜 있는 자"는 알지 못하는("숨김") 반면에, "어린아이"는 안다("계시됨")는 역설을 말씀하셨다(마 11:25). 하나님이 계시의 주체자이시기 때문이다. 하나님과 예수님의 독점적인 앎과 제자들이 예수님을 종말론적인 인물로, 그리고 그분의 사역을 종말론적인 행위로 알게 된 것은 "아들의 소원"과 "아버지의 뜻"에 의해 계시를 받았기 때문이다. 종말론적인 지식은 하나님의 선물이다.

　　도이취(Deutsch)는 아버지에게서 아들에게, 다시 아들에게서 어린아이에게 이르는 계시의 전달을 추적하면서, 여기에 사용된 "어린아이"는 지혜의 초심자가 아니라 "하나님 나라의 메시지를 받아들인" 사람들과 "예수님에 의해 보냄을 받은 메신저들"을 가리킨다고 바르게 지적한다.[49] 예수님의 제자들은 하나님 나라의 비밀을 계시로 받게 된다. 그러나 외인들에게는 그 비밀을 깨닫는 것이 철저하게 막혔다. 하나님께서 그들에게 계시하지 않으셨기 때문이다.[50]

---

[47] 위더링턴은 이것이 하나님께서 지혜를 계시하기를 기뻐하신다는 지혜서의 상황과 상응한다고 주장한다. B. Witherington, *Jesus the Sage: the Pilgrimage of Wisdom* (Philadelphia: Fortress, 1994), 202.

[48] 도이치는 여기서 γινώσκει가 아니라 ἐπιγινώσκει가 사용된 것은 이것이 단순한 사실을 아는 것이 아니라 하나님의 아들이 메시아이신 것, 특히 그분의 사역이 종말론적인 의의를 지닌다는 사실을 "인정하고 이해하는 것"을 의미한다고 정확하게 밝힌다. 게다가 이것은 계시된 지식에서 인정과 인식의 질을 강조한다. Deutsch, *Hidden Wisdom*, 36, 39.

[49] Deutsch, *Hidden Wisdom*, 108-110.

[50] R. Martin, *Mark: Evangelist and Theologian* (Grand Rapids: Zondervan, 1973), 114-15.

요약

복음서에서 "비밀"은 감춤과 계시 문제와 관련이 있지만, 더욱 중요한 것은 그 비밀이 종말론적 실체인 하나님의 나라("하나님 나라의 비밀")와 연결되었다는 데 있다. 하나님 나라의 비밀은 그 나라가 더 이상 기다림과 예언의 차원에 속하지 않고, 지금 예수 그리스도의 사역에 현존하는 종말론적인 비밀이다. 그 비밀은 예수 그리스도를 믿는 사람들에게 얼마든지 계시된다. 그러나 그분이 종말론적인 인물이라는 사실을 알지 못하는 사람에게 비밀은 여전히 감춰져 있다. 예수 그리스도는 자신이 하나님 나라를 가져왔으며, 그래서 어떤 의미에서 예수님 자신이 그 나라를 구현했다고 선언하신다. 말하자면, 예수님은 감춰진 하나님 나라의 비밀 자체이시고, 그 비밀을 계시한 분이시다.

이 내용은 비단 복음서 저자들만 아니라 신약의 저자들(특히, 바울)도 인정하고 공유하던 진리이다. 퀘스넬(Quesnell)은 복음서에 등장하는 "비밀"을 "십자가를 통한 구원 계시 즉, 고난을 당하시고 죽으시고 부활하신 주님의 실제적인 사실로써 사람들에게 계시된 (그리스도의) 죽음과 부활의 비밀"이라고 정의하면서, 바울과 (복음서 저자인) 마가 모두 신약의 비밀의 공통적인 정의를 공유한다고 주장한다.[51] 이렇게 된 이유를 웬햄(Wenham)은 바울이 초대교회 전통에서 특별히 주목되는 씨 뿌리는 자 비유에서 예수님의 하나님 나라 교훈을 알았고, 하나님 나라 비밀 계시에 관해 예수께서

---

51) Q. Quesnell, *The Mind of Mark: Interpretation and Method through the Exegesis of Mark 6,52*, Analecta Biblica 38 (Rome: Biblical Institute, 1969), 188.

제자들에게 가르쳐주신 복음서 전통에 친숙했을 것이라는 사실에서 찾는다.52) 본서 3장에서는 바울이 "비밀"을 어떻게 설명했는지를 살펴볼 것이다.

---

52) D. Wenham, *Paul: Follower of Jesus or Founder of Christianity?* (Grand Rapids: Eerdmans, 1995), 384.

Christ as the Mystery of God

제 3 장
로마서

바울 서신에는 "비밀"이란 단어가 스물한 번 등장한다.[1] 이 단어가 신약성경 전체에 스물여덟 번 사용되었다는 사실(참조. 마 13:11; 막 4:11; 눅 8:10; 계 1:20; 10:7; 17:5, 7)을 고려하면 신약성경에서 "비밀"이란 단어는 거의 바울의 전유물이라고 해도 과언이 아니다. 바울은 고린도전서 4:1; 13:2; 14:2에서 복수형 뮈스테리아(μυστήρια)를 사용한 것을 제외하고는 항상 단수형 뮈스테리온(μυστήριον)을 사용한다. 복수형이 사용된 세 경우는 그것이 "하나님의 계획에서 감춰져 있다가 성령의 감동으로 선지자들에게 선취적으로 계시된 구체적인 종말론적 사건들을 가리키려고"(고전 13:2; 14:2), 또는 "사도들에게 계시된 하나님의 종말론적 경륜의 다양함"을 언급하려

---

[1] 롬 11:25; 16:25-26; 고전 2:1, 7; 4:1; 13:2; 14:2; 15:51; 엡 1:9; 3:3, 4, 9; 5:32; 6:19; 골 1:26, 27; 2:2; 4:3,4; 살후 2:7; 딤전 3:9, 16.

고(고전 4:1) 그랬을 가능성이 있다.[2] 반면에 단수형은 늘 그리스도, 복음, 또는 그리스도께서 구현하는 하나님의 구원 계획을 적용할 때 사용된다. 바울서신에 사용된 "비밀"은 하나님의 구원 경륜, 종말론적 계획 등 이미 계시된 비밀과 연결되었다는 데 특징이 있다. 이러한 특징적인 사용을 제외하고, 바울은 구약성경의 비밀 이해를 염두에 두고 "비밀"이라는 용어를 사용하였다.[3]

"비밀"이란 단어는 바울서신 여섯 권(로마서, 고린도전서, 에베소서, 골로새서, 데살로니가후서, 디모데전서)에 집중되어 있다. 이들 서신에서 바울이 그가 전파하는 복음의 (종말론적) 성격을 규명하고, 그리스도의 사역의 의의를 제시하고, 사도로서 그의 사역의 특성을 설명한 것과 관련하여 "비밀"이란 단어를 사용한 특별한 이유가 있는가? 바울이 "비밀"이란 용어로써 전하려고 한 메시지는 무엇인가? 필자는 바울 서신에 반영된 교회의 상황들에 비추어 이 문제를 탐구하려 한다.

로마서에는 "비밀"이란 단어가 두 곳(롬 11:25-26; 16:25-26)에 등장한다.

---

[2] 브라운은 바울이 복수형을 사용한 이유가 구원의 거대한 비밀을 강조하려고 했든지, 아니면 "비밀"이란 용어를 아직은 고정된 의미로 사용하지 않은 데 있다고 이해한다. Brown, *The Semitic Background*, 44.

[3] 다니엘서에서 "비밀"은 하나님 자신에 의해 역사의 마지막에 계시될 종말론적 비밀을 의미했다(단 2:28, 29, 47). 보른캄은 이것이 유대의 묵시사상과 헬라의 영지주의의 "비밀" 이해와 성경의 이해가 다른 결정적인 요소라고 제시한다. Bornkamm, "$\mu\nu\sigma\tau\acute{\eta}\rho\iota o\nu$," 814-15. 브라운은 비밀 이해에 구약성경 이외에도 유대의 지혜문학과 묵시문학의 중요성을 지적한다. Brown, *The Semitic Background*, 1-30

1. 로마서 11:25-26

a. 문맥

로마서 11:25-26은 유대인과 이방인을 구원하시는 하나님의 신실하심을 다루는 문맥(롬 9-11장)에 들어 있다. 로마서의 중심부를 차지할뿐더러 로마서의 핵심적인 주제를 다루는 세 장(9-11장)[4]에서 바울은 중요한 두 가지 질문을 제기하고 그 질문에 답한다. 두 질문은 이것이다. 이스라엘이 바울 복음을 받아들이지 않은 것 때문에, 이스라엘에게 약속하신 "하나님의 말씀이 폐하여졌는가?"(9:6) 그리고 "하나님이 자기 백성을 버리셨는가?"(11:1a).

이 질문에 대답하면서 바울은 그가 복음을 전파할 때 예기치 못한 두 가지 사실이 발생했다고 밝힌다. 그 하나는 하나님의 백성 대다수가 메시아를 저버린 것이고, 다른 하나는 많은 이방인들이 구원에 들어온 것이다. 그러나 이것은 새삼 의외의 사건이 아니다. 바울 자신은 이 사실로 인해 하나님의 구원 계획에서 이스라엘의 위치에 대해 고민했지만, 과거에도 이스라엘과 이방인들에게 지금 발생한 것과 동일한 일이 발생했었다는 사실에서 그 해답을 찾고 그 내용을 교회에게 알린다(9:6-13, 27-29, 33; 10:16; 11:2-10). 여기서 바울은 현 시대에 하나님께서 이스라엘과 이방인들을 다루시는 것이 과거에 그분이 행하시던 것과 완전히 일치하며, 바울 자신이 복음

---

[4] 로마서 9-11장을 로마서의 절정이요 중심이라고 생각하는 학자들이 많다. 그 중에 대표자는 스탕달이다. K. Stendahl, "The Apostle Paul and the Introspective Conscience of the West," *HTR* 56 (1963): 199-215. 그밖에 로마서에서 9-11장의 중요성을 강조한 J. C. Beker, *Paul the Apostle: The Triumph of God in Life and Thought* (Philadelphia: Fortress, 1980), 63-93을 보라. 참조. D. Moo, *The Epistle to the Romans*, NICNT (Grand Rapids: Eerdmans, 1996), 547-52; T. R. Schreiner, *Romans*, BECNT (Grand Rapids: Baker, 1998), 469.

을 전한 목적과도 일관성이 있다고 주장하면서 그 증거를 제시한다.[5]

첫 번째 질문과 관련하여, 바울은 과거에도 이스라엘에게 하신 하나님의 약속(말씀)이 폐하여진 것처럼 보이는 현실이 있었다고 설명한다.

첫째, 바울은 창세기 기사를 인용하여 아브라함의 혈통에 속한 후손들이 다 구원을 얻은 것이 아니라고 증언한다(9:6-13). 구원은 출생에 의해 이뤄지는 것이 아니라 하나님의 택하심에 의해 이뤄지기 때문이다(9:11, 13).[6]

둘째, 바울은 성경의 예를 들어 하나님에게 선택할 권한이 있다고 변호한다(9:14-23. 참조. 출 9:16; 사 64:8; 렘 18:6).

셋째, 현재 이방인들이 하나님의 구원을 받고 이스라엘 중 많은 사람들이 구원을 받지 못하는 것처럼 보이는 것은 과거에 하나님께서 이방인들과 이스라엘 중에서 남은 자가 구원을 받을 것이라고 말씀하신 것과 상관이 있다(9:24-29. 참조. 사 10:22; 호 1:10; 2:23).

넷째, 바울은 현재 일어나고 있는 일을 구원 역사의 드라마로 설명한다(9:30-10:21). 이방인들은 "(그리스도를 믿는) 믿음으로 난 의"를 의존한 반면에, 유대인들은 믿음이 아니라 행위를 의지했다(9:30-33). 바울은 하나님께서 유대인들에게 자기 의로 구원을 얻지 못하고 복음을 믿어 구원 얻는 방법을 제시하셨다는 것과 그 복음이 과거부터 지금까지 늘 백성들 가까이, 그들이 언제든지 손으로 잡을 수 있는 곳에 있었다는 사실을 상기시킨다(10:5-18).

---

[5] R. B. Hays, *Echoes of Scripture in the Letters of Paul* (New Haven: Yale University, 1989), 64.

[6] B. Longenecker, *Eschatology and the Covenant: A Comparison of 4 Ezra and Romans 1-11*, JSNTSS 57 (Sheffield: Sheffield Academic, 1991), 50-55, 268-82.

다섯째, 바울은 믿지 않는 사람들이 하나님을 찾게 되리라는 구약의 예언을 제시함으로써(신 32:21; 사 65:1), 11장에서 다룰 주제를 암시한다 (10:19-20).

이 다섯 가지 설명은 앞(9:6)에서 제시한 이스라엘과 관련한 하나님의 약속과 말씀이 무효가 되지 않았다는 증거들이다.

이러한 논리의 연속으로 로마서 11장은 두 번째 질문인 "하나님이 자기 백성을 버리셨는가?"(11:1a)라는 질문에 대한 답으로 주어졌다. 여기서 바울은 현재 이스라엘이 실족하게 되었다고 해서 하나님께서 이스라엘을 버린 것은 아니라고 대답한다(11:1b). 오히려 바울은 이스라엘이 넘어짐으로써 이방인을 위한 구원의 문이 열렸으며, 하나님께서 인간을 구원하는 과정 속에서 이스라엘 백성에게 시기심을 갖게 하여 궁극적으로 그들을 구원으로 이끌려는 의도가 있다는 사실을 일깨운다(11:11-12). 이런 의미에서 바울이 이방인들에게 복음을 전한 것은 이스라엘 구원에 중요한 역할을 한다.[7] 이 맥락에서 로마서 11:25-26이 언급되었다.

그러므로 로마서 11:25-26은 11장만의 결론이 아니라 9-11장에서 논의한 하나님의 의로우심과 이스라엘의 운명에 대한 논의의 결론이다.[8] 본문은 가깝게는 하나님께서 자기 백성을 결코 버리지 않았다는 명제(11:1)를 증명하면서 좀 더 넓은 문맥에서는 이스라엘이 실족하고 이방인이 구원을

---

[7] J. R. Wagner, *Heralds of the Good News: Paul and Isaiah "in Concert" in the Letter to the Romans*, NovTSup 101 (Leiden: Brill, 2002), 276.

[8] G. R. Osborne, *Romans*, IVP New Testament Commentary Series (Downers Grove: IVP, 2004), 303.

받은 사실이 이스라엘과 관련된 종말론적 약속의 폐지를 의미하는 것은 아니라는 증거(9:6)로 주어졌다. 현재 유대인의 실족함을 근거로 하나님께서 이스라엘을 버리셨다고 추론하는 사람들(이방인들)의 생각과 다르게, 바울은 자신이 구원 받은 것을 예로 들어 하나님께서 자기 백성을 버리지 않았고(11:1c-2), 이스라엘에게 약속하신 하나님의 "말씀이 폐하여지지 않았다"고 단정한다(9:6). 이것은 이스라엘에게 "양자됨과 영광과 언약들과 율법을 세우신 것과 예배와 약속이 있고 ……그리스도가 그들에게서 나왔다"는 내용을 기정사실로 제시한 것에서도 암시된다(9:4, 5). 그러면서 바울은 예부터 이스라엘의 전체가 아니라 남은 자만이 하나님께서 약속하신 구원에 이르렀다는 것(11:1-10)과 지금 이스라엘 가운데 일부가 완악하게 된 것은 이방인들을 구원하기 위한 하나님의 계획이라는 것, 그래서 언젠가 이스라엘이 시기하여 충만하게 되는 것이 하나님의 계획이라는 사실을 그 근거로 제시한다(11:11-24). 바울은 유대인들에 대해서는, 현재 이스라엘 중 일부분이 완악해졌지만 나중에 "온 이스라엘"이 구원을 얻을 것이라고 선언한다. 찍힘을 받은 원가지(이스라엘)를 좋은 감람나무에 다시 접붙이실 능력과 권한이 하나님에게 있기 때문이다(11:23). 그러므로 이스라엘이 경험하고 있는 현재의 완악한 상황은 한시적이다.[9]

그래서 바울은 이방인 신자들을 향하여 이스라엘에 대한 하나님의 계획을 상기시키면서 경고한다. "너희가 만일 하나님의 인자하심에 머물러 있으면 그 인자가 너희에게 있으리라. 그렇지 않으면 너도 찍히는바 되리라"(11:22). 이 문제를 논의하는 중에 바울은 독자들에게 "이 비밀을 너희가 모르기를 원하지 아니한다"[10]고 말하면서 "비밀"을 언급한다. 그리고

---

[9] R. H. Mounce, *Romans*, NAC 27 (Nashville: Broadman & Holman, 1995), 224.

그는 계속해서 "이 비밀"의 내용이 무엇인지 설명한다. "이 비밀은 이방인의 충만한 수가 들어오기까지 이스라엘의 더러는 우둔하게 된 것이라 그리하여 온 이스라엘이 구원을 받으리라"(11:25b-26a). 바울은 앞의 두 질문(9:6; 11:1)과 관련하여 "이 비밀"로써 마무리하고, 결론적으로 "하나님의 은사와 부르심에는 후회(철회)가 없다"는 진리가 여전히 유효하다고 선언한다(11:29). 이러한 문맥에서 언급된 "비밀"이 가리키는 구체적인 내용이 무엇인지 살펴보자.

b. 롬 11:25-26 주해

로마서 11:25-26a 구문은 독립된 세 구문으로 이루어졌고, 각각의 구문은 세 가지 주제를 담고 있다. 본문은 다음과 같다.

τὸ μυστήροιν τοῦτο,......
ὅτι πώρωσις ἀπὸ μέρους τῷ Ἰσραὴλ γέγονεν
ἄχρι οὗ τὸ πλήρωμα τῶν ἐθνῶν εἰσέλθη
καὶ οὕτως πᾶς Ἰσραὴλ σωθήσεται, καθὼς γέγραπται......

이 비밀은 ······
이스라엘의 더러는 완악하게 될 것이라
이방인의 충만한 수가 들어오기까지
그리하여 온 이스라엘이 구원을 받으리라. ······라고 기록된 것처럼.

---

10) "모르기를 원하지 않는다"는 어구는 바울이 특별히 중요한 내용을 언급할 때 사용하던 어구이다. 롬 1:13; 11:25; 고전 10:1; 12:1; 고후 1:8; 살전 4:13.

바울이 본문에서 "비밀"이란 단어를 어떤 의미로 사용했는지 문제를 밝히는 것보다 그가 "비밀"로써 가리키려고 하는 것이 무엇인지를 아는 것이 더 중요하다.[11] 본문에는 ὅτι와 ἄχρι와 οὕτως로 시작되는 어구로써 비밀의 내용 세 개가 소개되었다.

비밀의 첫 번째 내용은 호티(ὅτι) 구문("이스라엘의 더러는 우둔하게 된 것이라.")에 들어 있다. 그 내용은 현재 초대 교회에 일어나는 현상 즉, 이스라엘 중 일부가 완악하여 예수 그리스도와 복음을 배척했다는 사실을 담고 있다. 이런 현상은 이방인의 충만한 수가 들어오기까지(ἄχρι) 계속된다. 이것이 비밀의 두 번째 내용이다. 비밀의 두 번째 내용은 이스라엘의 일부가 완악해졌다는 첫 번째 사실이 계속되는 시간적인 한계를 묘사한다. 그리고 비밀의 세 번째 내용은 "그리하여"(καὶ οὕτως)로 소개된다("그리하여 온 이스라엘이 구원을 받으리라."). 이 구문에는 이방인의 충만이 이루어지고 이스라엘의 완악함이 없어지고 난 후에 이스라엘의 구원이 완성될 것이라는 내용이 담겨있다. 이 내용은 바울이 로마서 11장 전반부에서 소개했던 내용이다. 여기서 우리는 바울이 이스라엘과 이방인에 대한 하나님의 구원 계획과 그 계획의 성취 과정 그리고 그 계획의 최종적인 결과라는 하나님의 종말론적 구원 계획을 "비밀"로 이해하고 있다는 것을 알 수 있다.[12]

바울은 비밀의 두 번째 내용과 세 번째 내용에서 이스라엘과 이방인의 운명을 예기적인(proleptic) 관점에서 설명한다. 이것은 바울이 앞(11:11-24)에서 서술한 이방인들에게 주는 경고(11:22)와 유대인들에게 주는 소망

---

11) "비밀"이란 단어의 용례를 논한 쥬웨트(Jewett)의 로마서 주석을 보라. R. Jewett, *Romans A Commentary*, Hermeneia (Minneapolis: Fortress Press, 2007), 697-98.

12) Bockmuehl, *Revelation and Mystery*, 173; 최갑종, "사도 바울과 '비밀' (τὸ μυστήριον). 그의 이방인 선교와 이스라엘의 구원의 연계성 - 로마서 11:25-32절에 대한 연구," 「진리논단」 4 (1999), 18.

(11:23)과 연결된다. 반면에 비밀의 첫 번째 내용은 현재 이스라엘이 복음을 받아들이지 않고 "완악해진"[13] 현재 상황을 묘사한다. 로마서 9-11장에서 바울이 "완악함"에 대해서 서술했으므로 독자는 여기서 바울이 이스라엘의 얼마가 "완악해졌다"고 말할 때 그 의미가 무엇인지 충분히 알아차렸을 것이다.

바울이 첫 번째로 이스라엘의 얼마가 완악해진 것을 "비밀"이라고 말하고 있기에, 이 완악함이 "비밀"과 어떻게 관련이 있는지를 알아보아야 한다. "이스라엘의 더러는 완악하게 되었다"는 선언은 바울이 앞에서 언급했던 이스라엘 자손들 중에서 "남은 자만 구원을 받"는다는 것(9:27)과 이스라엘 중에서 "오직 택하심을 입은 자"가 그리스도 안에 있는 의를 얻고 "남은 자들은 완악하게 되었다"는 것(11:7), 그리고 이스라엘의 가지 "얼마가 꺾였다"는 것(11:17)과 관련이 있다. 여기서 바울은 이 현상이 바울 당대에 처음 발생한 것이 아니라 이미 이스라엘 역사 가운데 있었던 것이었다고 밝힌다.

바울은 앞(11:8-10)에서 이스라엘의 완악함을 설명하려고 구약성경을 인용했다(롬 11:8//신 29:4〈MT, LXX, 29:3〉; 사 29:10; 롬 11:9-10//시 69:22-23). 신명기 29:4는 이스라엘 백성이 출애굽 하여 광야를 지나는 동안 하나님의 큰 이적과 기사를 눈으로 똑똑히 보았지만 오늘날(모압에서 언약을 갱신하는 날)까지 여호와께서 그들에게 "깨닫는 마음과 보는 눈과 듣는 귀"를 주지 않으셨다는 내용을 다룬다. 이사야 29:10도 주의 말씀을 경청하지 않는 사람들에게 "여호와께서 깊이 잠들게 하는 신을 부어주어 ……눈을 감기셨다"고

---

13) 헬라어 πώρωσις의 의미에 대하여, BDAG에는 이해의 완전한 결핍, 우둔함, 무감각, 완고함이 제시되었고(BDAG, 900), Louw/NIda에는 배우려 하지 않는 고집, 정신적인 완고, 닫힌 마음으로 제시되었다(Louw/NIda, 27.52). 필자는 "완악함"으로 사용하겠다.

언급한다. 이것은 배교한 자들에게 내린 하나님의 심판이다. 바울은 로마서 11:8에서 이 본문들을 혼합하여 메시아를 거절한 이스라엘의 완악함을 설명한다.[14] 광야 이스라엘이 하나님의 말씀을 저버린 것과 이사야 시절에 백성들의 무지와 배교는 바울 당시 이스라엘 백성이 메시아를 저버린 것과 비슷하다.

로마서 11:9, 10은 시편 69:22-23(MT, LXX, 69:23-24)을 인용한 본문이다. 본문은 다윗이 그의 원수에게 저주가 내리기를 구하는 기도를 담고 있다. 여기서 바울은 다윗이 하나님께 원수들을 "눈이 어두워 보지 못하게 하시며 ……주의 분노를 저희 위에 부으시"라고 기도하는 내용에서 1세기 교회에 발생한 "완악하게 된" 이스라엘과 복음을 영접한 이방인의 실례가 이미 다윗 시대에 반영되어 있음을 보았다. 바울은 로마서에서 다윗이 그의 원수들에게서 받은 비방이 다윗의 후손이신 그리스도가 믿지 아니하는 이스라엘에게서 받은 비방과 같다고 이해하였다. 동일하게, 바울은 다윗이 하나님의 원수들에게 내리는 심판(신 29:4; 사 29:10)이 다윗 당대에 내린 것을 보면서(시 69:22-23), 바울 당대에도 믿지 아니하는 이스라엘에게 심판이 임했다는 것을 깨달았다(롬 11:8-10). 이스라엘의 불순종은 어느 한 시대에 국한된 것이 아니라 구속사적으로 반복되었다.[15] 그래서 만일 로마서 11:25에 언급된 "완악하게 된 것"이 11:8-10(참조. 시 69:23-24)에 묘사된 "완악함"과 연결된다면, 바울이 11:25 내용을 서술하면서 11:8-10에서 그 근거로 제시한 구약의 본문들을 염두에 두었음에 틀림없다.[16]

---

14) Wagner, *Heralds*, 256.

15) M. A. Seifried, "Romans," *CNTUOT*, 671.

16) D. Johnson, "The Structure and Meaning of Romans 11," *CBQ* 46 (1984), 101.

과거에 하나님께서는 그의 백성들에게 혼미한 영을 주어 마음을 완악하게 하신 것(11:8)과 11장 25절에 언급된 그 백성을 완악하게 하신 것을 "비밀로 하셨다"는 것과 동일시할 수는 없지만, 바울이 적어도 로마서 9-11장에서 인용한 구약 본문들과 바울의 상황 사이에 연속성을 간파하면서 "완악함"을 과거(사 29:10)의 경우와 다른 새로운 시각으로 이해하고 있다는 것은 분명하다. 바울이 로마서 본문에서 이스라엘에 대하여 언급한 "완악함"은 구체적으로 이스라엘 대다수가 그리스도를 저버린 행동을 가리킨다. 그러나 이스라엘이 완악하게 된 것은 돌감람나무인 이방인이 그리스도를 믿고 하나님의 백성에 들어오게 된 사실과 관련이 있다. 그래서 바울이 11:25에서 당대에 "이스라엘의 얼마가 완악하여졌다"고 말할 때, 그는 구속사에서 완악함에 관해 언급하고 있는 구약의 본문들(신 29장; 시 69편; 사 29장)에 언급된 완악함을 기독론적으로 이해한 것이다.[17] 그렇다면, 바울이 "이스라엘의 더러는 우둔하게 된 것"을 비밀의 내용이라고 소개한 것은 그가 여기서 "비밀"을 "성경이 이미 증언하고 있는 진리의 계시"라는 의미로 사용하고 있음을 방증한다. 그러므로 비밀을 안다는 것은 "비록 과거에 존재했으나 감춰지고 알려지지 않은 성경의 메시지에 대한 통찰"을 포함한다.[18]

비밀의 두 번째 내용은 아크리($\check{\alpha}\chi\rho\iota$) 이하의 내용("이방인의 충만한 수가 들어오기까지")이다. 현재 이방인들이 완악해진 이스라엘보다 복음을 먼저 받아들여 구원을 받고 있는 현실에서 이스라엘이 우둔하게 된 당대의 현상은 "이방인의 충만한 수가 찰 때까지만"[19] 계속되고 이후에는 다른 상

---

17) Wagner, *Heralds*, 261-64. 참조. 또한 Moo, *Romans*, 682; C. E. B. Cranfield, *The Epistle to the Romans*, vol. 2, ICC (Edinburgh: T&T Clark, 1979), 551.

18) Seifried, "Romans," 672.

황이 발생할 것이다. 그래서 비밀의 두 번째 내용은 이스라엘이 더러 우둔하게 되는 것이 한시적인 현상이며, 그 후에 상황의 역전이 발생할 것을 담고 있다.[20] 상황이 역전되는 것은 이방인들의 충만한 수가 회심하게 되는 시점이다. 그러므로 이 사실은 어떤 목표를 지향한다.[21]

    바울은 비밀의 두 번째 내용을 입증할 만한 분명한 성경 구절을 제시하지 않는다. 하지만 바울이 9-10장에서 하나님께서 이방인들을 구원하신다는 것과 관련하여 인용한 성경[(9:25-26(호 1:10; 2:23); 10:19-20(신 32:21; 사 65:1)]이 비밀의 두 번째 내용의 근거에도 적용될 수 있다. 바울은 이스라엘의 넘어짐이 최종적이 아니라 하나님께서 그들을 다시 받아들이실 것을 암시해왔다(11:11, 12, 15, 16, 23). 이방인들이 "들어간다"($εἰσέλθῃ$)는 것은 그들이 예루살렘에 종말론적인 순례를 하는 것을 의미할 수도 있고,[22] 하나님의 나라로서 교회에 들어오는 것을 의미할 수 있다.[23] 특히, "들어간

---

[19] 여기서 "충만한 수"란 하나님께서 이방인에게 내리는 충만한 복을 가리킬 수도 있고, 이방인 선교의 완성을 가리킬 수도 있고, 복음이 모든 이방인에게 전파되는 것을 가리킬 수도 있다. M. D. Nanos, *The Mystery of Romans: The Jewish Context of Paul's Letter* (Minneapolis: Fortress, 1996), 266-67. 그러나 이방인의 "충만한 수"가 하나님께서 구원의 수로 지정한 이방인들의 구체적인 수를 가리킨다는 것도 배제할 수 없다. Moo, *Romans*, 718-19; Cranfield, *Romans*, 575; J. D. G. Dunn, *Romans 9-16*, WBC 38B (Dallas: Word Books, 1988), 691. 이들은 주로 유대 묵시문학에 언급된 사람들의 수에 주목한다. 대표적인 예는 에스라4서 4:35-37이다. "의인들의 영혼들이 '우리가 여기에 얼마나 더 있어야 하고 우리의 상급의 추수가 언제 올 것이냐?'고 질문하지 않았는가? 그러자 천사장 예레미엘이 그들에게 다음과 같이 대답했다, '너희와 같은 사람들의 수가 다 찰 때 끝날 것이다.'"

[20] BDAG, "$ἄχρι$," 160-61; Dunn, *Romans 9-16*, 680.

[21] Jewett, *Romans*, 700.

[22] 오스는 바울이 염두에 둔 목표가 구약에서 가장 먼 곳 사람들로 인식된 스페인의 그리스도인을 가리킨다고 생각한다. 오스에 따르면, 바울이 스페인 선교를 간절히 바랐던 이유는(롬 15:14-28) 그곳 선교를 완성함으로써 그의 시대에 이방인의 충만한 수가 찰 것이라는 소망 때문이다. 이것은 지리적인 면으로 선교를 이해하는 21세기 교회의 입장에서 1세기의 이방인의 선교관을 설명하는 중요한 관점을 제공한다. R. D. Aus, "Paul's Travel Plans to Spain and the 'Full Number of the Gentiles' of Rom XI 25," *NovT* 21 (1979), 261-62.

[23] W. Sanday and A. C. Headlam, *The Epistle to the Romans*, ICC (Edinburgh: T & T Clark,

다"는 단어는 복음서에서 "하나님 나라에 들어간다"는 의미로 사용되었다(마 19:24; 21:31; 막 10:15; 눅 18:17, 24; 요 3:5). "이방인의 충만한 수"는 하나님께서 구원하기로 의도하신 이방인들의 수를 언급하지만 이 어구 자체는 이방인들의 보편적인 구원을 가리키지는 않는다.[24]

이스라엘의 회복은 이방인들의 충만한 수가 들어오는 것과 관련이 있다. 선지자들은 하나님께서 만민에게 내리시는 복을 이야기했으며, 이방인들이 하나님의 나라에 들어오는 것을 내다봤다(사 2:2-4; 25:6; 56:7; 60:1-7; 미 4:1-4). 바울은 이 사실을 비밀이라고 제시한다. 구약성경에 예시된 것이 바울 당대에 나타났기 때문이다.

이런 의미에서 무(Moo)가 종말론적 시대에 유대인들 대다수가 저버림을 당하는 반면에 이방인들이 구원의 복을 향유하러 물밀 듯이 들어가고 있고, 나중에 이방인들의 수가 찼을 때 온 이스라엘이 이 구원의 복을 경험하게 된다는 이 구원의 순서를 "전혀 새로운 것(wholly novel)"이라고 주장하는 것은 성급한 판단이다.[25] 무는 구약성경에 이런 순서가 언급되지 않았다는 것을 이유로 제시한다. 무가 지적하듯이, 구약성경에 이런 내용이 직접 언급되지 않은 것은 분명하다. 그러나 이것이 "전혀 새로운 것"이라고 할 만큼 성경적인 근거가 전혀 없다거나 신약시대에 갑자기 소개된 새로운 것은 아니다. 이사야 56:3-8에서 어느 정도 암시를 찾을 수 있다.

1895, 1975), 335; Cranfield, *Romans*, 576; J. Murray, *The Epistle to the Romans*, vol. 2, NICNT (Grand Rapids: Eerdmans, 1959), 93; J. A. Fitzmyer, *Romans*, AB 33 (Garden City: Doubleday, 1992), 622.

[24] R. H. Bell, *The Irrevocable Call of God: An Inquiry into Paul's Theology of Israel* (Tübingen: Mohr Siebeck, 2005), 257.

[25] Moo, *Romans*, 716-17.

여호와께 연합한 이방인은 "여호와께서 나를 그 백성 중에서 반드시 갈라내시리라" 말하지 말며, 고자도 "나는 마른 나무라" 말하지 말라. 여호와께서 이같이 말씀하시기를, "나의 안식일을 지키며 나를 기뻐하는 일을 선택하며 나의 언약을 굳게 잡는 고자들에게는 내가 내 집에서, 내 성 안에서 자녀보다 나은 기념물과 이름을 주며 영영한 이름을 주어 끊치지 않게 할 것이며, 또 나 여호와에게 연합하여 섬기며 나 여호와의 이름을 사랑하며 나의 종이 되며 안식일을 지켜 더럽히지 아니하며 나의 언약을 굳게 지키는 이방인마다 내가 그를 나의 성산으로 인도하여 기도하는 내 집에서 그들을 기쁘게 할 것이며 그들의 번제와 희생은 나의 단에서 기꺼이 받게 되리니 이는 내 집은 만민의 기도하는 집이라 일컬음이 될 것임이라." 이스라엘의 쫓겨난 자를 모으는 주 여호와가 말하노니, "내가 이미 모은 본 백성 외에 또 모아 그에게 속하게 하리라" 하셨느니라.(사 56:3-8)

이사야는 하나님의 구원이 가까이 왔다고 이스라엘을 훈계하는 상황에서(사 56:1) 유대인이 하나님께 정죄함을 받는 반면에, 이방인들이 하나님의 백성과 합류할 기회를 얻게 될 것을 선포한다. 이것은 "이스라엘의 쫓겨난" 것을 전제로 하며(8절), 하나님께서 그들을 다시 "모으실" 것을 내다보면서 주신 말씀이다. 이사야 본문은 로마서 11장에 언급된 이스라엘의 완악함, 이방인들의 구원받음, 이스라엘의 시기와 구원받음 등의 순서를 지지하는 명백한 본문은 아니지만, 바울이 제시한 하나님의 구원의 순서(유대인의 완악함과 이방인의 구원)를 "전혀 새로운 것"이라고 할 만한 것은 아니라는 것을 암시하기에 충분한 근거를 제공한다.[26]

---

26) A. Kramer, "Mystery without Mystery in Galatians: An Examination of the Relationship Between Revelatory Language in Galatians 1:11-17 and Scriptural References in Galatians 3:6-18,

비밀의 세 번째 내용은 "그리하여"(καὶ οὕτως) 이하의 내용이다. "그리하여 온 이스라엘이 구원을 받으리라." 여기서 문제는 "그리하여" 이하의 내용 자체가 어려운 것은 물론이고 그 내용을 이끄는 "그리하여"의 어구의 의미를 이해하는 방법이 다양하다는 데 있다. "그리하여"는 적어도 네 가지로 해석될 가능성이 있다.27) 첫째, 이 문구를 시간적으로 이해하여 "그리고 그때에"(καὶ τότε)와 동의어로 해석하는 경우(Barrett, Käsemann, Dunn, Stuhlmacher). 둘째, 앞에 언급한 것(11:25)의 실행 방법("이런 식으로")으로 이해하는 경우(Barth, Jeremias, Wilckens, Cranfield, Luz, Wright, Robertson). 셋째, 이것이 실행 방법을 가리키지만 앞에 언급된 내용이 아니라 뒤에 나오는 내용 즉, "다음과 같은 방법으로"로 해석하는 경우(Murray). 넷째, 11:25b에 이어지는 논리적인 의미("그러므로")로 이해하는 경우이다(Michell, Hofius, Gundry-Volf).28) 각각의 해석은 저마다 그 입장을 지지하는 근거들이 있다.

그러나 이 문제를 해결하려면 이 본문이 궁극적으로 바울이 로마서 11장에서 제기했던 "하나님이 자기 백성을 버리셨는가?"(11:1a)라는 질문에 "결코 그럴 수 없느니라"(11:1b)라고 답변한 근거로 주어진 것이라는 사실을 고려해야 한다. 11장에서 바울은 현재 하나님께서 이스라엘을 버리신 것처럼 보이는 상황에서, 바울 자신의 경우(11:1c)와 그의 사역에 발생한 "이스라엘의 더러(대다수)는 완악해진 것"을 하나님께서 이스라엘을 버린 것으로 보아서는 안 된다고 이해한다. 하나님은 어떤 백성을 부르시고 은

4:21-31," (Ph. D. Thesis at Trinity Evangelical Divinity School, 2004), 89.

27) R. H. Bell, *Provoked to Jealousy*, WUNT 2/63 (Tübingen: Mohr, 1994), 134-36; idem, *The Irrevocable Call of God*, 258-59; Jewett, *Romans*, 701에 언급된 문헌을 보라.

28) 영어 번역 성경은 두 번째와 세 번째 이해, 그리고 네 번째 이해로 나뉜다. ESV("And in this way")와 NJB("and this is how")는 이 어구를 "방법"을 나타내는 것으로 번역했다. NAS("and thus")와 NIV, NRS("And so")는 논리적 진행을 나타내는 것으로 번역했다. REB("Once that has happened, the whole of Israel……")는 결과로 번역했다.

사를 주신 후에 그것을 철회하는 법이 없으시다(11:29). 그렇다면 현재 이스라엘이 완악하게 된 것을 어떻게 이해해야 하는가? 바울은 이러한 현상을 한편 예수 그리스도를 믿지 않은 이스라엘에 대한 심판이라고 생각하면서(11:7-10), 또 다른 한편 하나님의 구원 경륜에서 적극적인 의미를 지니는 것이라고 확신했다. 이스라엘의 완악함은 이방인들의 구원을 위한 수단이다. 이스라엘이 이처럼 완악하게 되었기 때문에 이방인의 구원이 발생했다(11:11, 12). 바울은 비록 믿지 아니하는 일부 이스라엘이 버림을 받은 것은 사실이지만, 남은 자로서 이스라엘이 다 버림을 받은 것은 아니라고 판단하면서(11:2-5) 자신을 대표적인 예로 제시한다(11:1c). 바울은 그의 논리를 이 사실에서부터 시작하면서 이런 부정적인 상황이 당대에 새롭게 나타난 현상은 아니라고 주장한다. 이런 상황은 과거에도 발생했었다(11:8-10). 그럴 때마다 하나님은 모든 이스라엘을 하나님의 백성이라고 하지 않으시고 남은 자가 하나님의 백성이라는 사실을 분명히 하셨다(11:2-7).

그렇다면 하나님께서 이스라엘의 남은 자들을 버린 것이 아니라는 것과 그분의 부르심에 후회하심(철회)이 없다는 것을 당대에 이스라엘의 일부가 완악해진 사실과 어떻게 연결시킬 수 있는가? 이것은 "온 이스라엘이 구원을 얻을 것이다"라는 명제가 현 상황에서 어떻게 이해되는지 문제와 직결된다. 이 문제와 관련하여 바울은 비록 당대에 이방인이 구원을 받고 반대로 이스라엘이 저버림을 받고 있지만, 구원자이신 그리스도께서 재림하시게 되면 이스라엘을 향한 구원의 길이 다시 열리게 되어 하나님이 자기 백성을 버리신 것이 아니라는 사실이 드러나게 될 것임을 증명하려 한다(11:26-27).[29] 그 때가 되면 현재 상황과 전혀 다른 상황, 즉 "온 이스

---

[29] T. Holtz, "The Judgment on the Jews and the Salvation of All Israel in Thes 2, 15-16 and Rom 11, 25-26," in *The Thessalonian Correspondence*, BETL 87 (Leuven: University, 1991),

라엘"이 구원을 받는 상황이 발생한다. 그래서 "하나님의 은사와 부르심에는 후회하심이 없다"는 것이 입증될 것이다(11:29).[30]

이런 의미에서 반더 홀스트(van der Horst)가 잘 관찰하였듯이, 카이 후토스(καὶ οὕτως)는 시간적인 의미와 하나님의 구원의 양상을 표현한다.[31] 바울은 로마서 11:25에서 비밀의 첫 번째 요소를 완료형(γέγονεν)으로 표현하던 것에서 비밀의 두 번째 요소를 설명하면서 가정법(εἰσέλθῃ)으로 표현하고, 마지막으로 비밀의 세 번째 요소를 설명하면서 미래형(σωθήσεται)으로 표현하여, 비밀에 있어 일종의 연속성의 근거를 제공한다. 그런데 바울은 여기서 이 세 요소 모두 어느 정도 하나님의 계획의 결정적인 단계에서 이미 발생하였음에 주의를 환기시킨다.[32] 그러므로 "그리하여"는 하나님의 비밀의 순차적인 단계로서 "이렇게 하여 마침내"라고 이해하는 것이 바르다. 여기서 바울의 논지는 이스라엘 구원이 "언제" "어떻게" 이뤄질 것인가의 문제에 있다.[33]

이제 우리의 논의는 자연스럽게 "온"(πᾶς) 이스라엘에 포함되는 사람이 누구인지, 또 그들이 언제 어떻게 구원을 받을 것인지에 대한 논의로 이

---

30) 바울의 이사야 본문(59:20, 21) 인용과 하나님의 은사와 (이스라엘을) 부르심에 철회가 없다는 것이 일관성이 있다는 증언에 대해서는, E. J. Young, *The Book of Isaiah*, vol. 2 (Grand Rapids: Eerdmans, 1969), 245-47과 D. A. Oss, "Paul's Use of Isaiah and its Place in His Theology with Special Reference to Romans 9-11," (Ph. D. Thesis at Westminster Theological Seminary, 1992), 96을 보라.

31) P. W. van der Horst, "'Only Then Will All Israel Be Saved': A Short Note on the Meaning of καὶ οὕτως in Romans 11:26," *JBL* 119 (2000), 524.

32) Moo, *Romans*, 710; Schreiner, *Romans*, 614; Bell, *Provoked to Jealousy*, 136.

33) 그러므로 οὕτως가 하나의 의미에 귀착하기보다는 두 개의 의미에 초점을 맞춘다고 이해하는 것이 좋다. Moo, *Romans*, 720; Dunn, *Romans 9-16*, 681; Nanos, *The Mystery of Romans*, 274; B. Byrne, *Romans*, Sacra Pagina 6 (Collegeville: The Liturgical Press, 1996), 349, 354.

어지게 된다. 이론상 "온 이스라엘"은 네 가지를 지칭할 수 있다.[34] 첫째, 모든 선택받은 유대인과 이방인들(Jeremias, Calvin). 둘째, 이스라엘의 선택받은 남은 자 전체(Bengel). 셋째, 모든 개인을 포함한 전체 이스라엘(Schmidt). 넷째, 모든 개인은 포함되지 않는 이스라엘 전체(Barrett, Käsemann). 각각의 입장을 주장하는 사람은 모두 저마다 타당한 근거를 제시하지만, 본문에서 이 어구의 의미를 밝히기 위해 먼저 고려해야 할 것이 있다. 그것은 본문의 논의가 11:25a처럼 본문 앞에서 논의한 내용과 관련이 있다는 사실이다. 본문은 멀게는 9장의 핵심 주제인 이스라엘이 하나님의 아들이며 영광과 언약과 율법과 예배와 약속을 받은 백성이라(9:3, 4)는 사실과 11장의 주제인 하나님께서 자기 백성(이스라엘)을 버리지 않으셨다는 사실을 논의하는 중에 언급되었다. 그리고 본문은 가깝게는 앞에서 논한 현재 이스라엘의 "더러는" 완악해졌다는 것에 대한 대조로 "온" 이스라엘의 미래의 운명을 제시함으로써 하나님의 은사와 부르심에 후회가 없음을 천명하는 상황(11:29)에서 주어졌다.

지금 이스라엘은 완악하여졌다. 그러나 바울은 이스라엘이 완악하고 실족한 것이 회복 불가능할 정도로 넘어진 것이 아니라고 판단한다. 그들이 완악해진 것은 이스라엘 중 "얼마(일부분)"에 해당되고, 이스라엘 전체("온")에 해당하지 않는다(11:11, 12). 그럴 경우 본문의 "온 이스라엘"은 첫 번째 비밀의 내용인 완악해진 이스라엘의 일부분과 대조된다. 그러므로 "온 이스라엘"은 집합적인 의미를 강조한 네 번째 견해인 "전체" 이스라엘을 가리킨다고 보는 것이 자연스럽다.[35] 이 "온" 이스라엘은 영적인 의미의

---

[34] J. M. Gundry Volf, *Paul and Perseverance*, WUNT 2/37 (Tübingen: Mohr, 1990), 182-83; Bell, *The Irrevocable Call of God*, 260-63에 열거된 문헌을 보라.

[35] 해링턴은 바울이 로마서 9장과 11장에서 "이스라엘"이라는 단어를 일관되게 집합

이스라엘이 아니라, 민족적이며 인종적인 의미의 이스라엘이다. 더욱이 9-11장 논의에서 바울이 "이스라엘"이라는 말을 사용할 때, "이스라엘"에 이방인이 포함된 적이 없었다는 것은 본문의 "온 이스라엘"이 민족적인 이스라엘을 지칭할 가능성을 높여준다.36)

사실 로마서에서 "온 이스라엘이 구원을 받는다"는 내용은 본문에 처음 소개된 개념은 아니다. 11:12에서 바울은 "유대인의 넘어짐"과 "세상의 부요함"을 대조하면서 이에 대한 대칭으로 "그들(이스라엘)의 충만함"을 제시했다. 과거 이스라엘 역사에서 언제든지 남은 자들이 존재했다는 사실에 근거하여(11:4, 5, 7), 바울은 이스라엘이 지금 불순종했지만 그들의 넘어짐이 회복 불가능한 넘어짐이 아니라고 확신한다(11:11). 또한 바울은 11:15a에서 "그들(이스라엘)을 버리는 것"과 세상의 화목을 짝지으면서 "그(이스라엘) 받아들임"을 그 대칭으로 제시한다. 이 구절에서 이스라엘을 받아들임은 "죽은 자 가운데서 사는 것"으로 이해된다(11:15b). 이 논의는 "그들(이스라엘)도 믿지 아니하는 데 거하지 아니하면 (언젠가) 접붙임을 얻는다"는 23절에서 절정에 달한다. 지금 이스라엘 중에 일부가 완악하여진 것과 대조적으로, 그 범위는 언급되지 않았지만 그들이 다시 원래 나무에 접붙임을 받게 되는 상황이 얼마든지 일어날 것이다(11:23-24). 그 능력이 하나님에게 있기 때문이다(11:23b).

이 같은 글의 흐름을 주목하면서 피츠마이어(Fitzmyer)는 11:26a의 "온(모든)"이 11:12의 "충만한 수"와 같은 의미로 사용되었다고 정확히 분석

적인 의미로 사용했다고 설득력 있게 제시한다. D. J. Harrington, *Paul and the Mystery of God* (Collegeville: Liturgical Press, 1992), 59.

36) A. A. Das, *Solving the Romans Debate* (Minneapolis: Fortress, 2007), 245. 참조. B. Merkle, "Romans 11 and the Future of Ethnic Israel," JETS 43 (2000): 709-21; C. M. Horne, "The Meaning of the Phrase 'And Thus All Israel Will Be Saved,'" *JETS* 21 (1978): 329-34.

한다.37) 이것은 이스라엘이 모든 시대에 아브라함의 모든 자손들을 가리키는 것이 아니라(롬 9:7-9) 집합적인 실체로서 이스라엘을 지칭한 구약의 예에서도 입증된다(예컨대, 신 1:1; 5:1; 29:2; 31:11; 수 3:7; 삼상 7:5). 이 점에서 "온 이스라엘"은 글자 그대로 한 사람도 남김이 없는 (개체적인 의미에서) 이스라엘 전체를 의미하는 것이 아니라 현재의 (일부 완악해진) 현상과 비교하여 집합적인 의미에서 이스라엘을 지칭한다.38) 이들은 하나님께서 이스라엘을 선택하신 목적의 성취로서 "내 백성이라고 부르실 유대인에게 속한 모든 무리"를 가리킨다.39) 여기에 "이스라엘" 구원을 향한 하나님의 계획을 바라보는 바울의 미래적인 소망이 담겨 있다.40)

그런데 "온 이스라엘"이 민족적인 이스라엘의 구원을 가리킨다고 하더라도, 이 어구는 각기 다른 유대인 집단에게 다른 의미로 이해되었을 것이다. 워터스(Waters)는 이것을 세 가지 관점에서 구분한다.41) 신실한 유대인들에게, "온 이스라엘"은 하나님께서 그들을 언약 공동체로 선택하셨다는 것을 인증하시는 것으로 이해된다(2:10-13, 29; 3:2). 배교한 유대인들에게, 이 어구는 하나님께서 언약의 선물과 약속과 더불어 (이스라엘과 맺은) 언

---

37) "온"을 설명하는 다양한 이해와 "온 이스라엘이 구원을 얻을 것이라"는 말의 의미와 또 그렇게 되는 방법에 대한 논의는 Fitzmyer, *Romans*, 623-24; Bell, *Provoked*, 136-44를 보라.

38) Nanos, *The Mystery of Romans*, 256; S. Voorvinde, "Rethinking Israel: An Exposition of Romans 11:25-27," *VR* 68 (2003): 4-48; Seifried, "Romans," 673.

39) S. Motyer, *Israel in the Plan of God* (Leicester: IVP, 1989), 157. 로마서 11장에서 "이스라엘"이 "교회"가 아니라 "온 유대인"을 포함해야 한다는 설득력 있는 주장에 대해서는 M. Barth, *The People of God*, JSNTSS 5 (Sheffield: JSOT, 1983), 43과 Schreiner, *Romans*, 618을 보라.

40) "이스라엘"이 민족적인 이스라엘을 가리키고, "온"이 문자적인 의미보다는 바울의 심리적인 상태 또는 소망을 가리킨다는 D. E. Holwerda, *Jesus and Israel: One Covenant or Two?* (Grand Rapids: Eerdmans, 1995), 「예수와 이스라엘」, 류호영 옮김 (서울: 기독교문서선교회, 1995), 232-34; Holtz, "The Judgment on the Jews," 289-90, 292를 보라.

41) K. L. Waters, "The Salvation of Israel in Paul's Thought and Experience: A Post-Radical

약(하나님의 언약적 신실함)을 지키신다는 의미로 받아들여진다. 비록 이스라엘이 그 언약을 파기했다고 하더라도 말이다(3:3; 9:2-5; 11:29). 예수님을 믿는 유대인 신자들에게, 이 어구는 장차 올 전적인 구원을 보장하는 표와 증표로서 지금 그들에게 구원을 소유하라는 특별한 부름을 의미한다(11:1, 5, 12, 14, 15, 16). 하지만 설령 이 어구가 세 집단에게 다른 의미로 이해되었다고 하더라도, 이들 모두에게 분명한 것은 세 집단에 속한 유대인 모두에게, "온 이스라엘"의 구원은 재림 후에 메시아를 대면하는 것을 의미한다는 사실이다(10:9-10, 13; 11:26). 그리스도께서 다시 오시면 "이 비밀"은 분명하게 드러날 것이다.

"온 이스라엘"이 "일부" 이스라엘에 대한 "전체" 이스라엘을 가리킨다는 사실은 11:26의 결정적인 선언 다음에 이어지는 내용 즉, 바울이 11장의 논의를 결론지으면서 "하나님의 은사와 부르심에는 후회(철회)하심이 없다"(11:29)고 선언한 것에서도 확인된다. 바울의 논리는 이렇다. 하나님께서는 지금까지 순종하지 않는 사람들을 구원해오셨다(11:30-31). 과거 이스라엘에 대해서도 그랬고(참조. 시 78편), 지금 이방인들에 대해서도 그러하다(11:30). 이방인들은 과거에 순종치 않았지만 지금 순종하게 되었다. 반면에, 과거에 순종했던 이스라엘이 현재는 순종하지 않은(완악한) 상황에 있다(11:31a). 과거부터 지금까지 하나님께서 사람들을 구원하신 것에 비춰볼 때, 하나님께서 이스라엘을 현재 순종하지 않은 대로 내버려두신 것에는 미래에 그들을 구원하시려는 그분의 계획이 담겨 있다.[42] 이방인들이 하

Literary Investigation of Romans 9-11 and Its Context" (Ph. D. Thesis at Fuller Theological Seminary, 1999), 136-37.

[42] D. J-S. Chae, *Paul as Apostle to the Gentiles: His Apostolic Self-Awareness and its Influence on the Soteriological Argument in Romans*, PBTM (Carlisle: Paternoster, 1997), 172-84.

나님의 긍휼을 받아 지금 구원에 이르렀듯이, (지금 순종하지 않은 데 처한) 이스라엘은 장차 하나님의 긍휼을 입게 될 것이다(11:31b). 그러므로 이스라엘은 지금 이방인들 때문에 복음의 원수가 되었지만, 장차 그들도 하나님께 사랑을 입은 자(11:28. 참조. 9:13, 15)라는 것이 드러나 "하나님의 부르심에는 철회가 없다"는 원칙(11:29)과 "하나님이 모든 사람을 순종치 아니하는 가운데 가두어 두심은 모든 사람에게 긍휼을 베풀려 하심이라"는 원칙이 확증된다(11:32).

그렇다면 온 이스라엘이 어떻게 구원을 받을 수 있는가? 이방인이 구원 받는 방법과 다른 유대인들만의 구원 얻는 특권이 있는가?[43] 또는 그들은 자동적으로 구원을 받는가? 이 대답은 11:30-31에서 찾을 수 있다. 30b-31a절은 이방인과 이스라엘이 상호 관계에 있음을 보여준다. 이스라엘이 하나님과 바른 관계에 있을 때 이방인들은 불순종의 상태에 있었고, 이방인이 하나님께 순종하는 상황에 들어오자 이스라엘은 불순종에 이르렀다. 하지만 하나님께서 사람들을 불순종하는 데 두시는 것은 하나님의 긍휼을 베풀려는 데 있다. 그리고 불순종한 사람이 구원을 받은 것은 한편 하나님의 긍휼 때문에 가능하며(11:32), 또 다른 한편 이것은 복음을 믿고 받아들이는 것을 통해서만 가능하다(참조. 3:22, 26; 4:12, 24).

"이와 같이(οὕτως) 이 사람들(이스라엘)이 순종하지 아니하니 이는 너희(이방인)에게 베푸시는 긍휼로 이제 그들(이스라엘)도 긍휼을 얻게 하려 하심이라"(11:31). 이방인이 구원을 받는 것에 대하여 바울은 9장에서 "이방인들이 의를 얻었으니 곧 믿음에서 난 의"(9:30)라고 밝힌 반면에, 이와 대조적

---

[43] 이방인은 그리스도를 믿는 것을 통하여 구원을 얻게 되고, 유대인들은 그리스도를 통하지 않고 율법을 통하여 구원을 얻는다는 두 가지 다른 구원의 길을 제안한 스탕달이 대표적이다. K. Stendahl, *Paul Among Jews and Gentiles* (London: SCM, 1976), 4.

으로 이스라엘에 대해서는 "그들이 믿음을 의지하지 않고 행위를 의지"했다고 밝힌다(9:32). 하나님께서 이방인을 구원함으로써 긍휼을 베푸신 것이 장차 이스라엘에게도 적용이 될 것이지만, 그 방법은 이방인에게 적용되던 믿음의 방법으로 이루어진다는 것이 분명하다.[44] 그러므로 이스라엘이 예외적으로 구원받을 특별한 방법(Sonderweg)은 존재하지 않는다.[45] 로마서 10:9-13에 천명된 것과 같이 이스라엘이 구원을 얻는 데에 그리스도를 믿는 믿음 이외에 다른 방법은 없다. 모든 이스라엘이 구원받는 것은 이방인 구원과 구별되지만 구원의 방법은 동일하다(11:20, 23). 그래서 11:26a의 "온 이스라엘이 구원을 얻을 것이라"는 명제는 반드시 11:11-12, 23-24과 병행해서 읽어야 한다.[46]

바울은 비밀의 세 번째 내용("그리하여 온 이스라엘이 구원을 얻을 것이다")을 선언하고는 온 이스라엘이 "언제" 그리고 "어떻게" 구원을 받았는지를 제시하려고 이사야 59:20, 21과 27:9을 인용한다. "구원자가 '시온에서(ἐκ Σιών)' 오사 야곱에게서 경건하지 않은 것을 돌이키실" 것이다(11:26b). 이사야 본문은 여호와께서 세상에 심판을 내리고 하나님 자신의 영광을 회복하려고 이스라엘이 거듭 행하는 죄를 제거할 것을 약속하는 상황(사 58:1-

---

[44] F. Watson, *Paul, Judaism and the Gentiles* (Cambridge: Cambridge University Press, 1986), 169; Bell, *The Irrevocable Call of God*, 268-70.

[45] A. A. Das, *Paul and the Jews*, Library of Pauline Studies (Peabody: Hendrickson, 2003), 96-106; R. Hvalvik, "A 'sonderweg' for Israel: A Critical Examination of Current Interpretation of Romans 11:25-27," *JSNT* 38 (1990), 87-107; E. E. Johnson, *The Function of Apocalyptic and Wisdom Traditions in Romans 9-11*, SBLDS 109 (Atlanta: Scholars, 1989), 176-205.

[46] Das, *Solving the Romans Debate*, 236; G. Hagner, "The Future of Israel: Reflections on Romans," in *Eschatology and New Testament. Essays in Honor of George Raymond Beasley-Murray* (Peabody: Hendrickson, 1988), 106.

66:24)에서 주셨다. 그 약속을 이루려고 여호와께서 친히 이스라엘의 죄를 없애고 그들과 언약을 체결하려고 구원자로 그들에게 오실 것이다. 바울은 이스라엘의 구원이 어떻게 발생하는지를 설명하는 로마서 11장의 상황에서 이스라엘의 미래 구원의 확실성(롬 11:25, 26)을 설명하려고 이사야의 본문(59:20, 21; 27:9)을 인용했다. 이 본문에는 이방인 구원과 함께 이스라엘을 구원하시는 하나님께서 자기 백성에게 자비를 베풀어 그들의 현재 "완악한 상태"를 제거하고 복음으로 돌아오게 할 것이라는 소망이 표현되었다.[47] 결국 온 이스라엘의 구원은 시온을 구원하시는 분께서 그들(경건하지 않은 자들)을 돌이키시고 그들의 죄를 사하고 새 언약을 맺음으로써 가능하게 될 것이다. 그런데 바울이 인용한 이사야 59:20을 자세히 보면 로마서에 인용된 본문과 구약성경의 이사야 본문과 다르다는 것이 드러난다.

로마서 11:26b	이사야 59:20(MT)	이사야 59:20(LXX)
ἥξει ἐκ Σιὼν ὁ ῥυόμενος (구원자가 시온에서 오사), ἀποστρέψει ἀσεβείας ἀπὸ Ἰακώβ (야곱에게서 경건치 않은 것을 돌이키시리라)	וּבָא לְצִיּוֹן גּוֹאֵל (구속자가 시온에 임하며) וּלְשָׁבֵי פֶשַׁע בְּיַעֲקֹב (야곱 중에 죄과를 떠나는 자에게 임하리라)	ἥξει ἕνεκεν Σιὼν ὁ ῥυόμενος (구속자가 시온을 위해 임하며), ἀποστρέψει ἀσεβείας ἀπὸ Ἰακώβ (야곱에게서 경건치 않은 것을 돌이키시리라).

두 본문 사이에 가장 눈에 띄는 차이는 동사 "오다"와 결합된 전치사

---

[47] C. D. Stanley, "The Redeemer will come ἐκ Ζιών : Romans 11.26-27 Revisited," in *Paul and the Scriptures of Israel*, eds. C. A. Evans and J. A. Sanders (Sheffield: JSOT, 1993), 142.

의 변화이다. 히브리어 본문에는 전치사 레(ל, "에", to)가 사용되었는데, 70인경에는 "위해"(ἕνεκεν, for the sake of)가, 로마서에는 "에서"(ἐκ, from)가 사용되었다. 이것은 구약 본문의 구속자가 "시온에(MT)" 임하신다는 것과 "시온을 위해(LXX)" 임하신다는 내용을 바울이 구원자가 "시온에서" 오신다고 재해석함으로써 발생한 변경일 것이다.[48] 바울이 이렇게 바꾸고 이사야 본문을 재해석한 이유는 어디에 있는가?

이사야의 문맥에서 이 내용은 하나님께서 그의 백성들을 원수들의 압제에서 구원하기 위해 그분의 거주지인 시온에서 일어나신다는 것을 표현하던 것이다.[49] 하나님께서 이스라엘을 구원하러 구원자로 오신다는 이사야 59:20-21을 랍비들은 메시아 본문으로 이해했는데, 바울은 "구원자"를 그리스도와 동일시하고, 여기에 언급된 시간적 상황을 파루시아와 연결시키면서 이사야 본문을 기독론적인 관점에서 해석하였다(비교. 살전 1:10).[50] 그래서 바울이 "시온에"를 "시온에서"로 변경하여 인용한 것은 이스라엘 역사에서 시온에 초점을 맞추던 것을 그 구절의 메시아적 의미와 기독론적 성취를 강조하려는 데 있다고 판단된다.[51]

하나님의 오심은 시온과 관계가 있다. 하나님은 "시온에서" 시작하

---

[48] ἕνεκεν Σιών(LXX)에서 ἐκ Σιών(롬 11:26)으로 바뀐 것을 두고 논쟁이 계속된다. 스탠리는 이처럼 바뀐 형태가 바울 이전의 본문(vorlage)으로 이미 존재했다고 생각한다. C. D. Stanley, *Paul and the Language of Scripture*, SNTSSS 74 (Cambridge: Cambridge University Press, 1992), 166. 반면에, 와그너는 이러한 변경이 바울 자신에 의해 행해진 것이라고 믿는다. Wagner, *Heralds*, 285-86.

[49] 참조. 시 13:7; 109:2; 욜 4:16; 암 1:2; 옵 21; 미 4:2. Stanley, "The Redeemer," 135.

[50] Cranfield, *Romans*, 578; Moo, *Romans*, 728; Seifried, "Romans," 675; Hagner, "The Future of Israel," 106.

[51] 이러한 전치사의 변화가 디아스포라의 관점을 반영한 것이라는 와그너의 설명은 옳다. J. R. Wagner, "Isaiah in Romans and Galatians," in *Isaiah in the New Testament*, eds. S. Moyise and M. J. J. Menken (London: T&T Clark, 2005), 126.

여 그분의 종말론적 통치를 확장하신다(시 14:7; 110:2; 사 2:3-4; 미 4:2-3; 욜 3:16). 그리고 하나님의 종말론적 통치는 구원자가 오셔서 백성의 죄를 사하시는 새 언약을 맺는 것으로 절정에 이를 것이다(롬 11:27; 사 27:9). 그래서 이사야 본문과 이 본문을 바울이 이해한 것에는 구원자가 "시온을 위해" 오실 것이라는 이스라엘의 소망이 바울의 이방인 선교의 궁극적인 결과로 성취되리라는 그의 기대가 반영되었다.[52] 그런데 다른 한편 바울은 신약의 관점에서 시온을 해석했을 가능성도 있다. 만일 "구원자"가 하나님이 아니라 그리스도를 가리킨다면, 구원자가 "시온에서" 오신다는 바울의 언급은 이 문맥에 잘 어울린다. 그리스도께서 이방인과 온 이스라엘을 구원하려고 오시는 "시온"은 물리적인 시온이라기보다는[53] "위에 있는 예루살렘"(갈 4:21-31) 또는 "시온 산과 살아 계신 하나님의 도성인 하늘의 예루살렘"을 가리킨다고 말이다(히 12:22).[54]

    바울의 구약 인용에서 눈에 띄는 또 다른 사실은 그가 마소라 본문보다는 70인경에 더 의존했다는 사실이다. 마소라 본문에는 구원자가 야곱 중에서 죄과를 떠나는 사람들에게 임하신다는 사실을 강조한 반면에, 70인경에는 이것을 경건하지 않은 사람들을 회복하는 것(돌이키시는 것)으로 바꾸었다. 바울이 마소라 본문이 아니라 70인경을 인용한 것을 보면, 구약 본문이 단지 "온 이스라엘이 구원을 받는다"는 증거본문 이상의 역할을 하고 있다는 암시를 받는다. 즉, 로마서 11:26은 온 이스라엘의 구원이 하나님의 언약의 약속, 특히 예레미야 31:33의 새 언약의 약속이 성취되었음

---

[52] Dunn, *Romans* 9-16, 692.

[53] Johnson, *The Function of Apocalyptic*, 168. 스탠리는 "야훼께서 이스라엘로부터 오실 것이랴"는 유대의 전통을 여기에 적용한다. Stanley, "The Redeemer," 138.

[54] Moo, *Romans*, 728; Dunn, *Romans* 9-16, 682; Schreiner, *Romans*, 619.

을 의미한다.[55] 바울이 로마서 11:27에서 죄를 없이 하는 것과 언약을 이룬다는 것을 연결한 까닭이 여기에 있다.[56] "내가 그들의 죄를 없이 할 때에 그들에게 이루어질 내 언약이 이것이라 함과 같으니라." 바울은 이런 내용을 담고 있는 구약의 약속을 종말론적인 의미로 이해하고 이스라엘에게 적용한다. 시온에서 오시는 구원자이신 예수 그리스도로 인해 유대인과 이방인은 종말론적으로 구원을 받으며(11:12), 지금 이스라엘 얼마가 완악해진 것과는 달리, 새 언약에 천명된 내용대로 종말론적인 구원에는 "온 이스라엘"이 포함된다. 그러므로 이사야 본문과 로마서 본문 간에 차이가 발생한 것은 바울이 "온 이스라엘"이 구원을 얻을 것이라는 사실을 강조하려고 의도적으로 구약 본문을 변경한 것이 분명하다.

이러한 비밀의 내용은 아직 발생하지 않았고 앞으로 될 일이다. 바울은 이것을 어떻게 확신할 수 있었는가? 그것은 바울의 "비밀" 이해에서 찾을 수 있다. 이 비밀은 하나님께서 역사를 완성하려고 예정하신 종말론적 미래 실체를 가리키는 계시이다. 이처럼 로마서 11:25-16a에 언급된 비밀은 한편, 구약성경의 감춰진 의미가 현재 복음이 전파된 상황에서 밝히 드러나게 된 것을 가리키면서(11:25), 다른 한편, 지금은 온 이스라엘의 구원이 나타나지 않았지만 결국에는 미래에 온 이스라엘이 구원을 받게 된다는 하나님의 계획(11:26a)을 가리킨다. 그런데 바울이 복음이 전파되는 상황에서 이방인이 먼저 구원을 받고 이스라엘이 완악하게 된 것, 그리고 이스라엘의 완악함이 이방인의 충만한 수가 차기까지 계속되다가 그 후에 온

---

[55] Waters, "The Salvation of Israel," 134.

[56] 이사야 본문에 "죄를 떠나는 것"(59:20)과 "그들과 세운 나의 언약"(59:21)이 연결되어 등장하지만, 로마서 11:27의 내용은 사상적으로 예레미야 31:33의 새 언약을 반영하고 있다는 암시를 받는다.

이스라엘이 (복음을 믿고) 구원을 얻는다는 것을 "비밀"이라고 이해한 데에는 그가 선지자로서 받은 계시가 큰 작용을 하였다.

김세윤은 단지 본문에 인용된 성경구절(사 59:20-21; 27:9; 렘 31:33-34)에 근거해서만 바울의 비밀을 다 설명할 수 없다고 판단한다. 전통적으로 이스라엘이 먼저 구원을 받고 이어서 이방인이 구원을 받는다는 도식(롬 1:16; 2:9, 10)과 다르게, 바울이 이방인이 먼저 구원을 받고 나중에 이스라엘이 구원을 받는다고 한 것은 단지 구약성경의 몇몇 증거구절(사 45:14-16, 20-24; 59:19; 미 4:1-5)보다는 다메섹 계시에서 비롯된 것이라고 주장한다.[57] 김세윤은 이방인 선교와 관련된 다메섹 계시를 반영하는 갈라디아서 1:15-16이 이사야 6장의 보좌 환상(하늘회의 환상)과 이사야 49장의 고난 받는 종의 소명 기사가 반영된 것이라고 이해한다.[58] 그렇다면 이것은 선지자가 하나님의 비밀스런 계시를 받는다는 아모스 3:7과 하늘회의에 참석하는 자가 참 선지자의 자격을 구비했다는 예레미야서 23:18, 22에 나타난 "소드"(sod) 사상이 바울의 비밀 개념에 반영되었다고 할 수 있다.

2. 로마서 16:25-26

로마서 16:25-26의 "비밀" 언급은 로마서의 송영(25-27절)에 들어 있다. 이 본문에서 바울은 그의 복음 즉, 예수 그리스도를 선포한 것에 의하여 교회를 굳게 세울 능력이 있으신 하나님을 찬양한다. 바울은 그의 복음

---

[57] S. Kim, *The Origin of Paul's Gospel*. WUNT 2/4, 2nd Ed. (Tübingen: Mohr, 1984), 74-99; 김세윤, 「바울신학과 새 관점」 (서울: 두란노, 2002), 394-98.

[58] 김세윤, 「바울신학과 새 관점」, 396.

이 "그 비밀의 계시를 좇아 된 것"이라고 밝힌다.

a. 문맥

본문의 문맥을 설명하기 전에 먼저 로마서에서 이 본문의 위치를 확인해야 한다. 송영(16:25-27)은 로마서에서 그 배치가 다르게 되어 있는 사본들이 많아, 심각한 사본학적인 문제를 안고 있다. 송영이 로마서에 배치된 위치와 그것을 지지하는 사본은 다음과 같다.

송영(롬 16:25-27)의 위치	사본
① 1:1-16:23 + 송영	P^{61} ℵ B C D 81 1739 $it^{d,61}$ vg sy^p co $Or^{lat\,mss}$ eth
② 1:1-14:23 + 송영 + 15:1-16:23 + 송영	A P 5 33 104 arm
③ 1:1-14:23 + 송영 + 15:1-16:24	L Ψ 0209^{vid} Byz sy^h
④ 1:1-16:24 + 생략	F G 629 $Hier^{mss}$
⑤ 1:1-15:33 + 송영 + 16:1-23	P^{46}
⑥ 1:1-14:23 + 16:24 + 송영	vg^{mss} Old $Latin^{acc}$

위에서 보는 것처럼 송영이 로마서에서 16:23(24) 이후에만 배치된 것(①, ⑥번)은 아니다. 14:23 다음에 배치된 경우(③번)도 있고, 15:33 다음에 배치된 경우(⑤번)도 있으며, 심지어 두 군데(14:23과 16:23 다음에)에 배치된 경우(②번)와 생략된 경우(④번)도 있다. 로마서의 송영에 이처럼 사본상의 복잡

한 문제가 존재하는 것을 근거로 심지어 이 본문이 원래 로마서에 속한 것이 아니라고 생각하는 사람들도 있다.[59] 또는 이 본문이 원래부터 로마서에 속한 본문이라는 것은 인정하더라도, 본문이 배치된 위치가 다양하여 로마서에서 본문의 위치를 결정하기가 쉽지 않다. 이런 이유로 콜린스(Collins)가 16:25-27을 "제자리 못 잡은 송영"(wandering doxology)이라고 부른 것은 무리가 아니다.[60] 그러나 이 송영이 14:23이나 15:33 뒤에 배치되었든지, 아니면 16:23 뒤에 배치되었든지, F와 G(그리고 629) 사본 이외의 모든 사본에 이 송영이 등장한다는 것은 이 송영이 원래 로마서에 속하며, 교회에서 공적으로 읽혀졌다는 증거로 볼 수 있다.[61]

와이마(Weima)는 16:25-27의 구조와 주제 분석을 통해 로마서가 바울의 전형적인 송영으로 끝나는 편지의 결론부와 부합하며, 특히 이 송영에 사용된 단어들이 로마서 앞부분에 등장하는 자료들을 반영하고, 편지의 본론에서 사용된 언어, 문체, 주제와 일치함을 입증하였다.[62] 던(Dunn)은 구체적으로 이 본문에 들어 있는 하나님의 능력(1:16), 복음(1:1, 2), 그리스도

---

[59] 이 문제를 논의한 다음 문헌을 보라. H. Gamble, *The Textual History of the Letter to the Romans: A Study in Textual and Literary Criticism*, Studies and Documents 42 (Grand Rapids: Eerdmans, 1977), 123-24; J. K. Elliott, "The Language and Style of the Concluding Doxology to the Epistle to the Romans," *ZNW* 72 (1981), 125-28; R. F. Collins, "The Case of the Wandering Doxology: Rom 16:25-27," in *New Testament Textual Criticism and Exegesis: Festschrift for J. Delobel* (Leuven: Leuven University, 2002), 297-303; Jewett, *Romans*, 997-1005.

[60] Collins, "The Case of the Wandering Doxology," 293-97.

[61] 크랜필드는 본문이 분명히 예전적으로 사용되었으며, 설령 이것이 바울이 아닌 사람이 썼다고 하더라도 본문이 로마서의 결론으로 가장 적합하다고 판단한다. Cranfield, *Romans*, 809.

[62] J. A. D. Weima, *The Significance of the Pauline Letter Closings*. JSNTSS 101 (Sheffield: JSOT, 1994), 142, 219. 또한 Sanday and Headlam, *Romans*, 438; Moo, *Romans*, 937-38; P. Stuhlmacher, *Der Brief an die Römer*, 「로마서 주석」, 장흥길 옮김 (서울: 장로회신학대학교출판부, 2002<German: 1998>), 423; L. W. Hurtado, "The Doxology at the End of Romans," in *New Testament Textual Criticism: Its Significance for Exegesis. Essays in Honor of Bruce M. Metzger*, eds. E. J. Epp and G. D. Fee (Oxford: Clarendon, 1981), 185-99를 보라.

의 복음(1:9), 비밀의 계시(11:25), "이제는" 나타남(3:21), 모든 민족이 믿고 순종함(1:5) 등이 로마서의 핵심 주제들과 일치한다고 지적한다.63) 이러한 로마서의 핵심 주제들은 "하나님께서 ……지혜로써 구원을 그리스도 안에 두셨고, 이 지혜로운 결정의 비밀이 이제 드러났다"는 로마서의 대주제로 요약될 수 있다.64) 사본의 외적 증거와65) 송영의 문체와 로마서 주제와의 유사성을 고려하면,66) 이 송영은 바울의 것이 분명하며 그것도 로마서 처음부터 현재 이 자리에 있었을 가능성이 많다.

송영의 한 부분(25-26절)은 로마서에서 다룬 바울 복음과 그 내용인 하나님의 아들이신 그리스도를 증언한 내용(1:1-4)을 요약하며 마무리한다.

b. 롬 16:25-26 주해

16:25-26은 구문이 복잡하여 어구와 어구의 관계가 바로 들어오지 않는다. 하지만 이 구문을 분석해 보면 의미관계가 분명하게 드러난다. 본문은 다음과 같은 구조로 되어 있다.

---

63) Dunn, *Romans* 9-16, 913.

64) Fitzmyer, *Romans*, 753.

65) B. Metzger, *A Textual Commentary on the Greek New Testament*. Second Edition (Stuttgart: UBS, 1994), 「신약 그리스어 본문 주석」, 장동수 역 (서울: 대한성서공회 성경원문연구소, 2005), 456-59, 462-63; Hurtado, "The Doxology," 195.

66) Stuhlmacher, 「로마서 주석」, 405-407, 423; Moo, *Romans*, 937; Weima, *The Significance*, 364-65; Schreiner, *Romans*, 810.

Τῷ δὲ δυναμένῳ ὑμᾶς στηρίξαι
   κατὰ τὸ εὐαγγέλιόν μου καὶ τὸ κήρυγμα Ἰησοῦ
Χριστοῦ,
      κατὰ ἀποκάλυψιν μυστηρίου
         χρόνοις αἰωνίοις σεσιγημένου,
      φανερωθέντος δὲ νῦν
         διά τε γραφῶν προφητικῶν
         κατ' ἐπιταγὴν τοῦ αἰωνίου
         θεοῦ
         εἰς ὑπακοὴν πίστεως
   εἰς πάντα τὰ ἔθνη γνωρισθέντος.

우리를 굳세게 하시는 이에게
   나의 복음 즉, 예수 그리스도를 선포에 따라
     (나의 복음은)그 비밀의 계시를 따라 된 것이다.
        (그 비밀은)오랫동안 감취졌으나(침묵했으나),
      이제는 나타난 바 되었으며
        선지자들의 글로 말미암아
        영원하신 하나님의 명을 좇아
        믿어 순종케 하시려고
     알게 한 바 된 모든 민족에게.

   본문에서 바울은 그가 전파한 복음에 따라(첫 번째 κατά) 굳게 하시는 하나님을 찬양하면서, 그의 복음의 특성을 설명한다. 바울의 복음은 그 비밀의 계시를 따른 것(두 번째 κατά)이다.[67] 그리고 그 "비밀"은 분사구문 세 개("침묵했으나", "나타난", "알게 한")로 수식되는데, 첫 번째 분사인 "침묵했으나"는 과거 오랫동안 그랬다는 시간적인 언급을 동반하고, 두 번째 분사인 "나타난 바"는 세 개의 전치사(διά, κατά, εἰς)로 시작하는 어구를 동반하며, 세 번째 분사인 "알게 한 바"는 계시의 대상을 강조하는 하나의 전치사(διά)를 동반하는 어구로 설명된다.

여기서 바울은 그의 복음이 예수 그리스도를 선포하는 것이라고 선언함으로써 그가 전한 복음("나의 복음")을 예수 그리스도를 선포하는 것과 동일시한다. "나의 복음"과 "예수 그리스도를 선포함"은 상호 보완 관계에 있으며,[68] 후자인 "예수 그리스도를 선포함"은 전자인 "나의 복음"[69]이 무엇인지를 좀 더 구체적으로 규명한다.[70] 바울은 이미 로마서 1:1, 2에서 그의 복음을 "하나님의 아들 예수 그리스도에 관한 것"이라고 밝혔다. 그 밖에 16:25-26에서 다루는 주제는 1:1-7과 동일하며, 그래서 1:1-7과 16:25-

---

[67] 반면에, 슈라이너는 κατά전치사구 둘 모두 병행구로서 부정사 "굳세게 하시는"을 수식한다고 읽는다. Schreiner, *Romans*, 812. 그러나 전치사구 둘을 연결하는 접속사가 없는 데다, "비밀"이 "복음"과 거의 동의어로 사용되었으므로, 두 번째 κατά전치사구는 복음을 수식하는 것으로 이해해야 한다. Bockmuehl, *Revelation and Mystery*, 206; Cranfield, *Romans*, 810.

[68] 머리는 이것이 예수 그리스도를 주제로 하는 바울 복음을 의미한다고 정확하게 이해한다. Murray, *Romans*, vol. 2, 240.

[69] "나의 복음"은 다른 복음 전도자들의 설교 내용과 달리 바울이 "무할례자를 위하여 복음의 주요한 변증가로 자신의 역할을 의식하는 곳에서 사용한 것"(참조. 갈 2:2)이라고 주장하면서 "나의 복음"과 "예수 그리스도를 전파함"을 각각 다른 것을 언급한다고 생각하는 최종상의 견해는 본문을 잘못 읽은 예다. 최종상은 "나의 복음"을 이방인의 사도로서 전한 복음을 암시한다고 이해한다. Chae, *Paul as Apostle*, 298-99. 그러나 "나의 복음"이란 말은 이미 바울이 로마서 2:16에서 언급했던 것인데, 이 어구는 바울 사도의 메시지(롬 2:16; 갈 2:2; 딤후 2:8)에 국한되는 것만이 아니라 바울이 전한 복음이 다른 사람들이 전한 것과 같은 것임을 가리킨다(고전 15:11). E. Käsemann, *Commentary on Romans* (Grand Rapids: Eerdmans, 1980), 424; L. Morris, *The Epistle to the Romans* (Leicester, IVP, 1988), 546. "나의 복음"과 "그리스도를 전파함"을 연결하는 접속사 카이(καί)는 동격의 용법으로 사용되었다고 이해해야 한다.

[70] Moo, *Romans*, 938. Fitzmyer, *Romans*, 954. 그리고 두 표현을 이어주는 접속사 καί는 설명적 용법(epexegetic)으로 사용되었다. Moo, *Romans*, 938 n. 13; Dunn, *Romans 9-16*, 914; Schreiner, *Romans*, 811.

26은 로마서 전체의 수미상관(inclusio)을 형성한다.[71]

바울의 복음 선포는 "비밀의 계시"를 따른 것이다. "비밀의 계시를 따른 것(두 번째 κατά구문)"은 "나의 복음" 또는 "나의 복음과 예수 그리스도를 전파함"에 종속되는 어구이다. 이것은 바울 복음이 "비밀의 계시"와 부합한 것 또는 그 계시에 기초한 것임을 의미하며, 바울은 여기서 복음 선포를 통해 "비밀"이 알려졌음을 강조한다.[72] 비밀이 이런 식으로 "알려졌다고" 설명되는 것은 그 비밀이 예전에는 계시되지 않았음을 의미한다. 그 비밀은 구체적으로 이방인들이 유대인들과 함께 동일한 하나님의 백성이 되는 것인데, 구약 시대에는 분명하게 드러나지 않았다(엡 3:3-6, 9; 골 1:26-27). 그 비밀은 근본적으로 예수 그리스도와 관련이 있는 비밀이기 때문이다(고전 2:1, 7; 엡 1:9; 6:19; 골 2:2; 4:3). 바울이 로마서에서 본문 이외에도 "비밀"이란 단어를 사용했지만(롬 11:25), 본문(16:25-26)에서 비밀은 로마서 전체에서 다룬 바울 복음의 내용인 이방인들이 믿음으로 구원을 받았다는 내용과 관련이 있기에, 본문의 "비밀"은 사람들을 구원하는 하나님의 계획을 의미한다. 바울은 하나님의 구원 계획에 따른 복음을 전했고, 그 내용은 예수 그리스도이다.

바울이 그가 선포한 복음을 설명하려고 사용한 비밀의 "계시"라는 어구에는 마지막 때에 하늘의 비밀이 드러난다는 종말론적인 의미가 들어

---

[71] Schreiner, *Romans*, 810-11.

[72] I. H. Marshall, "Romans 16:25-27 - An Apt Conclusion," in *Romans and the People of God. Essays in Honor of Gordon D. Fee on the Occasion of His 65th Birthday*, eds. S. K. Soderlund and N. T. Wright (Grand Rapids: Eerdmans, 1999), 180; J. D. G. Dunn, *Christology in the Making: A New Testament Inquiry into the Origins of the Doctrine of the Incarnation* (London: SCM, 1980), 236; Kim, *The Origin*, 81.

있다(1:17; 2:5; 8:19. 참조. 1:18)[73]. 하나님께서 이전에는 구원을 이스라엘에게 한정했다. 그러나 이제는 그 구원이 모든 믿는 자에게 개방되었다(3:22). 이렇게 된 것은 오랫동안 감춰졌던 "비밀"이 예수 그리스도 안에서 계시되었기 때문이다. 바울은 여기서 비밀의 계시가 종말론적인 사건일뿐더러 기독론적인 특성을 지녔음을 주장한다.[74]

바울은 "비밀"을 설명하려고 영세 전부터 "감취었다"와 이제는 "나타내신바 되었으며"와 "알게 하신 바 된" 등 (중성 단수 소유격) 분사 세 개를 사용한다. 분사로 표현된 전에는 "감취었다"와 이제는 "나타났다" 그리고 "알게 했다"는 것은 계시 용어이고, 그 순서는 전형적인 계시의 패턴이다. 이 패턴은 다니엘서 2장에 등장하는 비밀의 감추임과 계시됨(알려짐)의 패턴과 유사하다.[75] 바울은 이것을 "영세 전부터"(25b절)와 "이제는"(26a절)의 시간적인 대조로써 강조한다. "비밀"을 설명하는 분사 세 개를 차례로 살펴보자.

첫 번째 분사는 그 비밀이 오랫동안(영원토록) "감취었다"($\sigma\varepsilon\sigma\iota\gamma\eta\mu\acute{\varepsilon}\nu o s$)이다. "감취었다"는 표현을 문자적으로 번역하면 "침묵했다"이다. "감취었다"는 것을 표현하는 동사(시가오, $\sigma\iota\gamma\acute{\alpha}\omega$)는 바울 서신에서 이곳과 고린도전서 14:28, 30, 34에서만 사용되었는데, 특히 본문처럼 타동사(의 수동태)로 사용된 경우는 이곳이 유일하다.[76] "감춰지다"라는 단어는 26절의 "알게 하다"와 반대 개념인 것이 분명하다. 그러나 이것은 사람들에게 전혀 낯설

---

[73] Dunn, *Romans 9-16*, 914.

[74] Dunn, *Romans 9-16*, 915; Schreiner, *Romans*, 812.

[75] Moo, *Romans*, 938. 여기서 "비밀"은 구원 사건(참조. 롬 11:25)이 아니라 하나님의 "구원의 의지"를 가리킨다. Bornkamm, "$\mu\upsilon\sigma\tau\acute{\eta}\rho\iota o\nu$," 816.

[76] BDAG, "$\sigma\iota\gamma\acute{\alpha}\omega$," 922. BDAG는 본문의 의미를 "알지 못하게 하다," "비밀로 하다"로 제시한다.

고 사람들이 그 존재 자체를 몰랐다는 의미는 아니다. 크랜필드(Cranfield)가 정확하게 제시하듯이, "감춰졌다"는 것은 사람들이 비밀을 충분히 이해할 수 없거나 그것을 경험할 수 없다는 의미에서 그러하다.[77] 그 이유는 그 비밀이 종말론적인 내용을 담고 있다는 데서 찾을 수 있다. 바울은 이 말로써 계시된 비밀과 침묵 속에 있던 비밀을 대조하고 있음이 분명하다.[78]

세시게메노스($\sigma\varepsilon\sigma\iota\gamma\eta\mu\varepsilon\nu\text{o}\varsigma$)는 현재완료수동태인데, 바울은 이 용어로써 비밀이 감춰진(침묵했던) 기간이 영세 전부터 시작된 영원한 기간임을 강조한다. 이것은 "크로노이스 아이오니오이스"($\chi\rho\text{ó}\nu\iota\varsigma$ $\alpha\iota\omega\nu\text{í}o\iota\varsigma$)로 부연되었다. 이 어구의 문자적인 의미는 "영원한 시간 동안"이다. 크랜필드는 "영원한"이란 단어가 사용된 이유를 그 감추임(즉 침묵)이 우주 창조 이전부터 오랫동안 발생한 것을 가리키기 위함이라고 생각한다.[79] 그렇다고 해서 케제만(Käsemann)이 주장하는 것처럼[80] 이것이 원시의 침묵을 가리킨다는 보장은 없다.[81] 머리(Murray)는 이 표현이 단지 (비밀과 비밀의 계시를 둘러싼) 하나님의 계획의 "영원성"을 설명하는 것이라고 올바르게 설명한다.[82] 이 단어와 아울러 기간을 알려주는 단어는 "시간들"($\chi\rho\text{ó}\nu\text{o}\varsigma$)인데, 이 단어가 복수형으로 표현된 것으로 미루어 여기서 말하는 시간대는 "몇 개의 짧은 기간으로 구성된 시간의 긴 기간"이 틀림없다.[83] "영원한 시간 동안"은

---

77) Cranfield, *Romans*, 810 n. 3.

78) Käsemann, *Romans*, 425.

79) Cranfield, *Romans*, 810.

80) 케제만은 이것이 셈족어의 영원 개념이라고 생각하면서 그의 논의의 근거로 에스라 4서 6:38, 39; 7:30; 바룩의 제2 묵시록 3:7을 제시한다. Käsemann, *Romans*, 425.

81) Cranfield, *Romans*, 810 n. 3.

82) Murray, *Romans*, 241 n. 19.

83) BDAG, "$\chi\rho\text{ó}\nu\text{o}\varsigma$," 1092; Dunn, *Romans 9-16*, 915.

한글 성경에 번역된 "영원 전부터"가 암시하는 창조 이전의 영원성을 가리키기보다는 태초부터 그리스도 이전의 모든 역사 시대를 아우르는 용어이다.[84] 바울 복음은 그리스도 이전 시대에는 감춰져 있었다.

"비밀"을 설명하는 두 번째 분사는 그 비밀이 "이제는 나타났다"(φανερωθέντος)이다. 이것은 개념적으로 감춰었던 것과 대조되는 상황(δέ)을 알려주면서, 시간적으로 "지금"이 감춰진 것이 계시된 상황임을 선언한다. "이제는"은 신약의 구속사적인 구조에서 이해해야 한다(3:21; 고전 2:7-9; 엡 3:5, 9-10; 골 1:26-27; 딤후 1:9-10; 딛 1:2-3; 벧전 1:10).[85] 이것은 "그때에"와 대조되는 "이제는"이다. 구속사적인 시간의 전환을 가져온 사건은 예수 그리스도의 지상 사역과 그 후 계속된 교회의 복음 선포다. "나타났다"는 것은 로마서 3:21의 용례("이제는 율법 외에 하나님의 한 의가 나타났다")와 비슷하다. 3:21에서는 완료형이 사용되어 나타남의 현재적인 상태가 강조되었고, 본문에서는 부정과거형이 사용되어 나타남이 발생했다는 사실 자체가 강조되었다.[86]

비밀이 "나타났다"는 사실은 전치사구 세 개에 의해 설명된다. 첫 번째 전치사구("선지자들의 글들로 말미암아")는 비밀이 나타난 수단을 묘사한다. 일반적으로는 복음이나 신약성경을 계시의 원천으로 예상할 수 있기 때문에 바울이 비밀이 나타나게 된 수단을 "선지자들의 글"이라고 언급한 것을 의외라고 생각할 수도 있다. 여기서 문제의 핵심은 이것이다. 통상적으로 구속사적인 전환은 복음 사건과 그 후 사도들의 선포에서 발생한다고

---

[84] Stuhlmacher, 「로마서 주석」, 424.

[85] Moo, *Romans*, 939.

[86] Moo, *Romans*, 939 n. 22.

이해했으며, 그런 까닭에 비밀의 계시는 구약 시대와 구별되는 것으로 제시된다(엡 3:3-5, 7-9). 그런데 본문에는 계시가 구약의 선지자들의 글을 통해 나타났다고 제시되어 있어 통상적인 이해와 상반되는 듯이 보이며, "비밀"이 태초부터 그리스도 이전까지 "감춰졌다"고 했으면서 동시에 그 "비밀"이 그리스도 이전 시대의 선지자들의 글을 통해 "나타났다"고 한 것은 모순처럼 보인다. 이에 대하여 케제만은 선지자들의 글을 구약 선지자들만 아니라 바울의 글도 포함하는 것이라고 함으로써 이 문제를 해결하려고 했다.[87]

그러나 이 문제 해결의 열쇠는 "말미암아"(διά) 다음에 놓여 있는 "테"(τε)의 이해에 있다. τε는 접속사 "그리고(and)" 또는 "~도 역시(and also)"의 의미로서, τε 이하의 글("선지자들의 글로 말미암아")을 "알게 하신 바"까지 묶어 읽기를 요구하여 "계시"의 구별되는 두 순간의 차례를 의미한다.[88] RSV와 NIV 그리고 REB는 이 점을 잘 간파하여 본문의 "선지자들의 글로 말미암아"를 "알게 하신 바"와 연결하여 번역했다.(강조는 나의 것)

> the mystery ······(그 비밀이)
> "but is now disclosed and through the prophetic writings is made known to all nations"(RSV). (그러나 지금은 계시되었으며 선지자들의 글로 말미암아 모든 민족에게 알려졌다)
> "but now revealed and made known through the prophetic writings"(NIV). (그러나 지금은 선지자들의 글로 말미암아 계시되고 알려졌다)

---

87) Käsemann, *Romans*, 426.

88) BDAG, "τε," 993; Cranfield, *Romans*, 811; Byrne, *Romans*, 464; Dunn, *Romans 9-16*, 915; Schreiner, *Romans*, 813.

"but now disclosed, and by the eternal God's command made known to all nations through prophetic scriptures"(REB). (그러나 지금은 계시되었으며 하나님의 영원한 명령으로 선지자들의 글을 통하여 모든 민족에게 알려졌다)

특히 REB는 "선지자들의 글로 말미암아"를 문장 맨 끝에 배치하여 그 전치사구가 "나타난바"가 아니라 오히려 뒤에 나오는 "알게 한바"와 연결되었음을 강조한다.

그렇다면 "비밀"이 태초부터 그리스도 이전까지 "감춰졌다"는 것과 동시에 그 "비밀"이 그리스도 이전 시대의 선지자들의 글로 말미암아 "알려졌다"는 것은 바울의 복음이 율법 이외에 나타난 하나님의 의로서 하나님의 아들이신 예수 그리스도를 전하는 것이며, 이 모든 것이 구약성경에서 "증거를 받은 것"이라는 바울의 언급(1:2; 3:21-22)에서 문제 해결의 단서를 찾을 수 있다. 바울이 이 사실을 주장하는 본문에서 우리는 그가 복음 사건과 그의 설교가 과거의 비밀의 감춤과 대조되지만 동시에 구약 예언의 성취이며 구약의 증거에 비춰 읽을 때에만 바르게 이해된다고 가르치고 있다는 암시를 받는다.[89]

크랜필드는 "비밀의 계시를 하나님께서 구약성경에서 약속하신 것의 성취로"(1:2) 또는 구약에 의해 증언되고 해석되고 분명하게 되는 것으로 이해할 때, "모든 사람(특히 이방인들)에게 주신 비밀의 계시가 하나님의 복음으로 이해된다"고 주장한다.[90] 이것은 비밀이 구약 예언서에 감춰지

---

[89] Morris, *Romans*, 547; Mounce, *Romans*, 282.
[90] Cranfield, *Romans*, 812.

기도 하고, 동시에 알려지기도(예언되기도) 한 이유가 된다. 구약 예언은 복음 사건과 그 후의 사도들의 선포를 통해 분명하게 되는 예언과 약속으로 주어졌고, 복음 사건이 발생하기 전에는 모호한 상태에 있다.[91] 그러나 이러한 구약의 예언과는 다르게, 바울 복음은 구약 성경에 예언된 것을 성취하며, 감춰지고 모호한 부분을 밝히 드러낸다. 선지자들의 글에 있는 약속과 예언은 이방인들에게 그들이 믿어 구원에 이르게 하는 궁극적인 목적을 지향한다. 바울은 이것을 예수 그리스도 안에 나타난 새로운 계시의 빛 하에서 이해했다(참조. 벧전 1:10-12).[92]

분사 "나타난 바"를 수식하는 두 번째 전치사구는 "영원하신 하나님의 명령에 따라서"이다. 이 명령은 사람들에게 복음을 전할 책임이 있음을 알려주는 것이 아니라 구원 역사에서 비밀이 나타나는 특정한 시간을 하나님께서 친히 정하셨고 계획하셨음을 강조한다.[93] 그렇다면 본문에서도 비밀은 하나님에 의해 계시된다는 사실이 드러난다.

분사 "나타난 바"를 수식하는 세 번째 전치사구는 "믿음의 순종을 위하여"이다. 이 어구는 믿고 순종하는 것이 비밀 계시의 목적임을 강조한다. 바울 사도가 복음을 전하던 당대에 이방인들이 하나님께 순종하는 상황이 나타났다. 이 사실은 세 번째 분사구문과 연결된다.

세 번째 분사는 그 비밀이 모든 민족에게 "알려졌다"(γνωρισθέντος)이다. 바울은 이전에 감춰졌던 비밀이 "계시" 되었다는 사실을 강조하려고 "나타내신 바 되었으며"와 "알게 하신 바 된"이라는 단어를 사용했다. 그리고 바울은 비밀이 알려진 대상이 이방인들이라는 사실을 그의 복음의

---

[91] Murray, *Romans*, 242; Cranfield, *Romans*, 812; Schreiner, *Romans*, 814.

[92] F. F. Bruce, *Romans*, TNTC (Grand Rapids: Eerdmans, 1963), 283; Morris, *Romans*, 547.

[93] Sanday and Headlam, *Romans*, 439; Schreiner, *Romans*, 813.

종말론적 특성("이제는")으로 부각시킨다(참조. 엡 3:5-10).

로마서 16:25, 26에서 "비밀"은 세상에 대한 하나님의 구원 행위와 관련이 있다. 그리고 그 비밀의 계시는 "약속" 되었던 것이 "성취" 된 것이다. 이것은 구약성경의 어느 한 메시지의 성취 문제가 아니라 "태초부터 그리스도 이전 시대에 감춰져 있었던 하나님의 구원의 뜻 전반"과 관련이 있다. 비밀의 계시는 "그리스도 안에 나타난 계시의 문제" 이다.[94] 바울은 그 비밀이 사도의 선포로써 "계시되었다"고 선언한다. 바울이 그의 복음과 예수 그리스도 선포를 비밀의 계시를 좇아 된 것이라고 표현했다면, 바울에게 가장 중요한 계시 사건은 하나님의 마지막 목적에 대한 비밀을 계시하는 "그리스도의 종말론적 사건" 이다(Cf. 엡 3:3, 4, 9; 골 1:26, 27).[95]

---

[94] Stuhlmacher, 「로마서 주석」, 424.

[95] Marshall, "Romans 16:25-27," 182.

제 4 장
고린도전서

고린도전서는 고린도교회의 분열 소식을 비롯하여 바울이 고린도교회에 대해 들은 소식과[1] 고린도교회의 질문[2]에 대한 바울의 대답으로 쓰여졌다. 바울은 고린도교회의 분열과 그 원인이 복음과 사도직을 오해한 것에서 비롯되었다고 진단하면서, 이와 아울러 몇 가지 다른 주제들(음행,

---

[1] L. L. Welborn, "On the Discord in Corinth: 1 Corinthians 1-4 and Ancient Politics," *JBL* 106/1 (1987), 86-87, 91.

[2] 대부분의 학자들은 고린도전서의 중요 단락을 시작하는 어구인 "~에 대하여"(περὶ δέ)가 고린도교회의 질문을 표현하고 있다고 이해한다(고전 7:1, 25; 8:1; 12:1; 16:1, 12). J. C. Hurd,, *The Origin of 1 Corinthians* (London: SPCK, 1965), 63-74, 82; A. C. Thiselton, *The First Epistle to the Corinthians*, NIGTC (Grand Rapids: Eerdmans, 2000), 32, 34-36. 그러나 περὶ δε를 고린도교회의 질문이 아니라, 바울이 스데바나 집 사람들에게 고린도교회의 소식을 들은 후 고린도 사람들이 제기한 질문을 염두에 두고 다음 논의의 주제를 소개하는 간단한 방법이라고 이해하는 사람도 있다. M. M. Mitchell, "Concerning περὶ δε in 1 Corinthians," *NovT* 31 (1989), 234, 256; idem, *Paul and the Rhetoric of Reconciliation* (Louisville: Westminster, 1992), 241. 그러나 나중에 언급한 견해에 대해 뤼데만의 답변을 보라, G. Lüdemann, *Paul Apostle to the Gentiles: Studies in Chronology* (London: SCM, 1983), 81-83.

결혼, 우상제물, 신령한 은사, 죽은 자의 부활, 연보, 아볼로)과 관련된 고린도교회의 질문에 대답한다. 바울은 고린도교회의 중요한 문제를 해결하는 열쇠로 그가 전한 복음의 기독론적 특성과 종말론적 특성을 제시한다. 바울 복음은 "비밀" 또는 "하나님의 비밀"로 요약된다(특히, 1:18-2:8).[3] 고린도전서의 주제와 관련하여 "비밀"이란 단어는 바울이 하나님의 지혜를 선포하고 자신을 복음의 일꾼으로 묘사하는 1:10-4:17에 세 번(2:1, 7; 4:1), 고린도교회의 은사("신령한 것") 문제를 다루는 12-14장에 두 번(13:2; 14:2) 등장하고, 마지막으로 고린도교회의 "몸의 부활"과 관련된 종말론적인 문제를 다루는 15:51에 등장한다. 각각의 본문에서 "비밀"이 구체적으로 어떤 의미로 사용되었는지 살펴보자.

1. 고린도전서 2:1

고린도전서에서 "비밀"이 처음 등장하는 곳은 2:1이다.

a. 문맥

고린도전서 2:1은 십자가의 도를 논하는 고린도전서 1:18-2:5 문맥에 들어 있다. 림(Lim)이 그간의 연구의 관심사를 잘 요약하였다시피, 고린도전서 1:18-2:5과 관련된 학적인 연구는 주로 고린도교회의 분열, 십자가 신학, 고린도교회의 사회적 구성, 지혜의 의미, 그리고 몇몇 구절의 문학적

---

[3] 고린도전서에는 "하나님의 비밀" (2:1; 4:1 〈복수〉), "비밀" (2:7; 13:2 〈복수〉; 14:2 〈복수〉; 15:51) 등의 용어가 등장한다.

장르에 집중되었다.[4] 하지만 1:18-2:5에서 핵심적인 단어는 "십자가의 도"에 좀 더 초점을 맞추어야 한다. "십자가의 도"는 그리스도의 죽음과 부활을 비롯하여 바울 복음 전체를 가리키는 어구이다.[5] 바울이 십자가를 복음을 가리키는 다른 말로 사용했다는 증거는 고린도전서 1:23과 2:2에 나타나는데,[6] 여기서 바울은 자신이 "십자가에 못 박힌 그리스도를 전한다"고 주장하며(1:23), "그리스도와 그가 십자가에 못 박히신 것 이외에는 아무 것도 알지 아니하기로 작정" 했다고 고백한다(2:2). 이 시점에서 바울은 그가 1:18에서 언급한 하나님의 능력을 그리스도와 일치시킨다. 그리스도는, 아니 그리스도만 하나님의 능력과 하나님의 지혜라고 말이다(1:24). 십자가 주제는 언급한 두 본문과 본문의 좀 더 넓은 문맥인 1:10-4:21과 나아가서 고린도전서 전체를 이해하는 중심적인 주제이다.[7]

바울은 이 십자가의 도를 하나님의 능력[8]이라고 선언한다(1:18). 이 능력은 "모든 믿는 자에게 구원을 주시는" 하나님의 능력이다(롬 1:16). 하나님의 능력은 지혜 있는 자를 어리석게 만드는 능력이다. 이것은 하나님

---

[4] T. H. Lim, "Not in Persuasive Words of Wisdom, But in the Demonstration of the Spirit," *NovT* 29/2 (1987), 137-39와 각주 2-7을 참조하라.

[5] J. T. Carroll and J. B. Green, *The Death of Jesus in Early Christianity* (Peabody: Hendrickson, 1995), 115; M. D. Hooker, *Not Ashamed of the Gospel. New Testament Interpretations of the Death of Christ* (Carlisle: The Paternoster Press, 1994), 42.

[6] M. M. Mitchell, "Rhetorical Shorthand in Pauline Argumentation: The Functions of 'The Gospel' in the Corinthian Correspondence," in *Gospel in Paul: Studies on Corinthians, Galatians and Romans for Richard Longenecker*, JSNTSS 108, eds. L A. Jervis and P. Richardson (Sheffield: Sheffield Academic Press, 1994), 70.

[7] G. D. Fee, *The First Epistle to the Corinthians*, NICNT (Grand Rapids: Eerdmans, 1987), 68.

[8] "능력"($δύναμις$)은 힘의 정도를 가리키는 말이 아니라 "하나님의 약속과 변화시키는 활동의 작용과 효과의 구체화"를 가리키는 말이다. Thiselton, *First Corinthians*, 155; Louw/Nida, vol. I, 681; vol. II, 67.

께서 "지혜 있는 자들의 지혜를 멸하신다"는 이사야 29:14의 성취이다. 하나님은 어리석은 세상에 자신을 알리는(계시하는) 방법으로 (복음) 선포를 사용하셨으며, 바울은 이것을 "전도(선포)의 미련한 것"이라고 표현한다(1:21). 바울은 여기서 고린도교회가 바울에게 어리석다고 꼬집은 바로 그 용어를 이용하여 고린도교회에게 적용하고 있다. 이 구절에서 "선포의"는 복음 전파의 행위를 강조하기보다는 복음 선포의 내용을 강조한다. 그래서 "선포의"는 "설교의 본질"로,[9] 또는 "십자가에 못 박히신 그리스도 선포"로 번역될 수 있다.[10] 바울은 틀림없이 고린도교회의 상황을 고려하여 "십자가의 도"를 강조했을 것이다. 바울은 고린도 교인들이 일방적으로 은사적 경험을 강조한 것에 반응하려고[11] 고린도교회가 주장하는 지혜와는 다르게 그의 복음과 사역의 특성과 의미가 십자가에 있음을 일깨운다. 고린도교회가 믿게 된 복음의 내용(1:18-25)과 구원받은 공동체를 형성한 사람들(1:26-31), 그리고 그들을 믿음에 이르게 한 바울의 설교(2:1-5)는 십자가의 도로 요약된다. 이러한 사실은 이미 앞에서 살펴본 로마서 16:25에서도 확증된다. 바울은 로마서 16:25에서 그의 복음을 "예수 그리스도를 전파함"과 동일시하였다. 십자가에 못 박히신 그리스도는 바울 설교의 핵심 주제이다(고전 1:23).

바울은 계속해서 고린도전서 2:1-3에서 자신의 예를 통해 그가 고린도에서 어떤 자세로 "하나님의 비밀"을 선포했는지를 설명한다. 고린도교

---

[9] H. A. W. Meyer, *Critical and Exegetical Hand-Book to the Epistles to the Corinthians* (New York: Funk & Wagnalls, 1884<German: 1870>), 42.

[10] R. A. Horsley, *1 Corinthians*, ANTC (Nashville: Abingdon, 1998), 51.

[11] D. J. Lull and W. A. Beardslee, *Biblical Preaching on the Death of Jesus* (Nashville: Abingdon Press, 1989), 158.

회가 바울에게 말과 지혜와 아름다운 것(탁월한 것)과 같은 (이 세상에 속한) 지혜와 수사학을 요구할 때 바울은 그 요구를 거절하고, 오직 하나님의 능력과 지혜이신 그리스도와 십자가만을 전했다고 주장한다.[12] 오히려 바울은 하나님의 비밀을 전하면서 "약하고 두려워하고 심히 떨었다"(2:3). 하나님의 비밀은 고린도 사람들이 요구하는 지혜[13]와 수사학("말과 지혜의 아름다운 것")과 전혀 관계가 없다. "하나님의 비밀"은 4절에서 "나의 말" 즉, "나의 전파"[14]가 "지혜의 말의 권함에 있지 않고 성령의 나타남과 성령의 능력에 있다"는 말로 설명된다. 이 구절은 바울이 1:17에서 천명한 것처럼 바울의 사도로서의 활동의 중요한 특성을 설명해준다.

한 마디로 말해서, 바울은 그의 "복음"을 "십자가에 못 박히신 그리스도"와 동일시하였는데(1:17, 23, 24), 2:1에서는 "십자가에 못 박히신 그리스도"를 "하나님의 비밀"과 동일시한다. 이제 바울이 왜 하나님의 비밀을 그리스도와 동일시했는지, 또 하나님의 비밀과 그리스도의 관계가 무엇인지 살펴보자.

---

12) 바울이 "예수 그리스도와 그가 십자가에 못 박히신 것 외에는 아무 것도 알지 아니하기로 작정하였다"고 천명한 것을 아덴에서 체험한 쓰라린 선교 실패 때문이라고 해석하는 것은 바울의 상황을 정확하게 이해하지 못한 데서 비롯되었다. W. Barclay, *The Letters to the Corinthians* (Philadelphia: Westminster, 1956), 26; F. W. Grosheide, *Commentary on the First Epistle to the Corinthians*, NICNT (Grand Rapids: Eerdmans, 1953), 59; W. G. H. Simon, *The First Epistle to the Corinthians: Creed and Conduct* (London: SCM, 1968), 64-65; W. H. Mare, "1 Corinthians," in *The Expositor's Bible Commentary*, vol. 10, ed. F. E. Gaebelein (Grand Rapids: Zondervan, 1976), 198이 대표자들이다.

13) 여기서 "지혜"는 "수사학적 기술" 또는 웅변이라는 부정적인 의미로 사용되었다(참조. 고전 1:17, 19, 20; 2:4, 5). J. D. G. Dunn, *Jesus and the Spirit. A Study of the Religious and Charismatic Experience of Jesus and the First Christians as Reflected in the New Testament* (Philadelphia: Westminster, 1975), 219.

14) "나의 말"과 "나의 전파"를 구분하려는 사람도 있지만[F. L. Godet, *Commentary on First Corinthians* (Grand Rapids: Kregel, 1889, 1977), 128], 콜린스가 지적하듯이 "말"과 "전파"를 연결하는 "카이"(καί)를 설명적 용법(epexegetic)으로 이해하는 것이 바르다. 이 구문은 바울이 "한 말은 바로 그의 선포"라는 의미이다[R. F. Collins, *First Corinthians*, Sacra Pagina (Collegeville: The Liturgical Press, 1999), 119].

b. 고전 2:1 주해

고린도전서 2:1은 다음과 같다.

Κἀγὼ ἐλθὼν πρὸς ὑμᾶς ἀδελφοί ἦλθον οὐ καθ' ὑπεροχὴν λόγου ἢ σοφίας καταγγέλλων ὑμῖν τὸ μυστήριον τοῦ θεοῦ.

형제들아, 내가 너희에게 갔을 때, 나 역시 너희에게 가서 말이나 지혜의 탁월함을 따라 전하지 않고 하나님의 비밀을 전했다.

본문에 본문비평의 문제가 있어서, 바울이 고린도에 갔을 때 선포한 내용이 하나님의 "증거"인지 아니면 "비밀"인지 논의되고 있지만, "비밀"이 더 나은 독법이다.[15] 키암파와 로스너(Ciampa and Rosner)는 어느 것으로

---

[15] μυστήριον 독본을 지지하는 사본은 주후 200년 것으로 추정되는 P⁴⁶과 ℵ A C Syr P(Peshitta) cop^bo Slavonic VSS이다. 반대로 ℵ² B D F G 33 Syr^h cop^sa Vulgate는 해당 단어를 μαρτύριον으로 읽는다. KJV와 RSV 그리고 한글개역성경은 후자를 읽는다. 이에 대해 연합성서공회는 UBS³에서 μυστήριον을 본문으로 택하고 {C} 등급으로 분류했다가 UBS⁴에서는 {B} 등급("거의 확실함")으로 상향조정했다. 메츠거는 μυστήριον이 μαρτύριον보다 제한적이긴 하지만 더 오래된 증거 사본들의 지지를 받기 때문이라고 그 이유를 설명한다. Metzger, 「신약 그리스어 본문 주석」, 466. 반면에, 피(Fee)는 필사상의 개연성과 내적 개연성을 들어 "μυστήριον이 복음을 가리키는 말로 사용되지 않았다"는 것과 "고린도전서 2:7의 영향 때문에 초기의 필경사가 바울이 원래 기록한 μαρτύριον을 μυστήριον으로 바꿨을 것이라"면서 μαρτύριον을 더 나은 독본이라고 제안한다. G. D. Fee, "Textual-Exegetical Observations on 1 Corinthians 1:2, 2:1, and 2:10," in *Scribes and Scripture. New Testament Essays in Honor of J. Harrold Greenlee*, ed. D. A. Black (Winona Lake: Eisenbrauns, 1992), 6-8; idem, *First Corinthians*, 88 n. 1. 참조. C. K. Barrett, *The First Epistle to the Corinthians*, HNTC (New York: Harper & Row, 1968), 62-63; G. Zunz, *The Text of the Epistles*. Schweich Lectures 1946 (London: Oxford University Press, 1953), 101. 그러나 몇 가지 이유에서 μυστήριον이 본문일 개연성이 훨씬 더 높다. 첫째, 이 단어는 같은 논의의 맥락인 2:7에 나타나고, 바울은 같은 문제를 다루면서 자신을 "하나님의 비밀을 맡은 자"로 소개한다(4:1). μυστήριον은 1:18-4:5의 논의의 주제가 되면서 그의 복음의 내용을 결정짓는 단어이다. 반면에

읽든지 간에 그 의미는 동일한데, "비밀"은 신적 계시의 선물을 가리키고 "증거"는 바울이 증언한 내용을 가리킨다는 점에서, 바울은 본문에서 그가 교회에 선포한 내용이 자신의 개인적인 통찰에서 나온 것이 아니라는 점을 강조하고 있다고 중간 입장을 취한다.16)

피츠마이어는 고린도전서 2:1에서 바울이 복음을 "비밀"로 제시한 까닭이 그 비밀이 "통상적인 의사 표현 수단으로는 충분히 알려지지 않고" 설령 그 비밀이 계시되더라도 "하나님의 지혜의 불명료함이 완전히 제거될 수 없음"을 알리려는 데 있다고 설명한다.17) 여기서 피츠마이어는 비밀이라는 단어가 복음의 신비함을 알려준다는 점을 콕 집어 설명했지만 비밀의 내용이 예수 그리스도와 관련되었다는 사실을 간파하지 못했다. 오히려 바울이 복음과 지혜와 비밀을 연결한 주요 이유는 "하나님의 비밀"이 그가 전파한 "예수 그리스도" 자신과 "그가 십자가에 못 박히신 사실"의 또 다른 표현이라는 것임을 알리려는 데 있다고 이해해야 한다(고전 2:2). 이 세 개념은 하나님의 구원 계획의 총화인 "십자가의 도"로 요약된다(1:18).

그러므로 바울이 고린도에 갔을 때 전파한 "하나님의 비밀"은 세속적인 헬라어나 신비종교에서 의미하는 "비밀"이 아니다. 신비종교에서

μαρτύριον은 최초의 복음 증거에 알맞다(고전 1:6). μαρτύριον으로 본문을 읽는 것은 1:6의 영향 때문일 것이다. 둘째, "하나님의 비밀"은 이미 신약성경에서 "알린다" 또는 "말하다"는 동사와 함께 자주 등장하고 하나님 나라와 관련해서도 "비밀"이란 표현이 많이 있다(Brown, *The Semitic Background*, 48-49). 셋째, 지혜와 연결된 논의를 다루는 본문에서도 "비밀"이란 단어가 전체 흐름에 잘 맞는다. 피의 주장과는 다르게, 바울은 그의 복음을 "비밀"과 동일시한다(참조. 롬 16:25-26). Collins, *First Corinthians*, 118; Thiselton, *First Corinthians*, 207.

16) R. E. Ciampa and B. S. Rosner, *The First Letter to the Corinthians* (Nottingham: Apollos, 2010), 114.

17) J. A. Fitzmyer, Paul and His Theology: A Brief Sketch,「바울의 신학」, 배용덕 역(서울: 솔로몬, 1996), 95.

"비밀"은 "신비함"(a secret), 비밀스런 의식(a secret rite), 또는 비밀스런 가르침(secret teaching)을 의미하였지만[18] 바울은 "비밀"을 인간이 발견할 수 있는 것이 아니라 하나님께서 선물로 주시는 계시를 뜻하려고 사용하였다. "비밀"은 기독교의 복음이 사람의 의견이 아니라 하나님이 계시하신 진리임을 강조한다.[19] 이 개념은 고린도전서에도 적용된다. 바울이 그리스도와 그의 복음 전파를 "비밀"이라고 부른 것은 그것이 숨겨졌기 때문이 아니라 오히려 "이제는 밝혀져서 접근할 수 있는" 하나님의 종말론적인 비밀이기 때문이다."[20]

신약성경의 비밀 사용은 감춤보다는 계시(나타냄)에 더 강조가 있다. 슈라게(Schrage)가 정확하게 언급하였듯이, 고린도전서 2:1의 계시 주제는 바울이 사용한 "선포하다"와 "알리다" 그리고 "계시하다"라는 동사와 잘 어울린다.[21] 콜린스(Collins)는 신약성경에서 "비밀"이란 단어가 "올 시대에 계시될 구원 사건을 의미한다"고 주장하면서 비밀이 "종말론적" 의미를 지닌 라쯔(raz)의 용례를 지녔음을 강조한다.[22] 그러므로 본문에 언급된 "비밀"은 막연히 바울이 고린도 교인들이 신비종교에서 사용하던 것에 익숙해 있던 용어를 빌어 사용한 것이라고 말할 수 없다.[23]

"하나님의 비밀"이 종말론적인 특성을 지녔다는 사실은 바울이 예

---

[18] BDAG, "μυστήριον," 662.

[19] Thiselton, *First Corinthians*, 208, 210-11.

[20] J. Ziesler, *Pauline Christianity* (Revised Ed.; Oxford: Oxford University Press, 1990), 34.

[21] W. Schrage, *Der erste Brief an die Korinther. 1 Kor 1,1-6,11*, EKKNT 7/1 (Neukirchen-Vluyn: Neukirchener Verlag, 1991), 227.

[22] Collins, *First Corinthians*, 115.

[23] 이 단어를 비롯하여 "지혜"와 "지식"이 고린도전서에서 바울을 대적하는 분파의 슬로건이었다고 주장하는 Dunn, *Jesus and the Spirit*, 217과 R. McL. Wilson, "How Gnostic Were the Corinthians?," *NTS* 9(1972-73), 65-74를 보라.

수 그리스도와 그의 십자가에 못 박히신 것 이외에는 알지 않기로 했다는 그의 결심에서 확인된다(2:2). 바울은 그가 사도로 임명을 받자 바로 십자가만 알기로 작정하였다. 바울은 초기의 서신인 갈라디아서에서 "내게는 십자가 이외에는 아무것도 자랑할 것이 없다"고 그의 입장을 분명히 밝혔다(갈 6:14). 리차드슨(Richardson)은 이 문제와 관련하여 다음과 같이 통찰력 있게 언급하였다.

> 바울이 고린도전서에서 말하려고 한 것은 그(바울)가 그리스도를 전파한 것이 사람이 만든 지혜나 새로운 비밀 종교가 아니며(고전 2:1, 5, 6, 13), 사람들의 생각에 어리석은 것이지만 하나님의 성령에 의하여 보증 받은 케리그마라는 것을 알리려는 데 있다고 보아야 한다. 바울은 여기서 자기가 전에 아덴이나 혹은 다른 곳에서 사람이 만든 지혜를 전파한 적이 있었다고 실토하는 것이 아니라 (오히려) 자기는 그런 일을 한 적이 없다고 항변하는 것이다.[24]

이것은 바울이 고린도에 보낸 두 번째 편지(실제로는 네 번째 편지)에서도 확인된다. "그러므로 ……우리가 전에 그리스도도 육체대로 알았으나 이제는 더 이상 (육체대로 그리스도를) 알지 아니하노라"(고후 5:16). 바울은 여기서 앎의 방식의 전환을 소개한다. 과거에 바울의 아는 방식은 "육체대로"(κατὰ σάρκα)였으나 이제는 그것이 더 이상 그의 앎의 방식이 아니라고 말이다. "카타 사륵카"(κατὰ σάρκα)는 종말론적 시대 이전의 옛 질서 또는 옛 세상을 의미한다(롬 1:3). 이와 대조되는 카타 프뉴마(κατά πνεῦμα)는 성령

---

[24] A. Richardson, *An Introduction to the Theology of the New Testament* (London: SCM, 1958), 52.

과 관련된 질서로서 새로운 질서와 종말론적 시대를 가리킨다(롬 1:4; 8:5). 바울은 종말론적 시대가 시작되는 결정적인 순간을 예수 그리스도 안에서 발견하였다. 바울은 예수 그리스도의 십자가 사건이 옛 시대(이 세상, κατὰ σάρκα)에서 새 시대(올 세상, κατὰ πνεῦμα)를 구분하는 종말론적 사건이고, 전자에서 후자로 바뀌는 전환점이라고 생각했다.25) 그리고 그는 그리스도인들에게 새 시대가 이미 존재했으며, 그러므로 그들이 지금 "시대의 교차점"에 산다는 점을 깨우쳤다(고후 5:17).26)

고린도후서 5:16은 어떻게 카타 사르카에서 카타 프뉴마로 바뀌게 되었는지를 접속사 "그러므로"로써 설명한다. "그러므로"로 시작되는 5:16의 내용은 앞의 논의에 대한 논리적인 결론이다. "그리스도의 사랑이 우리를 강권하시는도다. ······한 사람이 모든 사람을 대신하여 죽었은즉 모든 사람이 죽은 것이라"(5:14, 15). 바울은 이 구절에서 그리스도께서 모든 사람을 위하여 죽으셨다는 것과 그 사실이 그가 사도로서 복음을 전하는 원동력이라고("강권하시는도다") 고백한다. 이 내용은 예수 그리스도와 그가 십자가에 못 박히신 것 이외에는 아무것도 알지 아니하기로 결정한 바울의 결심이 고린도에 와서 비로소 형성된 것이 아니라 그가 복음을 전하는 순간에 이미 형성되었다는 증거이다.

바울의 복음이 육체를 따른 것이 아니라 성령을 따른 것이라는 사실은 "내 말과 내 전도함이 지혜의 권하는 말로 하지 아니하고 다만 성령의

---

25) D. E. Aune, "Human Nature and Ethics in Hellenistic Philosophical Traditions and Paul: Some Issues and Problems," in *Paul in His Hellenistic Context*, ed. T. Engberg-Pedersen (Edinburgh: T&T Clark, 1994), 304; H. Ridderbos, *Paul: An Outline of His Theology*, trans. by J. R. de Witt (Grand Rapids: Eerdmans, 1975), 66.

26) A. R. Brown, *The Cross & Human Transformation: Paul's Apocalyptic Word in 1 Corinthians* (Minneapolis: Fortress, 1995), 96.

나타남과 능력으로 하여"라는 선언에서도 찾을 수 있다(고전 2:4). 바울은 여기서 "육체대로"라는 표현을 "지혜의 권하는 말"로, "성령으로"를 "성령의 나타남과 능력"으로 요약한다. 이것은 1장에서 바울이 하나님께서 이 세상의 지혜를 미련케 하셨고(1:20), 그리스도만 "하나님의 능력이요 하나님의 지혜"라고 선언한 것과 관련이 있다(1:24). 바울은 2:4에서 "하나님의 능력"을 "성령의 능력"으로 바꾸었다. 그것은 하나님과 성령의 삼위일체적 이해에서 비롯되었을 뿐만 아니라 그리스도의 십자가 사건으로 말미암아 시작된 새 시대가 성령의 나타남으로 특징되기 때문이기도 하다(롬 1:3, 4; 8:2-11, 14; 고전 15:44-46; 고후 3:6; 갈 3:21). 성령은 하나님의 창조와 새 창조의 능력이시다.[27]

이런 의미에서 바울이 "하나님의 비밀"을 전한 것은 새 창조가 시작되었다(고후 5:17)는 사실에 근거한 종말론적인 사건이다. 그러므로 바울이 교회에 하나님의 비밀을 선포한 것은 그리스도 안에서 동터온 종말론적 차원에서 이해해야 한다. 바울은 당대의 수사학에 의존하는 대신에 하나님의 영의 능력에 대한 확신으로 하나님의 종말론적 복음을 전하였다.[28] 바울이 고린도교회에서 하나님의 "비밀"을 선포하면서 보여준 유일한 지혜는 십자가에 달리신 그리스도를 아는 지혜이고, 이에 대한 중요한 증거는 성령의 나타나심과 구원의 능력이 있는 복음을 전파한 것이다. 바울은 이 사실을 강조하려고 그의 말과 선포가 "성령의 나타남"으로 하였다고 주장한다(2:4).

바울은 "나타남"을 설명하면서 "성령의"와 "능력의"라는 소유격 두

---

27) Ridderbos, *Paul*, 67.

28) Lim, "Not in Persuasive Words," 137-49; H. Merklein, *Der erste Brief an die Korinther. Kapitel 1-4*, ÖTKNT 7/1 (Gütersloh: Gerd Mohn, 1992), 211.

개를 사용한다. 두 소유격 명사와 관련하여 몇 가지 질문이 생긴다. 소유격은 어떤 의미로 사용되었는가? "나타남"의 대상을 의미하는가("성령과 능력을 나타냄")? 아니면, "나타남"의 주체를 의미하는가("성령과 능력이 나타남")? 아니면 둘 다인가? 또한 "성령의"와 "능력의"의 관계는 무엇인가? 별개의 두 단어인가? 아니면 하나의 실체를 중언법으로 표현한 것인가? 그렇다면 강조는 "성령의"에 있는가("powerful Spirit")?[29] 아니면 "능력의"에 있는가 ("Spiritual power")?[30] 마지막으로, 왜 바울은 그의 말과 선포를 "성령과 능력의 나타남"의 증거라고 말하는가? 앞의 두 질문은 서로 연관성이 있고, 마지막 질문에 대한 대답은 바울이 2:1에서 사용한 "하나님의 비밀"의 의미를 밝혀주면서 "하나님의 비밀"이 지니는 종말론적인 의의를 설명해줄 것으로 기대한다.

먼저 소유격 "성령과 능력의" 나타남의 의미를 살펴보자. 두 소유격 구문을 주어(Subj. Gen.)로 이해한다면, 본문은 "하나님의 영이 ……진리를 계시한다 또는 증거한다"는 의미가 될 것이다.[31] 반대로 두 소유격 구문을 목적어(Obj. Gen.)로 이해한다면 본문은 바울의 말과 선포가 "성령의 능력을 계시한다 또는 증거한다"는 의미가 될 것이다.[32] 사실, 본문에서는 이 두 가지 의미가 함께 등장한다. 그래서 바렛(Barrett)은 본문의 소유격을 주

---

[29] Collins, *First Corinthians*, 220.

[30] JB: "Spiritual power" ; NIV: "Spirit's power."

[31] Godet, *First Corinthians*, vol. 1, 129; A. Robertson and A. Plummer, *First Epistle of St. Paul to the Corinthians*, ICC (Edinburgh: T&T Clark, 1911), 33; Fee, *First Corinthians*, 95; F. F. Bruce, *1 & 2 Corinthians* (London: Morgan & Scott, 1971), 37; H. Conzelmann, *1 Corinthians: A Commentary on the First Epistle to the Corinthians*, Hermeneia (Philadelphia: Fortress Press, 1975), 55.

[32] E. B. Allo, *Saint Paul. Première Épître aux Corinthiens*, EtBib (2nd Ed.; Paris: Gabalda, 1956), 24. Thiselton, *First Corinthians*, 222에서 인용.

어("나타난 성령과 능력은 증거와 확신을 가져온다")와 목적어("성령과 능력이 나타나게 되었다") 둘 다 의미하는 것으로 이해해야 한다고 주장한다.[33]

성령의 활동은 그리스도를 증언하는 것이다(요 14:26; 15:26; 16:14). 성령은 진리의 영으로서 사도들을 진리 가운데로 인도하신다(요 16:13). 성령의 활동은 사도들의 복음 증거에 직접적인 영향을 준다(행 1:8). 바울은 그의 설교에서 성령의 역사를 실증해 보였다(롬 15:16, 19; 고전 2:10-13. 참조. 고전 12:7-11; 고후 3-4). 그럴 경우 성령과 능력은 별개의 두 개념이 아니라 하나의 개념을 표현하는 중언법으로 이해된다.[34] 그렇게 되면 두 단어를 연결하는 접속사 카이(καὶ)는 설명적인 용법으로 사용되었다고 보아야 한다. 능력과 성령의 관계에 대하여, 콜린스는 "능력"은 "하나님의 능력 있는 영으로서 성령의 정체를 강조한다"고 주장한다.[35] 그래서 JB와 RES의 Spiritual power나 NIV의 Spirit's power[36]보다는 성령에 중점을 두어 콜린스가 제안한 "능력 있는 성령"(powerful Spirit)이라고 이 문구를 이해하는 것이 더 낫다. 하지만 동시에 이 문구는 바울의 말과 선포가 성령께서 능력 있게 입증한 것임을 가리키는 것이기도 하다. 그래서 시슬튼(Thiselton)의 번역은 본문의 핵심을 잘 드러낸다. "My speech and my proclamation were ······by transparent proof brought home powerfully by the Holy Spirit." ("나의 말과 나의 선포는 ······성령에 의하여 능력 있게 증명된 분명한 증거에 의한 것이었다.")[37]

---

[33] Barrett, *First Corinthians*, 65.

[34] Barrett, *First Corinthians*, 65; Thiselton, *First Corinthians*, 222.

[35] Collins, *First Corinthians*, 120.

[36] Robertson과 Plummer는 오리겐이 능력을 사도의 이적으로 이해했다고 지적하면서 로벗슨과 플루머는 이 문구가 하나님의 능력을 의미한다고 주장한다. *First Corinthians*, 33.

[37] Thiselton, *First Corinthians*, 222.

이제 마지막 질문에 대답할 차례다. 바울은 왜 그의 말과 선포를 능력 있는 성령의 증거라고 하였는가? 그것은 바울의 선포가 마지막 때에 표출된 하나님의 지혜이며(고전 1:21) 하나님의 비밀의 계시(2:1)이기 때문이다. 하나님의 영은 마지막 시대에 주시는 하나님의 선물이다. 성령은 하나님의 권능(능력)과 더불어 언급되며(행 1:8), 성령과 권능은 서로 바꿔가며 사용된다(눅 24:49. 참조. 마 12:28; 눅 11:20). 그런데 바울은 고린도교회에게 종말론적 사건인 그리스도의 십자가에 못 박히신 것이 하나님의 능력임을 상기시킨다(고전 1:18, 24). 더욱 중요한 것은 하나님의 능력인 성령께서 하나님의 종말론적 사건의 절정인 그리스도의 부활에 작용하셨다는 사실이다(롬 1:4; 8:11; 고전 15:45; 고후 4:14). 하나님의 능력은 그리스도의 부활에서 나타났고, 그 능력은 부활하신 그리스도를 통해 작용한다.[38]

바울은 이 개념을 고린도교회에 적용하였다. 그는 자기를 대적하는 사람들에게 가서 그들의 능력을 알아볼 것이라고 통보한다. "하나님의 나라는 ······ 능력에 있기 때문이다"(고전 4:20). "하나님의 나라"라는 용어가 바울이 자주 사용하는 용어는 아니지만,[39] 바울은 고린도교회에서 벌어지고 있는 일이 하나님 나라와 상관이 없고 이 세상과 관련된 것임을 일깨우려고 "하나님의 나라"라는 용어를 다섯 번이나 사용하였다(4:20; 6:9, 10; 15:24, 50). 이것은 상대적으로 바울 사도가 고린도교회의 문제를 "하나님의 나라"라는 종말론적인 관점에서 해결하고 있다는 증거이다. 특히 바울이 고린도전서 6:9-10과 15:24, 50(참조. 갈 5:21; 엡 5:5; 딤후 4:18)에서 "하나님의 나

---

[38] R. B. Gaffin, *The Centrality of the Resurrection: A Study in Paul's Soteriology* (Grand Rapids: Baker, 1978), 65-72.

[39] 바울서신에서는 "하나님의 나라"라는 용어가 롬 14:17; 고전 4:20; 6:9-10; 15:24, 50; 갈 5:21; 골 1:13; 4:11; 엡 5:5; 살후 1:5; 딤후 4:18 등 전부 12회 등장한다.

라"를 그리스도의 재림에 동반되는 그 나라의 절정과 관련하여 언급하고 있는 반면에, 고린도전서 4:20과 로마서 14:17에서는 "현재적" 관점에서 언급한 것은(참조. 골 1:13; 4:11; 살후 1:5) 그가 의도적으로 하나님의 나라에 대한 유대 묵시적 이해를 예수님의 죽으심과 부활과 성령의 강림에 근거하여 현재적인 상황으로 바꾼 결과이다.[40] 바울은 하나님의 나라(즉, 종말)가 이미 시작되었다고 믿었으며, 하나님의 나라는 성령의 능력으로 특징되는 것이라고 이해하였다.[41] 바울이 "하나님의 비밀"을 교회에 선포한 것을 "성령의 나타남과 능력"으로 했다고 주장하는 것은 그의 복음이 지니는 종말론적인 의의를 강조하려는 데 목적이 있다.

2. 고린도전서 2:7

고린도전서에서 "비밀"이라는 단어가 두 번째로 등장하는 본문은 2:7이다. 본문에서 바울은 2:1-5에서 다룬 주제를 다른 관점으로 설명한다.

a. 문맥

본문에서 바울의 논의는 급격하게 바뀐다. 앞에서 바울은 자신이 세상의 지혜를 가르치지도 않았고, 세상의 지혜의 방법을 사용하지도 않았다고 주장하였으나(1:18-2:5), 2:6에서 그는 자신이 "지혜를 말하였다"고 밝

---

[40] Collins, *First Corinthians*, 202.
[41] Fee, *First Corinthians*, 192.

한다. 좀 더 정확히 말해, 바울은 1:18-2:5에서 고린도교회가 요구하는 지혜를 말할 수 있었으나 그렇게 하지 않았다고 주장한 반면에, 2:6-16에서는 사실 자신도 "지혜"[42]를 말했으나 고린도교회가 그 지혜를 깨닫지 못했으며(2:8, 14, 16a), 그런 까닭에 그들에게 기독교 도리의 초보만을 말할 수밖에 없었다고 불평한다(3:1, 2).

바울의 말이 왜 이처럼 갑자기 바뀌었는지 그 이유를 찾는 것은 어렵지 않다. 바울은 "지혜"와 관련하여 2:1에서 자기가 지혜를 말하지 않은 이유가 "하나님의 비밀"을 선포하는 수단이 지혜의 "방법"에 있지 않고 성령의 나타남과 능력에 있음을 보이려는 데 있다고 밝혔다. 반면에, 2:6, 7에서 바울의 관심사는 그가 선포한 복음의 내용이 "하나님의 지혜"[43]라는 것을 알리는 데 있다.[44] 바울은 교회에서 단순한 말이나 세상의 지혜가 아니라 "비밀 속에 있는 하나님의 지혜"를 전파하였다.

2:6-16 단락은 10절의 "오직"(δέ, "그러나")을 전후하여 주제가 나뉜다. 6-9절에서 바울은 하나님의 지혜에 대하여 언급하면서 하나님의 지혜가 이 세상의 지혜로 알 수 없는 지혜라는 사실을 강조하며, 이 사실을 증명하려고 이사야 64:4와 65:17을 인용한다(9절). 10-16절에서 바울은 "그러나" 우

---

[42] 여기서 바울은 "지혜"를 긍정적인 의미로 사용한다. 고린도전서 1:30에서 바울이 "그리스도는 우리의 지혜"가 되신다고 말함으로써 "지혜"를 하나님의 구원의 혜택(Heilsgut)을 의미하여 긍정적으로 설명한 것처럼, 본문에서도 지혜는 그리스도와 그가 십자가에 못 박히셨다는 선포를 통해 드러난 "하나님의 구원 계획"(Heilsplan)을 의미한다. Dunn, *Jesus and the Spirit*, 220.

[43] 여기서는 "하나님의"가 강조되고 있다. 소유격 "하나님의"는 소유(possesive)의 의미와 기원(subjective)의 의미를 지닌다. 그러므로 바울이 말하는 지혜는 "하나님에게 속한 지혜"이며 동시에 "하나님에게서 기원하는 지혜"이다. Fee, *First Corinthians*, 104 n. 26; A. R. Hunt, *The Inspired Body: Paul, the Corinthians, and Divine Inspiration* (Macon: Mercer University Press, 1996), 78.

[44] 2:1에서 바울은 부정적인 의미에서 "지혜"라는 단어를 사용하였고, 2:6, 7에서는 긍정적인 의미에서 "지혜"라는 단어를 사용한 것이 분명하다.

리에게는 하나님의 지혜를 알 수 있는 길이 열렸다는 것과 그것이 어떻게 가능하게 되었는지를 설명한다.

본문을 주해하기에 앞서 본문(2:6-8)이 안고 있는 신학적인 문제를 살펴보자. 2:6-16은 앞의 문단(고전 1:18-2:5)의 내용과 상반된다는 것 때문에 학자들 사이에서 격렬한 논쟁의 대상이 되었다.[45] 그 논의는 먼저 저자성과 관련하여 제기되었다. 스털링(Sterling)은 대부분의 학자들이 적어도 이 본문에 언급된 내용 전부가 바울의 것이 아니라고 보려한다고 지적하는데,[46] 콘첼만(Conzelmann)이 대표적이다. 콘첼만은 2:6-16의 내용과 문체 모두 더 큰 문맥인 1:10-4:21의 논의의 주제에서 이탈했다고 주장하면서 본문 앞(1:18-2:5)에서 논의한 "지혜"와 2:6-16에 등장하는 "지혜" 사이에 주제 면에서나 언어 면에서 아무런 연관이 없다는 것을 그 근거로 제시한다.[47] 학자들 중에는 이 문제를 본문이 원래 바울이 쓴 것이 아니라 바울의 대적자들인 신령주의자들의 글을 삽입한 것이라고 생각함으로써 이 난제를 해결하려는 사람들도 있다.[48]

---

[45] 종교개혁부터 현대에 이르기까지 본문과 관련된 논의의 개요는 P. Stuhlmacher, "The Hermeneutical Significance of 1 Cor 2:6-16," in *Tradition and Interpretation in the New Testament. Essays in Honor of E. Earle Ellis*, ed. G. F. Hawthorne with O. Betz (Tübingen: Mohr-Siebeck, 1987), 328-32를 보라. 본문을 이해하려는 다양한 제안은 G. E. Sterling, "'Wisdom among the Perfect': Creation Traditions in Alexandrian Judaism and Corinthian Christianity," *NovT* 37(1995), 367과 각주 42-45를 참조하라.

[46] Sterling, "Wisdom among the Perfect," 368.

[47] Conzelmann, *1 Corinthians*, 57. 콘첼만과는 달리 브라니크는 2:6-16이 1:18-31과 3:18-23과 함께 고린도교회가 아닌 다른 집단을 위해 쓰여진 것이라고 생각한다. V. Branick, "Source and Redaction Analysis of 1 Corinthians 1-3," *JBL* 101/2 (1982): 267. 람페 역시 본문을 앞의 주제에서 벗어난 것(digression)으로 이해한다. P. Lampe, "Theological Wisdom and the 'Word About the Cross.' The Rhetorical Scheme in I Corinthians 1-4," *Int* 44 (1990): 118.

[48] 비드만과 워커가 대표적이다. M. Widmann, "1 Kor 2,6-16: Ein Einspruch gegen Paulus," *ZNW* 70 (1979), 44-53; W. O. Walker, Jr., "1 Corinthians 2:6-16. A Non-Pauline Interpolation?," *JSNT* 47(1992), 75-94. 그러나 비드만의 견해를 비판한 J. Murphy-O' Connor, "Interpolations in 1 Corinthians," *CBQ* 48 (1986), 81-84를 보라.

그러나 리트핀(Litfin)은 2:6에서 바울이 지혜를 말한다고 한 것은 바울 사상의 흐름을 "다음 악장"으로 옮기려는 것으로서 새로운 주제를 제시하든지 아니면 앞의 내용과 대조하는 표시라고 바르게 지적한다.[49] 1:18-2:5은 "세상"의 관점에서 지혜를 논하는 부분인 반면에, 2:6-16은 하나님의 관점에서 지혜를 논하는 부분이다. 즉, 2:6-7은 이 세상의 관점에서 하나님의 관점으로 옮기는 신호이다. 그러므로 두 단락의 다름을 근거로 바울 저자성을 의심할 이유는 없다.[50] 그렇다면 하나님의 지혜의 관점에서 바울은 "비밀"을 어떻게 이해하고 표현했는가?

b. 고전 2:7 주해

고린도전서 2:7 내용은 다음과 같다.

ἀλλὰ λαλοῦμεν θεοῦ σοφίαν ἐν μυστηρίῳ τὴν ἀποκεκρυμμένην, ἣν προώρισεν ὁ θεὸς πρὸ τῶν αἰώνων εἰς δόξαν ἡμῶν, ἣν οὐδεὶς τῶν ἀρχόντων τοῦ αἰῶνος τούτου ἔγνωκεν.

그러나 우리는 비밀 속에 감춰진 하나님의 지혜를 말한다. 그것은 하나님께서 우리의 영광을 위해 만세 전에 미리 정하신 지혜이다. 이 세대의 관원 중에서 이 지혜를 아는 사람은 아무도 없다.

---

[49] D. Litfin, *St. Paul's Theology of Proclamation: 1 Corinthians 1-4 and Greco-Roman Rhetoric*, SNTSMS 79 (Cambridge: Cambridge University Press, 1994), 213. 비교. W. F. Orr and J. A. Walther, *1 Corinthians*, AB 32 (Garden City: Doubleday, 1976), 163.

[50] 조병수, "고전 2:6-16의 πνεῦμα와 πνευπατικός," 「신약신학 열두 논문」 (수원: 합동신학대학원출판부, 1999), 127-28.

본문에는 비밀의 의미를 규명하기 위해서 해결해야 할 중요한 어구가 두 개 있다. 그것은 "온전한 자들 중에 있는 하나님의 지혜"(2:6a)와 "비밀 속에 있는 지혜"(2:7a)이다.

a) 온전한 자들 중에 있는 하나님의 지혜

바울이 말하고 있는 지혜는 "이 세상의 지혜"(1:20)와는 다른 "하나님의 지혜"이다(2:7). 바울은 1:24에서 "하나님의 지혜"를 십자가에 못 박히신 그리스도라고 밝혔다. 바울은 지금 여기서 말하고 있는 (하나님의) "지혜"가 이 세상의 지혜와 다른 것임을 밝히려고 "온전한 자들" 중에서 그 지혜를 말한다고 주장한다. 그런데 그가 지혜를 말했다는 "온전한 자들"이 누구를 가리키는지가 문제이다.

"온전한 자들"(τέλειοι)이 무슨 의미이며 누구를 가리키는지에 대해 다양한 의견이 제시되었다.[51] 윌리스(Willis)는 "온전한 자들"이 "예수 그리스도의 구속 사역의 충분한 수여를 받은" 사람들로서 고린도의 모든 그리스도인들을 가리킨다고 생각하면서 이들이 고린도전서에 언급된 "성도들," "사랑 받는 사람들," "택함을 입은 사람들," "부름을 받은 사람들,"

---

51) 라이첸스타인이 이들을 헬라 신비종교에서처럼 "택함을 받은 소수"라고 지적한 이후 이들을 "신자들 중에서 높은 단계"에 있는 사람들을 언급하는 것이라고 생각하게 되었다. Conzelmann, *1 Corinthians*, 68. 빌켄스는 바울이 고린도의 영지주의자들에게서 이 용어를 취했다고 확신한다. Wilckens, *Weisheit*, 52-60. 심지어 로벗슨과 플루머는 이들을 하나님의 은혜를 더 많이 받은 사람들로서 다른 신자들과 구별된 사람들로 이해한다. Robertson-Plummer, *First Corinthians*, 36. 비교. Barrett, *First Corinthians*, 69. 이들은 "높은 단계의 교훈을 받은 엘리트"로도 설명된다. B. A. Pearson, *The Pneumatikos-Psychikos Terminology in 1 Corinthians: A Study in the Theology of the Corinthian Opponents of Paul and Its Relation to Gnosticism* (Missoula: Scholars, 1973), 27. 스크록스는 온전한 자(τέλειοι)를 "신비적인 지혜로 교훈을 받은 소수"로서 신령한 자들(πνευματικοί)과 동일시한다. R. Scroggs, "Paul: ΣΟΦΟΣ and ΠΝΕΥΜΑΤΙΚΟΣ," *NTS* 14(1968), 37, 38, 47. 엘리스는 온전한 자가 쿰란의 경우처럼(1QS 4:20, 22; 9:12, 18, 19) 지도력의 위치에 있는 사람을 의미한다고 생각한다. E. E. Ellis, *Prophecy & Hermeneutic in Early Christianity, New Testament Essays*, WUNT (Tübingen: Mohr, 1978), 58.

"신실한 사람들"과 동의어라고 주장한다.[52] 그런데 윌리스의 주장이 옳다면, 고린도 교인 전체가 바울이 말하는 지혜를 알아들었어야 하지 않을까? 계속되는 바울의 말에 비추어보면 고린도 교인들 전부가 그렇지는 않았던 것 같다(3:1-2). 특히 바울은 고린도교회에 지혜가 없다고 판단하였다(1:20; 3:2-3, 18-20; 6:5). 그러므로 이 단어는 고린도교회의 상황에서 재검토해보아야 한다.

사실 바울이 여기서 온전한 자들 중에서 지혜를 말한다고 한 것은 아이러니이다. 바울은 다른 곳에서 하나님의 구원 계획의 비밀이 택함 받은 전체 공동체에게 속하는 것임을 강조하기 때문이다(엡 3:5-10).[53] 즉, 온전한 자들은 고린도교회에서 문제를 일으킨 교만한 사람들이 아닌 고린도교회 전체 신자들을 가리킨다는 점에서 성령을 받은 신자들 전부를 의미할 수 있다(비교. 1:21, 24, 30). 하지만 글의 흐름상 2:6은 3:1-3과 대칭을 이루면서, "온전한 자들"이 3:1에 언급된 "어린아이"(νήπιοι)와 대조되고 있다. 어린아이는 성령과 관련이 없는 육에 속한 사람은(ψυχικοί)은 아니지만(비교. 2:14), 신자가 아닌 것처럼 행동하는 육신(σάρξ)에 속한 사람들이다(σαρκικοί와 σαρκινοί, 3:1, 3).[54]

고린도의 상황에서 바울은 3:2에 언급된 젖이나 먹는 어린아이와 달리 "밥으로" 먹이는 사람인 바울 자신의 복음을 듣던 사람들을 염두에 두면서 "온전한 자들"이라는 용어를 사용하고 있음이 분명하다. 그래서 바

---

[52] W. L. Willis, "The 'Mind of Christ' in 1 Corinthians 2,16," *Biblica* 70 (1989), 113. 비교. Schrage, *Der erste Brief*, 248.

[53] PJ du Plessis, *Teleios: The Idea of Perfection in the New Testament* (Kampen: J. H. Kok, 1959), 205; Pearson, The *Pneumatikos*, 32.

[54] R. B. Gaffin, *Perspectives on Pentecost* (Phillipsburg: Presbyterian and Reformed, 1979), 34-35.

울은 어린아이 같은 신자들을 육신에 속한 자들과 동일시하고(3:1б), 그의 가르침을 이해하는 사람들을 신령한 자들이라고 칭하였다(2:12-15. 비교. 3:1a). 육신에 속한 자가 어린아이에 해당되는 것이라면, 온전한 자들은 단순히 사전적인 정의인 "성숙한"(mature)[55]이란 의미보다는 신령한 자들과 관련하여 그 의미를 규정해야 한다. "온전한 자들"은 말하자면 육적으로 미성숙한 사람과 대조되는 "영적으로 성숙한"(spiritually mature) 사람들이다.[56] 그들은 십자가의 충만한 의의를 깨닫고 성인으로서 성령에 속하는 것들을 알고 분별하는 사람들이다(2:10-13).[57]

엘리스(Ellis)는 "온전한 자들"과 신령한 자들을 동일시하면서 온전한 자들이 성령에 속한 것들을 다른 사람들에게 바르게 해석해주는(2:6, 13) 사람들이라고 단정한다(2:16).[58] 이런 기능 때문에 온전한 자들은 일반 신자들(비교. 고전 3:1)과 구별되는 계시의 수납자와 중보자들로서 예언적인 성격을 지녔고 예언자들의 전승에 나타났던 것처럼 하나님의 관점에서 사물을 파악하는 사람들이다.[59] 바울의 의미는 이렇다. "나는 고린도교회에 가서

---

[55] Litfin, *St. Paul's Theology*, 214 n. 3; J. H. Moulton and G. Milligan, *The Vocabulary of the Greek Testament Illustrated from the Papyri and Other Non-Literary Sources* (London: Hodder and Stoughton, 1930), 629.

[56] 이런 대조는 히브리서 5:12-14에서도 발견된다. W. Baird, "Among the Mature: The Idea of Wisdom in 1 Corinthians 2:6," *Int* 13 (1958), 430.

[57] Thiselton, *First Corinthians*, 231. 고대 로마에서 τέλειοι가 "완전한 시민"(perfect citizen)을 의미했다는 사실을 근거로 포고로프는 이 사람을 "참된 지혜자"(true wise man)라고 번역한다. S. M. Pogoloff, *Logos and Sophia: The Rhetorical Situation of 1 Corinthians*, SBLDS 134 (Atlanta: Scholars, 1992), 141. 이런 식의 τέλειοι의 의미는 유대적 배경에서도 예외는 아니다. Brown, *The Semitic Background*, 41; Bockmuehl, *Revelation and Mystery*, 158.

[58] Ellis, *Prophecy*, 27. 비교. W. D. Dennison, *Paul's Two-Age Construction and Apologetics* (Lanham: University Press of America, 1985), 81; Du Plessis, *Teleios*, 184.

[59] Ellis, *Prophecy*, 25. 계시는 모든 사람에게 주어졌지만 계시를 전달하는 일은 "온전한 자들 진영"(circle of the perfect)에 한정된다는 주장에 대해서는 G. Theissen, *Psychological Aspects of Pauline Theology*, trans. J. Galvin (Edinburgh: T&T Clark, 1987), 347을 보라.

하나님의 지혜를 말했는데, 영적으로 성숙한 사람만 내가 전파하는 하나님의 지혜를 이해할 것이다."

바울 사도가 이처럼 한정된 의미로 "온전한 자들"이라는 단어를 사용하고, 자신이 하나님의 지혜를 말한 것도 "영적으로 성숙한 사람들 사이에" 국한한 것은 그의 판단에 고린도교회 공동체를 위협했던 것이 외부적인 요인에 있었던 것이 아니라 바로 어린아이처럼, 또는 "육신에 속한 자"처럼 행동하는 고린도 교인들에게 있다고 보았기 때문이다(3:3).[60] 그들은 이 세상의 지혜를 가지고 바울 복음을 평가하였다. 바울의 복음(즉 하나님의 비밀) 선포는 이 세상의 지혜의 관점에서는 어리석은 것이지만, 온전한 자들의 관점에서는 하나님의 지혜이다(2:6).[61] 바울이 선포한 복음을 하나님의 지혜로 이해하는 것은 영적으로 성숙한 자들의 특권이다.

특히 바울이 온전한 자들을 신령한 자들($\pi\nu\epsilon\nu\mu\alpha\tau\iota\kappa o\iota$)과 동일시한 것은 온전한 자들이 종말론적인 특성을 지닌 "성령"($\pi\nu\epsilon\hat{\nu}\mu\alpha$)과 관련이 있는 사람인 것을 의미한다(2:11b-12).[62] 바울이 고린도교회에 선포한 "하나님의 지혜"는 성령님에게 속한 신령한 자들에게 알려진다. 그 지혜는 하나님께서 마지막 때에 계시자를 통해서만 알려지는 "하나님의 비밀"이기 때문이다. 신령한 자들은 하나님의 깊은 것("하나님의비밀")을 알 수 있다(2:11-13).

하나님의 지혜는 시간적으로 이중적인 측면이 있다. 과거적 측면에서 하나님의 지혜는 하나님의 신비한 구원 계획의 구현을 의미한다. 바울

---

[60] Welborn, "On the Discord," 88.

[61] Orr and Walther, *1 Corinthians*, 163-64.

[62] "신령한 자"($\pi\nu\epsilon\nu\mu\alpha\tau\iota\kappa o\iota$)로 번역된 이 말은 물질적인 생활과 동떨어진 종교 생활에만 전념하는 사람을 가리키는 것이 아니라 하나님의 영($\pi\nu\epsilon\hat{\nu}\mu\alpha$)에 의해 인도 받는 사람을 가리킨다(고전 2:10-13).

이 전한 "하나님의 비밀"과 그리스도의 십자가에 달리심이 과거적 측면에서 조망된 비밀의 내용이다. 바울이 7절에서 하나님의 지혜를 "비밀 속에 있는" 지혜라고 소개한 것은 하나님의 지혜가 육에 속한 사람의 지혜로는 이해할 수 없고(2:13-14. 비교. 1:21), 이 세상의 통치자가 알 수 없는 지혜이기 때문이다(2:8).[63]

현재적 측면에서 하나님의 지혜는 하나님의 감춰진 지혜를 신자들에게 계시하시는 성령님의 현재적 사역과 관련이 있다. 비밀이 계시되기 위해서는 그것을 계시하는 중보자가 요구되는데, 성령이 그 역할을 수행하신다. 하나님께로부터 온 영은 "하나님께서 우리에게 은혜로 주신 것들을 알게" 하는 영이시다"(2:12, 16. 비교. 2:14). 성령께서 하나님의 지혜를 우리에게 계시하신다는 사실에서 우리는 미래에 대한 하나님의 계획이 현재 성취되었다는 것과 옛 질서가 종식되고 새 창조가 시작되었다는 확신을 얻는다(사 43:19; 65:17-25; 렘 31:31-34; 겔 37:4; 계 1:2). 온전한 자들은 현재 그리스도 사건과 성령 강림으로 말미암아 구약시대의 종말론적 실체를 알고 경험한다.

b) "비밀 속에 있는" 지혜

바울은 그가 말하고 있는 "지혜"를 "비밀 속에 있는" 지혜라고 설명한다. 바울은 7절에서 왜 육에 속한 사람이 이 세상의 지혜로는 하나님의 지혜를 이해할 수 없는지를 밝힌다. 그것은 하나님의 지혜가 "비밀 속에" 있는 지혜이기 때문이다. 바울이 온전한 자들 중에서 말한 하나님의 지혜

---

[63] A. N. G. Lopes, "Paul as a Charismatic Interpreter of Scripture: Revelation and Interpretation in 1 Cor 2:6-16" (Ph. D. Dissertation at Westminster Theological Seminary, 1995), 73.

가 "비밀 속에 있는"(ἐν μυστερίῳ) 지혜라고 말한 문장에서, "비밀 속에 있는"이 "하나님의 지혜"와 연결된 것[64]이 아니라 동사 "말하다"와 연결되었다고 생각하여 "우리가 은밀하게 말한다/우리가 비밀로 말한다"라고 이해하는 사람이 있다.[65] 구문 자체는 그렇게 읽을 수 있으며[66] "비밀 속에 있는 하나님의 지혜를 말한다"는 것과 비교하여 둘 사이에 전달의 효과가 크게 차이가 나지 않은 것은 사실이다. 하지만 이 구문은 "하나님의 지혜"와 연결되었다고 보는 것이 더 낫다.

바울은 지금 "하나님의 지혜"가 세상의 지혜와 반대되는 지혜라고 말하고 싶어 한다(2:10-14). 그 지혜는 십자가에 달리신 그리스도이시다(1:24). 그래서 바울은 하나님의 지혜를 설명하면서 "하나님의 지혜"이신 그리스도와 동일한 개념을 지니는 단어들인 "비밀"과 "지혜"를 결합시켜 "비밀 속에 있는 하나님의 지혜"라고 표현하는 것이다.[67] 이런 의미에서 하나님의 지혜를 "비밀 속에 감추인" 지혜라고 한 것은 그 지혜가 신비종교나 종교적인 의미에서 신비스럽거나 비의(秘儀)적인 지혜를[68] 가리키는 것이 아니라 바울이 통상적으로 사용하던 "비밀"의 의미와 관련이 있다(2:1). 십자가가 하나님의 지혜라면,[69] 비밀은 십자가 사건이 발생하기 전에

---

[64] Robertson-Plummer, *First Corinthians*, 37; Conzelmann, *1 Corinthians*, 62; Fee, *First Corinthians*, 105; Thiselton, *First Corinthians*, 241.

[65] Meyer, *Critical and Exegetical Hand-Book*, 62-63.

[66] Conzelmann, *1 Corinthians*, 72-73 n. 1; F. Blass and A. DeBrunner, *A Greek Grammar of the New Testament and Other Early Christian Literature* (Chicago: The University of Chicago Press, 1961), ∮ 220.

[67] Brown, *The Semitic Background*, 41.

[68] Baird, "Among the Mature," 427.

[69] W. D. Davies, *Paul and Rabbinic Judaism: Some Rabbinic Elements in Paul's Theology* (4th Ed.; Philadelphia: Fortress, 1980), 147-76; Theissen, *Psychological Aspects*, 368-74; Ellis, *Prophecy*, 45-52; O. Betz, "Der gekreuzigte Christus: unsere Weisheit und Gerechtigkeit," in

는 세상에 알려지지 않은 "하나님의 계획"(롬 11:25; 엡 3:4, 9; 골 1:26)을 가리킨다. 그래서 "비밀 속에 있는" 하나님의 지혜는 그 특성상 구원사의 내용을 담고 있다.[70]

하나님의 지혜가 하나님의 비밀과 관련되었다는 사실은 성령이 "하나님의 깊은 것"을 통달한다는 언급에서도 나타난다(2:10). 이것은 다니엘서 2장의 사상과 일치한다. "영원 무궁히 하나님의 이름을 찬양할 것은 지혜와 능력이 그에게 있음이로다. ……그는 깊고($\beta\alpha\theta\acute{\epsilon}\alpha$) 은밀한 일을 나타내시고……"(단 2:20, 22). 이 구절들에 의하면, "깊고 은밀한 일"은 "하나님의 비밀들"과 같은 어족의 단어이다.[71]

보크뮤엘은 "비밀 속에 있는 하나님의 지혜"를 쿰란문헌에 등장하는 히브리어 어구 "חכמה ברז(호크마 베라쯔)"와 관련시킨다.[72] 그러나 이 어구는 정확하게 번역하기가 어려워, "하나님의 구원 계획과 관련된 지혜" (wisdom pertaining to God's saving design)로 번역할 수도 있고(Wilckens), "비밀에 의한 지혜"(wisdom by a mystery)라고 번역할 수도 있으며(Heinrici), "비밀스러운 지혜"(mysterious wisdom)라고 번역할 수도 있다(Barrett). 심지어 이 어구를 두 단어가 설명적인 관계로 배치되었다고 이해하여 "비밀인 지혜" (Weisheit, die Geheimnis ist)라고 이해하는 사람도 있다(Dautzenberg).[73] 어떤 식

Tradition and Interpretation in the New Testament. Essays in Honor of E. Earle Ellis, ed. G. F. Hawthorne with O. Betz (Tübingen: Mohr-Siebeck, 1987), 195-215.

70) Schrage, *Der erste Brief*, 250; Munck, *Paul*, 155-56.

71) "그는 깊고 은밀한 일을 나타내시고"(단 2:22). 비슷한 예가 1QM 10:11; 욥 12:22에도 등장한다. A. van Roon, "The Relation Between Christ and the Wisdom of God according to Paul," *NovT* 16 (1974), 216 n. 46.

72) Bockmuehl, *Revelation and Mystery*, 161.

73) 그밖에 쿰란문헌에는 1(דעת ברז שכלכה QH 12:13), 1(חכמתכה ברז QH 9:23)이 등장한다.

으로 번역하든지 간에, 이 언급들은 고린도전서의 "지혜"와 "비밀"을 서로 바꿔 쓸 수 있는 용어로 이해할 수 있는 배경이 된다.74) 이 번역들은 모두 계시된 하늘의 비밀과 하나님의 지혜를 가리킨다.

다니엘서는 본문 이해에 중요한 배경을 제공한다. 하나님께서 느브갓네살의 꿈 해석을 다니엘에게 계시해주셨을 때(단 2:19), 다니엘은 하나님에게 지혜가 있음을 언급하면서(2:20, 21, 23), 그분이 "깊고 은밀한 일(비밀)"을 나타내신다고 찬양한다(2:22). 여기서 다니엘은 그 비밀이 감춰져 있고 하나님의 "깊음"과 관련이 있다고 언급한다. 다니엘서와 고린도전서 2장에서 하나님의 지혜(단 2:20, 21, 23; 고전 2:6)와 비밀(은밀한 일)이 언급되었으며(단 2:19, 22; 고전 2:7), 이 비밀이 하나님의 "깊은 것"을 아는 비밀이라는 점이 강조되었다(단 2:22; 고전 2:10).

그러므로 바울이 지혜와 비밀을 결합하여 "비밀 속에 있는 하나님의 지혜"라고 언급한 것은 그 지혜가 하나님께서 자기 백성을 구원하려고 전에 감추었던 것을 그리스도 안에서 계시하신 하나님의 종말론적 지혜였기 때문이다(2:6).75) 바울은 2:7에서 이 사실을 강조하려고 하나님의 지혜의 종말론적인 특성을 표현하는 가장 좋은 용어인 "비밀"이란 단어를 첨가했고 ("비밀 속에 있는 지혜"), 이 사실을 "곧 감춰졌던 것인데"와 "우리의 영광을 위하여 창세전에 정하신 것이라"는 말로써 부연 설명한다. "비밀"은 인간 이성으로는 접근할 수 없는 새로운 계시이며, 복음에 나타난 하나님의 계획과 목적의 나타남이기 때문이다.76) 그러므로 본문에 사용된 "비밀은 로마

---

74) Scroggs, "Paul: ΣΟΦΟΣ and ΠΝΕΥΜΑΤΙΚΟΣ," 33-55. 계시의 내용으로서 "지혜"를 언급한 묵시문학은 다음과 같다. 에녹1서 37:1-3; 48:1; 49:1; 63:21이하, 32; 83:10; 91:10; 92:1; 98:3; 99:10; 바룩2서 54:5이하; 54:13; 59:9; 에스라4서 14:25, 38-40.

75) R. B. Gaffin, "Some Epistemological Reflections on 1 Cor 2:6-16," *WTJ* 57 (1995), 110.

76) Ciampa and Rosner, *The First Corinthians*, 125.

서 16:25-26와 에베소서 3:5, 6와 골로새서 1:26에 사용된 "비밀"과 같다. "비밀 속에 있는 하나님의 지혜"는 이 세상의 지혜로써는 알 수가 없다 (2:8). 감추인 하나님의 지혜는 성령으로 말미암아 알려졌다.

그 지혜는 "하나님의" 깊은 곳에 있는 지혜이므로(2:14) 하나님의 영의 도움이 필요하다. 느브갓네살이 다니엘에게 하나님의 비밀을 아는 능력이 있음을 알고 다음과 같이 말한 것처럼 말이다. "네(다니엘) 안에는 거룩한 신들의 영이 있은즉 아무 은밀한 것이라도 네게는 어려운 것이 없는 줄 내가 아노니 ……"(단 4:9).[77]

던은 "영광"이 "형상"과 함께 이미 시작된 구원의 완성을 가리키는 용어라는 사실을 강조한다. 여기서 구원의 완성은 그리스도의 재림을 염두에 둔 것이다.[78] 그래서 하나님의 지혜는 막연히 예수 그리스도와 그가 십자가에 못 박히셨다는 사실로 요약될 수 있는 것만이 아니라 창조와 구원에 대한 하나님의 전체 목적 그리고 그것의 종말론적 성취와도 관련이 있다. 그리스도의 십자가 사건은 창조부터 시작된 하나님의 구속사의 성취이며 절정이다.[79] 그러므로 본문에 사용된 용어들 하나하나는 "하나님의 지혜"와 "비밀"에 있는 기독론적 초점을 강조한다. 그리스도 이전에 감춰졌던 것이 이제 그리스도 안에서 계시되었다. 마태복음 11:25-27(과 누가

---

77) 이외에도 시락 48:24-25; 1QH 12:11-12. 비교. 솔로몬의 지혜 8:4; 시락 4:18; 14:20-21. Brown, *The Semitic Background*, 43.

78) J. D. G. Dunn, *The Theology of Paul the Apostle* (Grand Rapids: Eerdmans, 1998), 468 n. 36.

79) "Der Ursprung der Heilstatschen, die der Apostel veründigt und deutet, ist ein die Aeonen umfassender Weltplan, den der nun in Jesus Christus aus Ausfürung gebracht hat." R. Liechtenhan, *Die göttliche Verherbestimmung bei Paulus und in der Poseidonianischen Philoshophie* (Göttingen: Vanderhoeck und Ruprecht, 1922), 18. Baird, "Among the Mature," 432에서 재인용.

복음 10:21, 22)에도 하나님께서 하나님 나라의 비밀을 지혜롭고 슬기로운 사람들에게는 "감추시고" 어린 아이들에게 "계시하신다"는 구조가 등장하는데, 바울은 틀림없이 이 내용을 고린도전서 2:6-16에서 주석함으로써 그의 복음에 예수님의 가르침을 반영하였을 것이다.[80] 예수 그리스도는 하나님의 구원 활동에서 "결정적인 사건이요 결정적인 중심점이며 결정적인 계시"이다.[81]

이와 같이 "전에는 감춰졌으나 ……지금은 나타났다"는 표현은 바울 서신에 그리스도로 말미암아 이전 것이 나타난 것을 가리키는 패턴으로 사용되었다(롬 16:25, 26; 엡 3:4, 5; 골 1:26, 27; 딤후 1:9; 딛 1:2. 비교. 벧전 1:20, 21). 바울은 "계시하다"라는 단어를 그리스도 안에 있는 하나님의 종말론적인 계시를 언급하면서 사용했다. 그리고 이 단어의 명사형인 "계시"를 그가 다메섹 도상에서 경험한 회심과 사도적 부르심에 적용한다(갈 1:15, 16. 참조. 고전 9:1; 15:8). 이것은 바울이 옛 언약과 새 언약의 대조를 통해 그의 사도직을 이해한 것에도 나타난다(고후 3:6). 바울은 "없어질" 옛 언약의 영광과는 다른 새 언약의 사도로 사역했다(고후 3:10). 바울의 사도직은 없어지지 아니하는 영광을 전달하는 "성령의 직분"이다(고후 4:8). 그러므로 우리는 바울이 하나님의 "비밀"을 종말론적으로 이해한 근저에 새 언약에 대한 그의 이해가 자리하고 있다고 말할 수 있다.[82]

---

[80] Gaffin, "Some Epistemological," 104-107.

[81] Ziesler, *Pauline Christianity*, 35; Ridderbos, *Paul*, 346.

[82] W. Grudem, *The Gift of Prophecy in 1 Corinthians* (University Press of America, 1982), 44; Lopes, "Paul as a Charismatic," 22.

3. 고린도전서 4:1

본문에서 바울은 "하나님의 비밀"을 그의 사도직과 연결한다.

a. 문맥

고린도전서 4:1은 고린도전서 1:18-3:4에서 다루던 주제의 연속이며 결론이다. 본문에서 바울은 고린도 교인들에게 자신을 "하나님의 일꾼"과 "하나님의 비밀을 맡은 자"로 알아주기를 요구하는데, 그가 이렇게 요구하는 것은 고린도교회의 문제와 무관하지 않다. 고린도교회의 문제는 그리스도의 사역자들을 바라보는 이 세상의 방식에 기인하기 때문이다(3:4, 18-20). 바울은 자신을 비롯한 사역자들을 하나님의 지혜와 종말론적인 관점으로 보기를 원한다(3:5, 9, 13-15, 18-19, 21-23).[83] 고린도교회가 교회와 지도자의 지위에 가치를 부여하고 있는 것과 다르게, 바울은 교회("너희")는 "하나님의" 밭이며 "하나님의" 집인 반면에(3:9), 교회의 사역자들은 주님께서 교회에 주신 "일꾼"에 불과하며(3:5), "하나님"에게 속한 "동료 일꾼들"임을 일깨운다(3:9).[84] 바울을 비롯하여 교회의 사역자들은 각각 하나님께서 주신 은혜에 따라 일을 하고(3:10), 마지막에 그 일한 것에 따라 하나님의 평가를 받을 사람들이다(3:13-15). 더욱이 고린도교회는 자기들이 각자

---

[83] Litfin, *St. Paul's Theology*, 226; D. A. Carson, *The Cross & Christian Ministry: An Exposition of Passages from 1 Corinthians* (Grand Rapids: Baker Books, 1993), 93.

[84] 3:9의 συνεργοί가 사역자들이 하나님의 일에 협력하는 일꾼이라는 의미보다는 하나님에게 속한 "동료 일꾼들"이라고 읽어야 하는 근거에 대해서는 D. E. Garland, *1 Corinthians*, BECNT (Grand Rapids: Baker Academic, 2003), 113; Thiselton, *First Corinthians*, 304-306을 보라.

어떤 지도자들 "에게 속했다"(ἐγώ εἰμι Παύλου……)고 주장할 것(1:12)[85]이 아니라, 정반대로 사역자들을 비롯하여 모든 것이 그들에게 속했으며 (Παῦλος ὑμῶν), 그들은 그리스도에게, 그리스도는 하나님에게 속했다는 것을 알아야 한다(3:21b-23).[86]

b. 고전 4:1 주해

이런 맥락에서 바울은 "이와 같이" 어느 사람이든지 바울(과 그의 동료들)을 "그리스도의 일꾼"과 "하나님의 비밀 맡은 자"(즉, 청지기)로 여겨야 한다고 요구한다(4:1). 본문은 다음과 같다.

οὕτως ἡμᾶς λογιζέσθω ἄνθρωπος ὡς ὑπηρέτας Χριστοῦ καὶ οἰκονόμους μυστηρίων θεοῦ.

이와 같이 어느 사람이든 우리를 그리스도의 일꾼 즉 하나님의 비밀을 맡은 자로 여길지어다.

여기서 부사 "이와 같이"는 바울이 앞(1:18-3:4)에서 "하나님의 비밀"과 "하나님의 지혜"에 대해 논한 것을 공동체에 적용하면서 사용한 논리

---

[85] 이와 같은 표어는 바울이나 인간 사역자의 권위에 대한 오해에서 비롯된 것이다. 바울은 그의 권위가 그리스도와 궁극적으로 하나님에게 있다고 주장한다. J. H. Schütz, *Paul and the Anatomy of Apostolic Authority*, SNTSMS 26 (Cambridge: Cambridge University Press, 1975), 191.

[86] 바울이 여기서 소유격(Παῦλος ὑμῶν)을 사용하여 고린도교회가 내건 표어(ἐγώ εἰμι Παύλου, 고전 1:12)의 순서와 정반대로 나열한 것에 주목하라.

적 결어이다.87) 본문은 바울이 자신을 "그리스도의 사도"라고 소개한 이래 그의 사도직의 기능에 대하여 가장 분명하고 구체적으로 설명한 구절이다. 본문에 사용된 용어의 의미를 알아보자.

사도의 기능을 묘사하는 첫 번째 단어는 "일꾼"(ὑπηρέτης)이다. 이 단어는 종(servant), 돕는 자(helper), 보조자(assistant) 등의 의미로 번역될 수 있는데, 기본적으로는 주인 등 자기보다 높은 사람을 섬기는 사람을 가리킨다.88) 바울이 자신을 특히 "그리스도의 일꾼"이라고 소개한 것은 바울이 다메섹 도상에서 회심하고 소명을 받았을 때 발생한 계시와 관련이 있다. "내가 네게 나타난 것은 곧 네가 나를 본 일과 장차 내가 네게 나타날 일에 너로 종(ὑπηρέτης)과 증인을 삼으려 함이니"(행 26:16). 바울은 그가 그리스도로부터 종(일꾼)과 사도로 부름을 받았을 때 그에게 "비밀"의 복음이 맡겨졌다고 확신했다(엡 3:3, 8; 골 1:25, 26). 그렇다면 "일꾼"은 그 의미에 있어 "사도"와 가깝다.89)

두 번째 단어는 비밀을 "맡은 자"(οἰκονόμος)이다. "맡은 자"는 바울이 복음을 전하면서 수행한 일이 계시 전달자로서 역할을 수행했음을 강조하려고 선택한 용어이다. 이 단어는 앞의 단어와 접속사 카이(καί)로 연결되

---

87) 카슨은 이 단어를 "So then"(그렇다면)으로 번역하여 이 점을 강조한다. Carson, *The Cross*, 91. 또한 J. S. Lamp, *First Corinthians 1-4 in Light of Jewish Wisdom Traditions, Christ, Wisdom and Spirituality*, Studies in Bible and Early Christianity 42 (Lewiston: The Erwin Mellen, 2000), 184.

88) BDAG, "ὑπηρέτης," 1035. 콜린스는 이 단어를 "assistants"로(Collins, *First Corinthians*, 167, 172), NIV는 "servants"로 번역하였지만, REB는 이 단어의 기본적인 의미를 살려 "subordinates"라고 번역하였다.

89) Bockmuehl, *Revelation and Mystery*, 166; K. Rengstorf, "ὑπηρέτης," *TDNT* VIII, 542. 엘리스는 ὑπηρέτης가 3:5에 언급된 διάκονοι와 동의어라고 생각한다. 단지 διάκονοι는 임금을 받고 일한다는 사실에 강조점이 있을 뿐이다(고전 3:8). Ellis, *Prophecy*, 8. ἀπόστολος 와 διάκονοι 모두 주인과 높은 사람의 명령을 수행한다는 점에서 같은 사상을 전한다.

었는데, 두 단어는 별개의 두 개념을 소개하려는 것이 아니라 두 번째 단어 ("맡은 자")가 앞의 단어를 부연 설명하기 위해 사용된 것으로 이해해야 한다.90) 이 단어가 "일꾼"과 결합되었고, 바울이 고린도전서 3:5에서 자신을 사역자(διάκονος)로 묘사하는 것으로 보아 바울은 이 단어로써 자신을 하나님에 대해 "노예인 청지기"(slave steward)로 이해하고 있다고 보아야 한다.91)

하나님의 청지기로서 바울 사도에게 맡겨진 것은 "하나님의 비밀들"이다. 여기서 바울은 "비밀들"(μυστηρία)이라는 복수형을 사용했다. 고린도전서에 "비밀"이 복수형으로 사용된 곳이 두 군데 더 있는데(13:2; 14:2), 그 두 곳과 마찬가지로 4:1에서 비밀들의 의미와 내용은 구체적으로 언급되지 않았지만, 복수형은 "사도들에게 계시된 하나님의 종말론적 경륜의 다양함"이나 비밀의 거대함을 표현한다.92) 이 비밀들은 2:10에 언급된 "하나님의 깊은 것"과 관련이 있으며, 바울이 고린도 교인들에게 전한 복음을 가리킨다.93)

바울은 "일꾼"과 "맡은 자"라는 두 용어를 계시를 받아 전달하는 그의 사역에 적용함으로써, 자신의 사도직을 이와 동일한 패턴으로 사역한 구약의 선지자들과 같은 수준에서 이해했음을 시사한다(암 3:7, 8).94) 실제로

---

90) 그런 의미에서 καί는 설명적 동격(epexegetic)이다. Ellis, *Prophecy*, 8. 이 단어를 대부분의 영어번역 성경(AV/KJV, NRS, NJB, REB)은 "stewards"라고 번역하였는데, 요즘은 이 단어가 항공사 승무원을 가리키는 데 사용되어 오해의 소지가 있어 NIV는 이런 혼동을 피하기 위해 이 단어의 기능적인 의미인 "those entrusted with"라고 풀어놓았다. 복음서에 "청지기"라고 번역된 단어가 바로 이 단어이다(눅 16:1).

91) Pogoloff, *Logos and Sophia*, 216.

92) Brown, *The Semitic Background*, 44.

93) Ciampa and Rosner, *The First Corinthians*, 170.

94) P. T. O' Brien, *Consumed by Passion: Paul and the Dynamic of the Gospel* (Homebush

바울은 그가 소명 받은 것을 선지자처럼 모태에서부터 하나님의 부름 받은 것으로 설명하며(갈 1:15-16. 참조. 사 49:1; 렘 1:5), 이방인들에게 복음을 전하는 사람으로 부름 받은 것을 선지자의 역할과 연결한다(엡 3:7, 8. 참조. 사 42:1, 6; 49:6). 그래서 바울은 고린도교회에게 복음 전하는 일을 "부득불 할 일(아낭케, ἀνάγκη)"[95]이라고 고백한다(고전 9:16a).

4. 고린도전서 13:2

고린도전서 13장은 "신령한 것"과 관련한 문제를 다루는 12장과 14장 사이에 위치한다. 12-13-14장은 전체적으로 A-B-A´ 교차 대구법 구조로 되어 있고, 강조는 사랑을 다루는 13장에 있다.[96] 그래서 바울이 13장에서 논의하는 사랑은 별도의 독립된 주제가 아니라 12:1에 언급된 "신령한 것"에 대한 문제를 해결하는 열쇠이다. 바울에 따르면, 사랑은 본질적인 것인 반면에, 은사들은 좋은 것이긴 하지만 본질적인 것은 아니다. 은사들은 한시적인 것인데 비해 사랑은 영원하기 때문이다(13:8-13).[97]

West: Lancer, 1993), 2-12; G. Bornkamm, *Paul* (London: Hodder and Stoughton, 1971), 226; E. Sanders, *Paul and Palestinian Judaism* (London: SCM, 1977), 240-46.

[95] 바울은 이 강력한 단어를 사용하여 의무는 있으나 권리가 없는 노예 이미지를 자신에게 적용한다. Schütz, *Paul and the Anatomy*, 39; W. L. Willis, "AN APOSTOLIC APOLOGIA?: The Form and Function of 1 Corinthians 9," *JSNT* 24 (1985), 36; P. Marshall, *Enmity in Corinth: Social Conventions in Paul's Relations with the Corinthians*, WUNT 2/23 (Tübingen: Mohr, 1987), 460.

[96] A. H. Snyman, "Remarks on the stylistic Parallelisms in 1 Cor 13," in *A South African Perspective on the New Testament*, eds. J. H. Petzer and J. Hartin (Leiden: E. J. Brill, 1983), 202-13.

[97] J. G. Sigountos, "The Genre of 1 Corinthians 13," *NTS* 40 (1994), 251-52; J. H. Petzer, "Contextual Evidence in favour of ΚΑΥΧΗΣΩΜΑΙ in 1 Corinthians 13.3," *NTS* 35 (1989), 234-37.

a. 문맥

고린도전서 13:2은 바울이 고린도교회에게 더 큰 은사를 사모하라고 권하고, 이 문제에 대해 가장 좋은 길(또는 과장되기는 하지만 지침)을 보여주겠다고 제안한 문맥(12:31)에서 영적인 은사들과 사랑을 비교하는 13:1-3에 등장한다. 그가 13:2에서 사랑과 대조하려고 언급한 은사들(예언, 지식, 믿음)은 12:8-10에 열거된 은사들 중에서 세 개를 뽑은 것이다. 이 은사들은 틀림없이 바울이 13:1에서 언급한 방언과 함께 고린도교회가 비중 있게 생각하던 은사들일 것이다. 바울은 예언이나 지식이나 믿음의 은사를 가지고 있다고 뽐내는 사람들에게, 사랑이 없다면 이런 은사들과 그것을 사용하는 사람은 아무것도 아니라고 냉소적으로 말한다. 그런데 특이한 것은 바울이 이 논의에서 1인칭("내가")을 사용하여 자신을 사랑을 실천한 사람의 한 예로 제시하면서 그의 말의 정당성을 입증한다는 점이다.[98]

우리가 탐구하려는 본문이 들어 있는 13:1-3은 절마다 (양보의 의미를 지니는) 긍정적인 조건절(A)과 부정적인 조건절(B), 그리고 결론적인 귀결절(C)로 구성되었다.[99] 여기서 A에 해당하는 긍정적인 조건절은 다시 바울 자신이 실제로 지니고 있는 은사와/또는 교회에서 실천한 종교적인 행위를 묘사하는 부분(a)과 수사학적인 과장법을 묘사하는 부분(a')으로 구성되었다.[100] A는 B의 "내게 사랑이 없으면"이라는 부정적인 조건절과 비교되어

---

[98] C. R. Holladay, "1 Corinthians 13: Paul and Apostolic Paradigm," in Greeks, Romans, and Christian Essays in Honour of Abraham J. Malherbe, eds. D. L. Balch; E. Ferguson; W. A. Meeks (Minneapolis: Fortress, 1990), 89.

[99] J. H. Petzer, "Contextual Evidence in favour of $KAYXH\Sigma\Omega MAI$ in 1 Corinthians 13.3," NTS 35 (1989), 235.

[100] D. A. Carson, *Showing the Spirit: A Theological Exposition of 1 Corinthians 12-14*

사랑이 어느 은사보다도 중요하다는 바울의 생각을 강조한다.[101]

b. 고전 13:2 주해

13:2 내용은 다음과 같다.

καὶ ἐὰν ἔχω προφητείαν καὶ εἰδῶ τὰ μυστήρια πάντα καὶ πᾶσαν τὴν γνῶσιν καὶ ἐὰν ἔχω πᾶσαν τὴν πίστιν ὥστε ὄρη μεθιστάναι, ἀγάπην δὲ μὴ ἔχω, οὐθέν εἰμι.

내게 예언하는 것이 있고, (설령) 내가 모든 비밀과 모든 지식을 이해하고 내게 산을 옮길 만한 모든 믿음이 있다고 하더라도, 내게 사랑이 없으면, 나는 아무것도 아니다.

이 본문을 앞에서 설명한 것에 따라 구문분석하면 다음과 같다.
A a 내게 예언하는 것이 있고,
   a′ (과장법)(설령) 내가 모든 비밀과 모든 지식을 이해하고
      내게 산을 옮길 만한 모든 믿음이 있다고 하더라도,
   B 내게 사랑이 없으면,
      C 나는 아무것도 아니다.

(Grand Rapids: Baker, 1987), 58-69.
  101) Sigountos, "The Genre," 253-54.

바울은 예언과 지식이 잠정적이며(13:8) 부분적인 것이라는 사실(13:9, 12)을 인정하였기에, 자기가 "모든 비밀과 모든 지식을 안다"고 한 것은 분명히 과장이다.102) 본문에는 비밀의 내용이 무엇인지 구체적으로 언급되지 않았지만 바울이 비밀을 예언과 지식과 나란히 놓은 것은 "비밀"이 예언과 지식 은사와 관련이 있음을 암시한다. 세 은사들은 모두 공동체에서 "성령의 감동으로 말하는 언어" 은사들이다(12:8, 10).103) 본문에서 바울이 어떤 의미로 "비밀"이란 용어를 사용하였는지 알려면 그에게("내가") "예언하는 것이 있다"라고 말함으로써 그가 사도로서 수행하는 것을 예언하는 것으로 소개하고, 다시 예언을 "비밀"과 연결하고 있다는 사실을 주목할 필요가 있다. 뒤에 이어지는 양보절은 구문상 설명이 필요하다. "모든 비밀과 모든 지식을 알고"가 "내게 예언하는 것이 있다"를 설명하는 말인지 ("내게 예언하는 것이 있다. 즉, 나는 모든 비밀과 모든 지식을 안다"), 아니면 앞의 예언과 함께 별개의 세 은사를 나열한 것인지("나는 예언을 하고, 모든 비밀을 알고, 모든 지식을 알고")를 밝히는 문제이다.

사실 "모든 비밀을 아는 것"은 다니엘 2장과 4장(특히 4:9)의 언급을 반영한 것이다. "네 안에는 거룩한 신들의 영이 있은즉 어떤 은밀한 것이라도 네게는 어려울 것이 없는 줄을 내가 아노니 내 꿈에 본 환상의 해석을 내게 말하라." 이 구절에 따르면, 다니엘의 선지자적 기능은 모든 비밀을 아는 것이었다. 그래서 바이스(Weiss)는 본문에서 "그리고 내가 비밀을 안다"는 어구를 먼저 언급한 "내게 예언하는 것이 있다"를 설명하는 것이라고 정확하게 지적하면서 선지자로서 가지는 예언 기능과 모든 비밀을 아

---

102) Ciampa and Rosner, *The First Corinthians*, 631, 671.

103) R. Martin, *The Spirit and the Congregation: Studies in 1 Corinthians 12-15* (Grand Rapids: Eerdmans, 1984), 44.

는 것 사이에 병행을 찾는다.[104] 엘리스는 "비밀들" 뿐만 아니라 그 뒤에 이어지는 "지식"도 앞에 있는 "예언하는 것이 있다"와 동격이라고 생각하면서, 바이스와 마찬가지로 예언을 선지자 기능으로 이해하고(비교. 엡 3:3-5, 9) "모든 비밀들과 모든 지식들을 아는 것"과 연결시킨다.

이러한 통찰이 옳다면, 13:2에서 주요 관심사는 예언에 있고(비교. εἰδῶ, 13:1), "비밀을 아는 것과 지식을 아는 것"은 예언의 내용을 가리키는 것이 분명하다.[105] 여기서 "예언한다"는 것은 하나님의 말씀을 공동체에 전달하는 예언자의 기능을 언급하고[106] 비밀과 지식을 아는 것은 예언자가 받은 예언의 내용을 가리킨다. "예언"은 공동체를 향한 하나님의 마음과 하나님의 구원 계획을 아는 통찰 즉, 비밀들을 해석하는 것이다.[107]

구약의 선지자들이 하늘에 속한 비밀들의 계시를 예언의 내용으로 받았듯이(단 2:19, 28) 바울은 여기서 그가 수행하는 사도직을 선지자 기능의 연속성 속에서 이해한다.[108] 사도는 새 언약의 시대에 그리스도께서 특정한 사명을 주어 보낸 사람이며(마 10:10 이하; 롬 1:5; 고전 9:17), 선지자는 옛 언약 시대에 하나님께서 보내신 메신저였다(고후 3:6).[109] 사도로서 바울의 역할

---

[104] J. Weiss, *Der erste Korintherbrief*, KEKNT 5 (2nd Ed.; Göttingen: Vandenhoeck & Ruprecht, 1910), 313-14; Conzelmann, *1 Corinthians*, 222. 칼빈도 "내가 모든 비밀을 알고"를 단지 "예언하다"를 설명하는 것이라고 주장한다. J. Calvin, *The First Epistle of Paul the Apostle to the Corinthians* (Grand Rapids: Eerdmans, 1960), 275.

[105] Gaffin, *Perspectives*, 61.

[106] R. B. Hays, *First Corinthians*, Interpretation (Louisville: John Knox Press, 1997), 224.

[107] Martin, *The Spirit and the Congregation*, 44.

[108] C. Forbes, *Prophecy and Inspired Speech in Early Christianity and its Hellenistic Environment*, WUNT 2/75 (Tübingen: Mohr-Siebeck, 1995), 233. D. E. Aune, *Prophecy in Early Christianity and the Ancient Mediterranean World* (Grand Rapids: Eerdmans, 1983), 252; E. E. Ellis, *Paul's Use of the Old Testament* (Grand Rapids: Baker, 1957), 139를 보라.

[109] 이런 의미에서 신약에 "선지자"라는 직임과 은사가 있었지만(고전 12:28, 29; 엡 2:2) 바울은 여느 사도들과 다른 기능을 한 사람이다. "사도"만 구약의 선지자에 대응하는

은 구약 선지자들의 예언 사역과 병행이 있다. 그것은 예언하는 기능과 예언자로서 하나님의 비밀과 지식을 아는 기능이다(참조. 암 3:7). 비밀은 계시적 성격을 지니며 공동체에게 성령의 감동을 받은 말씀을 주기 위해 지식과 함께 등장한다. 지혜와 지식도 계시의 범주에 속하며, "그리스도의 구속 사건을 바르게 이해하는 것"이다.[110] 바울은 고린도전서 2:7, 8에서 자신이 하나님의 지혜를 전하였다고 선언함으로써 자신의 사역을 비밀을 계시하는 사역이라고 주장한다. 바울이 알고 있는 모든 비밀과 지식은 그가 선지자로서 받은 계시이다. 이런 의미에서 본문에서 동사 "안다"는 선지자로서 받은 계시를 "이해하는 것"을 의미한다.[111]

개핀(Gaffin)은 본문에 등장하는 비밀이 계시를 가리키는 중요한 용어인 것을 간파하면서 비밀의 특성을 다음과 같이 함축적으로 표현한다.

> 그 용어("비밀")는 계시를 언급하는 바울의 용어 중에서 핵심적인 용어이다. "비밀"은 계시된 것이 인간의 노력으로 접근할 수 없으며, 하나님에 의해서만 계시된다는 사실을 강조한다. ……"비밀" 그 자체가 계시를 가리키는 용어는 아니었지만, 그것은 여전히 ……(계시의) 내용을 의미한다.[112]

사람이다. 선지자로서 사도에 대한 논의는 Grudem, *The Gift of Prophecy*, 44, 53-54를 보라.

110) 이한수, 막스 터너, 「그리스도인과 성령」 (서울: 총신대학출판부, 1991), 253-54.

111) Ellis, *Prophecy*, 25, 52 n. 29. 이 동사는 "모든 비밀들과 모든 지식" 둘 다 목적어로 갖는다. 2절의 καὶ ἐάν 구문은 ἔχω뿐만 아니라 εἰδῶ에게도 영향을 끼치고, εἰδῶ "비밀"과 "지식" 두 명사를 목적어로 취한다. Grudem, *The Gift of Prophecy*, 177 n. 107; Fee, *First Corinthians*, 632 n. 34; Thiselton, *First Corinthians*, 1039.

112) Gaffin, *Perspectives*, 79-80.

그래서 바울이 본문(고전 13:2)에서 "모든" 비밀과 "모든" 지식을 안다고 주장한 것을 단순히 바울이 과장법의 의미로 사용한 것이라[113]고만 생각하기보다는 이 과장법이 어느 면에서 "고린도교회에서 영감을 받은 사람들과 웅변가들 사이에서 자랑으로 치닫고 있는 소피스트들을 조롱하는" 것으로,[114] 또는 그들에게 사랑이 없는 것을 강조하기 위해 의도적으로 사용한 단어라고 보아야 한다. 그러므로 바울이 "모든 비밀과 모든 지식을 안다"고 주장한 것은 그의 설교가 "하나님의 비밀"을 그 내용으로 하고(2:1), 그에게 감추인 비밀이 계시되었으며(2:10), 자신은 "하나님의 비밀을 맡은 일꾼"이라고(4:1) 천명한 것과 관련이 있다. 이런 점에서 바울이 "모든"이란 단어를 사용한 것에는 약간의 과장이 있었지만(13:9),[115] 적어도 이론적으로 바울은 "모든 비밀과 모든 지식"을 안다고 말할 수 있었다.[116]

그렇다면 바울이 고린도전서 13:2에서 언급하고 있는 "비밀들"은 구체적으로 무엇을 가리키는가? 그것이 다니엘서의 경우처럼 종말론적인 진리를 의미하는가? 본문에서는 비밀들이 예언하는 은사를 받은 사람이 아는 어떤 것을 가리킨다는 사실 이외에는 "비밀들"에 대한 구체적인 설명이 발견되지 않는다. 브라운은 "비밀"을 "종교적인 지식의 총체"라고

---

[113] D. A. Carson, *Showing the Spirit: A Theological Exposition of 1 Corinthians 12-14* (Grand Rapids: Baker Book House, 1987), 59; Bockmuehl, *Revelation and Mystery*, 167.

[114] B. Witherington, *Conflict & Community in Corinth: A Socio-Rhetorical Commentary on 1 and 2 Corinthians* (Grand Rapids: Eerdmans, 1995), 269.

[115] Sigountos, "The Genre," 252.

[116] Holladay, "1 Corinthians 13," 89. "모든 비밀"을 아는 것과 "모든 지식"을 아는 것은 하나의 단위로 생각해야 하고, 이 둘 사이에 날카로운 구분은 없다. 비밀은 사도들의 지혜를 가리키고, 지식은 교사들의 지식을 가리킨다고 생각하거나(Robertson-Plummer, *First Corinthians*, 290), 비밀은 종말론적인 상황을 가리키고, 지식은 하나님의 구원 목적을 가리킨다고 생각하는 사람들이 있지만, 바울은 둘 사이에 분명한 구별을 두지 않았다. Carson, *Showing the Spirit*, 60; Barrett, *First Corinthians*, 301.

생각하지만,¹¹⁷⁾ 본문에 언급된 "비밀"이 가리키는 것은 고린도전서의 맥락에서 찾아야 한다. 고린도전서에서 모든 비밀은 하나님의 지혜와 하나님 속에 있는 그분의 계획을 의미한다(고전 2:1, 10-11). 그래서 바울은 이 세상에서 아무도 그것을 다 알 수 없으며(2:11, 16a), 지금은 우리가 부분적으로 예언하고 부분적으로만 알고, 거울로 보는 것처럼 희미하게 알 수밖에 없다고 분명하게 말한다(13:9, 12a).[118] 바울이 말한 것에 비추어 보면, 13:2에서 그가 언급한 "비밀들"은 우리가 "온전하게" 알거나 예언하지 못하는 어떤 것을 지칭한다(비교. 13:10, 12b). 그렇다면, 본문의 "비밀"은 "인간이 발견하기에 매우 깊은 것(the depths too profound for human discovery)"이라고 이해할 수 있다.[119]

이런 의미의 "비밀들"은 전에는 감추어졌으나 예수 그리스도로 말미암아 계시된 종말론적인 구원과 실현된 하나님의 계획을 가리킨다. 이 비밀은 하나님의 영으로 계시된 "하나님의 지혜"(2:7, 10)이며,[120] 사도의 복음 선포를 통해 여러 민족에 알려졌다(롬 16:26). 바울은 이 비밀을 맡은 사도이다(고전 4:1). 그러므로 하나님의 모든 비밀을 아는 것이 아직 알려지지는 않았지만 그 비밀은 "주의 길에 대한 통찰이 있는 사도나 예언자들에게는 알려졌다"고 지적한 리델보스(Ridderbos)의 통찰은 옳다.[121]

바울은 본문에서 고린도교회의 은사를 다루는 중에 그가 선지자로

---

117) Brown, *The Semitic Background*, 46.

118) J. A. Fitzmyer, *First Corinthians*, The Anchor Yale Bible 32 (New Haven: The Anchor Yale Bible, 2008), 493; S. J. Kistemaker, *Exposition of the First Epistle to the Corinthians* (Grand Rapids: Baker Book, 1993), 454. 이 세대의 예언의 불완전성에 대해서는 W. Grudem, *The Gift of Prophecy in the New Testament and Today* (Westchester: Crossway Book, 1988), 123을 보라.

119) Thiselton, *First Corinthians*, 1039.

120) Pearson, *The Pneumatikos*, 44-47; Sanders, *Paul*, 102; Ellis, *Prophecy*, 25 n. 13, 27 n. 24.

121) Ridderbos, *Paul*, 547.

서 모든 비밀들을 이해하였더라도 사랑을 동반하지 않았더라면 그는 아무 것도 아니라고 설파함으로써, 은사 사용에 사랑의 중요성을 강조한다. 바울이 가지고 있는 예언의 말씀은 "종말론적인" 비밀이었고 그가 사도로서 행한 행동 역시 "종말론적인" 사랑 실천이었다는 점에서, 바울 복음과 그의 사도직은 "종말론적인" 특성을 지닌다(13:8).[122]

5. 고린도전서 14:2

고린도전서 14:2은 바울의 은사 논의(12-14장)의 결론과 적용을 다루는 문맥에 들어 있다. 바울은 특히 고린도교회에서 신령한 사람[123]이라고 자부하면서 그들이 받은 방언 은사를 과시하는 사람들을 교정하려고 이 문제를 다룬다(14:22-25, 26-33).

a. 문맥

바울은 고린도교회에게 "더 큰 은사를 사모하라"고 권하면서, 최상

---

[122] C. C. Caragounis, *The Ephesian Mysterion: Meaning and Content*, CBNTS 8 (Lund: CWK Gleerup, 1977), 27; Grudem, *The Gift of Prophecy*, 177-78; Aune, *Prophecy*, 333; A. E. Harvey, "The Use of Mystery Language," 332.

[123] Martin, *The Spirit and the Congregation*, 61. 샤츠만은 이 "신령한 자들"을 일종의 영적 엘리트로서 자기들이 영감 받은 언어를 사용하는 사람들이라고 생각한다. S. Schatzmann, *A Pauline Theology of Charismata* (Peabody: Hendrickson, 1987), 30. 이들을 문맹인, 노예, 노동자들이라고 생각하면서, 고린도의 문제를 그들이 행하던 열광적 경향(ecstatic movement)에 기인한다고 생각하는 최근 사회학적 연구도 참조하라. G. Theissen. *Studien zur Soziologie des Urchristentums* (1983), 「원시 그리스도교에 대한 사회학적 연구」, 김명수 역 (서울: 대한기독교출판사, 1986), 287-341.

의 길을 보이겠다고 제시한다(고전 12:31). 최상의 길은 13장에서 제시한 사랑의 원리를 따라 "신령한 것들"을 사모하는 것이다(14:1a). 그러므로 14:1은 13장을 사이에 두고 12:31에 이어진다.

바울은 13:2에서 예언도 하고 비밀과 지식을 안다고 하더라도, 사랑이 없으면, 그 자신은 아무것도 아니라고 밝혔는데, 방언 문제에서도 동일한 사랑의 원리가 적용된다.[124] 바울은 방언과 사랑의 관계를 자신을 예로 들어 설명한다. "내가 사람의 방언을 하고 심지어(과장해서 말해) 천사의 말을 하더라도, 사랑이 없으면 (의미가 전달되지 않는 소리인) 구리와 꽹과리가" 된다고 말이다(13:1. 참조. 14:7, 8).

바울은 고린도교회에게 신령한 문제에 대한 지침을 주면서 사랑의 원리에 따라 은사를 추구하는 것이 무엇인지 단도직입적으로 언급한다. 그것은 사랑을 추구하며 "영적인 것들을 사모하되 특별히 예언을 하려고 하는" 것이다(14:1). 그리고 14:2에서 왜 자기가 교회에게 방언을 사모하는 것보다 오히려 예언하기를 더 사모하라고 하는지 이유를 제시한다.

b. 고전 14:2 주해

본문은 다음과 같다.

ὁ γὰρ λαλῶν γλώσσῃ οὐκ ἀνθρώποις λαλεῖ ἀλλὰ θεῷ οὐδεὶς γὰρ ἀκούει, πνεύματι δὲ λαλεῖ μυστήρια.

---

[124] T. Callan, "Prophecy and Ecstacy in Greco-Roman Religion and in 1 Corinthians," *NovT* 27 (1985), 136-37.

왜냐하면 방언으로 말하는 자는 사람에게 말하지 아니하고 하나님께 말하기 때문이다. 그 이유는 알아듣는 사람이 아무도 없고, 그가 성령으로 비밀들을 말하기 때문이다.

바울이 예언을 더 권장하는(14:1) 이유는 본문에 등장하는 첫 번째 "왜냐하면"(γάρ)으로써 표현된다. 그 이유는 방언으로 말하는 자가 "사람에게 말하지 아니하고 하나님께 말하기 때문" 이다. 이 말을 어떤 의미로 이해해야 하는가? 방언이 원래 하나님께 말하는 데 사용하라고 준 은사라는 의미인가? 아니면 그것이 다른 사람들의 유익을 위한 은사로 주신 것인데 어떤 이유에서든 다른 사람이 유익을 얻지 못하게 되어서 방언 말하는 것이 하나님께 말하는 것이 되어버렸다는 의미인가? 후자일 가능성이 많다.

바울은 은사 문제를 다루면서 은사가 교회의 덕을 세우고 다른 사람들에게 유익을 주는 것으로써 은사의 중요성이 평가된다는 원칙을 제시한다(12:7, 28, 29, 30; 14:3, 4, 5, 6, 12, 17, 19, 26). 그래서 바울이 교회에게 영적인 것을 사모하면서 사랑을 추구하라(13:1)고 권한 이유는 사랑이 자신의 유익이 아니라 다른 사람의 유익을 구하며(13:5) 교회의 덕을 세우기 때문이다(8:1). 바울은 자신을 이와 같은 사랑을 실천한 모델로 제시하면서(10:33; 13:1-3), 고린도교회에게도 모든 면에서 "다른 사람의 유익"을 구하라고 권한다(10:24).[125] 그는 14장에서 이 원칙을 표준으로 삼아 방언을 말하는 것과 예언을 말하는 것을 대조한다. 바울에 의하면, 예언은 공동체에게 말하며 공동체의 덕을 세운다(14:3, 4b). 이와는 다르게, (통역을 동반하지 않는) 방언

---

[125] 바울의 관심사는 은사 자체의 비중이 아니라 그것이 공동체에게 유익한가 아니면 은사를 사용하는 사람 자신에게만 유익한가의 문제에 있다. F. D. Bruner, *A Theology of the Holy Spirit. The Pentecostal Experience and the New Testament* (Grand Rapids: Eerdmans, 1970), 297.

자체는 그 말을 알아듣지 못하는 사람들에게 말하는 것이 아니기에 공동체가 아니라 자신의 덕을 세우는 결과를 초래한다(14:2a, 4a, 5). 방언이 아무리 영적인 은사에 속한다고 하더라도, 방언으로 말한 것을 사람들이 알아듣지 못한다면 방언은 교회에게 유익을 주지 못한다. 이것은 심지어 사도가 직접 "교회에게 가서" 방언으로 말하는 경우에도 해당한다(14:6). 설령 방언이 예언하는 것보다 우월한 대접을 받았다고 하더라도 다른 사람이 알아듣지 못하면 예언하는 자만 못하게 된다(14:5).

한 마디로 말해서, 방언은 공동체의 유익을 위해 주어진 은사였지만, 공동체가 방언으로 말한 내용을 알아듣지 못하는 상황에서도 방언을 말하게 된다면, 방언을 말하는 사람은 결국 사람들에게 유익을 주지 못하고, 그가 말하는 것은 자기에게 말하고 하나님에게만 말하는 것이 되는 것이다(14:2, 28).

바울은 고린도 교인들의 방언 남용 때문에 방언보다 예언을 더 권하고 있지만(14:1, 5), 그렇다고 해서 그가 방언을 평가 절하하는 것은 아니다. 그는 예언이 성령의 은사이듯이, 방언을 말하는 것 역시 성령의 은사라고 분명히 밝힌다(12:10, 28). 바울에 따르면, 방언은 (사람들이 알아들을 수 있게 말하는) 긍정적인 요소(통역)를 동반하기만 한다면, 바울 자신도 고린도교회 성도들 모두가 방언을 말하기를 바랄 정도로 방언은 교회에 유익한 은사다(14:5, 13, 26). 하지만 통역이 동반되지 않아 교회에 유익을 주지 못한다면, 방언은 공동체의 다른 사람들에게 유익한 은사는 아니다. 그 결과 방언으로 말하는 것은 "하나님"만 알아들을 수 있는 것이 되어, 결국 방언은 사람이 아니라 하나님에게 말하는 것이 된다(14:28).**126)** 이것이 본문의 첫 번째

---

126) S. M. Wilkinson, "Paul and His Relationship to the Apocalyptic Tradition. An Assessment of a Neglected Dimension: His Revelatory Experiences" (Ph. D. Dissertation at Fuller

"가르"(γάρ)가 주도하는 문장의 핵심 내용이다. 그렇다면 방언 말하는 것이 어떤 이유에서 사람에게 말하는 것이 아니고 하나님께 말하는 것이 되는가?

방언을 "말하는 사람"이 사람에게 말하지 않고 하나님께 말한다고 한 이유를 바울은 본문에서 두 번째 "가르"(γάρ) 구문으로 설명한다. 두 번째 γάρ 구문은 "알아듣는 사람이 아무도 없다"(14:2a)는 것과 "그러나(δέ) (이것과 다른 측면에서) 그가 영으로(πνεύματι) 비밀들을 말한다"는 사실을 대조하면서, 방언 말하는 사람이 왜 사람에게 말하지 않고 하나님께 말한다고 하는지 이유를 제시한다.

그 첫 번째 이유는 "알아듣는 사람이 아무도 없다"는 데 있다. 여기서 어떤 사람이 방언을 말할 때 "알아듣는 사람이 아무도 없다"고 말한 것은 방언이 원래 개인이 하나님과 상대하고 하나님에게만 무엇인가 말하기 위한 목적으로 주어진 것이기 때문에 그런 것 같지는 않다. 방언은 공적인 모임에서 주어진 은사이다(14:12, 26-28). 바울은 고린도교회에서 방언이 기도(14:14), 찬송(14:15), 축복(14:16), 감사(14:17), 가르치는 말(14:19) 등에서 활용되었다고 밝힌다.[127] 그러면서 바울은 계속해서 "통역하여"라는 말을 반복해서 사용함으로써(14:5, 13, 26, 27, 28) 이 문제가 사람들의 "알아듣는" 문제와 관련되었음을 분명히 한다.

그래서 바울은 인지력을 상실한 방언사용에 사람들이 어떻게 반응하는지, 방언이 사람들에게 미치는 효과를 언급한다. 방언은 그 뜻을 알지 못하는 야만인의 말로 인식되며, 덕을 세우지 못하며, 심지어 미친 소리로

Theological Seminary, 2001), 308.

127) 그런데 26절에서는 방언을 찬송시와 가르치는 말씀과 계시와 통역함과 구별한다.

전달된다(특히, 14:11, 16, 17, 19, 23). 그렇다면 방언으로 말하는 것은 그것이 하나님과 개인의 사적인 대화이기 때문에 다른 사람은 "알아듣지"[128] 못하고 하나님만 알아듣는다고 할 수 없다. "알아듣는 사람이 아무도 없다"는 어구의 뜻은 오히려 고린도교회에서 시행되고 있는 "방언"의 구체적인 실례에서 찾아야 할 것이다. 고린도전서에서 바울이 방언의 내용을 사람들이 알아들을 수 있도록 방언을 말할 때 통역이 동반되기를 요구한 것을 보면, 당시 교회에서 행해지던 (통역이 없는) 방언은 고린도 교인들에게 낯선 언어로 인식되었다는 암시를 받는다(14:11, 16, 19). 이것은 방언을 알아듣지 못하는 상황이 어떻게 해서 발생하게 되었는지를 설명하는 중요한 이유 가운데 하나다.

사람들이 방언을 말하는 사람의 말을 알아듣지(이해하지) 못하는 것을 토마스(Thomas)는 방언 자체가 지니는 언어적 장애 때문에 그러하다고 그 원인을 방언 자체에 돌린다.[129] 토마스에 따르면, 방언은 일종의 언어이기에 얼마든지 통역이 가능한 것이지만, 그 내용이 다른 사람들에게 알려지지 않은 언어(방언)로 말해지기 때문에 알아듣는 사람이 아무도 없게 된다. 그래서 토마스는 방언을 성령님의 직접적인 계시이긴 하지만 방언으로 말해지는 것을 알아들을 수 있는 언어적 배경이 없거나 통역이 없으면 이해 불가능한 은사로 이해한다.

그루뎀(Grudem)은 언어적인 측면보다는 방언이 황홀경의 말(ecstatic

---

[128] "알아듣다(ἀκούω)"는 단어은 청각적인 감지가 아니라 인지적인 이해("이해하다")라는 뜻으로 사용되었다. BDAG, "ἀκούω," 38⑦; Barrett, *First Corinthians*, 315; Carson, *Showing the Spirit*, 101.

[129] R. L. Thomas, *Understanding Spiritual Gift: The Christian's Special Gifts in the Light of 1 Corinthians 12-14* (Chicago: Moody Press, 1978). 「성령의 은사들: 고린도전서 12-14장에 근거한 성령의 은사 집중 탐구」, 김지찬 옮김 (서울: 생명의말씀사, 1983, 1997), 215.

speech)이라서 인지 불가능하다고 고린도교회에서 행해지던 혼란한 방언 사용에 그 원인을 돌린다.[130] 반면에, 갈란드(Garland)는 말하는 방식의 문제를 넘어 말하는 내용도 고려해야 한다고 주장한다. 갈란드는 방언 말하는 것을 다른 사람들이 무정형의 소리(amorphous sound)로 듣게 되어 그 소리의 내용을 이해할 수 없는 "거룩한 독백"이라고 규정하고, 그런 이유로 방언의 메시지는 존재하지 않게 된다고 판단한다.[131]

이러한 지적들은 고린도교회에서 행해지던 방언의 부분적인 특성만을 고려한 것이다. 필자는 방언이 그 자체 공동체가 사용하는 자국어가 아닌 다른 언어와 관련되었다고 생각한다. 사도행전에서 처음 방언을 말한 경우(행 2:6, 8-11)와 바울이 고린도교회의 상황을 설명하면서 인용한 이사야 28:11(고전 14:21)이 분명하게 외국어를 지칭하기 때문이다(참조. 신 28:49). 고린도교회의 방언이 어느 정도 엑스타시의 문제와 연루되었다고 하더라도(참조 12:2), 바울이 14장에서 고린도교회에 교훈한 내용은 주로 언어적인 문제였다는 것이 분명하다. 바울은 "방언으로" 기도나 찬송하는 것과 "마음으로"(τῷ νοΐ) 하는 것을 대조하며(14:14, 15), "영으로"(τῷ πνεύματι) 축복하고 감사하지만 다른 사람은 "알지 못한다"는 것을 대조한다(14:16, 17). 더욱이 신약성경에서 공동체와 관련한 방언 사용에서 방언은 그것을 알아들을 수 있는 사람들에게는 분명히 커뮤니케이션이 가능한 언어였다는 것을 고려해야 한다(행 2:8, 11).[132]

---

[130] Grudem, *The Gift of Prophecy*, 156-57. 또한 Dunn, *Jesus and the Spirit*, 243; Witherington, *Conflict & Community*, 276-79.

[131] Garland, *1 Corinthians*, 633.

[132] 사도행전 2장의 방언과 고린도전서 14장의 방언이 동일한 것인지를 밝히려는 논의가 아직 종결되지 않았지만, 적어도 사도행전 2장의 경우에서는 사도들이 말하는 방언을 낯선 언어로 인식하여 알아듣지 못하는 사람들과 그것을 자국어로 똑똑히 알아듣는 사람들로 나뉜 것은 분명하다(행 2:6-13). Gaffin, *Perspectives*, 78.

바울이 고린도교회 교인들의 방언 남용을 지적하고 있는 것은 사실이지만, 바울은 방언이 통역이 동반되면 얼마든지 사람들에게 이해될 수 있고(14:5, 13, 27), 방언으로 말하는 내용이 사람들에게 전달되어 예언과 마찬가지로 공동체(의 덕을) 세우는 역할을 한다고 밝힌다(14:5, 12). 그러므로 "알아듣는 사람이 아무도 없다"는 말은 방언이 그 당시 고린도교회에서는 통역 없이는 인식할 수 없는 낯선 언어로 말해져서 고린도의 교인들이 방언 내용을 알아듣지 못했다는 의미인 것이 분명하다.[133] 바울은 이것을 "방언은 사람이 아니라 하나님께 말한다"는 첫 번째 이유로 제시한다.

두 번째 가르(γάρ) 구문의 두 번째 이유는 첫 번째 이유와 대조되는(δέ) 문제를 다룬다. 두 번째 이유는 방언의 문제가 언어 문제 이외에 방언 말하는 사람이 "비밀들"을, 그것도 "영으로" 말하는 것에 그 원인이 있다. 즉, 사람이 방언을 알아듣지(이해하지) 못하는 것은 방언 말하는 사람이 (성)령으로써 "비밀들"을 말하기 때문이다. 우리의 관심사는 바울이 여기서 어떤 의미로 "비밀"이란 단어를 사용했는지를 알아보는 것이다. 여기서 비밀을 정상적인 인간의 이해를 초월하는 신비스러운 내용을 가리키는 것이라고 생각하는 사람들이 있지만,[134] 분명한 것은 바울이 "비밀(들)"이란 용어를 한 번도 개인의 비밀(신비스러운 내용)을 가리키는 데 사용한 적이 없고, 항상 하나님의 종말론적인 "비밀(들)"과 하나님의 비밀스런 목적을 가리키려고 사용했다는 사실이다.[135] 본문에 "비밀들"의 내용이 무엇인지 구체적으로

---

[133] Ciampa and Rosner, *The First Corinthians*, 671.

[134] Fitzmyer, *First Corinthians*, 510-11; 김동수, 「신약이 말하는 방언」 (서울: 킹덤북스, 2009), 49-52; John Bertone, "방언 체험과 성령의 공감: 로마서 8장 26절 다시보기,"「신약이 말하는 방언」 (서울: 킹덤북스, 2009): 166- 82, 177.

[135] Dunn, *Jesus and the Spirit*, 244; Thomas, 「성령의 은사들」, 166-67.

언급되지는 않았지만, 방언 말하는 사람이 그 비밀들을 "영으로" 말한다면, 바울의 일관된 가르침에 부합하게(참조. 2:7, 10-16) 여기에 언급된 "비밀들" 역시 성령의 감동받은 계시 내용을 가리키는 것이 틀림없다.[136]

본문에 사용된 "비밀"은 복수형($\mu\upsilon\sigma\tau\eta\rho\acute{\iota}\alpha$)이다. 바울은 고린도전서에서 복수형으로 "비밀"을 세 번 사용했다. 본문 이외에 그의 사도직을 "하나님의 비밀을 맡은 자"로 소개하는 경우(4:1)와 예언과 결부되어 비밀의 의미를 소개하는 경우(13:2)가 그러하다. 두 경우 모두 바울이 수행하는 계시 전달 사역과 관련이 있다면, 14:2의 경우도 이와 관련이 있음이 분명하다. 고린도교회에서 예언과 마찬가지로 "비밀들"이 계시에 속하는 것이라면, 사람들에게 알리는 계시의 내용을 방언을 말하는 개인과 하나님만 듣도록 주신다는 것은 의미가 없다. 예언과 방언은 사람 편에서 하나님께 무언가 전하도록 준 것이 아니라[137] 사람들 앞에서 하나님의 계시("비밀들")를 말하라고 주신 것이기 때문이다(14:31). 예언이 계시를 말하는 것처럼(13:2) 방언 역시 하나님의 비밀들을 계시하는 것이다. 단지 예언은 자국어로 말하는 것인 반면에, 방언은 외국어로 말한다는 것만이 예언과 방언의 다른 점이다(참조. 14:21-25).[138] 그래서 방언을 말하는 사람이 듣는 사람들에게 낯선 언어를 사용하여 말하므로, 결과적으로 그가 말하는 "비밀들"이 듣는 사람들은 물론이고 심지어 말하는 사람에게도 "이해의 범위 밖에 있게" 되었다(14:14, 15).[139] 바울은 여기서 방언이 심지어 방언을 말하는 사람에게조차 "인지되지 않는" 것이라고 단정하면서, 자신이 많은 방언들을

---

136) Collins, *First Corinthians*, 492.

137) Thomas, 「성령의 은사들」, 166.

138) Ciampa and Rosner, *The First Corinthians*, 631.

139) G. D. Fee, *God's Empowering Presence: The Holy Spirit in the Letters of Paul* (Peabody:

말하지만 전혀 깨닫지 못하고 일만 마디의 방언으로 말하는 것보다는 "자신이 깨닫고 다섯 마디 말하기를 원한다"고 주장한다(14:19).

더욱이 방언 말하는 사람은 그 비밀들을 "영으로(πνεύματι)" 말한다. 이 표현에서 "프뉴마티"(πνεύματι)의 정확한 의미를 밝히는 것은 어려운 듯이 보인다. 이것이 "내가 내 영으로 말한다"(참조. 14:14)와 연결된 방언 말하는 사람의 "영"을 가리킬 수도 있고,[140] (2:10-13에서처럼) 그가 "성령으로" 말한다는 의미일 수도 있다.[141]

고린도전서의 맥락에서 방언은 "영적인 것" 즉, 성령님에게 속한 범주에 든다(14:1). 그래서 방언은 다른 은사와 마찬가지로 "하나님의 영(성령)"의 나타남 중에 하나이다(12:4, 7, 8-10, 11). 그렇다면 방언으로 말하는 내용은 인간의 노력으로 알 수 있는 것이 아니라 성령께서 보여주셔야 알 수 있는 계시다(참조. 고전 2:10-14).[142] 성령의 다른 은사들처럼 방언이 계시나 지식이나 예언이나 가르치는 기능을 하기 때문에(14:6, 26), 바울은 개인적으로 고린도교회가 "다" 방언을 말하기를 바랄 정도로 방언에도 비중을 둔다(14:5). 이런 은사들이 성령께서 주시는 은사이고 "언어"와 관련된 성령의 말씀들이라면, 방언 역시 성령께서 방언 말하는 사람을 통해 말씀하시는 "영감 된 말"이다.[143] 이것은 비밀을 아는 것이 성령의 작용과 관련이 있다는 고린도전서 앞부분(2:10-12)에서도 지지를 받는다. 그렇다면, 본문

Hendrickson, 1994), 218.

[140] Fitzmyer, *First Corinthians*, 511; Meyer, *Critical and Exegetical Hand-Book*, 314; Grosheide, *First Corinthians*, 318.

[141] Kistmaker, *First Corinthians*, 478.

[142] Thomas, 「성령의 은사들」, 167, 171. "비밀들을 말하는 것"(14:2)은 "비밀들을 아는 것"(13:2)과 분리해서 생각하기 어렵다. Gaffin, *Perspectives*, 79.

[143] Dunn, *Jesus and the Spirit*, 245.

에 언급된 "영"은 "성령"이다.[144] 이것은 비밀들을 계시하는 분이 성령이시라는 사실과 부합한다.[145]

그러나 계시가 방언을 듣는 공동체에게 (이해 불가능한 언어인) 방언으로(만) 주어지는 한, 방언의 내용이 비록 "계시된 진리(즉, 비밀들)"라고 하더라도 그 진리는 어느 한 사람에게도 분명하게 계시되지 않으며, 심지어 방언을 하는 사람이 "비밀들을 맡았다"(참조. 고전 2:7; 4:1)고 할 수도 없게 된다.[146] 방언이 공동체에게 온전한 계시가 되려면 그것은 이해할 수 있는 언어로 해석되어야 한다. 해석되지 않은 비밀들은 해석되지 않은 계시인 셈이다.[147] 바울이 방언과 더불어 통역을 강조하고(14:5, 13, 28) 공동체 누구나 알아들을 수 있는 말을 하는 것(계시나 예언이나 가르치는 말)을 방언보다 우위에 둔 까닭이 여기 있다(14:6, 24).

이상의 논의를 고려할 때, 고린도교회에서 방언을 말하는 상황에는 적어도 두 가지 어려운 문제가 발생했다. 그것은 방언을 말하는 사람이 사람들이 스스로의 힘으로는 인식하기 어려운 비밀들을 (그것도 성령으로) 말한다는 것과 그것을 방언(통역이 동반되지 않으면 이해하지 못하는 언어)으로 말한다는 사실이다.[148] 그래서 고린도교회에게 사람들이 방언을 알아듣지 못하

---

[144] Fee, *1 Corinthians*, 656; Thiselton, *First Corinthians*, 1085; Hays, *First Corinthians*, 235; Bockmuehl, *Revelation and Mystery*, 168. REB는 γάρ의 이런 구문 상황을 고려하여 14:2의 의미를 분명하게 전달해주고 있다. "No one understands him, for he speaks divine mysteries in the Spirit." 더욱이 REB는 "비밀들"에 대하여 말하는 사람의 은밀한 내용이 아니라 "하나님의" 비밀들이라고 이해함으로써 이 문제가 언어의 문제보다는 방언으로써 말하는 비밀 자체에 있음을 보여준다.

[145] Kistemaker, *First Corinthians*, 478. 서방사본(F G b)은 이 본문을 성령(πνεῦμα)으로 읽는다.

[146] Garland, *1 Corinthians*, 633.

[147] 보크뮤엘은 이것을 "완성되지 않은 계시"라고 명명한다. Bockmuehl, *Revelation and Mystery*, 168.

[148] A. C. Thiselton, *First Corinthians: A Shorter Exegetical and Pastoral Commentary*

는 것은 방언 자체가 지니는 언어 문제나 황홀경[149]의 문제만 아니라 방언으로 말한 내용이 해석되지 않은 계시라는 데에 결정적인 문제가 있다.

이 모든 것은 사람들의 인지 능력(intelligibility)과 관련하여 부정적인 결과를 나타내는 요인들이다(14:14, 15, 16, 19). 성령에 의하여 "비밀들"이 말하여지고(계시되고), 동시에 그것이 통역이 동반되지 않은 방언으로 말하여지는 것에 대해 방언을 말하는 사람이 "천상 세계에 대한 어떤 지식을 전달하는 것"이라고 이해하는 사람들의 설명도 일리가 있지만,[150] 오히려 방언을 말하는 사람이 하나님의 비밀을 계시하면서 동시에 그 내용을 사람들이 이해할 수 없이 말한다는 계시의 이중성을 간파한 개핀의 설명이 더 타당하다. 개핀은, 예언과 방언 모두 계시적인 언어 은사(revelatory word gifts)인데, 고린도전서 14:2에는 비유에 나타난 계시와 감춤이라는 패턴이 동일하게 나타난다고 판단하면서, 방언과 비유 사이에 공통점이 있다고 밝힌다.

> 이 점에서 방언은 (틀림없이 계시의 내용인) 예수님의 비유들과 유사하다. 예수께서 (해석해주지 않으신) 비유는 외인들로부터 "하나님 나라의 비밀"을 감추는 역할을 한다(막 4:11). 비유는 하나님 나라의 비밀들을 예수님의 제자들에게 속하지 않은 사람들에게서 감추는 방법으로 표현한다.[151]

(Grand Rapids: Eerdmans, 2006), 238.

[149] Dunn, *Jesus and the Spirit*, 242-243; Forbes, *Prophecy and Inspired Speech*, 103-123; H. W. House, "Tongues and the Mystery Religion of Corinth," *BibSac* 140 (1983), 134-50. 특히 135, 138-39.

[150] Wilkinson, "Paul and His Relationship," 308; Bockmuehl, *Revelation and Mystery*, 168-70; Thiselton, *First Corinthians*, 1085.

[151] Gaffin, *Perspectives*, 80. 참조. O. P. Robertson, "Tongues: Sign of Covenant Curse and Blessing," *WTJ* 38 (1975), 50. 포브스도 데살로니가후서 2:7과 에베소서 5:32을 제외하고는

그러므로 고린도전서 14:2에서도 "비밀"은 성령에 의한 계시의 말씀으로 사용된 것이 분명하다.

6. 고린도전서 15:51

고린도전서에서 "비밀"이 마지막으로 등장하는 곳은 15:51이다. 15:51의 "비밀"은 몸의 부활 문제를 다루는 중에 언급되었다.

a. 문맥

고린도전서 15장에는 몸의 부활을 부정하는 고린도교회의 몇 사람을 겨냥하여 부활의 확실성을 밝히는 바울의 교훈이 담겨 있다. 고린도교회가 몸의 부활을 부정하는 진술은 15:12에 요약되었다. "그리스도께서 죽은 자 가운데서 다시 살아나셨다 전파되었거늘 너희 중에서 어떤 사람들은 어찌하여 죽은 자 가운데서 부활이 없다 하느냐?" 바울은 여기서 고린도 교인 전부는 아니더라도 고린도 교인들 사이에 죽은 자의 부활을 부정하는 사람들이 더러 있다고 지적한다. 이들은 구체적으로 "몸의 부활"을 부인하였다.[152] 그들이 몸의 부활을 부인한 것은 "지나친 실현된 종말론"에 사로잡혀 있었기 때문으로 추정된다.[153] 그들은 틀림없이 자신들이 "신

바울이 "비밀을 말한다"라는 표현을 계시 용어로 사용했다고 이해한다. Forbes, *Prophecy and Inspired Speech*, 96.

152) 이들이 영지주의 입장에 있다고 보아 바울이 반 영지주의적 관점에서 이 문제를 다룬다고 설명하는 사람이 있다. E H. Pagels, "'The Mystery of the Resurrection': A Gnostic Reading of 1 Corinthians 15," *JBL* 93 (1974), 276-88. 특히, 283.

령한 사람들"이며 영광 중에서 "그리스도와 함께 다스리고 있다"고 믿었기에 미래의 부활에 관심이 없었고, 심지어 그런 일이 발생하는 것도 불가능하다고 확신하였을 것이다(고전 4:8).**154)**

"몸의 부활"을 부정한 일부 고린도 교인들을 바울은 종말론적으로 비평한다. 바울이 고린도전서 2장에서 하나님의 지혜로 이 세상의 지혜를 어리석게 만드셨다고 선언한 것은 부활 문제에도 적용된다. 그들의 신학과 철학에 근거하여 "몸의" 부활을 부정하는 것은 이 세상의 지혜이다(비교. 15:1-4, 12a). 또한 성령의 은사들이 현재에는 부분적이요 불완전한 것으로 드러났고 "온전한 것이 올 때"가 있을 것이라고 주장한 내용(13:10, 12) 역시 15장의 부활 문제에 적용될 수 있다. 그래서 15장 전체의 논의는 종말론적으로 방향지어졌다.**155)**

15장은 짧은 도입부(1, 2절)와 권면적인 결론(58절)**156)**을 제외하고 본론(3-57절)은 세 부분(3-11, 12-34, 35-57절)으로 나뉜다. 본론의 내용은 짧지만 완벽한 수사학적 구조로 되어 있다.**157)** 바울은 수사학을 사용하여 고린도교

---

153) A. C. Thiselton, "Realized Eschatology at Corinth," *NTS* 24 (1978), 512.

154) 그들이 실현된 종말론을 가졌다는 것은 인정하지만, 자세한 내용에 대해서는 학자들 사이에 의견이 다르다. Furnish, "Theology," 747 n. 46; Thiselton, *First Corinthians*, 1173 n. 32. 피어슨은 고린도교회가 "실현된 부활"을 고수하면서 몸의 부활은 불가능하고, 대신에 영혼 불멸을 믿게 되었다고 지적한다. Pearson, *The Pneumatikos*, 15. 참조. Bruce, *1 & 2 Corinthians*, 49-50; Ellis, *Prophecy*, 77.

155) Furnish, "Theology," 74, 84.

156) 15:58을 1:10부터 진행된 논의의 결론으로 보는 사람도 있다. Mitchell, *Paul and the Rhetoric*, 290-91.

157) 왓슨은 바울이 다음과 같은 수사학적인 전략을 사용했다고 이해한다.
    I. Exordium(1-2절)
    II. Narratio(3-11절)
    III. Confirmatio (Probatio) and Refutatio(12-57절)
        A. First Unit of Refutatio and Confirmatio(12-34절)
            1. Refutatio(12-19절)

회에게 그가 전파한 몸의 부활에 대한 전통적인 이해를 고수할 것을 당부한다.

3-11절은 서술적인 진술로 되어 있다. 여기서 바울은 이 문제를 해결하기 위해 고린도교회에게 전파된 사도적 케리그마인 "그리스도께서 죽은 자 가운데서 다시 살아났다"는 복음의 핵심(참조. 고전 15:3, 4)을 언급함으로써 고린도교회가 바울 자신이 전파한 기독교 신앙의 기초요 핵심인 그리스도의 부활을 이미 받아들이고 거기에 기초하여 구원을 받았음을 상기시킨다. 그리스도의 부활은 "성경대로" 된 일이며, 구약 예언의 성취이다.[158]

두 번째 단락(12-34절)은 바울이 고린도교회에서 부활이 없다고 믿은 사람들의 주장을 논리적으로 반박하는 부분이다. 바울은, 영적인 부활이 이미 발생했다고 믿으며 몸의 부활과 같은 미래적인 부활을 믿는 것을 터무니없는 것이라고 생각하는 사람들에게 부활은 단지 영적인 문제(롬 6:3-5)만이 아니라 몸의 문제이기도 하다는 사실을 상기시킨다. 그들이 "죽은 자로부터 부활"을 전적으로 부인하고 있다면, 이것은 곧 그리스도께서 부활

---

        2. Confirmatio(20-28절)
        3. Peroratio(29-34절)
    B. Second Unit of Refutatio and Confirmatio(35-57절)
        1. Refutatio(35-44a절)
        2. First unit of the Confirmati(44b-49절)
        3. Second Unit of the Confirmatio(50-57절)
  IV. Peroratio(58절)

또한 D. F. Watson, "Paul's Rhetorical Strategy in 1 Corinthians 15," in *Rhetoric and the New Testament: Essays from the 1992 Heidelberg Conference*, eds. S. E. Porter and T. H. Olbricht, JSNTSS 90 (Sheffield: JSOT Press, 1993), 248-49. 이외에 Collins, *First Corinthians*, 573과 Thiselton, *First Corinthians*, 1176 n. 48의 참고문헌을 보라.

158) "성경대로"와 구약의 성취라는 말을 할 때 이것은 구체적으로 이사야 53장과 호세아 6장을 언급할 수도 있지만, 구약에서 하신 하나님의 말씀의 성취와 부합되는 하나님의 계획 전반을 가리킨다고 보아야 한다(참조. 눅 24:25-27, 44-47).

하셨다는 역사적인 사실을 부인하는 것이다.

바울은 죽은 자들의 일반적인 부활에 근거하여 그리스도의 부활의 정당성을 논증한다(15:13, 16). 역으로, 그리스도가 부활하셨다면 미래에 일반적인 부활도 발생할 것이다. 미래 부활은 그리스도의 부활이 일반적인 부활의 첫 열매라는 사실에서 분명해진다(15:20, 23). 바울은 이 내용을 첫 아담과 둘째 아담의 대조로써 설명한다. 모든 사람이 "첫 아담 안에서 죽은 것 같이, (둘째 아담인) 그리스도 안에서 모든 사람이 살 것이다"(15:22). 바울은 이렇게 되는 종말론적인 순서를 제시한다(15:23-24).

세 번째 단락(35-57절)은 바울이 수사학적 방법을 사용하여 부활의 몸이 어떤 것인지를 설명하는 부분이다. 여기서 바울은 부활이 어떻게 발생하며 부활의 몸이 어떤 특성을 지니는지를 제시한다. 이 문제를 설명하려고 바울은 "죽은 자들이 어떻게 다시 살게 되는가?" 또 "죽은 자들이 어떠한 몸으로 다시 사는가?"라는 수사학적인 질문을 제기한다(15:35). 이 두 질문은 별개의 다른 질문이 아니다. 이것은 고린도 교인들이 바울이 주장한 죽은 자의 부활의 가능성을 인정한다고 치고, 그렇다면 부활의 몸이 어떤 것인지를 반문하는 질문이다. 이 질문에는 죽은 자와 부활이 전혀 연관이 없다는 전제가 깔려 있다.[159] 첫 번째 질문에 대해 바울은 "하나님의 능력으로 다시 산다"(15:36-38)고 답하며,[160] 두 번째 질문에 대해서는 "부활의 몸은 현재의 몸과 연속성이 있으면서 동시에 불연속성을 지닌 몸으로 다시 산다"고 답한다(15:39-44). 바울은 두 번째 질문에 대답하면서 신자들의

---

[159] Hays, *First Corinthians*, 270. 스케프는 부활의 가능성을 담은 말로 첫 번째 질문이 수동형으로 된 것은 부활에 있어 "하나님의" 행동을 지적하려는 데 있다고 생각한다. J. A. Schep, *The Nature of the Resurrection Body* (Grand Rapids: Eerdmans, 1964), 189-90. 결국 이 두 질문은 몸의 부활을 가르치는 바울의 설교에 대해 비아냥거리는 질문이다.

[160] Schep, *The Nature*, 190, 195.

부활을 그리스도와 연관시킨다. 이것은 신자들의 부활의 몸이 "그리스도의 몸과 같은 몸으로" 다시 산다는 의도로 주어졌다.161)

이것을 설명하기 위해 바울은 일반적인 유비(analogy)를 사용한다. 바울이 비유를 통하여 말하려고 하는 결론은 이것이다. 부활 이전의 몸은 "육의 몸"이다. 이것은 죽어 땅에 묻힌 몸을 가리키는 것이 아니라 일반적인 부활이 발생하기 전의 우리의 (썩고 욕되고 약한) 모든 존재를 가리키는 말이다.162) 반대로 부활 이후의 몸은 "영적인 몸"이다(15:44). 영적인 몸은 (썩지 아니하고 영광스럽고 강한) 모든 존재를 가리킨다. 육의 몸과 영의 몸 사이에 존재하는 불연속성은 각각의 몸이 프쉬케(ψυχή)와 프뉴마(πνεῦμα)에 의해 특성이 부여된다는 데 있다. 여기서 바울은 고린도교인들이 "영적인 부활"을 체험했다고 주장하는 것에 대해 육체적인 부활도 있다고 주장하는 것이 아니다. 개핀이 통찰력 있게 지적한 것처럼, 바울은 "내적인 부활과 외적인 부활" 또는 "불가견적인 부활과 가견적인 부활"을 대조하고 있다.163)

이것은 다시 45절에서 첫 사람 아담에게 속한 질서와 마지막 아담(그리스도)에게 속한 질서로 설명된다. 먼저는 땅에 사는 동안 산 영인 첫 아담과 관련된 질서가 있고, 다음은 부활 후에 살려주는 영이 되신 마지막 아담과 관련된 질서가 있다(15:44-46).164) 바울은 이러한 존재의 특성을 "땅"(흙)

---

161) M. J. Harris, *From Grave to Glory. Resurrection in the New Testament*, 「신약에 나타난 부활」, 서인선 역 (서울: 기독교문서선교회, 1995), 243-45.

162) Schep, *The Nature*, 199.

163) Gaffin, *The Centrality*, 60-62, 67-68.

164) 이것이 창세기 2:7을 재서술한 것이고, 두 인간 사이의 대조라는 점을 강조한 M. D. de Boer, *The Defeat of Death: Apocalyptic Eschatology in 1 Corinthians 15 and Romans 5*, JSNTSS 22 (Sheffield: JSOT Press, 1988), 129, 225 n. 118을 참조하라.

적인 존재와 "하늘" 적인 존재로 나눈다(15:47-49).[165] 첫 사람은 땅에서 나서 땅의 원리를 가진 것으로 특징 되지만, 마지막 아담은 하늘에서 나서 하늘의 생명의 원리를 가진 것으로 특징 된다. 그리스도인들은 인류의 두 대표들과 결탁되었다. 세상에 사는 동안 우리가 땅에 속한 자의 형상을 입고 그의 특성을 지닌 것처럼 장차 우리는 하늘에 속한 자의 형상을 입을 것이다(15:48-49). 올 시대에 우리가 입을 형상은 현재 입고 있는 육적인 몸과는 전혀 다른 영적인 몸이다. "육적인" 것과 "영적인" 것은 특성상 상반된다. "영적인" 질서에서는 "육적인" 것이 있을 자리가 없다. "영적인" 것은 종말론적인 질서이고, "부활"을 특징짓는 요소이다. 그래서 바울은 "육적인" 것을 대표하는 "혈과 육"은 "영적인" 것을 특징으로 하는 "하나님의 나라"를 유업으로 받을 수 없다고 지적한다(15:50). 여기서 바울이 언급하는 하나님의 나라는 "미래적인" 하나님의 나라이다. 미래적인 하나님의 나라를 상속받기 위해서는 그 상황에 맞는 개개인의 생애와 삶의 원리에 현저한 변화가 일어나야 한다. 그래서 바울이 51절부터 계속해서 이어지는 내용에서 강조하는 것은 종말론적인 질서에 적합한 상황으로 변화해야 한다는 사실에 있다.

b. 고전 15:51 주해

바울은 영적인 것과 관련된 하나님의 나라를 유업으로 받기 위해 육적인 존재로 사는 사람이 반드시 변화해야 한다고 논증하는 중에, 15:51에

---

165) 헬라어 구문(ἐκ γῆς, ἐξ οὐρανοῦ)에서 전치사 ἐκ는 각각의 존재의 기원을 가리킨다고 이해하는 것보다는 그 존재의 특성(character)을 가리키는 것으로 이해해야 한다. Harris, 「신약에 나타난 부활」, 219; Witherington, *Conflict & Community*, 309.

서 "보라 내가 너희에게 비밀을 말하노니"라고 선언한다. 본문은 다음과 같다.

ἰδοὺ μυστήριον ὑμῖν λέγω πάντες οὐ κοιμηθησόμεθα, πάντες δὲ ἀλλαγησόμεθα.

보라 내가 너희에게 비밀을 말하노니 우리가 다 잠 잘 것이 아니요 마지막 나팔에 순식간에 홀연히 다 변화되리니.

바울이 선언한 비밀의 내용은 56절까지 계속되지만, 그 중에서 가장 중요한 비밀의 내용은 "우리가 다 잠 잘 것이 아니요 마지막 나팔에 순식간에 홀연히 다 변화되리니" 이다(51b절). 그리고 계속되는 설명에서 바울은 죽은 자들뿐만 아니라 살아 있는 자들이 어떤 식으로 변화할 것인지를 밝힌다(52절). 썩을 것은 썩지 않을 것으로, 죽을 것은 죽지 않을 것으로 변화할 것이다(53-54절). 이 내용은 42-49절에 묘사된 것과 동일하게 인간 몸의 현재 상태와 부활한 몸의 상태를 대조한 것이다.[166] 장차 그리스도께서 재림하실 때 우리 몸은 하늘에 속한 이의 형상에 맞게 변화될 것이다. 그 때에 사망과 죄도 우리 주 예수 그리스도로 말미암아 정복될 것이다(54절).

특히 51절에서 바울이 "다"[167]라는 말을 두 번 사용하면서까지 고린

---

166) Collins, *First Corinthians*, 575.

167) 51절에서 "우리가 다 잠자지 않을 것이다"를 어떻게 이해할 것인지를 두고 상반된 의견이 제시되었다. 바렛트는 모울[C. F. D. Moule, *An Idiom Book of New Testament Greek* (Cambridge: Cambridge University Press, 1953,1990), 68]과 터너[N. A Turner, *Grammar of New Testament Greek*, vol. III, *Syntax* (Edinburgh: T&T Clark, 1963), 287]를 인용하여 이것은 "Not all(of us) shall asleep"과 같이 부분 부정을 의미하는 것으로 이해한다. Barrett, *First Corinthians*, 380. 이럴 경우 이 문구는 우리 중의 어떤 사람이 생존하는 동안 파루시아가 임

도교회 모두가 몸의 부활을 입는다는 사실을 강조한 것은 고린도교회의 분파주의자들을 겨냥하여 그들을 교정하려는 데 목적이 있다(고전 3:21, 23; 9:22; 12:6; 15:28). 이것은 소수의 엘리트 의식을 가지고 있는 고린도교회의 특정한 사람들의 자랑을 불식시키기 위한 것이기도 하다(1:31; 3:21). 미첼(Mitcell)은 하나님께서 "마지막에 모든 그리스도인들을 부활에 참여하게 하신다는 것"을 바울이 의도적으로 강조하기 위해 이렇게 표현했다고 지적한다.[168] 모든 그리스도인들은 다 한 성령으로 세례를 받고(12:13), 같은 케리그마를 공유하고(15:3, 4), 같은 믿음을 가지는 것(15:14, 17)처럼 동일한 부활의 약속을 받는다.

바울은 산 자와 죽은 자가 다 부활하며 부활하는 사람은 결국 하나님 나라를 상속하기 위해 썩지 않을 것과 죽지 않을 것으로 변화한다고 선언한다. "종말"은 그리스도의 부활로 시작되었으며, 종말의 현저한 특징과 양상은 하나님의 나라(하나님의 다스림)에 있다. 바울은 하나님의 나라가 나타나는 데 어떤 순서가 있다고 보았다. 먼저는 그리스도께서 "반드시 왕노릇 하"시는 단계이다(15:25). 그리스도의 통치는 만물을 그에게 복종하실 때까지 계속되며, 맨 마지막에 사망이 멸망될 것이다(15:26, 27). 사망이 멸망 받는 순간에 사망을 삼키고 이기라고 기록된 말씀이 이루어진다(15:54. 사 25:8). "혈과 육"은 하나님의 나라를 상속할 수 없다. 죽은 자들은 썩지 아니할 것으로 다시 살아나고 우리는 모두 변화할 것이다(참조. 롬 8:29; 고후 5:1-5; 빌 3:21). 이것이 바로 "비밀" 즉, 마지막 때 발생할 시나리오이다.[169]

한다는 의미가 된다. 또는 화이틀리가 제안하였듯이 "Not all of us humans shall asleep"으로 이해할 경우, 이것은 파루시아가 발생할 때 모든 인류가 변화를 입게 된다는 의미이다. Whiteley, *The Theology*, 244-48, 253; Thiselton, *First Corinthians*, 1294.

[168] Mitchell, *Paul and the Rhetoric*, 177.

[169] Brown, *The Semitic Background*, 47; Collins, *First Corinthians*, 580.

여기서 "비밀"은 지금 고린도 교인들에게는 알려지지 않아 미래에 일어나지 않을 것처럼 보이는 감춰진 내용이지만, 그리스도께서 재림하여 일반적인 부활이 발생할 때 하나님의 계시에 의하여 분명하게 드러날 급격한 변화(몸의 부활)를 가리킨다.[170] 그런데 이제 하나님께서는 그의 선지자들과 사도들에게 그 비밀을 계시하셨다. 이러한 계시는 영감을 받은 성경 저자들의 해석으로 교회에 알려졌다.[171]

이런 맥락에서 바울이 51절에서 "내가 너희에게 비밀을 말하노라"라고 말한 어구의 의미를 좀 더 풍성히 알기 위해서는 동일하게 종말론적인 주제를 다루고 있는 본문들을 살펴볼 필요가 있다. 데살로니가전서 4:13-17이 고린도전서 15:51과 관련된 본문이다. 바울은 여기서 주님의 부활을 믿는 사람들에게 "주의 말씀으로" 죽은 자들이 주님의 재림 시에 부활하고 살아 있는 사람들이 그들과 함께 구름 속으로 올림을 받아 공중에서 주를 영접한다는 내용을 전한다. 바울이 이 본문에서 사용한 "우리가 '주의 말씀으로' 너희에게 말하노니"(살전 4:15)를 주목해보자. 여기서 "주의 말씀"은 고린도전서 15:51에 언급된 "비밀"과 같은 의미로 사용되었다. 그렇다면 고린도전서 15:51의 "비밀"은 (종말 때와 관련된) 하나님의 계시이다. 이를테면, 바울은 지금 하나님의 계시를 선언하고 있는 것이다.[172] 그러므로 51절의 비밀 이해와 관련하여 중요한 것은 본문의 "비밀"이 바울이 전해 주는 미래 어느 순간에 일어날 사건과 관련된 정보나[173] 단순히 바울이 전

---

[170] Ciampa and Rosner, *The First Corinthians*, 829.

[171] Bockmuehl, *Revelation and Mystery*, 174-75, 225-27.

[172] C. Hodge, *Commentary on the First Epistle to the Corinthians* (Grand Rapids: Eerdmans, 1976), 354. Moffatt, *First Corinthians*, 265.

[173] Robertson-Plummer, *First Corinthians*, 376.

에 익숙했던 죽은 자의 교리(예컨대, 바룩2서 50:1-51:5)를 가리키는 것이 아니라, 보크뮤엘이 정확하게 지적하듯이 바울이 고린도전서 2:6, 7에서 "온전한 자들" 중에서 말한 교훈을 드러내는 것이라는 사실이다.[174]

바울은 마지막 나팔에 변화하는 것을 옷 입는 것으로 설명한다(52-54절). 우리는 "썩지 않는 것"을 "입는다." 바울은 특히 "우리도"라고 언급하여 우리가 입게 되는 썩지 아니함이 그리스도가 입으신 하늘에 속한 것과 동일하게 종말론적인 특성을 지닌 하나님 나라에 속한 것임을 암시한다(49, 50절). 이에 대하여 호슬리(Horsley)가, 고린도전서 15:51을 묵시적인 환상이라고 설명한 것은 지나쳤지만, 마지막 때와 관련된 묵시적인 내용이 세상에게는 감춰졌고 (신앙) 공동체에게는 계시된 하나님의 (구원) 계획의 성취를 가리킨다고 주장한 것은 정당하다.[175]

그러므로 비밀은 부활하신 그리스도와 함께 하기 위하여 신자들이 변화된다는 구원의 종말론적인 사건을 내용으로 한다.[176] 이것은 50절에서 바울이 "혈과 육은 하나님의 나라를 유업으로 받을 수 없고, 또한 썩는 것은 썩지 아니하는 것을 유업으로 받지 못한다"고 선언한 진리를 요약한 것이다.[177] 이 비밀의 내용은 사도가 받은 계시이다. 이런 의미에서 바울은 그가 통상 사용하던 의미인 "비밀"을 여기에 적용하였다. 하지만 시슬튼은 이 견해에 동의하면서도 본문에서 "비밀"이 그리스도를 모델로 하여 우리가 그리스도의 부활의 몸으로 변화된다는 의미도 지닌다고 생각한

---

[174] Bockmuehl, *Revelation and Mystery*, 172.

[175] Horsley, *1 Corinthians*, 213.

[176] 모팻트는 이 점이 고린도전서 15:51과 데살로니가전서 4:15, 16 사이의 공통점이라고 지적한다. Moffatt, *First Corinthians*, 265.

[177] Conzelmann, *1 Corinthians*, 289.

다.[178]

바울이 이 비밀의 내용을 어떻게 알고 받았는지는 본문에 분명하게 언급되지 않았지만 이 내용이 그가 사도로서 새롭게 받은 "계시" 또는 새롭게 깨달은 교훈이라는 사실인 것은 틀림이 없다.[179] 이것은 전에는 감춰진 상태에 있었으나 이제 그리스도로 말미암아 계시된 비밀이다. 그래서 비밀은 그리스도를 통하여 지금 계시된 구원 계획이다. 그것은 바울에게는 지금 계시되었지만 미래에 발생할 사건이다.

---

[178] Thiselton, *First Corinthians*, 1295.

[179] F. F. Bruce, *Paul: Apostle of the Heart Set Free* (Grand Rapids: Eerdmans, 1977), 143; Godet, *First Corinthians*, 863; Meyer, *Critical and Exegetical Hand-Book*. 385.

제5장
에베소서

에베소서에는 "비밀"이란 단어가 여섯 번 사용되었다(1:9; 3:3, 4, 9; 5:32; 6:19). 여기서 바울은 그가 사도로서 에베소교회에 전파한 복음과 그가 수행한 하나님의 경륜을 "비밀"이라는 단어로 표현한다. 에베소서에서 "비밀"은 바울의[1] 사역과 메시지의 특징을 규명하는 용어다.

---

[1] 최근까지 에베소서의 바울 저작권은 의심을 받아왔다. 콜린스는 에베소서의 신학 중에서 바울의 저작권을 의심케 하는 대표적인 것으로 "비밀" 언급을 꼽는다. R. F. Collins, *Letters That Paul Did Not Write. The Epistle to the Hebrews and the Pauline Pseudepigrapha*, GNS 28 (Wilmington: Michael Glazier, 1988), 136-39, 145. 마틴과 바르트처럼 중간 입장을 취하는 사람도 있다. 마틴은 에베소서의 저자를 후기 바울의 대표자로 보는 반면에, 바르트는 바울 저작권을 받아들이는 전통에 대해 불만을 가지면서도 에베소서의 진정성은 인정한다. R. Martin, *New Testament Foundations: A Guide for Christian Students*, vol. 2 (Grand Rapids: Eerdmans, 1978), 227-33; M. Barth, *Ephesians 1-3*, AB 34 (New York: Doubleday, 1974), 41. E. Best, *Ephesians*, NTG (Sheffield: Sheffield Academic Press, 1997), 「에베소서」, 김정훈 옮김 (서울: 이레서원, 2003), 26-31, 40-55. 그러나 에베소서의 저자권 문제와 관련하여 바울의 친저성을 반대하는 대부분의 평가 기준이 주관적이며, 그 논의들이 에베소서의 바울 저자권을 뒤집을 만큼 강력하지도 않다. 에베소서의 바울 저작권을 인정한 고전적인 책인 D. Guthrie, *New Testament Introduction* (Fourth ed.<revised>; Downers Grove: IVP, 1990), 496-528 과 최근의 논의인 L. Johnson, *The Writings of the New Testament* (Philadelphia: Fortress, 1986),

1. 에베소서 1:9

a. 문맥

에베소서 1:9은 에베소서 서론의 길고 복잡한 문장(1:3-14)에 들어 있다.[2] 바울은 여기서 이방인이 교회에 들어온 것을 언급하면서, 이것은 하나님의 구원이 과거에 하나님에 의해 예정되었으며, 이제 그리스도 안에서 성취되었고, 성령에 의해 인쳐진 것이라고 밝힌다. 이 모든 복은 "그리스도 안에서 하늘에 속한 모든 신령한 복"으로 요약된다(1:3). "하늘에 속한 복"은 묵시적인 관점을 가진 것이지만, 어떤 구체적인 묵시적 문서보다는 구약의 관점에서 영원한 하나님의 계획을 가리키는 의미로 사용되었다.[3] 그 복은 "창세전에 그리스도 안에서" 이방인들을 택한 것이며(1:4), "그 기쁘신 뜻대로 예정하신" 것이고(1:5), "그 뜻의 비밀을 알린 것"이며(1:9a), "그리스도 안에서 때가 찬 경륜을 위하여 예정하신 것"이다(1:9b). 바울은 이 모든 복이 자기 "뜻의 결정대로 일하시는 이의 계획을 따라" 된 것이라고 요약한다(1:11).

에베소서 1:3-14에서 논의의 진행과 중요한 사상 전달은 "그의 기쁘심을 따라"(5, 9, 11절)와 "그의 영광을 찬송하게 하려고"(6, 12, 14절) 그리고

367-73의 논증을 참조하라.

[2] 원래 헬라어 본문은 하나의 문장으로 되어 있다. 3-14절은 ἐν ᾧ를 중심으로 3-6절, 7-10절, 11-12절, 13-14절 등 네 단락으로 나뉜다. 1:3-14의 문단 나누기와 중심 어구에 대해서는 A. T. Lincoln, *Ephesians*, WBC 42 (Dallas: Word Books, 1990), 10-19를 보라.

[3] A. T. Lincoln, *Paradise Now and Not Yet: Studies in the Role of the Heavenly Dimension in Paul's Thought with Special Reference to His Eschatology*, SNTSMS 43 (Cambridge: Cambridge University Press, 1981), 141.

"그(그리스도) 안에서"(3, 4, 6, 7, 9, 10, 11, 12, 13절)와 같은 전치사구를 통해 이뤄진다.[4] 여기서 바울은 에베소서 전체의 내용을 예상하는 여러 중요한 핵심 용어와 사상을 독자들에게 보여주는데,[5] 그 중에 하나가 1:9에 언급된 "비밀"이다. 이러한 맥락에서 1:9에 언급된 "비밀"의 의미를 좀 더 자세히 알아보자.

b. 엡 1:9 주해

바울은 여기서 하나님께서 "그 기쁘심을 따라" "그리스도 안에서" 그분의 뜻의 비밀을 알리셨음을 강조한다. 본문은 다음과 같다.

γνωρίσας ἡμῖν τὸ μυστήριον τοῦ θελήματος αὐτοῦ, κατὰ τὴν εὐδοκίαν αὐτοῦ ἣν προέθετο ἐν αὐτῷ.

그(하나님)가 우리에게 자기의 뜻의 비밀을 알리셨다. 그(그리스도) 안에서 미리 정하신 자기의 기쁘심을 따라.

본문에서 바울은 하늘에 속한 신령한 복(4-10절) 가운데 하나로서 하나님께서 교회에게 그분의 뜻의 비밀을 알리신 내용을 소개한다. 부정과거 분사(γνωρίσας "알리신 것"[6])가 주도하는 이 문장의 주어는 하나님이며,

---

[4] P. T. O' Brien, *The Letter to the Ephesians*, PNTC (Leicester: Apollos, 1999), 91.

[5] M. Barth, *Ephesians 1-3*, 97. 바르트는 에베소서의 서론이 에베소서 전체의 요약이라고 생각한다. *Ephesians* 1-3, 53-59에 제시된 에베소서의 구조에 대한 논의를 보라.

[6] 동사 "그노리조"(γνωρίζω, 알게 하다)는 "계시" 언어이다. R. Schnackenburg, *The Epistle to the Ephesians* (Edinburgh: T&T Clark, 1991), 57.

동사 "알리셨다"는 하나님의 계시 행위를 강조한다. 하나님께서 알리신 내용은 "그 뜻의 비밀"이다.

바울은 계속해서 그 비밀과 관련된 것을 소개한다. 그 비밀은 하나님의 기쁘심을 따른 것이고(1:5, 9b, 11), 그리스도 안에서 때가 찬 경륜을 위해 예정하신 것이며(1:9c), "하늘에 있는 것이나 땅에 있는 것이 다 그리스도 안에서 통일되게 하려는" 것이다(1:10). "비밀을 알게 하다"라는 표현 자체는 이전에 알려지지 않았고 감춰진 비밀을 드러내는 것을 표시한다. 바울은 이 비밀이 사람들의 지혜로 알 수 있는 것이 아니므로 하나님께서 "모든 지혜와 총명으로"[7] 우리에게 넘치게 하셨음을 상기시킨다(1:8). 하나님의 뜻의 비밀은 "지혜와 계시의 영"에 의해 알려진다. 여기에 언급된 영은 메시아 위에 강림하리라고 기대된 성령이다. "그의 위에 여호와의 영 곧 지혜와 총명의 영이요 모략과 재능의 영이요 지식과 여호와를 경외하는 영이 강림하시리니"(사 11:2). 이 사실은 에베소서 1:17에서도 강조된다. "우리 주 예수 그리스도의 하나님, 영광의 아버지께서 지혜와 계시의 영을 너희에게 주사 하나님을 알게 하시고." 그 지혜는 사람들에게 하나님의 뜻을 아는 지식을 갖게 한다. 이런 의미에서 하나님이 그분의 "뜻의 비밀을 알리신다"는 표현은 하나님의 자기 계시를 가리킨다.[8]

그 비밀은 하나님의 뜻(1:5, 9, 11)과 목적(1:11)과 경륜(1:11)과 기쁘심(1:5,

---

[7] 몇몇 번역 성경(NIV, REB)과 주석들은 8b절의 "모든 지혜와 총명으로"를 8a절의 "넘치게 하사"를 수식하는 것으로 이해한다(O' Brien, *Ephesians*, 107-108; Schnackenburg, *Ephesians*, 50-53; Lincoln, *Ephesians*, 17, 29; Barth, *Ephesians 1-3*, 76, 84.). 하지만 이 어구 자체는 계시에 동반되는 것으로서, 9절의 "알게 하다"를 수식하는 말로 이해하는 것이 더 낫다. RSV, NRS, NAS; E. Best, *A Critical and Exegetical Commentary on Ephesians* (Edinburgh: T&T Clark, 1998), 135; 길성남, 「에베소서 어떻게 읽을 것인가: 만물의 통일과 하나님의 새 인류」 (서울: 성서유니온선교회, 2005), 81과 각주 20; J. Muddiman, *The Epistle to the Ephesians*, BNTC (London and New York: Continuum, 2001), 72.

[8] C. F. D. Moule, *The Epistles of Paul the Apostle to the Colossians and to Philemon*, CGTC

9)과 관련이 있다.9) 본문에서 "비밀"의 의미와 성격을 규명하는 첫 번째 단어는 "그 뜻의"이다. 소유격 "그 뜻의"는 비밀의 내용을 가리키는 것('비밀의 내용인 그분의 뜻')으로 읽을 수도 있고, 비밀 자체('비밀, 즉 그분의 뜻')를 가리키는 것으로 읽을 수도 있다.10) 어느 것을 택하든 바울이 교회에 선포한 내용은 더 이상 감춰져 있지 않고 하나님에 의해 알려진 비밀이다. 그 비밀은 단순히 신비스러운 어떤 것이 아니라 하나님의 계시 영역에 속하는 "그분의 뜻"이다.

하나님께서 그분의 뜻의 비밀을 알리신 것은 "때가 찬 경륜을 위하여" 된 일이다. 여기서 바울은 지금 알려진 비밀이 때의 충만에 발생한 하나님의 최종적인 행위라는 사실을 강조한다.11) 하나님께서 사도에게 알리셔서 교회에 선포하게 하신 비밀은 하나님께서 예전에 미리 정하셨고 지금 시행되고 있는 그분의 뜻이다.

바울은 다시 이것이 "그리스도 안에서" 된 일이라고 설명한다(1:3, 4, 6, 7, 9, 10, 11, 12, 13). 이 언급으로써 바울은 하나님의 종말론적 목적이 예수 그리스도의 출현과 십자가와 부활로 말미암아 역사 안에 나타났고 실현되었음을 공포한다.12) 하나님의 비밀은 예수 그리스도 안에서 실현되고 가시화되었다. 이전에 감추어졌던 하나님의 비밀은 이제 예수 그리스도의 지상 생활과 십자가에 죽으심 그리고 부활로써 충만하게 계시되었다.13) 이

(Cambridge: Cambridge University Press, 1957), 161; Fee, *God's Empowering Presence*, 676.

9) 보크뮤엘은 이것이 라쯔보다는 소드와 관련이 있다고 생각한다. Bockmuehl, *Revelation and Mystery*, 199 n. 24.

10) Caragounis, *Ephesian Mysterion*, 93-94.

11) Caragounis, *Ephesian Mysterion*, 97.

12) Lincoln, *Ephesians*, 30; Lincoln, *Paradise*, 143; Caragounis, *Ephesian Mysterion*, 134-35.

13) G. B. Caird, *Paul's Letters from Prison*, NCB (Oxford: Oxford University Press, 1976), 37.

처럼 때의 마지막에 하나님께서 그분의 뜻 즉 인류를 향한 구원 계획을 계시한다는 사상은 유대 종말론적인 배경을 가지고 있다(단 2:18; 1QpHab 7:1-4, 13-14; 8:1-3).**14)** 바울은 그 내용이 그가 사역하는 시기에 성취되었다고 주장한다.

바울은 1:10에서 비밀의 내용을 좀 더 구체적으로 설명하면서, 비밀의 내용을 "하늘과 땅에 있는 모든 것"이 그리스도 안에서 "하나가 되는 것"(아나케팔라이오)**15)**이라고 선언한다(참조. 1:22-23). 이것은 그리스도 안에서 이루어진 하나님의 뜻 성취의 우주적인 규모와 종말론적인 규모를 제시한다.**16)** 에베소서에서 "하늘"(1:3, 10, 20; 2:6; 3:10; 6:12. 참조. 3:15; 4:10; 6:9)과 "땅"(1:10; 3:15; 4:9; 6:3)은 서로 구별되는 실체들이다. 오브라이언(O' brien)이 옳게 지적하였듯이, "만물"을 표현하려고 사용된 "하늘에 있는 것과 땅에 있는 것"은 단지 별개의 두 영역(하늘과 땅)을 가리키는 것만이 아니라 만물이 총체적으로 그리스도 안에서 집약된다는 사실을 강조한다.**17)**

만물이 그리스도 안에서 하나가 되고 그분의 발아래 복종하게 되는

---

14) A. T. Lincoln, *Ephesians*, WBC (Dallas: Word Books, 1990), 30.

15) 본문에 사용된 동사 "아나케팔라이오"(ἀνακεφαλαιόω)는 "머리(head)"와 관련된 κεφαλή가 아니라 "집약하다(sum up)" 또는 "요약하다(recapitulate, summarize)"의 뜻인 κεφαλαῖον에서 파생된 단어로 이해해야 한다. H. G. Liddell, R. Scott and H. S. Jones, *A Greek-English Lexicon* (9th ed.; Oxford: Clarendon Press, 1967), 57. 이 단어는 사도행전 22:28과 히브리서 8:1에도 등장하는데, 여기서 요약하려는 것은 만물과 관련된 종말론적 내용이다. Lincoln, *Paradise*, 143. BDAG, "ἀνακεφαλαιόω," 65; Muddiman, *Ephesians*, 76; Lincoln, *Ephesians*, 32-33; O' Brien, *Ephesians*, 111과 각주 97을 보라(참조. 행 22:28; 롬 13:9; 히 8:1). 슐리어가 이 단어에 "머리(head)"와 관련된 의미를 넣으려 한 것(H. Schlier, "κεφαλή, ἀνακεφαλαίομαι," *TDNT* III: 681-82)을 의미론적 오류라고 비평한 바(Barr)의 글을 보라. J. Barr, *The Semantics of Biblical Language* (Oxford: Oxford University, 1961, 1978), 237-38.

16) Bockmuehl, *Revelation and Mystery*, 199-200; T. Moritz, " 'Summing Up All Things,' : Religious Pluralism and Universalism in Ephesians," in *One God, One Lord*, eds. A. D. Clarke and B. W. Winter (Grand Rapids: Baker, 1992), 96.

17) O' Brien, *Ephesians*, 112.

일은 미래에 될 일이고 우주적인 전망과 관련된 일이다.[18] 그런데 바울은 유대인들과 이방인들이 그리스도 안에서 하나가 된 것에서 이전에 하나님의 뜻과 구원 경륜이 감춰졌고 알려지지 않았던 것과는 다르게 그리스도 안에서 만물이 하나가 되는 일은 이미 실현되기 시작했음을 본다(2:15, 16, 18).[19] 이방인들이 그리스도 안에서 유대인들과 하나가 된 것은 "비밀"이다. 이런 의미에서 이 비밀은 "때가 찬 경륜을 위하여 예정하신" 것의 성취이다(1:9b). 한 마디로 말해서, 에베소서 1:9에서 하나님의 "비밀"은 종말론적 차원과 우주적인 차원으로 제시되었다.[20]

2. 에베소서 3:3, 4, 9

에베소서 3장은 바울이 에베소서 1:9에서 소개한 "비밀" 즉 "그 뜻의 비밀"을 좀 더 자세하게 설명한 부분이다. 3:1-10에서 바울은 그의 사도직과 그가 사도로서 전한 메시지의 특징을 설명한다. 바울은 여기서 자신이 그리스도의 비밀을 맡은 자이며 또한 그가 에베소 교회에 전한 것은 이 비밀과 관련된 것이라고 주장한다. 그는 심지어 자기를 개인적으로 모르는 사람이라도 에베소서를 읽어보면 그리스도의 비밀을 바울 자신이 어떻게 이해했는지를 알 수 있을 것이라고 밝힌다(엡 3:4). 이 구절은 바울의 사도직

---

[18] C. E. Arnold, *Ephesians: Power and Magic* (Grand Rapids: Bakers, 1989), 126.

[19] J. Hartin, "ΑΝΑΚΕΦΑΛΑΙΩΣΑΣΘΑΙ ΤΑ ΠΑΝΤΑ ΕΝ ΤΩ ΧΡΙΣΤΩ (Eph 1:10)," in *South African Perspective on the New Testament*, eds. J. H. Petzer and J. Hartin (Leiden: E. J. Brill, 1983), 228. 이런 의미에서 "만물"은 창조와 구원 역사에서 총체성을 강조한다. Reicke, "πᾶς, ἅπας," 893; Johnson, *The Writings*, 370, 378.

[20] Caragounis, *Ephesian Mysterion*, 134-35; O' Brien, *Ephesians*, 109, 114.

과 그가 전한 복음의 특성을 규명함에 있어 로마서 16:25-26과 정확하게 같은 내용을 언급한다.[21]

a. 문맥

에베소서 3:1-13은 이방인들이 유대인들과 동등한 자격으로 교회에 들어오게 된 것을 서술한 2:11-22을 구체적으로 설명한 단락이다. 이방인이 유대인과 동등한 자격으로 교회에 들어온 것은 사실 비밀에 속하는 것이라서 아무도 알 수 없었던 사건이었다. 바울은 이방인들이 유대인과 하나가 된 비밀이 먼저 자기에게 계시로 알려져 알게 되었고(3:4), 그 내용을 교회에 전하였으며(3:6, 7), 다시 교회는 세상에 하나님의 비밀이 나타나는 증인이 되었다고 선언한다(3:10). 이 비밀은 "그리스도 예수 안에서 예정하신 뜻대로" 행하신 것이다(3:11).

하나님은 인류와 온 세상에 대해 가지신 하나님의 비밀스런 계획을 세상에 알리시는 일을 바울에게 맡기셨다. 3:2에서 바울은 그것을 하나님의 은혜의 경륜, 즉 "내게 주신 하나님의 그 은혜의 경륜"이라고 소개한다(3:2. 비교. 1:9; 3:9).[22] 바울은 이방인을 은혜로 구원하는 하나님의 구원의 활동을 사도의 직무로 맡은 것이다.[23] 바울은 이로써 그의 사도직이 하나님의 구원을 실행하는 것이라고 인식했는데, 그 내용 역시 이와 관련된 비밀

---

[21] Caragounis, *Ephesian Mysterion*, 28; Brown, *Semitic Background*, 51.

[22] M. Y. MacDonald, *Colossians and Ephesians*, Sacra Pagina (Collegeville: The Liturgical Press, 2000), 261.

[23] P. T. O'Brien, *Gospel and Mission in the Writings of Paul: An Exegetical and Theological Analysis* (Grand Rapids: Baker, 1993), 13; F. F. Bruce, *The Epistles to the Colossians, to Philemon and to the Ephesians*, NICNT (Grand Rapids: Eerdmans, 1984), 311.

이었다.[24] 여기서 바울이 그가 받은 비밀을 설명하려고 "경륜"이라는 단어를 사용한 것은 자신의 사도직을 하나님의 것을 맡은 일꾼으로 이해했음을 암시한다.[25] 바울은 교회에게 그리스도의 비밀을 전하기 위해 이 비밀을 직접 접하고 이 비밀에 대한 통찰을 받는 특권을 누린 사람이다. 그가 다메섹 도상에서 받은 메시지는 이 비밀의 내용인 "이방인을 유대인과 하나가 되게 하는 메시지였다. 그가 사도로 임명을 받았다는 말을 할 때, 특히 그가 사도직을 경륜과 관련시킬 때, 바울은 처음부터 비밀을 맡은 자란 의식이 있었고, 그의 의식의 발전이란 없었다.[26]

이 사실을 설명하는 과정에서 바울은 "비밀"이란 단어를 세 번 사용한다(3, 4, 9절). 이 세 경우는 모두 바울이 이방인의 사역을 설명하는 중에 언급되었는데,[27] 그 내용을 하나씩 살펴보자.

b. 엡 3:3, 4, 9 주해

3장에서 "비밀"이란 단어가 등장하는 본문들과 그 내용은 다음과 같다.

---

[24] Schnackenburg, *Ephesians*, 132.

[25] Kim, *The Origin*, 58-64.

[26] 오브라이언은 바울이 이방인의 사도로 임명을 받은 것에 대해 바울의 점진적인 의식을 주장하는 사람들(Dupont, Enslin, Schlier, Mussner)에 대해 세 가지 납득할 만한 증거를 들어 바울의 이방인 사도성이 다메섹 사건부터 있었다는 것을 변증한다. O'Brien, *Consumed by Passion*, 10, 22-24. 던 역시 바울이 받은 비밀은 그가 처음부터 복음이 비유대인들에게도 해당된다는 사실, 즉 그리스도 안에 있는 것을 이방인들도 유대인들과 함께 공유한다는 것을 알았다고 주장한다. J. D. G. Dunn, *The Epistles to the Colossians and to Philemon*, NIGTC (Grand Rapids: Eerdmans, 1996), 121-22.

[27] 이 단락에는 골 1:23-29과 많은 병행구가 있다. 링컨은 이것이 에베소서 저자가 골로새서를 의존했음을 암시하는 증거라고 생각한다. Lincoln, *Ephesians*, 169. 반면에, 베스트는 에베소서 저자가 골로새서를 의존한 것이 아니라 두 저자가 바울 학파의 공동자료를 의존

3 ὅτι κατὰ ἀποκάλυψιν ἐγνωρίσθη μοι τὸ μυστήριον, καθὼς προέγραψα ἐν ὀλίγῳ,
4 πρὸς ὃ δύνασθε ἀναγινώσκοντες νοῆσαι τὴν σύνεσίν μου ἐν τῷ μυστηρίῳ τοῦ Χριστοῦ,
9 καὶ φωτίσαι πάντας τίς ἡ οἰκονομία τοῦ μυστηρίου τοῦ ἀποκεκρυμμένου ἀπὸ τῶν αἰώνων ἐν τῷ θεῷ τῷ τὰ πάντα κτίσαντι.

3 내가 간단히 기록한 것처럼, 계시로 그 비밀이 내게 알려졌다.
4 너희가 그것을 읽으면 그리스도의 비밀에 대한 나의 이해를 알 수 있을 것이다.
9 영원부터 만물을 창조하신 하나님 속에 감추어졌던 비밀의 경륜이 어떠한지 모든 사람들에게 드러내게 하려 하심이라.

바울이 그의 사역을 직무와 사명을 의미하는 경륜(οἰκονομία)과 연결하여 설명한 것은 그가 자신의 사도직을 하나님의 비밀을 맡은 일꾼으로 이해했음을 의미한다(3:2. 참조. 고전 4:1, 2; 골 1:25). 3절에서 바울은 자신이 알게 된 비밀이 하나님에 의한 것임을 한층 더 강조하려고 그 비밀이 "계시에 의해" 알려진 것이라고 밝힌다.[28] 본문의 초점은 바울이 받은 비밀이 계시 사건이라는 데에 있다. 바울이 깨달은 하나님의 감춰진 목적은 인간

한 것이라고 주장한다. Best, *Ephesians*, 311. 그러나 두 입장 모두 에베소서와 골로새서의 저자가 바울이라는 사실이 밝혀지면 해결된다. 두 서신은 동일저자(바울)의 두 작품이며, 둘 사이의 의존이란 없다. 에베소서와 골로새서의 관계와 두 작품의 바울 저자권을 설명한 O'Brien, *Ephesians*, 8-21, 45-47을 보라.

28) ἐγνωρίσθη μοι는 신적 수동태로서, 하나님이 주어이며, "하나님께서 내게 알려주신"으로 번역된다.

교사에게서 배운 것이 아니다.[29] 또 구약 연구와 신학적인 원리를 앎으로써 획득한 것도 아니다. 그것은 전혀 예상치 못한 것이고 예측할 수 없는 상황에서 임하였다. 그 비밀은 오직 하나님께서 "알려주신" 것이다.[30] "계시에 의해 알게 된 비밀"은 바울이 갈라디아에서 다메섹 사건과 연관을 지으면서 그의 복음이 "오직 예수 그리스도의 계시로 말미암은 것이라"(갈 1:12)고 선언한 것에서 더욱 분명하게 언급되었다.[31] 다메섹 도상에서 바울에게 계시된 것은 구체적으로 구원의 비밀이었다.[32] 그것은 이방인 가운데 복음을 전파하는 것으로써 실현된다(갈 1:15, 16).[33] 동시에 다메섹 사건은 예수 그리스도께서 바울을 사도로 부르셔서 이방인에게 복음을 전하라고 사명을 준 소명 사건이기도 하다.[34]

바울은 4절에서 그가 깨달은 "비밀의" 내용을 구체적으로 "그리스도의 비밀"이라고 밝힌다.[35] 여기서 우리의 관심을 끄는 것은 바울이 고린도전서에서 "비밀"을 하나님과 관련하여 언급하였으며, 심지어 그 비밀을

---

[29] 케어드가 "계시"를 성령의 많은 은사들 가운데 하나로 이해하면서, "비밀"을 선지자의 영감하에 부여된 하나님의 뜻을 아는 비밀로 이해한 것까지는 좋았으나, 그것을 "구약성경에 대한 재해석"이라고 한 것은 지나쳤다. Caird, *Paul's Letters*, 63.

[30] Barth, *Ephesians 1-3*, 330; C. L. Mitton, *Ephesians*, NCBC (Grand Rapids: Eerdmans, 1973), 121; MacDonald, *Colossians and Ephesians*, 261.

[31] 갈 1:16의 "그 아들을 이방에 전하기 위하여 그를 내 속에 나타내시기를 기뻐하실 때에"라는 언급에 비추어 볼 때, "예수 그리스도의 계시"의 소유격 "예수 그리스도의"는 계시의 내용을 가리키는 목적격 소유격이다.

[32] Schnackenburg, *Ephesians*, 131; Caird, *Paul's Letters*, 63.

[33] 이런 의미에서 "예수 그리스도의"는 계시의 내용을 가리킨다. F. F. Bruce, *Commentary on Galatians*, NIGTC (Grand Rapids: Eerdmans, 1982), 89.

[34] H. D. Betz, *Galatians*, Hermeneia (Philadelphia: Fortress, 1979), 63; R. N. Longenecker, *Galatians*, WBC 41 (Dallas: Word Books, 1990), 24.

[35] "그리스도의 비밀"에서 소유격 "그리스도의"는 목적격의 소유격(Obj. Gen.)으로 사용되었다. 비밀은 "그리스도와 관련된 비밀"이다. T. K. Abbott, *The Epistles to the Ephesians and to the Colossians*, ICC (Edinburgh: T&T Clark, 1897, 1977), 80; Lincoln, *Ephesians*, 176.

"하나님의 비밀"이라고까지 말한 것(고전 2:1; 4:1)과 다르게, 그 비밀을 "그리스도의 비밀"이라고 언급하고 있다는 사실이다. 소유격 τοῦ Χριστοῦ 가 비밀과 동격을 의미하기 위해 사용되었든지[36] 아니면 대상의 소유격으로 사용되었든지 간에[37] 분명한 것은 그 비밀이 그리스도와 관련이 있다는 사실이다. 이로써 바울은 그의 설교의 내용이 기독론적이라는 것을 암시한다(참조. 롬 1:1, 2; 16:25-26). 왜 또 무엇을 근거로 바울은 비밀을 "그리스도의 비밀"이라고 명명했는가? 그 이유를 찾는 것은 그리 어렵지 않다. 바울은 하나님의 감추인 비밀이 종말론적으로 나타난 것이 "그리스도 안에서" 된 일임을 잘 알고 있었다(롬 16:25, 26; 고전 2:1, 2, 6; 엡 1:9). 그리스도 안에서 하나님의 모든 비밀은 종말론적으로 성취되었다. 그래서 바울은 하나님의 비밀이 그리스도와 동일시 될 수 있다고 생각하여 "이 비밀은 곧 ……그리스도시니"라고 선언한다(골 1:27).

"그리스도의 비밀"은 하나님께서 그리스도 안에서 나타내신 그리스도의 계시이며(참조. 갈 1:12, 15-16), 그리스도 안에서 행하신 구원이고(엡 1:3-14), 그분 안에서 유대인과 이방인을 하나가 되게 하신 일이다(엡 2:11-22; 3:6).[38] 한 마디로 말해서 "그리스도의 비밀"은 하나님께서 그리스도 안에서 행하신 종말론적인 구원 계획을 함축적으로 표현하는 어구다.[39] 바울은 이 어구로써 하나님의 비밀이 지닌 "종말론적" 특성과 "기독론적" 특성을 천명한다.

바울이 3, 4절에서 비밀의 종말론적 특성을 강조하고 있다는 사실을

---

[36] Barth, *Ephesians 1-3*, 331; Mitton, *Ephesians*, 89.

[37] Abbott, *Ephesians*, 80.

[38] Barth, *Ephesians 1-3*, 331.

[39] O' Brien, *Ephesians*, 230; 길성남, 「에베소서」, 222.

이해하려면 그가 그리스도의 비밀이 어떻게 알려졌는지를 밝힌 5절을 살펴볼 필요가 있다. 5절 내용은 다음과 같다. "이제(νυν) 그의 거룩한 사도들과 선지자들에게 성령으로 나타내신 것같이 다른 세대에서는 사람의 아들들에게 알리지 아니하셨다." 본문은 "이제"라는 부사를 중심으로 5a절과 5b절로 나뉘고, 각각은 다음과 같이 서로 대조되면서 이 시대에 나타난 "그리스도의 비밀"의 특성을 강조한다.

	시대	계시 대상	계시 여부
5a절	ἑτέραις γενεαῖς (다른 세대에서는)	τοῖς υἱοῖς τῶν ἀνθρώπων (사람의 아들들에게)	οὐκ ἐγνωρίσθη (알리지 아니하셨으니)
5b절	νῦν (이제)	τοῖς ἁγίοις ἀποστόλοις αὐτοῦ καὶ προφήταις (그의 거룩한 사도들과 선지자들에게)	ὡς ἀπεκαλύφθη ἐν πνεύματι (성령으로 나타내신 것처럼)

여기서 대조는 다음과 같이 이루어졌다. 시간적으로는 "다른 세대"와 "이제"가 대조된다. 대상과 관련해서는 "사람들의 아들들"과 "그의 거룩한 사도들과 선지자들"이 대조되며, 비밀의 알려짐(계시) 여부와 관련해서는 "알려지지 않은 것"과 "성령으로 나타난 것"이 대조된다. 이와 같은 대조는 바울의 종말론적 계시 이해의 전형적인 패턴이다.[40] 그렇다면 이러한 대조가 발생한 시점은 언제인가? "이제"이다. 여기서 "이제"는 바울이 앞에서 언급한(2-4절) 비밀의 요체인 그리스도가 나타난 때이다. 그러므

---

[40] Muddiman, *Ephesians*, 153-54; O' Brien, *Ephesians*, 231. 참조. 롬 16:25-27; 고전 2:6-10; 골 1:25-27; 딤전 3:16; 딤후 1:9-11; 딛 1:2-3. 또한 벧전 1:20.

로 "이제는"은 "그리스도 안에서" 이루어진 계시와 "종말론적" 전환을 가져온 "이제"이다.

6절은 이제 나타난 "그리스도의" 비밀의 내용을 구체적으로 언급한다. "이는 이방인들이 복음으로 말미암아 그리스도 예수 안에서 함께 상속자가 되고 함께 지체가 되고 함께 약속에 참여하는 자가 됨이라." 바울은 이 본문에서 "함께"(σύν)로 시작하는 합성동사 세 개("함께 상속자가 됨", "함께 지체가 됨", "함께 약속에 참여하는 자가 됨")를 사용하여 이방인과 유대인의 연합을 "그리스도의 비밀"의 중요한 내용으로 인식하고 있다.[41] 이것은 이방인들이 유대인과 연합하여 동일한 구원에 참여하고, 그들이 한 몸인 교회에 들어왔다는 사실을 가리키면서 동시에 "비밀"에 대해 정의를 내리는 것이기도 하다.[42] 바울은 여기서 그리스도의 비밀이 계시되고 실현되는 곳이 교회라고 이해하였다. 이방인들이 교회에 들어왔다는 것과 그들이 유대인과 더불어 구원의 완벽한 상속자가 되었다는 사실(엡 2:11-22)이 이것을 증명한다.[43] 그러므로 이제 이방인들은 유대인과 동등하게 종말론적인 유산에 참여한다.[44] 바울은 유대인과 이방인의 구별이 없이 하나가 된 "교회"를 계시가 선포되는 장(場)으로 이해할 뿐만 아니라(참조. 엡 2:11-22), 바로 그 "교회"가 계시에 의해 알게 된 비밀의 내용이라고 이해하였다.

바울은 이 비밀 내용이 다른 세대에는 알려지지 않았다고 주장한다.

---

[41] Lincoln, *Ephesians*, 180; Schnackenburg, *Ephesians*, 132; Chae, *Paul as Apostle*, 299 n. 11. 여기서 전치사 "함께"(σύν)는 이방인이 "유대인"과 함께 동일한 복에 참여한다는 사실을 강조한다.

[42] S. Grindheim, "What the OT Prophets Did Not Know: The Mystery of the Church in Eph 3,2-13," *Biblica* 84 (2003), 531.

[43] Bockmuehl, *Revelation*, 203.

[44] Grindheim, "The Mystery of the Church in Eph 3,2-13," 532.

하지만 이방인들이 구원을 받는다는 내용 자체는 전혀 새로울 것이 없고, 구약시대에 알려지지 않은 것도 아니다(창 12:3; 18:18; 사 2:2-4; 11:10; 42:6; 49:6; 66:20; 렘 3:17; 미 4:1-3; 슥 2:15; 9:9-10; 롬 4:16-17; 갈 3:22-29; 4:28). 그렇다면 문제의 핵심은 무엇일까? 그린트하임(Grindheim)은 이것은 내용의 문제가 아니라 종말론적인 성취의 문제라고 바르게 지적한다. 그린트하임은 이방인들이 신분이 변화되고 하나님께 가까이 나아가게 된 사건이 그리스도 이전과 이후의 차이인 구원사적인 상황에서 발생한 것이라고 바르게 지적한다.[45] 비밀은 그리스도 안에서 계시되었다.

9절에서 바울은 그가 언급한 내용들이 영원부터 하나님 속에 감춰졌던 비밀의 경륜이 드러난 것이라고 언급하여 3:3-6과 1:9에서 밝힌 비밀의 내용을 반복한다. 바울이 전파한 복음에 하나님 속에 감추어졌던 비밀의 경륜이 드러났다. 하나님의 비밀은 기독론적으로 그리고 종말론적으로 성취된 하나님의 경륜이다. 바울의 사명은 이 사실을 교회에 밝히는 데 있었다.

3. 에베소서 5:32

에베소서에서 "비밀"이 독특하게 사용된 곳은 5:32이다. 이곳에서 "비밀"은 그리스도인으로 서로에 대하여 어떻게 행할지를 가르치는 본문(5:15-6:20)과 좀 더 좁혀 가정규례(Household Code, 5:22-6:9)에서 아내와 남편에게 교훈하는 문맥(5:22-33)에 들어 있다. 그리스도인 간의 관계에서 요구

---

[45] Grindheim, "The Mystery of the Church in Eph 3,2-13," 533-38, 특히 536.

되는 기본적인 윤리는 그리스도를 경외함으로 피차 복종하는 것이다(5:21).

a. 문맥

바울은 남편과 아내의 관계를 설명하는 맥락(5:22-33)에서 남편과 아내가 어떻게 피차 복종할 수 있는지를 제시한다. 아내는 교회가 그리스도에게 하듯 모든 일에 남편에게 복종하는 것으로써 남편에 대한 의무를 행해야 한다(5:22-24). 반면에 남편은 그리스도께서 교회를 위하여 자신을 주신 것처럼 아내를 자기희생적으로 사랑해야 한다(5:25-28). 바울은 이에 대한 신학적인 근거로 교회가 그리스도의 몸의 지체라는 사실을 제시하고(5:29, 30), 두 사람의 밀접한 관계를 설명하려고 남자가 부모를 떠나 여자와 결혼함으로써 둘이 한 몸이 되었다는 사실을 제시한다(5:31). 여기서 바울은 아내에게 교훈하면서 그리스도와 교회가 머리와 몸의 관계에 있다는 것을 근거로 제시하며(5:23), 남편에게 교훈하면서 그리스도와 교회가 몸의 지체 관계에 있고, 둘이 한 몸이라는 사실을 근거로 제시한다.

"비밀"은 바로 이 마지막 부분을 설명하는 중에 언급되었다. "이 비밀이 크도다"(32절). 그렇다면 본문에서 "이 비밀"이 가리키는 것은 구체적으로 무엇인가? 또 "비밀"은 어떤 의미로 사용되었는가? 본문의 경우는 앞에서 언급한 바울의 "비밀" 사용과 다른가 아니면 같은가? 본문을 주해함으로써 이 질문에 답해보자.

b. 엡 5:32 주해

본문 내용은 다음과 같다.

τὸ μυστήριον τοῦτο μέγα ἐγὼ δὲ λέγω εἰς Χριστὸν καὶ εἰς τὴν ἐκκλησίαν.

이 비밀이 크도다 나는 그리스도와 교회에 대하여 말하노라.

우선 이 본문은 번역상 고려해야 할 것이 있다. 지시대명사 "이"(τοῦτο)를 "비밀"과 결합하는 것으로 이해할 것인지, 아니면 "이"를 독립적으로 이해할 것인지의 문제다. 후자로 이해하면, 이 본문은 "이것은 큰 비밀이다(This is a great mystery)"라고 번역되며,[46] 이럴 경우 이 문장은 비밀의 신비로움을 강조하는 것이 된다. 반대로 전자로 이해할 경우, 이 본문은 "이 비밀이 크도다(This mystery is great)"라고 번역되며,[47] 그럴 경우 이 문장은 남자와 여자가 하나가 되는 것(31절)이 비밀이고, 그것은 거대한 사건이라고 선언하는 것이다. 이 문장에서 바울은 남자와 여자가 하나가 되는 원리를 그리스도와 교회의 하나 됨(연합)에 적용하고 있고(32b절), 헬라어 문장 구조상 "비밀"(μυστήριον)은 "크도다"(μέγα)보다 "이"(τοῦτο)와 결합할 가능성이 많다는 것을 고려한다면, "이 비밀이 크도다"라고 읽는 것이 본문을 바르게 이해하는 것이라고 생각한다.

그렇다면, "이 비밀"이 가리키는 것은 무엇인가? 라틴어 번역 성경은 "비밀"을 사크라멘툼(sacramentum)이라고 번역하여, 본문에서 가리키는 비밀이 결혼 성례(sacrament)를 의미한다고 이해하였다. 문맥을 고려하면 "비밀"이 앞에서 언급한 남자가 부모를 떠나 그의 아내와 합하여 한 육체가

---

[46] 영어번역 성경 AV, NEB, NIV, NRS, 한글 공동번역("참으로 심오한 진리가 담겨져 있는 말씀입니다"), 현대인, 현대어("여기에는 깊은 뜻이 있습니다").

[47] 영어번역 성경 RSV, ASV, NASB, 한글 개역성경, 표준새번역 등.

되는 남녀의 결혼을 가리키는 것처럼 보인다. 하지만 비밀 선언 직후에 바울이 자기가 지금 그리스도와 교회에 대하여 이야기하고 있는 것이라고 밝힌 것을 보면(32b절), 이 비밀이 순수한 결혼 관계만을 가리키지 않는다는 것이 분명하다.[48] 본문의 "비밀"을 성경 본문의 깊은 의미로 보려는 사람들도 있다.[49] 그러나 에베소서는 물론이고 신약성경 어느 곳에서도 비밀이 이런 식으로 사용된 예가 없으므로 이 견해는 고려할 만하지 않다. 그렇다고 해서 "이 비밀"이 영적으로 그리스도와 교회의 하나 됨만을 가리킨다고 볼 수도 없다. 비록 에베소서에서 바울이 유대인과 이방인이 하나의 교회에 있고, 그들이 그리스도와 연합된 것을 강조하면서 "비밀"을 사용했고(3:1-13), 또 5장에서도 남편과 아내를 언급하는 중에 계속해서 그리스도와 교회의 관계를 설명하는 것은 사실이지만,[50] 이 단락(5:21-33)에서 우선적인 주제는 그리스도와 교회의 관계가 아니기 때문이다.[51]

이 문제를 이해하는 방식은 다른 곳에서 찾아야 할 것 같다. 바울은 이 문맥에서 남편이 아내를 사랑하는 방식이 아내를 남편과 한 몸인 것으로 생각하고 사랑하라고 권하면서(5:28-30), 결론으로 두 사람이 하나가 되었음을 근거로 제시한다. 그래서 우리는 바울이 실제로 결혼 문제를 이야기하려고 처음 남자와 여자가 한 몸이 된 창세기 2:24을 인용하고, 그것을

---

[48] 결혼을 성례로 이해하는 로마 가톨릭의 경우는 "비밀"을 결혼의 비밀로 이해한다. 그러나 이 견해를 비판한 쾨스텐버거의 글을 보라. A. J. Köstenberger, "The Mystery of Christ and the Church: Head and Body, 'One Flesh,'" *TrinJ* 12 (1991), 86-87.

[49] Caird, *Paul's Letters*, 89; F. F. Bruce, *The Epistles to the Colossians, to Philemon and to the Ephesians*, NICNT (Grand Rapids: Eerdmans, 1984), 394; Brown, *The Semitic Background*, 65-66.

[50] 그리스도는 교회의 머리이시다(엡 5:23). 교회는 그리스도에게 복종한다(5:24). 그리스도께서 교회를 사랑하신다(5:25). 그리스도께서 교회를 보양하신다(5:29). 그리고 "우리는 그(그리스도의) 몸의 지체다(5:30) 등.

[51] Köstenberger, "The Mystery," 87.

그리스도와 교회의 관계에 적용한다는 사실을 유념해야 한다(31절). 우리는 여기서 바울이 남편과 아내의 관계를 설명하면서 창세기 2:24을 인용한 것은 첫 남자 아담이 그의 아내와 한 몸을 이루는 첫 결혼의 예에서 그리스도와 교회의 관계를 설명하는 한 유형(typology)을 발견하고 거기에 근거하여 남편과 아내의 관계를 설명하고 있다는 느낌을 받는다(5:32). 본문의 전후 문맥을 잘 이해한다면, 우리는 바울이 남편과 아내가 한 몸이라는 사실을 설명하려고 그리스도와 교회의 하나 됨이라는 사실을 근거로 제시하고, 창조 기사를 언급함으로써 창조와 구속 사이의 유형론적 상관성에 주의를 환기시킨다는 사실을 알게 된다.[52] 그러므로 본문의 "비밀"은 결혼을 유형으로 사용하여 그리스도와 교회의 관계를 언급한다고 보는 것이 바르다.[53] 그래서 바르트(Barth)가 5:30-32의 논의를 창세기 2:24에 대한 주석이며, 창세기 2장의 "비밀스런 의미"를 그리스도께서 자신의 것이 되게 하려고 교회를 택하신다는 약속의 말씀이라고 설명한 것은 정당하다.[54] 그러므로 본문의 "비밀"은 창세기 2:24의 진정한 의미와 이해가 드러난 그리스도와 교회의 연합을 가리킬 개연성이 많다.[55]

남편과 아내가 한 몸이 되기를 추구해야 한다는 주제는 바울이 에베소서 4장에서 논의해온 교회 공동체 상호간의 하나 됨 주제(4:3-6, 13)의 연속이면서, 거기서 가르친 교훈을 구체적으로 적용한 예이다. 그리고 바울

---

[52] Lincoln, *Ephesians*, 382.

[53] R. C. Ortlund, *God's Unfaithful Wife: A Biblical Theology of Spiritual Adultery*, NSBT (Downers Grove: IVP, 2002), 157; F. S. Thielman, "Ephesians," in *CNTUOT*, 826, 828; O'Brien, *Ephesians*, 432.

[54] M. Barth, *Ephesians 4-6*, AB 34A (Garden City: Doubleday, 1974, 1982), 720-38, 특히 734.

[55] Best, 「에베소서」, 88.

은 그 하나 됨의 목표가 머리이신 그리스도라고 밝힌다(4:15-16). 바울 복음이 비밀을 그 내용으로 하고 남자와 여자가 결혼으로 한 몸이 되는 비밀처럼, 그리스도와 교회가 하나가 되고, 유대인과 이방인이 하나가 되는 바로 "이 비밀은 깊고 크다." 이것은 결국 "만물을 그리스도 안에서 하나가 되게 하시는 하나님의 뜻의 비밀"이 구체적으로 적용된 예이다(1:10).

4. 에베소서 6:19

a. 문맥

에베소서 6:19은 바울이 훈계를 마치면서 에베소교회에게 여러 성도를 위하여 기도하기를 부탁하는 중에(6:18), 자신을 위해서도 복음의 비밀을 담대히 전할 수 있게 기도해주기를 부탁하는 내용을 담고 있다.

b. 엡 6:19 주해

본문에서 바울이 에베소교회에게 요청하는 기도의 내용은 다음과 같다.

καὶ ὑπέρ ἐμοῦ, ἵνα μοι δοθῇ λόγος ἐν ἀνοίξει τοῦ στόματός μου, ἐν παρρησίᾳ γνωρίσαι τὸ μυστήριον τοῦ εὐαγγελίου.

또 나를 위하여 구할 것은 내게 말씀을 주사 나로 입을 열어 복음의 비
밀을 담대히 알리게 하옵소서 할 것이니.

설교자로서 바울이 가진 간절한 소망은 바로 "주께서 말씀을 주셔서 …… '복음의 비밀'을 담대히 알리는" 것이다. 바울은 지금 쇠사슬에 매인 처지에 놓여 있다(6:20). "(복음의 비밀을 전하는) 이 일을 위하여 내가 쇠사슬에 매인 사신이 된 것은 나로 이 일에 당연히 할 말을 담대히 하게 하려 하심이라." 여기서 바울은 쇠사슬에 매인 그의 처지를 비밀 맡은 자로서 맞이한 위기 상황이라고 이해할뿐더러 복음의 비밀을 전하는 일이 그가 당연히 해야 할 사도적 당위라고 밝힌다(참조. 고전 9:16). 이런 상황에서 그는 사도로서 비밀을 선포하는[56] 그의 직무를 잘 수행할 수 있도록 교회에게 기도해줄 것을 부탁한다.

그가 위기 상황에서 자유롭게 되어 전하고 싶은 비밀의 내용은 틀림없이 앞에서 언급한 만물이 그리스도 안에서 하나가 되는 하나님의 뜻의 비밀(1:9-10)과, 이방인과 유대인이 그리스도의 교회 안에서 화목하게 되는 하나님의 그 은혜의 경륜일 것이다(2, 3장). 이것은 "그리스도의 비밀"이고(3:4), 바울이 전파한 복음의 핵심이다. 바울은 그 비밀을 다른 사람들에게도 알리기(계시하기)를 소원한다. 바울은 이방인들에게 복음을 전하는 것을 그리스도 안에 나타난 계시를 이방인들에게 알리는 하나님의 계획 실현의 한 부분으로 이해했다. 그는 이 시점에서 비밀을 전파하라며 이 모든 것을 자기에게 은혜로 맡기신 하나님의 도움을 간절히 바란다.

---

56) 스밀리는 20절의 ὑπὲρ οὗ가 바울의 매임과 그가 알리려는 "복음의 비밀"과 연결된다는 사실에 주목한다. G. R. Smillie, "Ephesians 6:19-20: A Mystery for the Sake of Which the Apostle Is an Ambassador in Chains," *TrinJ* 18 (1997), 200. 또한 Mitton, *Ephesians*, 229; Schnackenburg, *Ephesians*, 283.

그것은 기도로써 가능하다. 바울에게 비밀을 계시하신 하나님의 영께서(1:17) 그와 함께 하셔서 반드시 전해야 할 비밀의 내용을 이방인 교회에 당당히 전할 수 있게 해주시는 것은 교회가 관심을 가지고 기도해야 할 내용이다.[57] 이 "복음의 비밀"이 바울의 전체 사역과 설교(의 내용)의 기초였고 그것을 전하는 것은 바울의 사도적 직무였다.

---

[57] Smillie, "Ephesians 6:19-20," 215.

Christ as the Mystery of God

제 6 장
골로새서

골로새서에서 바울은 금욕과 하늘 환상을 의존하려 하고(2:18), 옛 시대에 속한 규율에 집착한 거짓 교사들(2:8, 16-17, 20-21)의 행습을 교정하면서 복음의 기독론적인 의의와 종말론적인 의의를 제시한다. 여기서 바울은 종말론적인 계시 용어인 "비밀"을 사용하여 그리스도가 어떤 분이신지를 밝히고 그의 복음과 사역의 의의를 설명한다.

골로새서에서 "비밀"이란 단어는 골로새서의 몸말 전반부(1:24-2:5)에서 복음과 그리스도의 관계를 설명하면서 두 번 등장하고(1:26-27; 2:2-3), 몸말 후반부의 권면 부분(4:2-6)에 한 번(또는, 두 번) 등장한다(4:3, 4). 바울은 골로새서에서 "비밀"이라는 단어를 어떤 의미로 사용했는가? 바울이 그의 서신에서 밝힌 비밀의 의미가 골로새서에서도 일관되게 나타나는가?

1. 골로새서 1:26-27

골로새서에서 "비밀"이란 언급이 처음으로 등장하는 본문은 1:26-27이다. 여기서 바울은 비밀과 관련하여 세 가지 사실을 언급한다. 첫째, "비밀"은 오래 전부터 감춰졌다가 지금은 나타난 것이라는 것(26절), 둘째, 하나님께서 이 비밀의 영광의 풍성함을 이방인들인 그의 성도들에게 알리기를 원하셨다는 것(27a절), 셋째, 이 비밀은 이방인들 안에 계신 그리스도라는 것(27b절)이 바로 그것이다.

바울이 비밀과 관련하여 이 세 가지를 언급하는 이유는 어디에 있는가? 이 내용을 전후 문맥에서, 또 본문을 주해함으로써 살펴보자.

a. 문맥

골로새서 1:26-27은 골로새서 몸말의 전반부(1:24-2:5)에 속한다. 바울은 1인칭 단수("나")를 사용하여 사도로서 자신과 그의 사역 그리고 그가 전한 복음의 내용을 소개한다.[1] 이 단락에서 바울은 자신이 복음의 일꾼이 되었다는 것과 그가 교회를 위해 받는 고난(수고, 힘씀)을 기뻐한다고 언급하면서(1:23b-24) 교회에게 자신이 그들을 위해 얼마나 수고하는지 알아주기를 바란다(1:24, 29; 2:1). 바울의 수고는 복음의 일꾼과 교회의 일꾼으로서 "하나님의 경륜을 따라" 하나님의 말씀을 이루려는 것이었다(1:25).

계속해서 바울은 그가 하나님의 경륜에 따라 하나님의 말씀을 이룬

---

1) 이 단락의 직설법 동사 열여덟 개 중에서 절반 이상이 1인칭 단수다. χαίρω, ἀνταναπληρῶ, ἐγενόμην, καταγγέλλομεν(1인칭 복수), μοραστήσωμεν(1인칭 복수), κοπιῶ, θέλω, ἀγῶνα, λέγω, ἄπειμι, εἰμι.

것(1:25)을 "비밀"이라고 설명하고(1:26, 27a), 나아가서 그 비밀을 "그리스도"와 동일시한다(1:27b; 2:2). 이 단락에서 주목할 만한 사실은 바울이 하나님의 "말씀"을 묘사하면서 "비밀"(1:26, 27; 2:2); "감취다"(1:26; 2:3); "나타나다"(1:26; 2:3); "알게 하다"(1:27); "알리다"(1:28) 등 계시와 관련된 단어들과 "이해"(2:2. 참조. 1:9); "깨닫다"(2:2); "지혜"(1:28; 2:3); "알다"(2:1); "지식"(2:3) 등 지혜와 관련된 단어들을 사용하고 있다는 점이다.

바울이 이처럼 그의 사역과 복음의 내용을 설명하면서 계시 용어와 지혜 용어를 사용한 것은 골로새의 거짓 교사들과 그들의 교묘한 교훈을 의식하면서(2:4, 8-23) 자신의 사역과 복음의 성격을 규명하고 골로새 교인들에게 분명한 계시가 이미 주어졌음을 상기시키려는 데 목적이 있다(1:27-28; 2:4-7).[2] 바울은 거짓 교사들과 그들의 교훈의 실체를 자신의 사역과 메시지와 대조하면서 교회의 시선을 그가 전한 하나님의 말씀(복음과 비밀)에 집중시킨다. 바울이 2인칭 복수를 사용하여 골로새교회에게 직접 교훈하는 도중에(1:21-23a; 2:6-3:17), 1:23b-2:5에서 1인칭 단수로써 자신과 그의 사역에 초점을 맞춘 것은 이런 식의 문단 구성을 이용하여 진리의 수호자로서 수행하는 자신의 사역과 그의 메시지에 초점을 맞추려는 의도 때문이라는 것이 분명하다.[3]

사도가 하나님의 비밀을 전하는 일에 수고한 데에는 몇 가지 구체적인 목적이 있다. 첫째는 교회에 속한 각 사람이 그리스도로 말미암아 교회가 "그리스도 안에서 완전한 자"가 되고 원만한 이해의 모든 부요에 이르

---

2) Moule, *Colossians*, 88; T. O' Brien, *Colossians, Philemon*, WBC 44 (Waco: Word, 1982), 84-85, 97; J. D. G. Dunn, *The Epistles to the Colossians and to Philemon. A Commentary on the Greek Text*, NIGTC (Grand Rapids: Eerdmans, 1996), 113; Wilson, *Colossians*, 188.

3) M. Barth and H. Blanke, *Colossians*, AB 34B (New York: Doubleday, 1994), 252; P. Pokorný, *Colossians. A Commentary* (Peabody: Hendrickson, 1991 <German: 1987>), 95.

러 하나님의 비밀이신 그리스도를 깨닫기를 바라는 적극적인 목적이다(1:28; 2:2). 둘째는 골로새 교인들이 아무에게도 속임을 당하지 않기를 바라는 소극적인 목적이다(2:4). 이 두 목적은 오직 하나님의 비밀이신 그리스도가 어떤 분이신지 바르고 정확하게 이해하는 것으로써 성취된다(1:26-28). 그리스도는 오랫동안 감추었다가 이제 계시된 하나님의 구원 경륜의 실체이시다. 그분 안에는 지혜와 지식의 모든 보화가 감춰져 있다(2:3).

바울의 말씀 사역과 그가 전한 "하나님의 비밀"의 관계를 분명하게 이해하려면 이 어구를 바울이 하나님의 일꾼으로 수고했음을 천명한 1:24-25에 비추어 고찰해야 한다. 바울은 1:24에서 그가 교회를 위하여 당하는 고난을 기뻐하고 있다고 고백한다. "나는 이제 너희를 위하여 받는 괴로움을 기뻐하고 그리스도의 남은 고난을 그의 몸된 교회를 위하여 내 육체에 채우노라"(1:24. 참조. 롬 5:3; 고전 4:9-13; 고후 11:23-27; 12:10, 12; 갈 6:17). 여기서 바울은 자신이 당하고 있는 고난(들)을 "그리스도의 남은 고난을 채우는 것"과 "교회를 위하여" 당하는 고난이라고 설명한다. 이것은 바울이 여러 교회에게 고난이 기뻐할 만한 것이라고 상기시켰던 그의 독특한 고난 이해를 반영한다(롬 5:3; 8:18; 고후 1:5-7; 7:4; 살전 1:6). 고난이 바울만이 겪었던 독특한 체험은 아니지만, 적어도 바울은 그의 고난을 사도적 사역의 특징으로 간주하였다(고전 4:9-13; 고후 11:23-27; 12:12; 갈 6:17).

1:24-25에서 우리는 네 가지 질문을 제기할 수 있다. 이 질문에 대한 대답을 찾는 과정에서 우리는 바울의 다른 서신에 언급된 고난과 비교하여 몇 가지 특징을 발견할 수 있다. 첫째는 바울이 그의 고난(수고)을 어떤 의미에서 "그리스도의 고난"과 동일시했는지, 둘째는 그리스도의 "남은 고난"이란 의미가 무엇인지, 셋째는 그리스도의 남은 고난을 "채운다"는

의미가 무엇인지, 그리고 넷째는 그가 그 고난을 "교회를 위하여" 자기 육체에 채운다고 한 의미가 무엇인지이다.

첫 번째 질문인 바울이 어떤 의미에서 자기가 당하고 있는 고난을 "그리스도의 고난"과 동일시했는지부터 살펴보자. 이 문제에 대해 보쿰(Bauckham)은 바울이 그의 고난을 묵시적인 관점과 연결시켰기 때문이라고 설명한다.[4] 보쿰에 따르면, 바울이 겪고 있는 고난($\pi\alpha\theta\acute{\eta}\mu\alpha\tau\alpha$)은 그리스도 즉, 메시아가 실제로 겪으시는 고난 또는 메시아의 백성이 경험하는 고난이 아니라 이(옛) 시대의 "사망 진통(death-throe)"과 올(새) 시대의 "출산 고난(birth-pang)"이다. 특히 "그리스도의 고난"에서 그리스도의 "고난"($\tau\hat{\omega}\nu$ $\theta\lambda\acute{\iota}\psi\epsilon\omega\nu$)에 사용된 정관사($\tau\hat{\omega}\nu$)는 새 시대가 임하기 전에 마지막 때의 서막을 알리는 메시아의 출산 고난과 같은 잘 알려진 환난을 암시한다.[5] 그것은 새 시대가 임하기에 앞서 나타나는 마지막 날의 "메시아적 화(messianic woes)"이다(참조. 롬 8:18-25).

갈란드는, 바울이 골로새서 어디에서도 말세에 대해 분명하게 언급하지 않고 이 주제를 확대시키지도 않았다는 사실을 들어, 과연 골로새서의 독자들이 유대문학적인 대망을 알고 바울의 용어를 이해했는지 의문을 제기한다.[6] 그러나 이러한 갈란드의 비평은 골로새서가 유대적 배경을 가지고 있음을 비중 있게 생각하지 않은 데서 비롯되었다.[7]

---

[4] R. Bauckham, "Colossians 1:24 Again: The Apocalyptic Motif," *EvQ* 47 (1975), 168-70. 또한 O'Brien, *Colossians*, 78; M. M. Thompson, *Colossians & Philemon*. (Grand Rapids: Eerdmans, 2005), 45.

[5] 단 7:21-22, 25-27; 12:1; 막 13:20; 계 7:14; 12:13-17. D. J. Moo, *The Letters to the Colossians and to Philemon*, PNTC (Grand Rapids: Eerdmans, 2008), 151.

[6] D. E. Garland, *Colossians and Philemon*, NIVAC (Grand Rapids: Zondervan, 1998), 120.

[7] 골로새서의 유대적 배경과 관련해서는 보쿰과 오브라이언의 글 이외에 A. T. Lincoln, "The Letters to the Colossians," in *The New Interpreter's Bible*, vol. XI (Nashville: Abingdon,

유대교의 시대 이해에 따르면, 이 세상 역사는 "이 (악한) 세상"과 "올 세상"이라는 두 세상(또는 두 세대)으로 나뉘며, 옛 시대에서 새 시대로 전환되는 과정에서 하나님의 백성은 메시아적 화 즉, 환난을 겪는다.[8] 바울이 자기의 고난을 그리스도(메시아)의 고난과 연결시킨 것은 그가 바로 이 종말론적인 환난이 그리스도의 오심으로 시작되었다고 믿었음을 의미한다. 골로새의 독자들이 유대적 배경을 가지고 있다면, 그들은 바울이 그의 고난을 "이 시대"의 끝과 "올 시대"의 시작이라는 종말론적 환난의 관점에서 조망하면서 그것을 "그리스도의 환난"에 참여하는 것과 연결시키고 있다는 것을 알아차렸을 것이다.

실제로 바울은 그의 사역을 종말론적 상황과 관련하여 이해하면서 올 시대가 "지금" 시작되었다고 확신했다(고후 5:17; 6:1; 골 1:12; 3:11, 12). 그는 그리스도의 죽음에 참여하는 것이 옛 시대에서 새 시대로 넘어가는 수단이며(롬 6:3-11; 8:18-23; 고후 4:10-12; 빌 3:10. 참조. 히 2:9-10),[9] 그리스도인의 고난을 현재 진행되는 새 시대의 특징이라고 서술한다(롬 8:17, 18a). 바울의 시대 이해가 옳다면, 그는 자기가 당하는 고난을 새 시대가 도래했다는 증표이며 새 시대에 속한 하나님의 백성으로서 당하는 고난으로 믿은 것이 분명하다.[10] 바울이 겪는 괴로움(환난)은 종말론적인 고난이다.

2000), 614; N. T. Wright, *The Epistles of Paul to the Colossians and to Philemon*, TNTC (Grand Rapids: Eerdmans, 1986), 86-90; A. R. Bevere, *Sharing in the Inheritance: Identity and the Moral Life in Colossians*, JSNTSS 226 (Sheffield: Sheffield Academic, 2003), 168과 특히 골로새서의 종말론 문제를 다룬 T. D. Still, "Eschatology in Colossians: How Realized is it?" *NTS* 50 (2004): 125-38을 보라.

8) Wright, *Colossians*, 88; C. Rowland, *The Open Heaven: A Study of Apocalyptic in Judaism and Early Christianity* (London: SPCK, 1982), 156-60. 단 7:21-22, 25-27; 12:1; 막 13:20; 계 7:14; 12:13-17. 참조. 희년서 23:13, 22-31; 에스라4서 13:16-19; 바룩2서 25-30; 모세의 유언 5-10; 1QH 3:28-36.

9) 던은 특별히 갈라디아서의 "그리스도와 함께 십자가에 못 박혔다"는 표현이 현재 완료형으로 되어 있는 것에 주목한다. Dunn, *Colossians*, 115; idem, *Jesus and the Spirit*, 326-38.

바울이 고난을 겪으면서도 기뻐한 "괴로움"(τοῖς παθήμασιν)은, 정관사(τοῖς)가 암시하듯이, 바울이 실제로 경험했거나 알고 있는 고난을 가리킨다.[11] 보쿰(Bauckham)은 이 고난이 좀 더 구체적으로 사도로서 수행하는 사역과 얽혀있다고 밝힌다(고전 4:9-13; 고후 11:22-33; 12:9, 10; 13:4; 갈 6:17. 참조. 행 9:16).[12] 즉, 바울이 겪는 괴로움은 온 세상에 하나님의 말씀을 전하면서, 또 그리스도의 증인으로서 당하는 고난이다(참조. 행 9:15-16; 계 6:10-11).

이제 두 번째 질문인 바울이 언급하는 그리스도의 "남은 고난"의 의미가 무엇인지를 알아볼 차례다. 이것은 첫 번째 문제를 이해할 때 쉽게 답을 얻을 수 있는 질문이다. 교회가 현재 당하는 고난이 메시아적 화를 가리키고, 특히 바울이 겪은 고난들이 복음을 선포하는 사도적 사명과 관련되었다면, 그리스도의 남은 고난, 좀 더 정확히 말해서 고난의 "남은 분량"(ὑστερήματα)은 메시아 시대 전(全) 기간에 메시아의 백성 모두에게 해당하는 고난의 분량이라는 암시를 받는다. 여기서 소유격("그리스도의")과 결합된 "남은 분량"은 그리스도께서 담당하셔야 할 고난 중에 그분이 못 다한 속죄의 고난의 "부족함"을 의미하지 않는다는 것이 분명하다(롬 5:8, 9; 히 2:9; 5:8; 벧전 2:21). 바울이 여기서 말하고 있는 "그리스도의 남은 고난"은 메시아적 화로 소개된 고난이고, 그것은 종말론적인 성격을 지니기 때문이

---

10) Wright, *Colossians*, 88.

11) 시내사본 교정본(ℵ²)은 "나의"(μου)를 삽입하여, 그 고난을 좀 더 개인적인 것임을 강조한다. 그러나 그 고난은 단순히 바울이 겪은 사적인 어려움이 아니라 메시아적 화와 관련된 것임에 틀림없다. 윌슨은 바울이 옥에 갇혔다는 사실을 제외하고는 자기의 "고난"을 자세하게 언급한 경우가 없다고 하면서, 이 고난은 개인적인 문제가 아니라 택함 받은 자가 견뎌야 할 (특정한) 고난으로 이해해야 한다고 주장한다. W. T. Wilson, *The Hope of Glory: Education and Exhortation in the Epistle to the Colossians* (Leiden: Brill, 1997), 74-75; O' Brien, *Colossians*, 76.

12) Bauckham, "Colossians 1:24 Again," 170.

다. 그러므로 "그리스도의 남은 고난"은 그리스도의 초림과 더불어 시작하여 재림 때까지 계속될 고난을 가리키는 것으로 보아야 한다.[13] 메시아적 화는 그리스도의 재림 이전에 완성되지 않는다. 그리스도 이후 교회는 이 종말론적인 고난에 참여한다(빌 3:10; 벧전 4:13). 특히 이것은 교회가 복음을 전하면서 짊어지게 될 고난이다(참조. 막 13:7-13; 계 6:9-11). 사도로서 받은 바울의 고난도 이런 관점에서 이해된다. 바울은 그리스도에게 적용되는 여호와의 종의 고난을 자신에게 적용하였다.[14] 그래서 그 고난은 사도가 하나님의 말씀을 이루기 전까지 여전히 남은 고난으로 있을 것이다.[15] 여기에 바울이 그의 사도직을 종말론적으로 이해하고 있다는 사실이 드러난다.[16]

　　세 번째 질문은 그리스도의 남은 고난을 "채운다"는 의미가 무엇인지이다. 이 질문은 그리스도의 고난의 남은 분량과 그것을 채우는 것의 관계가 무엇인지, 그리고 바울이 어떤 방법으로 그리스도의 남은 고난을 채운다고 했는지의 문제와 관련이 있다. 이 문제를 해결할 수 있는 가장 적합한 본문은 바울이 자신의 고난을 그리스도의 고난과 직접 연결한 고린도후서 1:4-7이다.

> 우리의 모든 환난 중에서 ······ 그리스도의 고난이 우리에게 넘친 것같이 우리의 위로도 그리스도로 말미암아 넘치는도다. 우리가 환난 당하는

---

[13] Barth and Blanke, *Colossians*, 254-55, 294 n. 14; Moule, *Colossians*, 76-79; O' Brien, *Colossians*, 78-80.

[14] 롬 15:20-21(=사 52:15); 고후 6:1-2(=사 49:8); 갈 1:15-16(=사 49:1-6); 빌 2:16(=사 49:4). 참조. 행 13:47(=사 49:6); 26:16-18(=사 42:7). Bruce, *Colossians*, 82-83.

[15] Pokorý, *Colossians*, 99-100.

[16] Dunn, *Colossians*, 116; idem, *Jesus and the Spirit*, 111-13.

것도 너희가 위로와 구원을 받게 하려는 것이요 우리가 위로를 받는 것도 너희가 위로를 받게 하려는 것이니, 이 위로가 너희 속에 역사하여 우리가 받는 것 같은 고난을 너희도 견디게 하느니라. ……너희가 고난에 참여하는 자가 된 것같이 위로에도 그러할 줄을 앎이라.

이 본문에서 바울은 자기가 고난(환난)을 당하는 것을 교회를 "위한" 것이라고 밝히면서 고난을 하나님께서 자기에게 맡기신 사명으로 이해한다. 바울의 고난은 교회에게 말씀을 전하여 그들을 위로하고 그들로 하여금 구원을 얻게 하는 수단이다(고후 1:6). 이 사실은 바울이 골로새서에서 고난을 채우는 것을 "말씀을 채우는 것"과 연결한(1:25) 것에서 더욱 풍성하게 제시된다. 말씀을 "채우는(이루는)" 것은 복음을 "천하 만민에게" 전파하는 것이며(1:23), "하나님의 경륜을 따른" 것이고(1:25), 하나님의 비밀을 "이방인들"에게 풍성히 나타나게 하는 것이다(1:26, 27). 그러므로 그리스도의 남은 고난을 채우는 것은 사도적 선포로써 하나님의 말씀을 이방인들에게까지 전하는 것을 의미한다. 그가 당하는 고난에는 옥에 갇힌 것(4:3)뿐만 아니라 하나님의 비밀을 이루기 위하여 만났던 총체적인 사도적 고난(1:25-27, 29; 2:1-3)이 포함된다.[17]

이런 의미에서 바울이 남은 고난을 채운다고 한 것을 바울이 "그리스도의 환난"을 자신의 고난의 모델(또는 패턴)로 삼은 것이라고 설명하는 페리만은 이 문제를 정확하게 이해하지 못하였다고 판단된다.[18] 페리만

---

[17] Cahill, "The Neglected Parallelism," 145.

[18] A. Perriman, "The Pattern of Christ's Sufferings: Colossians 1:24 and Philippians 3:10-11," *TynB* 42 (1991), 67-68, 78, 79. 참조. L. Trudinger, "A Further Brief Note on Colossians 1:24," *EQ* 45 (1973): 36-38.

(Perriman)에 따르면, 바울은 그리스도께서 고난당하신 만큼 자신이 아직 고난을 당하지 않은 것으로 이해하고, 그리스도의 환난이 죽음으로 절정에 달했듯이 바울도 이러한 그리스도의 고난을 본받아 교회를 위하여 죽기까지 고난을 받을 것이라고 생각하면서 "그리스도의 남은 고난을 채운다"고 말했다는 것이다.

카힐(Cahill)은 1:24의 "남은 분량을 채운다($ἀνταναπλερῶ$)"와 1:25의 "하나님의 말씀을 이룬다($πλήροσι$)"가 서로 병행 관계를 형성하여 말씀을 이루는 것과 고난을 채우는 것 사이의 상관관계가 강조되고 있다는 점을 주목한다.[19] 카힐의 통찰이 옳다면, 바울이 교회에게 일꾼으로서 하나님의 말씀을 채우는 것은 그에게 맡겨진 종말론적 고난의 남은 부분을 채우는 것을 의미한다. 이것은 특히 바울이 그리스도의 남은 고난을 그의 육체에 "채운다"고 한 것과 관련이 있다. 무는 "채운다"($ἀντί$ + $ἀνά$ + $πληρῶ$)가 "부족한 것에 대한 반응"을 지시한다고 지적한다.[20]

이것은 자연히 앞에서 제기한 네 번째 질문과 연결된다. 즉, 말씀의 일꾼으로서 말씀을 이루려고 당하는 바울의 고난은 바울 개인을 위한 것이 아니라 "교회를 위하여" 당하는 고난이라는 사실이다. 그런데 "교회를 위하여"라는 어구는 좀 더 정확히 말해서 바울의 고난이 교회를 "대신해서" 당하는 고난을 의미하는 것이 아니라 교회의 "유익을 위하여" 당하는

---

[19] 카힐은 $ἀνταναπληρῶ$와 $ἀναπληρῶ$가 같은 어원($πληρῶ$)으로 구성되었음에 주목한다. $ἀναπληρῶ$는 문자적으로 "꼭대기까지 채우다"라는 뜻을 지닌 그림언어로서 "완벽하게 성취하다"는 의미다. $ἀνταναπληρῶ$에서 $ἀντανα$-는 $ἀντί$와 $ἀνά$-로 이루어진 이중 접두어이며, 이것은 $πληρόω$의 의미인 "채운다"는 사실("완벽하게 채운다")을 더욱 강조한다. M. Cahill, "The Neglected Parallelism on Colossians 1,24-25," *ETL* 68 (1992), 146. 또한 Barth and Blanke, *Colossians*, 255-56; Wright, *Colossians*, 90; O' Brien, *Colossians*, 82.

[20] Moo, *Colossians*, 150-51.

고난을 의미한다.[21] 바울이 말씀 선포를 남은 고난을 채우는 것으로 표현했다고 해서 그가 겪은 고난에 구원론적인 의미가 있는 것은 아니지만, 그리스도께서 땅에 계실 때 사명을 수행하면서 고난을 당하셨듯이 바울도 그의 고난을 그리스도의 고난과 연결하여 그리스도의 사도로서 고난을 당하고 있다고 이해했음이 분명하다. 그 고난은 하나님의 비밀의 종말론적인 계시를 선포하는 그의 "직분"을 수행할 때 필연적으로 따라오는 고난이다(1:25-27, 29; 2:1-3).

바울은 24절에서 전치사 "위하여"($ὑπέρ$)를 두 번('너희를 위하여," "그의 몸 된 교회를 위하여") 사용하여 이 사실을 강조한다. 그리스도께서 그의 몸 된 교회를 위하여 고난을 당하셨듯이, 바울도 자신의 고난을 그리스도의 몸인 교회를 위한 수고라고 이해하였다. 그 고난은 그리스도의 복음을 위하여 수고하는 사도의 사역과 직결된다(1:24. 참조. 고후 1:6; 엡 3:13; 딤후 2:10).[22] 바울이 교회를 위하여 고난을 당한다는 사실은 다메섹 사건에서 그리스도와 바울이 나눈 대화에서도 확인된다(행 9:4, 5; 22:7; 26:14, 15). 특히 바울이 교회를 위하여 당하는 자신의 고난을 "그리스도의 몸"을 위한 고난이라고 부연 설명한 것은 골로새서에서 교회를 머리이신 그리스도의 몸과 연결시킨 것과 관련이 있다(참조. 2:19).[23] 라이트(Wright)는 이 내용을 좀 더 구체적

---

[21] Barth and Blanke, *Colossians*, 253.

[22] Wilson, *Colossians*, 171. 이것은 "위하여"가 사용된 2:1과 비교해 보아도 알 수 있다. 로이만은 골 1:24을 1:29-2:1에 언급된 바울의 고난 묘사와 거기서 강조된 $ἀγών$주제와 연결하여 이해하면서, 바울이 "경륜"으로서 그의 사역에 "교회를 위한" 고난이 포함된다는 사실을 강조하고 있다고 생각한다. J. Reumann, "Colossians 1:24 ('What is Lacking in the Afflictions of Christ'): History of Exegesis and Ecumenical Advance," *Currents in Theology and Mission* 17 (1990), 461.

[23] Dunn, *Colossians*, 117; Lincoln, "Colossians," 614; R. Yates, "A Note on Colossians 1:24," *EQ* 42 (1970), 91-92.

으로 설명하면서 그리스도에게 해당하는 것이 교회에도 해당하는 "공동체적 기독론(corporate Christology)"을 반영한 것이라고 밝힌다.[24] 바울의 고난은 교회를 위한 그의 말씀 사역에 수반되는 종말론적 고난이다(2:1, 2). 이것으로써 바울은 골로새교회로 하여금 그가 수고한 "복음 진리의 말씀"(1:5)에 주의를 환기시킨다.

바울은 25절에서 자기가 교회를 위하여 당하는 고난을 구체적으로 사도적 사명 수행과 연결한다. 바울은 여기서 자신을 교회의 "일꾼"으로 소개하면서 그의 과제가 하나님의 청지기로서 맡은 과제라고 밝힌다(참조. 고전 4:1).[25] 1:25은 다음과 같다. "나는, 하나님이 너희를 위하여 그분의 말씀을 이루라고 내게 주신, 하나님의 경륜에 따라 일꾼이 되었다"(사역).[26] 본문에서 가르치는 사상은 세 가지다. 첫째는 바울이 교회의 일꾼 된 것은 하나님께서 그에게 주신 그분의 "경륜을 따른 것"이라는 것, 둘째는 그가 "하나님의 말씀을 이루기 위하여(직역하면, 성취하기 위하여)" 일꾼이 되었다는 것, 그리고 셋째는 자신이 "교회를 위한" 일꾼이 되었다는 것 등이다. 이것을 하나씩 살펴보자.

첫째로, 바울은 하나님의 말씀을 전하는 그의 직분을 하나님의 "경륜을 따른 것"이라고 설명한다. 여기서 문제 해결은 "경륜"을 어떻게 이해

---

[24] Wright, *Colossians*, 87.

[25] 바울이 자신을 하나님의 일꾼인 것과 하나님의 비밀을 맡은 청지기로 소개하는 고린도전서 4:1(참조. 고전 9:17)이 대표적이다. 청지기가 항상 노예나 종을 지칭하지는 않지만 이 단어가 고린도전서 4:1에서 일꾼과 결합되었고, 바울이 고린도전서 3:5에서 자신을 노동자(일꾼, 사역자)로 묘사하는 것으로 보아, 바울은 이 단어들로써 자신을 하나님에 대해 "노예인 청지기"(slave steward)로 이해했음을 알 수 있다. Pogoloff, *Logos and Sophia*, 216.

[26] 헬라어 본문을 한글 개역개정성경은 "내가 교회의 일꾼 된 것은 하나님이 너희를 위하여 내게 주신 직분을 따라 하나님의 말씀을 이루려 함이니라"라고 구문을 모호하게 옮겼다.

하느냐에 달려있다. "경륜"을 하나님의 구원 계획에 한정하여 이해하려는 사람도 있고(엡 1:10),[27] 바울의 사도직에 한정하여 이해하는 사람들도 있지만,[28] 로이만(Reumann)이 통찰력 있게 분석한 것처럼, 사실 이 두 개념은 밀접한 관계가 있어서, 바울이 하나님의 계획 또는 구원 경영을 의미하는 이 단어를 부차적으로 자신의 사도직의 특성을 표현하려고 사용하고 있다고 보는 것이 적절하다.[29] 바울의 사도직은 그를 일꾼 삼으신 분의 계획과 구원 경영을 알리는 것이다.

둘째로, 하나님의 구원 경륜(계획)은 구체적으로 "하나님의 말씀을 이루는" 것이다. "내게 주신"[30]이라는 어구는 바울의 사도직이 하나님에게 받은 것임을 강조한다. "하나님의 말씀"은 26절에서 하나님의 구원 경륜을 요약하는 용어인 "비밀"로써 설명된다(엡 1:9; 3:5, 9-10). 하나님의 목적은 이방인들이 이스라엘과 함께 상속자가 되는 것이다. 바울은 여기서 이방인이 있는 곳은 어디든지 복음을 전하여 하나님의 말씀을 이루었다. 하나님의 말씀은 설교(선포)를 통하여 알려질 때에야 비로소 그 목적이 이루어진다. 골로새서의 상황에서 바울은 하나님의 말씀이 이루어지는 것을 단지 지리적인 확장만이 아니라(비교. 롬 15:19), 이방인들이 복음을 듣고 열매

---

[27] O' Brien, *Colossians*, 81-82.

[28] O. Michel, "οἰκονομία," *TDNT*, V: 152; E. Lohse, *A Commentary on the Epistle to the Colossians and Philemon*, Hermeneia (Philadelphia: Fortress, 1971), 72-73

[29] J. Reumann, "OIKONOMIA=' Covenant' : Terms for Heilsgeschichte in Early Christian Usage," *NovT* 3 (1959), 284, 288; idem, "OIKONOMIA-Terms in Paul in Comparison with Lucan Heilsgeschichte," *NTS* 13 (1966-67), 157; idem, " 'Stewards of God' - Pre-Christian Religious Application of OIKONOMOS in Greek," *JBL* 77 (1958), 342-49. 또한 T. J. Sappington, *Revelation and Redemption at Colossae*, JSNTSS 53 (Sheffield: JSOT, 1991), 183-84.

[30] "주신" (δοθεῖσαν)은 신적 수동태로서 "하나님께서 나에게 주신"이라고 번역된다. Reumann, "OIKONOMIA-Terms," 162-63.

를 맺어 자라는 것으로 생각했을 것이다(골 1:5, 6; 2:19).³¹⁾ 이와 동시에 바울은 25절에서 복음 전파 사역을 마쳤다고 하지 않고 지금 이 사역을 수행하고 있다고 주장한다. 그는 이 내용을 소개하면서 "나는 이제"로 시작하고(24절), 이 비밀이 감추어졌던 것이었지만 이제 나타났다고 선언한다(26절). 그렇다면, 하나님의 말씀을 이루는 바울의 직분은 하나님의 종말론적인 행위에 속하는 것이다.³²⁾

셋째로, 바울이 하나님에게서 사도직을 받아 하나님의 구원 경륜을 실행하는 일꾼으로 부름 받은 것은 "너희," 즉 교회를 위한 사역이다. 그는 앞(24절)에서 그의 고난을 그리스도의 몸인 교회를 위하여 당하는 고난이라고 밝혔다. 바울이 골로새교회를 위하여 행한 말씀 선포와 권함과 가르침은 전 포괄적인 수고를 동반하는 힘씀(1:29; 2:1)이었다. 특히 "힘쓴다"는 표현은 경기 이미지에서 온 것으로 바울의 힘씀은 단순히 내적인 갈등이나 노동이 아니라 교회를 "위하여" 어떤 목적을 이루기 위한 적극적인 사역임을 암시한다.³³⁾ 바울은 "각 사람을 그리스도 안에서 완전한 자로 세우기 위하여" 힘쓴다(28절). 라이트푸트(Lightfoot)는 수고와 힘씀을 교회의 사역자들 일반에게 적용하려 하지만,³⁴⁾ 오히려 이 표현들은 바울이 자신의 이방인의 사도직("하나님이 너희를 위하여")을 이해한 독특한 방법으로 해석하는 것이 바르다.³⁵⁾

---

31) Moo, *Colossians*, 155.

32) J. L. Sumney, *Colossians*, NTL (Louisville: Westminster John Knox Press, 2008), 103.

33) V. C. Pfitzner, *Paul and the Agon Motif: Traditional Athletic Imagery in the Pauline Literature* (Leiden: Brill, 1967), 109-112, 175-77.

34) J. B. Lightfoot, *Saint Paul's Epistles to the Colossians and the Philemon* (London: Macmillan, 1878; 재판: Grand Rapids: Zondervan, 1959), 167.

35) Lohse, *Colossians*, 72; R. Martin, *Colossians and Philemon*, NCBC (Grand Rapids:

바울은 사도직 일반이 "경륜"과 관련이 있다는 것을 설명하려는 데 관심이 있지 않다. 오히려 그는 이방인의 사도로서 자신이 가지고 있는 유일하고 고유한 사도적 사명과 직책을 교회에 알리려는 데 목적이 있다.[36] "하나님의 말씀을 이루는 것"은 사도가 이방인을 하나님의 백성 안에 들어오게 하는 일을 마칠 때 따라오는 하나님의 목적이 최종적인 절정에 이르는 것이다(참조. 롬 11:13-15, 25-32; 15:19; 딤후 4:17). 이런 의미에서 바울의 사역은 하나님의 구원 목적이 그리스도로 말미암아 우주적인 범위에서 이루어진 종말론적인 현상이다(롬 16:25-26; 엡 3:4, 6-7).[37] 이 사실은 하나님의 비밀을 이해하는 중요한 단서가 된다. 바울의 비밀 이해는 그리스도와 결부되었다. 바울은 26절에서 그가 이룬 하나님의 말씀을 구체적으로 "비밀"이라고 표현하며, 27절에서는 다시 그 비밀을 "너희(이방인 신자들) 안에 계신 그리스도"라고 밝히기 때문이다.

이제 사도의 설교를 통해 나타난 "비밀"이 무엇인지, 그 비밀과 동일시되는 "그리스도"의 특징이 어떤 것인지, 그리고 왜 바울이 그리스도를 비밀과 연결시키는지를 살펴보자.

b. 골 1:26-27 주해

본문은 다음과 같다.

Eerdmans, 1973), 71.

[36] O' Brien, *Colossians*, 81.

[37] Dunn, *Colossians*, 119.

τὸ μυστήριον τὸ ἀπὸ τῶν αἰώνων καὶ ἀπὸ τῶν γενεῶν νῦν δὲ ἐφανερώθη τοῖς αὐτοῦ, οἷς ἠθέλησεν ὁ θεὸς γνωρίσαι τί τὸ πλοῦτος τῆς δόξης τοῦ μυστηρίου τούτου ἐν τοῖς ἔθνεσιν, ὅ ἐστιν Χριστὸς ἐν ὑμῖν, ἡ ἐλπὶς τῆς δόξης·

영원부터 또 여러 세대로부터 감취었던 비밀이 이제 그의 성도들에게 나타났다. 하나님께서는 이 비밀의 영광이 이방인 가운데서 얼마나 풍성하게 나타났는지 그들(성도들)에게 알리기를 원하셨다. 그 비밀은 (바로) 너희 안에 계신 그리스도, 곧 영광의 소망이시다.

바울은 26-27절에서 그가 받은 하나님의 말씀을 구체적으로 "비밀"이라고 명명한다. 여기서 "비밀"은 25절에 언급된 "하나님의 말씀"과 설명적 위치에 있다.[38] 그래서 25절을 26절과 연결하여 읽으면 다음과 같다. "내가 일꾼 된 것은 ……하나님의 말씀 즉, 그 비밀을 이루려함이다"라고. "비밀"은 "하나님의 말씀"과 마찬가지로 바울이 "이루어야 할" 내용이다.

본문에서 그 "비밀"은 앎과 관련하여 "감춤과 나타남"이, 시간과 관련하여 "이전과 지금"이 대조되며, 대상과 관련하여 "그의 (모든) 성도들에게" 계시되었고, 그 비밀이 성도들 안에 계신 그리스도와 동일시된다는 점이 강조되고 있다. 이 내용을 차례로 살펴보자.

a) 이제 "나타난" 비밀

첫째, 바울은 "비밀"을 이전에 감춰졌던 것인데, 이제 성도들에게

---

[38] M. J. Harris, *Colossians & Philemon: Exegetical Guide to the Greek New Testament* (Grand Rapids: Eerdmans, 1991), 68; Turner, *Syntax*, 206.

"나타난(계시된)" 것으로 소개한다. 여기서 바울이 "비밀"의 특징을 설명하면서 대조하고 있는 용어들에 주의를 기울일 필요가 있다. 바울은 비밀을 설명하면서 맨 먼저 전형적인 계시 구도를 가리키는 "감취었다"와 "나타났다"를 사용한다(26절). 이것은 바울이 복음, 즉 하나님의 말씀을 비밀과 동일시한 이유에 대한 설명이 된다. 하나님의 말씀은 하나님께서 사도의 설교를 통하여 계시하기를 기뻐하시는 때가 오기 전까지는 감취졌다는 의미에서 "비밀"이다.[39] 그런데 "이제" 바울의 메시지를 듣고 믿음으로 그 메시지를 받아들인 성도들에게 그 비밀은 계시되었다. 바울이 복음을 선포하고 복음을 가르친 곳에서 비밀의 계시가 발생했다. 바울은 계시를 전달하는 사람으로서 교회를 위하여 수고한 것이다.[40]

바울이 본문에서 그 비밀을 계시 사건으로 제시한 것과 비밀과 관련하여 감춤과 나타남을 사용한 것은 그가 다른 서신(롬 16:25-26; 엡 3:3-10)에서 사용한 패턴("전에 감취었다가 이제 계시되었다")을 반영한다.[41] 특히 수동태 동사 "나타났다"는 그 비밀이 저절로 알려진 것이 아니라 하나님께서 "계시

---

[39] J. Coppens, "'Mystery' in the Theology of Saint Paul and Its Parallels at Qumran," in *Paul and Qumran: Studies in New Testament Exegesis*, ed. J. Murphy-O' Connor (London: Geffery Chapman, 1968), 132-58; Lohse, *Colossians*, 74; Brown, *The Semitic Background*, 52-56; E. Schweizer, *Der Brief an die Kolosser*, EKKNT (Zürich: Benziger Verlag, 1976).「골로사이서」, 국제성서주석 42 (서울: 한국신학연구소, 1983), 122.

[40] O' Brien, *Colossians*, 84-85; Kim, *The Origin*, 82; I. K. Smith, *Heavenly Perspective: A Study of the Apostle Paul's Response to a Jewish Mystical Movement at Colossae* (New York: T & T Clark International, 2006), 189.

[41] 이 이외에 바울서신에 사용된 계시의 도식은 다음과 같다. "영원 전부터(롬, 엡, 딤후, 딛) 감취었거나(롬), 숨겨진(엡, 골) 비밀이(롬, 딤전, 엡), 그러나 지금은(롬, 엡, 딤후), 하나님의 명령에 따라(롬, 딛, 딤후, 엡) 이방인들에게(롬, 엡, 딤전) 알려졌고(롬, 엡, 딤전, 딤후, 딛), 또 알려지게 되었다(롬, 엡)." 슈바이처는 이러한 계시의 도식에 바울 "복음"이 언급되며(롬, 엡, 딤후) 바울의 사도직이 강조된다고 주장한다. Schweizer,「골로사이서」, 121-22.

하셨기" 때문에 나타난 것임을 암시한다.[42] 여기서 계시 행위의 주체와 비밀의 계시는 절대적으로 하나님의 뜻에 달려 있다는 사실이 강조된다. 바울은 그의 다른 서신들에서도 계시된 비밀을 강조하려고 본문에 사용된 동사 "나타나다"(롬 16:26; 1:26), "계시하다"(고전 2:10; 엡 3:5), "알게 하다"(롬 16:26; 엡 1:9; 3:3, 5; 1:27)와 명사 "계시"를 사용한다(롬 16:25; 엡 3:3). 특히 에베소서 3:3의 "계시를 내게 비밀로 알게 하셨다"라는 언급에서도 "계시"와 "비밀"이 함께 등장한다.[43] 바울이 이처럼 비밀을 계시 용어로써 설명한 것은 그의 복음이 사람의 뜻을 따른 것이 아니라 자기 아들을 나타내 보이신 하나님의 계시로 말미암았다는 인식에 근거한다(갈 1:11-12, 16).

비밀이 "나타났다"는 표현은 27절에서 "하나님께서 ……이 비밀의 영광이 ……풍성한 것을 알게 하셨다"는 말로써 부연 설명되었다. "비밀의 영광이 풍성함"은 소유격 "비밀의"가 부유한 내용임을 밝히는 설명적 소유격("비밀인 부요함")으로 사용되었다.[44] 구약성경에서 "영광"은 하나님의 부유하심과 함께 등장하기도 하고(창 31:16; 왕상 3:13; 대상 29:28; 에 1:4; 10:2; 시 111:3; 잠 3:16; 8:18; 22:4), 하나님의 능력과 연결되기도 한다(시 61:2; 사 2:10, 19, 21). 성경 저자들은 물리적인 빛을 동반하지 않는 경우라도 하나님의 나타남을 표현하려고 "영광"이란 단어를 사용하는데(요 1:14), 특히 바울은 "그리스도 안에 있는 하나님의 계시"를 언급하면서 "영광"을 사용한다(고후 4:4, 6). "어두운 데에 빛이 비치라 말씀하셨던 그 하나님께서 예수 그리

---

[42] 여기서 헬라어 "$\dot{\epsilon}\phi\alpha\nu\epsilon\rho\dot{\omega}\theta\eta$"는 신적 수동태(passivus divinus)이다. 하나님은 계시 행위의 주체자이시며, 계시의 내용은 그리스도 사건이다. 과거에 감춰졌던 비밀이 "이제" 계시된 것은 전적으로 하나님의 기쁘신 뜻에 의한 것이다. Barth and Blanke, *Colossians*, 297.

[43] 구약성경의 경우에는 단 2:19, 22, 28, 30, 47이 비슷한 경우다. Bornkamm, "$\mu\upsilon\sigma\tau\dot{\eta}\rho\iota\sigma\nu$," 815-16.

[44] Moo, *Colossians*, 157.

스도의 얼굴에 있는 하나님의 영광을 아는 빛을 우리 마음에 비추셨느니라"(고후 4:6). 김세윤은 "영광"이 선지서를 비롯하여 묵시문학과 랍비문헌에서 종말론적 대망의 중요한 부분을 차지했음을 추적하면서 바울이 그리스도의 영광을 보았다고 한 것은 자기가 종말론적 계시를 경험했음을 선언하는 것이라고 정확하게 언급한다.[45]

그래서 바울이 비밀과 관련하여 "비밀의 영광이 ……풍성한 것"을 알게 하셨다고 언급한 것은 틀림없이 하나님의 계시가 예수 그리스도로 말미암아 종말론적으로 주어졌고 그럼으로써 하나님의 비밀이 충만히 밝혀졌다는 의미에서 그렇게 말했을 가능성이 많다.[46] 이런 의미에서 "영광의 풍성함"은 이방인들이 바울의 복음 사역으로 말미암아 하나님의 구원 계획에 들어와 경험하게 된 계시된 비밀의 가치를 묘사하는 말로 이해된다. 그리스도는 하나님의 비밀이 나타나는 중심에 자리를 차지한다. 하지만 비밀 계시의 그리스도 중심성은 그리스도의 초림 사건에만 근거하지는 않는다. 비밀의 그리스도 중심성은 종말론적 절정에 있는 것이라는 의미에서도 그러하다. 비밀의 그리스도 중심성은 그리스도의 재림과도 관련이 있는데, 바울은 "영광의 풍성함"과 "영광의 소망이신" 그리스도라는 말로써 이 사실을 강조한다.

신자들이 그리스도께서 가져오신 영광의 충만함에 참여하고 있다는 것은 그들이 그리스도 "안에" 있고(1:2, 4, 14; 2:10, 11), 그리스도와 연합되었으며(2:11-13; 3:4), 그분이 이룩하신 구원에 참여하고 있다는 사실로써 증명된다(1:12-14, 22). 신자들은 현재 그리스도와 연합되었다. 그 연합은 미래에

---

[45] Kim, *The Origin*, 80.

[46] Lightfoot, *Colossians*, 169; Kim, *The Origin*, 80, 100.

그리스도께서 영광 중에 다시 오실 때 신자들이 그리스도와 연합하게 될 것을 대망하는 기초가 된다(3:1-4).[47] 신자들이 "영광의 소망"을 확신할 수 있는 것은 지금 그리스도께서 성도들에게 그 소망의 실체가 되시기 때문이다. 윌슨(Wilson)이 본문에서 신자들의 소망에 "영광"이 사용된 것은 하나님의 비밀이신 그리스도께서 하나님 자신의 영광스러움에 참여하고 있다는 증거라고 주장한 것은 정당하다.[48]

b) "이제" 나타난 비밀

둘째, 바울은 이 본문(1:26)에서 시간과 관련하여 이전에 감춰졌던 비밀이 "그러나 이제는" 계시되었다는 사실을 강조한다. 여기서 바울의 "비밀" 사용은 "감춤"과 "나타남"의 구조를 지닌 다니엘서(단 2장)와 유대묵시 문학(에녹서 63:3; 제2에스라서 14:26)과 쿰란문헌(1QpHab 7)의 비밀 이해가 반영된 것이다.[49] "감춤"이 발생한 것은 "만세와 만대"에 된 일이다. 반면에, "나타남"이 발생한 것은 "이제"이다. "만세와 만대"에서 시간을 나타내는 "만세"($αἰών$ 히브리어로 "올람", עולם)와 시간의 범위와 세대를 나타내는 "만대"($γενεά$, 히브리어로 "도르", דור)는 모두 비밀이 감춰졌던 이전 시대의 기간 전체를 가리킨다.[50]

---

[47] Sappington, *Revelation and Redemption*, 186; V. Furnish, *Theology and Ethics in Paul* (Nashville: Abingdon, 1968), 126-27.

[48] Wilson, *The Hope of Glory*, 69.

[49] 골로새서에 사용된 단어 "비밀"의 의미가 유대교의 "비밀" 이해와 가깝고 헬라적 사상과 거리가 멀다는 사실을 상기시키는 Moule, *Colossians*, 80-81; O' Brien, *Colossians*, 83-4; Lohse, *Colossians*, 74 n. 44; R. R. Melick, *Philippians, Colossians, Philemon*, NAC (Nashville: Broadman, 1991), 241 n. 148을 보라.

[50] Barth and Blanke, *Colossians*, 262; MacDonald, *Colossians and Ephesians*, 81. 마 13:35; 25:34; 행 3:21; 15:18; 롬 16:25; 고전 2:7에서도 골로새서와 같은 용례를 찾을 수 있다. REB 에는 이 구절이 "오랜 시대 동안 그리고 여러 세대들을 통하여(for long ages and through

"만세"와 "만대"가 각각 다른 것을 지칭한다고 생각하면서 이 어구를 시간적인 의미로 이해하지 않고 ("에게 감추어졌고"처럼) 비밀이 감춰진 대상을 의미한다고 이해하는 사람들도 있다. 캘로우(Callow)는 "만세"는 시간을, "만대"는 사람들(세대, generations)을 가리켜, 26a절의 ①"감춰진" ②"만세로부터" ③"그리고 만대로부터"는 26b절의 ②"그러나 이제는" ①"나타났다" ③"그의 성도들에게"와 정확히 대조된다고 이해한다.[51] 그래서 캘로우는 바울이 26절에서 ①사건과 관련하여 감춤과 계시를 대조하고, ②시간과 관련하여 영원 전(여러 시대들)과 지금을 대조하며, ③대상과 관련하여 이전의 세대들과 그의 성도들을 대조한다고 생각한다.

　　그러나 골로새서 본문에서는 과거에 감춰졌고 지금 계시된 계시의 대상을 대조하기보다는 과거에 "감춰졌던" 비밀이 "이제는" 성도들(이방인 신자들)에게 "계시되었다"는 시간적인 대조를 더 강조하고 있다.[52] 비밀은 종말이 올 때에야 비로소 계시될 것인데(단 2:28), 이제 종말의 순간이 왔다. 이런 이유로 바울은 시간을 나타내는 부사인 "이제는"을 사용한다. "만대"는 "시대(age)" 또는 "세대(generation)"의 의미인 히브리어 도르(דור)를 번역한 것이며, 헬라어 사용례에서도 이 단어의 첫 번째 의미는 시간적인 것("후대, descent," 또는 "세대, generation"), 특히 "시간의 범위"를 표시한다.[53] 바울은 계시가 감춰진 이전 세대를 표시하려고 "만세"를 사용하고, 이 사실

---

many generations)"라고 각각의 단어의 의미를 살펴 번역되었다.

[51] J. Callow, *A Semantic Structure Analysis of Colossians* (Dallas: SIL, 1983), 102. 또는 "만세와 만대"를 "하늘에 있는 것들의 이름"으로 이해하거나(Dibelius, Lohmeyer, Scott), "천사들과 사람들"로(Hanson), 또는 "이전 세대와 시대에 속한 사람들"로 이해하는 사람들도 있다. 참조. MacDonald, *Colossians and Ephesians*, 81.

[52] Sumney, *Colossians*, 104.

[53] F. Büchsel, "γενεά," *TDNT*, I: 662-63; BDAG, "γενεά," 191-92; R D. Culver, "דור," *TWOT*, I: 186-87; Moo, *Colossians*, 156.

을 강조하려고 과거의 여러 세대들을 뜻하는 "만대"를 "만세"와 나란히 열거한 것이다. 본문 이해에 결정적인 역할을 하는 본문은 골로새서 본문과 동일하게 이전 시대와 현재 시대를 구분하면서 사도로 말미암아 종말론적인 비밀이 계시되었음을 강조하는 에베소서 3:5이다. "이제 그의 거룩한 사도들과 선지자들에게 성령으로 나타내신 것 같이 다른 세대에서는 사람의 아들들에게 알리지 아니하셨으니." 바울은 여기서 두 시간대와 나타내고 알린 두 대상을 비교한다. 시간적으로 "이제"와 "다른 세대"가 대조되고, 대상으로는 "거룩한 사도들과 선지자들에게"와 "(다른 세대에 속한) 사람들의 아들들에게"가 대조되었는데, 에베소서 3:5에서 "세대"는 분명히 시간적인 의미로 사용되었다.

설령 골로새서 1:26에서 두 단어가 동일하게 시간적인 의미를 전하는 것이 아니라 각각의 단어가 서로 다른 뉘앙스를 전달하려고 사용되었다고 하더라도, 26절의 "만세"는 "시대들의 연속(a sequence of ages)"을 강조하고, "만대"는 "대대로(from generation to generation)"를 강조한다고 보아야 한다.[54] 바울은 시간적인 의미를 지니는 두 단어를 사용하여 "그러나 이제" 이방인 교회에 선포되어 알려진 비밀이 이전 시대에 전적으로 감춰졌던 것과 비교하여 지금 계시된 시대가 되었다는 것을 강조한다(참조. 마 13:11, 17; 롬 16:25-26).[55]

한 마디로 말해서, 바울은 26절에서 이렇게 말하고 싶은 것이다. 자신이 이루려고 하는 "하나님의 말씀"은 과거 시대와 세대에서는 감춰졌던 비밀인데, 이제 그는 하나님이 자신에게 주신 사도의 직분을 충실하게 수

---

54) Dunn, *Colossians*, 119; Wilson, *Colossians*, 177.

55) 이 두 단어가 시간적인 의미를 지닐 수밖에 없는 이유를 제시한 Barth and Blanke, *Colossians*, 262-64를 보라.

행하여 그 비밀을 선포함으로써 신약의 성도들에게 그 비밀을 나타냈다고 말이다. 리델보스가 정확하게 밝혔듯이, 비밀은 "하나님의 경륜에 여전히 존재하지만, 역사에서는 아직 성취되거나 실현되지" 않은 시대가 있었다.[56] 이것은 하나님의 계획이 은밀하여 아무도 그것을 알 수 없이 감춰진 상태에 있다는 구약의 지혜 개념과 일치한다(욥 28장; 사 46:9-11; 슥 1:6). 이전 시대에는 비밀이 단지 지혜 있는 사람들 일부(선지자들)에게만 알려졌을 뿐이고 그 실체는 나타나지 아니하였다.[57] 그 비밀은 하나님께서 마지막 날에 계시하려고 보존하셨던 "감춰진 계획"이었다.[58] "감춰졌다"는 것을 구속사와 관련하여 이전 시대를 특징짓는 것으로 이해해야 한다면, '나타났다'는 것은 구속사와 관련하여 계시된 현재 시대를 특징짓는 것으로 이해해야 한다. 하나님에게 감춰지고 간직되었던 것은 이제 출현했으며, 그 출현으로 말미암아 비로소 역사적인 실체가 되었다.[59] 이런 이유로 바울은 "그러나 이제는"이라는 어구로써 지금 골로새교회의 상황이 이전의 상황과 달라졌음을 일깨운다. 그러므로 "이제는"은 이전 시대와 대비되는 종말론적인 새 시대이며, 감춰졌던 시대와 대비되는 "계시되는" 시대인 "이제"이다.[60]

골로새서 1:26은 그리스도의 초림과 십자가에 죽으심과 부활로 말미암아 이전에 감춰졌던 비밀(1:21-25)이 계시되기 시작한 새로운 상황을 제시

---

[56] Ridderbos, *Paul*, 46-47.

[57] Lightfoot, *Colossians*, 168. 이 주제는 묵시문학(에스라4서 14:16; 에녹1서 104:11-13)이나 쿰란(1QS 11:5, 6; 1QM 14:14)에서도 등장하는 주제다.

[58] Wright, *Colossians*, 91.

[59] Ridderbos, *Paul*, 47.

[60] O' Brien, *Colossians*, 84; Pokorný, *Colossians*, 102.

한다.[61] 최종적인 계시는 아직 발생하지 않았고, 종말론의 "아직"의 측면이 여전히 미래에 남아 있지만, 비밀의 계시를 경험한 교회는 그리스도의 죽으심과 부활로 말미암아 시작된 하나님의 비밀의 종말론적 실체를 지금 경험한다. 바울은 골로새서에서 실현된 종말론을 강조한다. 이런 의미에서 "그러나 이제는"은 그리스도 안에서 나타난 종말론적 실체를 부각시킨다.

c) "성도들에게" 나타난 비밀

셋째, 바울은 비밀이 이제 "그의 성도들에게" 나타났다고 밝힌다. 이것은 비밀이 바울의 말씀 선포에 믿음으로 반응하는 사람들에게 계시되었음을 의미한다. 고대 신비종교에서 비밀이 특정한 몇몇 사람들에게만 알려진 것으로 이해되었고,[62] 심지어 골로새서 1:26과 병행구인 에베소서 3:5에서 계시를 받은 사람들을 "그의 거룩한 사도와 선지자들"이라고 언급한 것과 비교하면, 골로새서 본문에서 바울이 하나님의 비밀이 평범한 "성도들" 모두에게 나타났다고 한 것은 매우 놀랍다. 비밀이 계시된 대상은 선별된 몇몇 사람이 아니라 하나님의 말씀을 듣고 영접한 골로새의 "모든 신자들(전체 교회)"이다.[63] 비록 이 비밀이 먼저 바울에게 알려지고, 그가 다시 교회에 알린 것이긴 하지만, 이제는 교회 안에 있는 모든 성도들에게

---

[61] Lincoln, *Paradise*, 129.

[62] 참조. 하비는 μυστήριον의 의미에 이교적인 의미가 있다고 주장하고 싶어 한다. Harvey, "The Use of Mystery Language," 332, 335.

[63] 전체 교회는 사도의 선포의 결과로 나타난 유대인과 이방인으로 구성된 교회다. Barth and Blanke, *Colossians*, 264; Pokorn, *Colossians*, 103; Caragounis, *Ephesian Mysterion*, 139-42.

이 비밀이 알려졌다는 것은 분명한 사실이다(1:6, 23, 28).[64] 골로새서에서 바울이 이 사실을 강조한 것은 특정한 환상 경험을 한 사람들만 하나님의 뜻을 충분히 알 수 있다고 주장하는 사람들을 겨냥해서(참조. 골 2:18), 성도들 모두가 하나님의 비밀을 알고 있음을 제시하려는 데 목적이 있다.[65]

특히 바울이 27절에서 성도들을 "이방인들"로 규정한 것은 의도적이다. 이방인들이 비밀 계시의 일차 독자에 포함되었다는 것은 이전에 비밀이 사람들에게 감춰 있고, 또 유대인들이 이방인을 배제하거나 이방인들이 구원을 받으려면 유대인들처럼 되어야 한다는 당대의 경향과 다르게, 그리스도를 믿는 이방인들은 누구나 하나님의 구원 계획에 포함되었으며, 독자적인 자격으로 얼마든지 유대인들과 더불어 모두에게 알려진 비밀의 계시를 받았음을 강조한다(참조. 엡 3:6).[66]

d) "너희 안에 계신 그리스도"

넷째, 바울은 27절에서 "비밀"의 내용을 구체적으로 밝힌다. 27절에서 바울은 이미 26절에서 언급한 내용을 거의 대부분 반복하면서도 세 가지를 더 첨가한다. 그것은 비밀이 영광스럽다는 것과 그 비밀의 대상이 구체적으로 "이방인"이라는 것, 그리고 비밀이 직접적으로 "너희 안에 계신 그리스도"로 동일시된다는 것이다. 바울은 마지막 날에 대한 하나님의 비

---

[64] Sappington, *Revelation and Redemption*, 184-85; O' Brien, *Colossians*, 85; Barth and Blanke, *Colossians*, 297.

[65] Sumney, *Colossians*, 105.

[66] I. H. Marshall, *New Testament Theology: Many Witnesses, One Gospel*, 「신약성서신학」, 박문재, 정용신 옮김 (고양: 크리스챤다이제스트, 2006), 452-53.

[67] 단 2:18, 19, 27, 28, 29, 30, 47; 에녹1서 104:11-13; 에스라4서 14:5, 26; 1QpHab 7:4-

밀스런 계획을 지칭하던[67] 용어("비밀")를 시간표에 따라 나타날 일련의 종말론적 사건들에 적용하지 않고 인격체인 그리스도에게 적용한다. "비밀"이 인격체에 적용된 비슷한 예는 지혜를 인격체로 설명한 지혜서에서 찾을 수 있다(잠 8:22-31).[68] 하나님의 비밀이 실제로 구체적인 인격체로 드러난 것은 그리스도께서 출현하심으로써다(참조. 요 1:18).

그런데 "비밀"은 여기서 단지 "그리스도"로만 아니라 "너희(골로새교회) 안에 계신 그리스도"로 정의되고 있다. 이것은 골로새서에서 비밀이 그리스도와 연결된 특징적인 방법을 표현한다. 물론 여기서 바울이 염두에 둔 "너희"는 이방인들로 구성된 골로새교회의 성도들이다. 이 표현에서 우리는 바울이 즐겨 사용하는 어구인 성도들이 "그리스도 안에" 있다고 말하지 않고 그리스도가 "너희 안에" 있다고 말한 것에 주목할 필요가 있다(참조. 롬 8:10; 고후 13:5; 갈 4:19; 엡 3:17). 이것은 특히 골로새교회와 관련하여 중요한 의의가 있다. 골로새의 거짓 교사들이 자기들의 유대적인 표지들을 실천하고(2:16), 유대적 경향을 지닌 금욕과 환상 경험을 하려는 것(2:18, 21)과 비교하여, 바울은 (거짓 교사들이 제시하는 방법과 상관없이) 하나님의 구원 경륜과 계시의 실체이신 그리스도께서 이미 교회 안에, 그것도 (유대적 요소를 보유하는 것과 상관없이) "이방인" 신자들 안에 계시다고 주장한다.[69] 그런데 "너희 안에 계신 그리스도"라는 어구의 정확한 의미는 무엇인가?

"너희 안에 계신 그리스도"는 "너희 사이에(among) 선포된 그리스도"로 이해할 수도 있고, "너희 안에(in) 함께 계신 그리스도"라고 이해할 수도

---

14. Rowland, *The Open Heaven*, 160-76; Pokorný, *Colossians*, 102.

[68] R. E. Murphy, *The Tree of Life: An Exploration of Biblical Wisdom Literature* (New York: Doubleday, 1990), 133-34; E. A. Johnson, "Jesus, the Wisdom of God: A Biblical Basis for Non-Androcentric Christology," *ETL* 61 (1985), 271-76.

[69] Bevere, *Sharing in the Inheritance*, 166.

있다. 전자는 이 어구에 바울의 복음 선포의 대상이 이방인들에게까지 확장된 사실이 강조되고 있다는 이해를 반영한다.[70] 이 경우 이 어구는 그리스도 사역으로 인해 이스라엘의 복이 온 세상(이방인)에 전파되었다는 비밀의 우주적인 선포를 가리킨다.[71] 반면에, 후자는 그리스도의 복(특히, 구원)에 참여한 이방인들이 지금 그리스도와 누리는 연합의 관계를 설명한다.[72] 둘 중에 바울이 말하려는 것은 어느 것인가?

지금 바울은 비밀의 계시가 그리스도로 말미암았다는 것과 비밀의 실체이신 그리스도 덕택에 구원이 특히 "이방인"에게 어떻게 가능하게 되었는지를 밝힘으로써 비밀 계시의 그리스도 중심성을 이야기하는 중이다. 그는 "이제는" 하나님의 비밀이 계시되어 그리스도 안에서 이방인들이 유대인과 함께 하나님의 구원에 참여하는 시대가 되었다고 주장한다(1:26, 참조. 엡 3:6). 이방인들은 유대인처럼 될 필요가 없이 이방인 신분으로도 얼마든지 그리스도 안에서 하나님의 구원을 경험하며, 그리스도에게 받아들여진다.[73] 이것은 이방인들이 복음으로 말미암아 그리스도 예수 안에서 "함께 상속자가 되고 함께 지체가 되고 함께 약속에 참여하는 자"가 되는 것이 그리스도의 비밀이라는 에베소서의 교훈을 함축적으로 서술한다(엡 3:4, 6). 이것이 골로새서에서 가장 부각되는 하나님의 구원 계획이며 비밀이다.

---

[70] Pokorný, *Colossians*, 103; Lohse, *Colossians*, 75-76; Barth and Blanke, *Colossians*, 265, 297; Bockmuehl, *Revelation and Mystery*, 182.

[71] Melick, *Philippians*, 242.

[72] Dunn, *Colossians*, 123; Martin, *Colossians*, 72; Moule, *Colossians*, 83; Lightfoot, *Colossians*, 169; O' Brien, *Colossians*, 87; Caragounis, *Ephesian Mysterion*, 30; C. E. Arnold, *The Colossian Syncretism. The Interface between Christianity and Folk Belief at Colossae* (Grand Rapids: Baker, 1996), 272; Harris, *Colossians*, 69. 참조. Bornkamm, "$\mu\upsilon\sigma\tau\acute{\eta}\rho\iota o\nu$," 820.

[73] Bevere, *Sharing in the Inheritance*, 135.

특히 바울이 골로새교회의 거짓 교사들의 잘못된 교훈을 염두에 두고 이 말을 했다고 판단한다면,[74] 바울은 여기서 신자들이 믿음을 통해 그리스도와 연합함으로써 이미 계시에 참여하고(1:4; 2:9, 10), 장차 그리스도께서 오실 때 그와 연합될 것을 상기시킨다(3:3, 4). 던이 정확하게 표현했듯이, 이방인들에게 복음이 전파된 것은 "피조물과 인류를 향한 하나님의 전 목적이 절정에 달한다는 종말론적인 시나리오와 모든 피조물이 포함된다는 우주적인 시나리오"가 교회에 나타났음을 의미한다.[75] 이방인들이 하나님의 백성의 기업에 참여하는 것(참조. 1:12)은 감춰졌던 비밀이었다. 이제 그 비밀이 나타나서 이방인들이 구원에 참여함으로써 유대인과 이방인의 구별이나 할례와 무할례의 구별이 없어졌고, 전혀 새로운 사람이 창조되었다(3:10-12). 그렇다면 우리는 바울이 여기서 단순히 그리스도께서 이방인들 "가운데" 선포되었다는 의미로 이 말을 한다기보다는 그리스도와 골로새 교인들 간의 긴밀한 관계를 강조하는 "너희 안에 계신 그리스도"를 언급하고 있다고 이해해야 한다.[76] 그리스도께서 그의 영인 성령으로(롬 8:10-12) 말미암아 이방인 교회 전체에 또는 개개인 신자들 사이에 내주하시는 것을 가리킨다는 점은 본문에 명시되지는 않았지만 암시된 것만은 틀림없다.[77] 설령 "너희 안에 계신 그리스도"라는 표현이 하나님의 비밀의 중심인 그리스도가 이방인들 "사이에"(among) 선포된다는 것을 암시한다 하더라도, 바울은 이와 같은 내용이 이방인들이 믿은 것이기도 하다는 사실을 시사한다(1:23; 2:6. 참조. 딤전 3:16).

---

74) Sappington, *Revelation and Redemption*, 186.

75) Dunn, *Colossians*, 263.

76) Moo, *Colossians*, 158-59; O' Brien, *Colossians*, 87; Smith, *Heavenly Perspective*, 189.

77) Bruce, *Colossians*, 86.

바울이 "너희 안에 계신 그리스도"라는 말로써 그리스도가 이방인 신자들 안에 함께 계신다는 사실을 가르치고 있다는 것은 그가 앞에서 만물이 그리스도의 십자가로 화목하게 되었고(1:20; 엡 3:3-10), 골로새 교인들이 화목하게 되어 그 앞에 거룩하게 세웠다(1:22)고 언급함으로써 이러한 화목을 발생하게 하신 분이 누구인지의 문제로 관심을 바꾼 것에서도 증명된다.[78] 그분은 "그리스도"이시다. 그리스도 안에서 화목이 이루어졌고, 그리스도 안에서 하나님의 구원 경륜이 이루어졌다.

라이트푸트는 1:27의 "너희 안에 계신 그리스도"라는 언급과 특히 부활하신 그리스도께서 모든 신자들 속에 내주하신다는 사실에 신자들과 그리스도의 연합이라는 기독론적인 의의가 강조되고 있다고 주장하였다.[79] 김세윤은 이와 같이 비밀을 그리스도와 이방인 성도들의 연합이라는 그리스도 중심적으로 이해하는 것에서 고린도전서 2:1, 7의 비밀에 대한 이해가 골로새서 1:26, 27을 거쳐 에베소서 3장으로 발전하면서 강조되고 있다는 사실을 주목한다. 즉, 고린도전서 2장에서 "비밀"은 "그리스도 안에 구현된 하나님의 일반적인 구원 계획"을 언급했다. 그런데 골로새서 1:27에서 "비밀"은 구체적으로 "이방인들을 구원에 참여하게 한 하나님의 계획(또는 경륜)"을 가리키며, 이 내용은 에베소서 3장에서 좀 더 분명해진다.[80] 말하자면 그리스도가 이방인들 가운데 계시다는 표현은 하나님의 경륜의 성취요 비밀의 계시자이신 그리스도께서 계시의 대상인 "온 세상"에서 믿은 바가 되셨음을 의미한다.[81]

---

[78] 이 사실은 이미 골로새서 1:15-20에서 암시되었던 내용이다. Dunn, *Colossians*, 122.

[79] Lightfoot, *Colossians*, 169. 참조. Arnold, *The Colossian Syncretism*, 272.

[80] Kim, *The Origin*, 82.

[81] Schweizer, 「골로사이서」, 123.

이와 같은 비밀 이해의 이동이 발생한 것은 바울이 골로새서를 기록하는 논쟁적인 관심사와 관련되었을 가능성이 있다. 바울은 비밀에 담긴 기독론적 강조와 이방인들의 참여라는 보편성을 강조함으로써 골로새의 거짓 교사들이 자기들 몇 사람만 비밀을 받고 또 받을 수 있다고 한 것을 정면으로 부정한다. 바울은 1:27에 이어서 자기가 모든 사람에게 그리스도를 전파했으며, 모든 사람에게 모든 지혜로 가르쳤다고 주장한다(1:28).[82] 바울이 복수형("모든 사람들")을 사용하지 않고 단수형("각 사람")을 사용한 것은 골로새의 거짓 교사들이 자기들만 지식을 보유했다고 주장하는 것과 달리 복음의 보편성을 주장하면서 성도 개개인이 사도의 관심의 대상인 것을 강조한다.[83]

이제 하나님의 비밀은 어떤 특정한 사람들의 독점물도 아니고, 사람들이 알지 못하도록 가려진 상태에 있지도 않다. 비밀은 복음이 전파되어 믿음으로 반응하는 온 세상의 모든 성도들에게 계시되었다(1:23). 바울은 이 사실로써 이방인들이 참여하고 있는 구원(참조. 1:12-14)이 유대인들이 복음을 거부했기 때문에 얻게 된 것이 아니라(비교. 롬 11장) 처음부터 하나님의 구원 계획 속에 들어 있는 "비밀"의 내용이라고 밝히는 것이다.[84] 이런 의미에서 바울의 이방인 선교와 하나님의 이방인 구원(참조. 1:12-14)은 하나님의 결정적인 구원 행위에 속하며, 하나님의 비밀의 나타남이다(롬 11:25a; 16:26; 엡 3:3, 6).

---

82) 여기서는 지혜가 교훈의 내용이 아니라 그리스도가 교훈의 내용이다. 이런 점에서 전치사 ἐν은 수단 또는 방법을 표현한다. O' Brien, *Colossians*, 88; Bevere, *Sharing in the Inheritance*, 135.

83) Abbott, *Colossians*, 235; Bruce, *Colossians*, 86; O' Brien, *Colossians*, 88.

84) 이 내용은 에베소서에서 좀 더 충분히 설명되었다(엡 2:15-16; 3:1-10). Garland, *Colossians*, 126.

하나님의 구원 계획의 최종적인 행위는 이미 시작되어 온 세상을 망라한다. 이 내용을 담고 있는 하나님의 종말론적 비밀은 "그리스도 안에서" 계시되었으며, 그 구원은 더 이상 (유대인과 같이) 어느 특정한 한 민족이나 문화에 국한되지 않고 우주적이 되었다. 이 점에서 골로새서에서 "비밀"은 마지막 때에 하나님께서 이방인들을 돌이켜 여호와의 복을 받게 하겠다는 예언의 성취다(렘 12:14-17; 18:5-10; 슥 8:20-23). 특히 이사야는 지혜자이신 메시아께서 오셔서 이방인들을 구원하신다는 것을 예언했다. "전에 고통하던 자에게는 흑암이 없으리로다. 옛적에는 여호와께서 스불론 땅과 납달리 땅으로 멸시를 당케 하셨더니 후에는 해변 길과 요단 저편 이방의 갈릴리를 영화롭게 하셨느니라"(사 9:1. 참조. 마 4:15-16). 이것은 "기묘자요 모사"로 오실 메시아(그리스도)로 말미암아 이루어졌다(사 9:6). 바울은 그리스도로 말미암아 구원의 때가 임하고 이방인들이 구원받은 사실에서 구약 예언의 성취를 발견한 것이다. 그리스도는 하나님의 비밀의 성취자이시며 바울이 전파한 하나님의 말씀 즉, 하나님의 비밀의 정수이시다.

2. 골로새서 2:2-3

골로새서에서 두 번째로 "비밀"이 등장하는 본문은 골로새서 2:2-3이다.

a. 문맥

바울은 골로새서 2:1-5에서 자기가 하나님의 경륜대로 일꾼이 되어 사역함으로써 하나님의 말씀을 이루었고, "비밀"이신 그리스도를 이방인들 중에서 행한 그의 사역의 내용을 그의 얼굴을 보지 못한 리쿠스 계곡의 여러 교회들에게 알게 했다고 밝힌다.[85] "(왜냐하면, γάρ) 내가 너희와 라오디게아에 있는 자들 ……을 위하여 얼마나 힘쓰는지를 너희가 알기를 원하노니, 이는(ἵνα……"(2:1-2).

2:1을 시작하는 말 "왜냐하면"은 1:24-29의 보편적인 진술을 골로새 교회에게 적용하려는 목적으로 쓰였다.[86] 바울이 1:29에서 사용한 "수고" 주제를 2:1에서 다시 사용하여 교회에게 자기가 복음 전하는 자로서 받은 소명을 완수하려고 힘써왔음을 알린다(참조. 고전 9:24-27). 그래서 설령 2:1의 "왜냐하면"이 1:29만을 직접 염두에 두고 논의를 발전시키는 것이라고 하더라도, 바울은 여기서 자신이 골로새 교우들을 위하여 "힘쓴다"고 말함으로써(2:1; 참조. 1:24) 그의 보편적인 사역(참조. 1:26)을 특별히 그들과 연결시킨다.[87]

바울은 이런 내용을 말하면서 교회가 위안을 받고 하나님의 비밀이신 그리스도를 깨닫는 것과(2절의 ἵνα 구문), 아무에게도 속임을 당하지 않는 것(4절의 ἵνα 구문)에 그가 교훈하는 의도가 있다고 밝힌다. 이 두 가지 목적은 오직 하나님의 비밀 자체이신 그리스도가 누구이신지 바르고 정확하게 이해하는 것으로써 성취된다. 그리스도만 오랫동안 감취었다가 이제 계시

---

[85] 골로새를 비롯하여 리쿠스(Lycus) 계곡의 교회들을 다룬 연구를 보라. Lightfoot, *Colossians*, 1-72; S. E. Johnson, "Laodicea and Its Neighbors," *Biblical Archaeologist* 13 (1950): 1-18; C. J. Hemer, *The Letters to the Seven Churches of Asia in Their Local Setting*, JSNTS 11 (Sheffield: JSOT, 1982), 178-82; F. F. Bruce, "Jews and Christians in the Lycus Valley," *BibSac* 141 (1984): 3-15.

[86] Callow, *A Semantic Structure*, 93.

[87] Pfitzner, *Paul and the Agon*, 111.

된 하나님의 구원 경륜의 실체이며, 그 안에만 지혜와 지식의 모든 보화가 감춰있기 때문이다(3절). 바울은 이 목적을 성취하려고 하나님의 말씀을 이루고 하나님의 비밀(이신 그리스도)을 전하는 데 수고하고 힘썼다.

b. 골 2:2-3 주해

바울은 1:27에서 비밀을 그리스도와 동일시했던 것처럼 2:2에서 하나님의 비밀을 다시 그리스도("하나님의 비밀이신 그리스도"[88])와 동일시한다. 본문은 다음과 같다.

ἵνα παρακληθῶσιν αἱ καρδίαι αὐτῶν συμβιβασθέντες ἐν ἀγάπῃ καὶ εἰς πᾶν πλοῦτος τῆς πληροφορίας τῆς συνέσεως, εἰς ἐπίγνωσιν τοῦ μυστηρίου τοῦ θεοῦ, Χριστοῦ, ἐν ᾧ εἰσιν πάντες οἱ θησαυροὶ τῆς σοφίας καὶ γνώσεως ἀπόκρυφοι.

이는 그들의 마음이 위안을 받고 사랑 안에서 교훈을 받아 이해의 모든 부요에 이르러 하나님의 비밀이신 그리스도를 깨닫게 하려는 데 있다. 그분 안에는 지혜와 지식의 모든 보화들이 감춰져 있다.

---

88) 헬라어 어구는 사본마다 다르게 표현되었다. 다양한 사본이 나오게 된 이유에 대해 메츠거는 나머지 이문들에 구문론적으로 본문을 개선하려는 다양한 필사상의 시도가 있었다고 설명한다. Metzger, *The Text*, 236-38; idem, 「신약 그리스어 본문 주석」, 537; Lohse, *Colossians*, 82. 본서에서는 "*τοῦ μυστηρίου τοῦ θεοῦ Χριστοῦ* "(하나님의 비밀이신 그리스도)를 본문으로 택한다. 물론 여기서 "그리스도"는 비밀에 의존한 설명적 소유격(epexegetic genitive)이다. Moo, *Colossians*, 169.

여기서 바울은 비밀을 "너희 안에 계신 그리스도"라고 표현하는 대신에(참조. 1:27) 단순히 "그리스도"라고만 언급하여, 오랫동안 감춰져 있던 하나님의 비밀을 "그리스도"로 인격화한다.[89] 바울이 일반적으로 하나님의 비밀을 그의 "복음"과 동일시했다는 사실(롬 16:25-26; 고전 2:1, 7)에 비추어, 여기서도 그가 비밀을 "그리스도"와 동일시한 것은 으레 복음과 그리스도가 거의 바꿔가며 사용할 수 있는 용어라서 그랬을 것이라고 짐작해서는 안 된다.[90] 바울은 골로새서에서 이전에 그가 사용하던 비밀 용례와 다르게 사용한 본문(골 2:2)에서 바울이 "하나님의 비밀이신 그리스도"라고 표현한 것은 하나님의 전 경륜을 그리스도의 관점에서 해석했을 뿐만 아니라 감춰진 하나님의 비밀의 실체가 그리스도라는 사실을 알았기 때문에 그랬을 가능성이 더 많다(1:26. 참조. 엡 1:9; 3:9). 여기서 역사적인 그리스도가 하나님의 경륜 성취의 핵심이라는 그리스도의 독특하고 독점적인 지위가 강조된다.

바울 사도가 비밀을 "그리스도"와 동일시한 두 번째 이유는 "그(비밀이신 그리스도) 안에 지혜와 지식의 모든 보화가 감춰 있기" 때문이다(2:3). "지혜"와 "지식"은 지혜 언어이다. 구약의 지혜서(욥 28장; 잠 1:20-33)뿐만 아니라 지혜문학에서도 지혜를 상고하는 사람은 지혜가 하나님의 비밀 속에 숨겨져 있다는 사실을 알았다(시락서 4:18; 14:20, 21). 그런데 지혜는 그 비밀을 알려주기도 하지만 늘 사람의 범위 밖에 있다(솔로몬의 지혜서 6:22; 7:21). 유대인들에게 "지혜"는 우주를 통제하는 법칙이며, "우주와 선한 사람들

---

[89] Dunn, *Colossians*, 131. 이것은 비밀과 하나님의 나라와 그리스도를 연결한 복음서의 교훈와 맥을 같이 한다. A. E. Drake, "The Riddle of Colossians: Quaerendo Invenietis," *NTS* 41 (1995), 129.

[90] Bockmuehl, *Revelation and Mystery*, 188.

의 삶 속에서 움직이는 질서 정연한 하나님의 계획과 목적을 열어주는 계시이다."[91] 그래서 그 지혜는 신적인 권위를 지니며, 실제로 하나님과 일체로 이해되었다.[92] 시락서의 저자는 모든 지혜가 하나님에게서만 나오고 영원하며, 하나님을 사랑하는 사람들에게 선물로 주어진다는 사실을 역설한다(시락 1:1-10). 시락서 저자는 이런 지혜 전통에 근거하여 지혜 문제를 하나님의 비밀과 관련하여 이해한다. 지혜의 비밀은 하나님 속에 감춰져 있으므로 사람들에게 하나님께 그 비밀을 계시해주시기를 구하라고 권한다(시락 4:18; 22:22; 27:16, 17, 21).

묵시문학에서도 하나님의 비밀과 계시를 주요 관심사로 다룬다.[93] 에녹1서에서 "비밀"은 인간의 눈에는 감춰졌지만 환상자(하늘 여행자)에게 계시되었다(에녹1서 18:1). 에녹1서의 저자는 인자가 와서 감춰진 창고를 열고 그 비밀을 알려줄 것이라고 믿었다(에녹1서 46:3. 참조. 사 45:3). 지혜는 하나님의 보좌에서 풍성하게 발견되며, 하늘의 비밀을 접촉한 사람만 하나님의 지혜와 하나님의 비밀을 얻을 수 있다. 따라서 지혜는 하늘의 비밀을 구성하는 중요한 부분이다.[94]

그러나 유대의 문헌과 바울의 비밀 사용 사이에는 엄연한 차이가 존재한다. 유대의 중간기 문헌들에서 지혜가 하늘에 있거나 일부 사람들에게만 알려진 것으로 이해한 것(에녹1서 16:3; 41:1)과 다르게, 이제 비밀은 모

---

[91] C. T. Fritsch, 「예언자의 세계」, 현대신서 20, 문익환 옮김 (서울: 대한기독교서회, 1970, 1984), 122.

[92] Fritsch, 「예언자의 세계」, 121.

[93] Rowland, The Open Heaven, 14.

[94] G. R. de Villiers, "Revealing the Secrets, Wisdom and the World in the Similitudes of Enoch," *Neot* 17 (1983), 55; C. M. Pate, *Communities of the Last Days: The Dead Sea Scrolls, the New Testament and the Story of Israel* (Downers Grove: IVP, 2000), 190.

든 성도들에게 알려졌고 지혜는 더 이상 신비 속에 감춰져 있지 않다. 지혜의 모든 보화는 그리스도 안에서 찾을 수 있다. 이것은 심지어 구약의 지혜 이해와도 비교된다. 욥은 지혜가 어디에 있는지 알 수도 찾을 수도 없다고 좌절했지만(욥 28:12-13, 20), 바울은 그리스도를 믿는 사람이라면 아무런 조건이나 제한 없이 누구나 그리스도 안에서 모든 보화를 찾을 수 있음을 강조한다. 그리스도인들에게는 "그리스도"만 하나님의 모든 지혜가 되시며 (참조. 고전 1:24, 30), 하나님의 계시된 비밀이시다. 그리스도는 하나님을 계시하는 하나님의 비밀의 유일한 구현체이시기 때문이다.[95]

그런데 바울은 앞에서 그리스도를 통하여 하나님의 "비밀"이 계시되었다("전에 감춰졌지만, 이제 나타났다")고 언급한 것(1:27)과 다르게, 여기서(2:3)는 그리스도 안에 지혜와 지식의 보화가 "감춰 있다"라고 언급하고 있어, 그가 앞에서 주장했던 것과 모순을 일으키는 것처럼 보인다. 이 문제를 해결하려고 라이트푸트는 "감추었다"는 단어가 영지주의 교사들이 즐겨 사용하던 용어라서 바울이 그들을 논박하려고 이 용어를 사용했다고 설명한다.[96] 그러나 본문에는 영지주의가 골로새교회에 등장했다는 암시가 없는데다 바울이 그들의 언어를 사용한 흔적도 없다. 오히려 이 문제를 해결하는 단서는 바울이 하나님의 구원 사건을 지혜 용어로써 설명한 본문에서 찾을 수 있다. 바울은 로마서 11:33-36에서 "지혜"와 "지식"을 함께 사용하여 하나님의 지혜와 지식의 부요하심과 하나님께서 하신 일의 풍성함과 심오함을 찬양한 적이 있다.

---

[95] Moule, *Colossians*, 86.
[96] Lightfoot, *Colossians*, 240.

깊도다 하나님의 지혜와 지식의 풍성함이여,

그의 판단은 헤아리지 못할 것이며,

그의 길은 찾지 못할 것이로다.

누가 주의 마음을 알았느냐?

누가 그의 모사가 되었느냐?

누가 주께 먼저 드려서 갚으심을 받겠느냐?(롬 11:33-35)

여기서 바울은 자기가 비록 하나님의 계시를 받았다고 하더라도, 자신을 비롯하여 어느 누구도 하나님의 지혜와 지식의 풍성함과 깊음을 헤아릴 수 없고, 그것을 깨닫지도 못하고 충분히 탐구할 수도 충분히 헤아릴 수도 없다고 고백한다. 하나님의 지혜의 부요함은 깊기 때문이다!

바르트는 골로새서 1:27을 하나님의 비밀의 계시를 다룬 고린도전서 2:7-16에 비추어 해결하려한다. 바르트는 하나님의 비밀이 현재 계시되었지만(고전 2:7, 10) 동시에 여전히 감춰진 측면이 있는 것처럼(고전 2:14-16), 바울이 이 사실을 골로새서에 적용하면서 하나님의 비밀의 계시인 그리스도에게 여전히 감춰진 부분이 있다는 것을 알리고 있다고 설명한다.[97] 그렇게 되면, 골로새서 2:3에서 강조점은 비밀 계시의 "이미"와 "아직"의 종말론적 구도에 있게 된다(참조. 골 3:3, 4).[98] 섬니(Sumney)도 "감춰진"($\dot{α}πόκρυφοι$)의 통상적인 의미를 본문에 적용해야 한다고 고집하면서, 비밀은 성도들에게 계시된 반면에, 온 세상에는 계시되지 않았다는 것이 여기에 적용된다고 주장한다. 그래서 모든 보화가 그리스도를 아는 지식을 보

---

[97] Barth and Blanke, *Colossians*, 282.

[98] 참조. Schweizer, 「골로사이서」, 132.

유한 골로새서의 수신자들에게는 감춰지지 않았지만, 다른 사람들에게는 여전히 감춰졌다는 것이다.[99]

그러나 2:3을 좀 더 자세하게 살펴보면, 이렇게 결론을 내리는 것은 너무 성급하다는 것을 알게 된다. 바울은 여기서 성도와 다른 사람들을 대조하지 않으며, 본문("그 안에는 지혜와 지식의 모든 보화가 감추어져 있느니라")에서 형용사 "감춰진"이란 단어에 관사가 없는 것으로 봐서 이 형용사는 "보화"와 관련하여 한정적인 용법("감춰진 보화")이 아니라 서술적 용법("보화가 감춰졌다")으로 사용된 것이 분명하다. 여기서 바울은 하나님의 비밀의 계시 여부나, 계시의 "이미"와 "아직"의 문제를 다루는 것이 아니라, 이미 계시된 비밀이 그리스도와 관련하여 어떤 특성이 있는지를 설명한다. 하나님의 지혜와 지식의 보화인 비밀은 아직도 계시되지 않은 것이 아니다. 지혜와 지식의 모든 보화는 그리스도 안에 있고, 그리스도로 말미암아 이미 계시되었고 알려졌다. 하나님의 지혜가 비밀스러운 것처럼, 바울은 여기서 계시된 (하나님의) 비밀이신 그리스도에게 지혜와 지식의 보화가 풍성하게 있다는 사실을 천명한다. 그래서 "감춰진"이라는 단어는 메시아의 모든 보화가 존재하는 양태와 보화의 종류에 관한 정보를 제공한다.[100] 그래서 이 어구는 "그분 안에 있는 지혜와 지식의 모든 보화는 감춰져 있다(all treasures of wisdom and knowledge that are in him are hidden)"고 번역할 수 있다.

지금까지 바울 사도의 가르침에 의하면, 그리스도는 하나님의 비밀의 "감춤의 장소"가 아니라 "계시의 장소"다(1:27. 참조. 롬 16:25-26; 엡 1:8, 9; 3:9-11). 그렇다면 바울이 골로새서에서 앞의 내용과 다르게 하나님에게 현

---

[99] Sumney, *Colossians*, 117-18.

[100] Lohse, *Colossians*, 82; Dunn *Colossians*, 208-209. Barth and Blanke, *Colossians*, 281.

재 보류하고 계신 어떤 비밀들이 있음을 말한다고 할 수 없다. 오히려 그 반대다. 오브라이언이 옳게 지적하듯이, "감춰진"은 "숨겨진 채로 있다(kept concealed)"는 의미가 아니라 보화가 그리스도 안에 "저장되어 있다(stored up)"는 의미로 이해하는 것이 더 낫다.[101] 여기서 바울이 사용하는 이미지는 하늘 보좌에 하나님의 지혜가 쌓여 있거나 축적되어 풍부하게 있는 그림이다(잠 2:3-6; 사 45:3).[102] 지혜의 보화가 그리스도 안에 감춰 있다는 사상은 잠언 2:3-6에 잘 묘사되어 있듯이 지혜의 보화가 하나님에게 감춰 있다는 지혜서의 사상과 맥을 같이 한다.

> 지식을 불러 구하며 명철을 얻으려고 소리를 높이며,
> 은을 구하는 것 같이 그것을 구하며
> 감추어진 보배를 찾는 것 같이 그것을 찾으면,
> 여호와 경외하기를 깨달으며 하나님을 알게 되리니
> 대저 여호와는 지혜를 주시며 지식과 명철을 그 입에서 내심이며.

지혜를 찾으면 하나님께서 그 지혜를 주시는 것처럼, 이제 그 지혜는 그리스도 안에서 발견된다. 그래서 바울은 골로새교회에게 지혜를 찾고 싶으면 그 지혜는 그리스도 안에서만 찾을 수 있다고 알려준다. 오랫동안 감춰졌던 하나님의 비밀은 지금 그리스도 안에 알려졌으니, 그리스도 안에서 하나님의 지혜와 지식을 얼마든지 발견할 수 있다고.[103] 바울이 하나

---

101) O' Brien, *Colossians*, 95; Moo, *Colossians*, 171.

102) Dunn, *Colossians*, 131-32. 던은 지혜가 감춰져 있는 창고와 저장고 이미지를 보유한 유대문헌을 열거한다. 에녹1서 18:1; 46:3. 아놀드는 2:3을 "the wellspring(원천) of all the treasures of wisdom and knowledge"라고 이해한다. Arnold, *The Colossian Syncretism*, 274.

103) Thompson, *Colossians*, 49.

님의 비밀과 하나님의 지혜를 그리스도와 동일시하고 그리스도 안에서 이 비밀을 발견할 수 있다고 한 것은 구약의 내용을 그리스도 중심으로 해석한 것이 틀림없다. 그러므로 이 단락(2:2, 3)에서 바울은 두 가지 사실에 초점을 맞춘다. 2:2에서는 하나님의 비밀이 바로 그리스도라는 사실에 초점을 맞추고, 2:3에서는 지혜와 지식의 모든 보화가 "그리스도 안에 감춰(저장되어) 있다는" 사실에 초점을 맞춘다.

3. 골로새서 4:3(4)

본문은 골로새서 몸말 후반부(3:18-4:6)의 마지막 권면에 속한다.

a. 문맥

바울은 가정 규례를 말하고 나서(3:18-4:1) 교회에게 기도하기를 권하면서, 특히 자신(과 일행)을 위하여 기도해줄 것을 부탁한다. 자신을 위하여 기도해 달라는 바울의 부탁은 분사로 표현되었다. 이것은 2절부터 시작하는 주동사("계속하라")에 연결된 두 개의 분사("깨어 있으라"와 "기도하되") 가운데 하나다. 문법적으로 3, 4절은 2절의 "계속하라"에 의존하는 부문장이다.[104] 그러나 비록 3절이 문법적으로 2절의 주동사에 의존해 있지만, 3절 내용은 독립적인 동작을 암시하는 것으로 이해하는 것이 더 낫다.[105] 3b절

---

[104] 3절을 문법적으로 2절에 의존했다고 고집하는 스위니의 글을 보라. J. Sweeney, "The Priority of Prayer in Colossians 4:2-4," *BibSac* 159 (2002), 322.

[105] 문자적인 번역 성경(KJV, NKJV, NASB)을 제외하고는 표준 영어성경(NIV, RSV,

과 4절은 2절과 구별하여 바울과 관련된 기도를 다루고 있으며, 기도의 내용은 각 절에 있는 두 개의 히나(ἵνα) 절로 표현되었다.[106] 바울은 이 기도에서 교회에게 하나님의 비밀의 실체가 무엇인지, 그리고 그의 사역의 의의가 어디에 있는지 알린다.

b. 골 4:3, 4 주해

본문은 다음과 같다.

προσευχόμενοι ἅμα καὶ περὶ ἡμῶν, ἵνα ὁ θεὸς ἀνοίξῃ ἡμῖν θύπραν τοῦ λόγου λαλῆσαι τὸ μυστήριον τοῦ Χριστοῦ, δι' ὃ καὶ δέδεμαι, ἵνα φανερώσω αὐτὸ ὡς δεῖ με λαλῆσαι.

아울러 우리를 위하여서도 기도하라. 하나님께서 우리에게 말씀의 문을 열어 주사 그리스도의 비밀을 말하게 하시게. 그것(비밀) 때문에 나는 심지어 매임을 당한 상태에 있다. 그리고 내가 반드시 말해야 할 그것(비밀)을 나타낼 수 있게 (기도하라).

3절에 담겨 있는 내용은 세 가지다. 첫째는 하나님께서 바울에게 말씀의 문을 열어주시기를 기도하라는 것이고, 둘째는 문이 열리기를 바라

NJB, NLT)은 3절을 독립적인 기도("pray")의 내용으로 취급한다.

106) 4절을 결과로 이해하는 번역 성경(TEV)도 있으나, ἵνα 구문 두 개 모두 기도의 내용을 소개하는 것이라고 이해해야 한다. O' Brien, *Colossians*, 238; Wilson, *Colossians*, 289, 292.

는 목적이 바울이 그리스도의 비밀을 말하려는 데 있다는 것이며, 셋째는 바울이 현재 이 비밀(을 전하는 것) 때문에 매여 있는 상태에 있다는 것이다.

기도의 첫 번째 내용을 보자. 바울은 현재 매여 있는 상황에 있다. 이런 상황은 그가 하나님의 비밀을 전할 때 괴로움(고난)을 받는 것 가운데 하나다(1:24, 29; 2:1; 참조. 고전 4:9-13; 고후 11:23-27). 그러나 그는 또 다시 하나님께서 말씀의[107] "문을 열어주어" 그리스도의 비밀을 말하게 하시기를 기대한다(4:3). "문을 연다"는 것은 원하는 대로 행하거나 생활하는 자유를 의미하는 은유이다.[108] 이것은 방해를 받지 않고 하나님의 말씀을 전하려는 바람을 표현한다. 바울은 틀림없이 감옥의 경비병들과 방문자들에게 복음을 전할 기회를 염두에 두고 이 말을 했을 것이다(참조. 빌 1:12-14). 여기서 하나님의 말씀은 그리스도 안에서 행하시는 하나님의 구원 행위에 관한 복음을 의미하고, 그것은 한 마디로 "그리스도의 비밀"로 요약된다.

이와 비슷한 내용이 에베소서 6:19에서는 "내게 말씀을 주사 나로 입을 열어 복음의 비밀을 담대히 알리게 하옵소서"라고 표현되었다. 두 본문이 비슷한 내용을 전하기에, 두 본문에 사용된 용어가 동일한 듯하지만,[109] 골로새서의 "문을 우리에게 열어"가 에베소서의 "나로 입을 열어" 보다 바울이 좀 더 자주 사용하던 표현이다(고전 16:9; 고후 2:12).[110] 바울이 하나님께 비밀을 전할 문을 열어달라고 기도한 것은, 비록 그가 비밀을 전하느라 애

---

107) "말씀"은 골로새서에서 "복음 진리의 말씀" (1:5); "하나님의 말씀" (1:25); "그리스도의 말씀" (3:16) 등 다양하게 표현되었다.

108) Sumney, *Colossians*, 257.

109) Smillie, "Ephesians 6:19-20," 211.

110) 브루스는 골로새서의 표현("문을 우리에게 열어")이 당대에 일반적으로 사용하던 어법이라고 제시한다. Bruce, *Colossians*, 173. 참조. A. Deissmann, *Light from the Ancient East*, trans. L. R. M. Strachan (London: Hodder and Stoughton, 1909), 301 n. 2; Sweeney, "The Priority," 329.

쓰고 수고한다고 하더라도 비밀을 전하면서 자신 속에서 능력으로 힘을 주시는 하나님을 더 의존했음을 의미한다(1:29). 이것은 바울이 하나님의 비밀을 계시하라는 사명을 받은 일꾼으로서(1:25) 하나님께서 자기에게 복음을 전할 기회를 주셔야 그 일을 수행할 수 있다는 바울의 자의식을 반영한다.[111] 바울은 여기서 다시금 그가 맡은 비밀과 그의 사도직의 상관관계를 표출한다.

기도의 두 번째 내용은 "그리스도의 비밀을 말하는 것"이다. 여기서 "말하기"는 사도의 선포/전도를 가리킨다. 이것은 그가 하나님께 말씀의 "문을 열어" 주시기를 바란 구체적인 내용이 그리스도의 비밀을 선포하려는 것임을 밝혀준다. 이 본문에서 바울은 하나님의 비밀이 사도적 선포를 통해 세상에 알려진다는 점을 강조한다. 그리고 바울은 그가 하나님께 받아 전하는 "말"의 구체적인 내용이 "그리스도의 비밀"이라고 설명한다. 바울이 비밀을 "하나님의 비밀"이라고 표현하였던 것에 비춰보면(고전 2:1; 4:1, 비교. 엡 3:9), "비밀"에 소유격 "그리스도의"가 붙은 것은 바울의 비밀 사용에서 낯설다(비교. 엡 3:4). 하지만 우리는 이 사실을 다음과 같이 설명할 수 있다. 앞에서 바울은 비밀을 전파하는 그의 역할을 서술하면서 그 비밀을 "너희 속에 계신 그리스도"라고 밝혔으며(1:27), 다시 하나님의 비밀을 "그리스도"와 동일시했다(2:2). 그것은 하나님의 비밀의 요체가 그리스도이기 때문이다. 그렇다면 본문에 사용된 "그리스도의 비밀"이란 말은 바울이 선포한 비밀의 내용과 관련이 있다(참조. 롬 16:25-26; 엡 3:4).[112] 이러한 이해의 터 위에 바울은 본문에서 비밀을 수식하는 말로 "그리스도의"를 사용

---

[111] Barth and Blanke, *Colossians*, 453; Dunn, *Colossians*, 263.

[112] τοῦ Χριστοῦ는 "하나님의 비밀인 그리스도"라는 의미를 지닌, 비밀과 동격 또는 설명적인 소유격이다. Arnold, *The Colossian Syncretism*, 271.

하여 다시 한 번 그가 전파하는 사도적 선포를 기독론적으로 정의하며, 복음의 그리스도 중심성을 상기시킨다.[113] 바울의 비밀 선포는 곧 하나님의 비밀의 핵심이신 그리스도를 선포하는 것이다.

3절에 담긴 세 번째 내용은 바울이 이 메시지 때문에 매임을 받은 상태에 있다는 것이다. 이것은 바울이 자신의 사역을 "그리스도의 남은 고난을 그의 육체에 채우는 것"으로 이해한 것과 관련이 있다(참조. 골 1:24; 빌 1:12-14).[114] 바울은 자기가 매여 있는 것마저 그 비밀을 계시하는(또는 말하는) 하나님의 종말론적인 목적의 한 부분이라고 믿는다. 교회 일꾼으로서 골로새교회를 위하여 "하나님의 말씀을 이루는" 것은 하나님의 비밀을 전하는 일이다.

4절의 히나(ἵνα) 구문은 바울이 골로새교회에게 기도를 부탁한 두 번째 내용을 바울 개인과 관련하여 좀 더 구체적으로 설명한다. "내가 반드시 말해야 하는 그것(비밀)을 나타내기를"(기도하라). 여기서도 "비밀"이 언급되었는데, 이번에는 명사로서가 아니라 인칭대명사(αὐτό)로 표현되었다. 글의 흐름을 고려할 때 4절의 인칭대명사는 3절에 언급된 "그리스도의 비밀"을 가리키는 것이 분명하다.

바울이 교회에게 "비밀을 나타내게" 기도하라고 부탁한 말을 어떻게 이해할 것인가? 스밀리(Smillie)는, 본문을 "(그것을) 분명하게 하다"라고 해석하기를 제안하면서, 이 어구를 에베소서 6:20의 "담대히 말하게"로 바

---

[113] MacDonald, *Colossians and Ephesians*, 171; Barth, *Ephesians* 1-3, 331; Moo, *Colossians*, 323.

[114] Dunn, *Colossians*, 264.

꿔 쓸 수 있다고 생각한다.[115] 그러나 골로새서에서 문제의 단어(파네로오, φανερόω)는 에베소서 본문의 비밀을 "담대하게" 전한다는 선포적 사실보다는 비밀을 "계시하다"는 의미가 더 강하다.[116] 이 권면에는 바울이 골로새의 이방인들에게 복음을 선포함으로써 그리스도의 비밀을 계시했던 것처럼 다른 지역에서도 동일하게 그 비밀을 계시하고자 하는 그의 바람이 나타난다. 바울은 골로새서에서 파네로오를 계시 용어인 "아포칼뤼입토"(ἀποκαλύπτω)와 동의어로 사용했음이 분명하다(참조. 롬 1:17; 3:21).[117] "나타내다"를 "명확하게 하다"가 아니라 "계시하다"라고 읽는 것이 바울의 용례와 부합한지 골로새서의 용례에서 확인해보자. 골로새서에는 파네로오가 4:4 이외에 세 번 더 등장한다(1:26; 3:4a, 4b).

1:26에서 파네로오는 분명히 비밀이 계시됨을 표현하려고 사용되었다. "이 비밀은 만세와 만대로부터 옴으로 감취었던 것인데, 이제는 그의 성도들에게 나타났다." 여기서 "나타났다"는 표현은 "감취다"와 대조를 이루는 "계시하다"는 의미이다.

3:4a("그리스도께서 나타나실 그 때에")에도 파네로오가 사용되었다. 여기서도 이 단어가 우리 생명이 지금은 "감춰져 있지만"(3:3), 미래에 "계시된다"(3:4)는 사실을 강조하려고 사용된 것으로 봐서 감춤과 계시 패턴과 상관이 있다. 3:4에는 "나타나다"가 두 번 사용되었다. 던은 4절에서 이 단어가 모두 그리스도의 재림을 가리킬 때 일반적으로 사용되는 단어가 아니

---

115) Smillie, "Ephesians 6:19-20," 212. 참조. NIV("proclaim it clearly")와 NRS("reveal it clearly") 그리고 REB("make the sectet plain")에 이런 식의 본문 읽기가 반영되었다.

116) Bockmuehl, *Revelation and Mystery*, 190-91.

117) 골로새서의 φανερόω는 계시적인 특성을 강조한다. Bultmann and Lührmann, "φανερόω," *TDNT*, IX: 4-5; C. Brown, "ἐμιφάνεια," *NIDNTT*, III: 321; Dunn, *Colossians*, 264; Lincoln, "Colossians," 662.

라 "계시하다"라는 뜻의 아포칼뤼입토와 거의 동의어라고 고집하지만,[118] 사실 두 경우는 각각 다른 의미로 사용되었다.

　3:4a에서는 "그리스도의 나타남"이 계시보다는 그리스도의 재림이란 의미를 지닌다. 반면에 3:4b에서는 이 단어가 그리스도인의 미래 상황을 설명한다. 본문은 3:3의 그리스도인의 생명이 현재 하나님 안에 그리스도와 함께 "감춰있는 것"과 대조하여 그리스도인의 생명이 미래에 "나타나게 될" 것(3:4b)을 언급한다. 그러므로 현재에서 미래적 차원으로 바뀌는 시점을 소개하는 "그리스도의 나타나실 때"(3:4a)는 그리스도의 출현(재림)을 가리키고,[119] 그리스도인의 미래의 상황을 설명하는 "너희도……나타나리라"(3:4b)는 3:3의 "감춰졌다"와 대조하여 "온전하게 드러나다"라는 의미이다. 어찌 되었든지 골로새서에서 파네로오가 "분명하게" 또는 "담대하게"라는 의미로 사용된 경우는 없다. 그러므로 4:4에서도 파네로오는 "계시하다"라고 읽어야 한다.

　바울은 본문(4:4)에서 이 단어로써 이방인의 사도로서 하나님의 계획의 비밀을 계시하는 자신의 사명에 대한 확신을 표출한다.[120] 이전 시대에 감춰졌던 비밀은 사도의 말씀 선포로 성도들에게 나타났다(골 1:25, 26).[121] 사도의 선포는 비밀의 계시를 따른 것이다(롬 16:25-26; 엡 3:9-10). 바울이 나타내려고 하는 비밀은 그가 반드시 말해야 하는 비밀이다. 비밀을 말한다는 것은 하나님의 경륜의 시행과 관련되었기에, 그 일은 다른 사람이 대신

---

[118] Dunn, *Colossians*, 208. 던은 롬 8:18; 고전 3:13; 살후 2:3, 6, 8을 근거로 제시했고, 그래서 3:4은 3:3의 "감취다"와 대비 관계에 있다고 생각한다.

[119] O' Brien, *Colossians*, 167; Wilson, *Colossians*, 240.

[120] Dunn, *Colossians*, 264.

[121] 브라운은 이보다 더 강한 용어를 사용하여 "사도의 선포에서 계시가 발생한다 (Revelation takes place in proclamation)"고 주장한다. Brown, "$\dot{\epsilon}\mu\iota\phi\acute{a}\nu\epsilon\iota a$," 322.

할 수 없는, 사도 자신만이 할 수 있고 반드시 그가 해야 하는 사역이다.

바울은 자기가 이런 사명을 의식하고 있다는 사실을 "마땅히"(δεῖ)라는 단어로 강조한다.[122] 주석가들 중에는 "마땅히 할 말로써"가 말하는 것의 당위보다는 태도를 언급한다고 생각하는 사람들이 있지만,[123] 이 어구는 하나님께서 비밀을 계시하라고 사도에게 부여한 복음 전함의 사명("당위")을 언급할 가능성이 더 많다(참조. 고전 9:16).[124] 골로새서에는 하나님의 비밀을 "말하는 것"은 골로새서에서 "하나님의 말씀을 이루다"(1:25), 또는 "하나님께서 그 비밀의 영광의 풍성을 알리기를 원하셨다"(1:27)라는 어구와 동의어로 사용되었기 때문이다. 바울은 하나님의 비밀을 사도적 선포를 통해서 말하려고 한다. 이것은 비밀이 더 이상 감춰진 것이 아니라 누구에게나 계시된 것임을 암시하며, 사도적 메시지가 지니는 계시적 특성과 신적 소명을 강조한다.[125]

---

[122] δεῖ는 하나님께서 미리 정한 운명과 피할 수 없는 사명을 암시한다. 마 16:21; 눅 4:43; 행 3:21; 23:11; 고전 15:25; 고후 5:10. 이 단어는 고전 9:16의 ἀναγκή와 동의어다. BDAG, "ἀναγκή," 61①.

[123] Lohse, *Colossians*, 168-69; Harris, *Colossians*, 195-96. 스밀리는 4:5-6에 나오는 ἐν σοφίᾳ가 외인들에게 말을 효과적으로 또 사람의 매력을 끌게 하는 방법으로 사용되었다는 사실을 그 증거로 제시한다. Smillie, "Ephesians 6:19-20," 215.

[124] 바울은 δεῖ로써 미리 예정된 운명과 피할 수 없는 충동을 강조한다. Wilson, *Colossians*, 293; Dunn, *Colossians*, 264; O' Brien, *Colossians*, 240, 스위니는 골 4:4과 엡 6:20의 구문의 유사성을 들어 바울의 사도적 사명을 가리킨다고 생각한다. Sweeney, "The Priority," 332 n. 63. 하지만, 이 문제를 조심스럽게 접근해야 한다고 경고한 링컨의 견해도 염두에 둘 필요가 있다. Lincoln, "Colossians," 662.

[125] Smillie, "Ephesians 6:19-20," 216; Moo, *Colossians*, 326; W. Mundle, "ἀποκαλύπτω," *NIDNTT*, III: 314.

Christ as the Mystery of God

제 7 장
데살로니가후서

데살로니가후서에는 "비밀"이 예수님의 재림 상황과 관련하여 한 곳(살후 2:7)에 등장한다.

데살로니가후서 2:7

a. 문맥

데살로니가후서 2:7은 주 예수 그리스도의 재림과 그것으로 인해 교회가 마음이 동요되거나 두려워하지 말라는 교훈의 맥락(살후 2:1-12)에 자리한다. 바울은 2장 처음부터 주의 재림의 상황을 데살로니가교회 신자들에게 간략하게 설명한다. 여기서 바울의 관심은 마지막에 될 일을 정확하게 시간표로 제시하려는 데 있지 않다. 그는 마지막에 될 일과 관련하여 마음이 흔들리거나 두려워하지 말라고 권하면서(2절) 진리를 믿지 않고 불의를 좋아하는 사람들에게 경고한다(12절).

데살로니가에는 영(예언)으로나 바울의 편지를 빙자해 주의 재림이 임박했다고 전하면서 사람들에게 두려움을 주는 사람들이 있었다(살후 2:2). 그러나 바울이 판단하기에, 배도하는 일과 "불법의 사람"이 나타나기 전에는 그리스도의 재림은 발생하지 않는다(2:3). 그러면서 바울은 그 "불법의 사람"의 정체를 밝힌다. 그는 "멸망의 아들"(2:3)과 대적하는 자이며(2:4a), 범사에 하나님이라 칭함을 받는 모든 것과 숭배를 받는 것들을 대항하여 자신이 이 모든 것들보다 뛰어나다고 생각하면서 하나님의 성전에 앉아 자신을 하나님이라고 선포하는 자이다(2:4b). 불법의 사람은 하나님의 정하신 때에 틀림없이 나타날 것이다. 그러나 그는 지금 억제되고 있다(2:6).[1]

b. 살후 2:7 주해

이런 맥락에서 바울은 7절에서 "비밀"을 언급하면서 이 단어를 부정적인 의미를 지니는 단어인 "불법의"와 결합하여 사용한다. 본문은 다음과 같다.

---

[1] 불법의 사람의 활동을 억제시키는 실체가 누구인지를 밝히려는 노력이 교부 시대부터 있어 왔다. 브루스는 그 실체를 로마의 황제로 이해한다. F. F. Bruce, 1 & 2 *Thessalonians*, WBC 45 (Waco: Word Books, 1982), 179-88. 반면에, 보크뮤엘은 하나님 또는 천사들을 "억제하는 자"라고 조심스럽게 제안한다. Bockmuehl, *Revelation and Mystery*, 195-96. 그러나 원래 독자들에게는 분명했겠지만 우리에게는 그 실체가 알려지지 않은 채로 있다는 모리스의 언급도 염두에 둘 만하다. L. Morris, *The First and Second Epistles to the Thessalonians*, TNTC (Leicester: IVP, 1958, 1983), 227.

τὸ γὰρ μυστήριον ἤδη ἐνεργεῖται τῆς ἀνομίας· μόνον
ὁ κατέχων ἄρτι ἕως ἐκ μέσου γένηται.

불법의 비밀이 이미 활동했으나, 다만 지금은 억제하는 자가 그 중에서
옮길 때까지 (억제)하리라.

여기서 낯선 용어 "불법의 비밀"이란 어구가 등장한다. "불법의 비밀"이란 어구는 고대 유대교나 신약성경에 정확히 일치하는 병행구가 없다. 이것과 가장 근사한 병행구는 현재 종말론적인 악이 활동하고 있음을 묘사하는 쿰란 문헌의 "죄의 비밀들"이란 어구2)와 요세푸스의 글에 나오는 "악의 비밀"이란 어구다.3) 데살로니가후서의 문맥에서 우리가 알 수 있는 것은 단지 "불법의 비밀"이 디모데전서에 언급된 경건의 비밀(참조. 딤전 3:16)과 상반되는 표현이며, 하나님의 목적에 관한 비밀을 대적하는 사탄의 계획과 어둠의 세력을 가리킨다는 것뿐이다.4) 그렇다면 여기서 "비밀"은 어떤 의미로 이해해야 하는가?

본문에서 "비밀"을 수식하는 소유격 "불법의"는 그것이 "불법에 관한 비밀"5)을 가리키려고 덧붙여진 것은 아닐 것이다. 오히려 이것은 불법의 숨겨진 활동을 언급하려고 사용되었다고 보아야 한다. 즉, 바울은 데살로니가교회에게 마지막 때 적그리스도가 출현하기 이전이라도 "불법"이

---

2) רז עשה(1Q27.1.2. 참조. 1QH 5:36ff.; 1QM 14:9; 15:2f.).

3) Josephus, *Jewish War*, 1.470.

4) Bruce, *1 & 2 Thessalonians*, 170.

5) 이디는 이 비밀이 "불법의"에 의해 특징된다고 생각한다. J. Eadie, *Commentary on the Greek Text of the Epistles of Paul to the Thessalonians* (Grand Rapids: Baker, 1877, 1979), 277.

세상에서 은밀하게 활동하고 있다는 사실을 일깨우고 싶어 한다.[6] 그것은 사탄이 주도하는 배교(apostacy)다. 하나님을 대적하는 배교는 예수님의 재림 때 나타날 징조로 알려져 있다(2:3). 그러나 바울에 따르면, 파루시아가 아직 발생하지 않은 상황에서도 교회 안에는 하나님을 배반(rebellion)하는 "불법"이 이미 은밀하게 활동하기 시작했다는 것이다.[7] 그 종말론적 현상이 지금은 사람들에게 감춰 있다는 것이 "불법의 비밀"을 이해하는 핵심적인 내용이다.

어찌되었든지 바울이 데살로니가후서에서 "비밀"이 감춰져 있다고 언급한 것은 바울의 일반적인 "비밀" 사용례인 "비밀"이 과거에 감춰졌으나 지금은 나타났다고 한 것과 대조된다(참조. 롬 16:25-26; 고전 2:7; 엡 3:9, 10). 보크뮤엘은 이처럼 현재 (불법의) 비밀이 감춰진 현상이 사도가 묵시적인 종말론적 비밀을 언급하면서 제시했던 것과 같은 패턴이라고 설명한다(특히, 롬 11:25-26; 고전 15:51).[8] 즉, 비밀은 종말(그리스도의 재림 때)에 분명히 나타나기까지 현재는 사도에게만 예기적인 차원에서 계시되고 교회에게는 감춰진 채로 있다. 이 사실은 마지막에 일어날 이와 같은 종말론적인 비밀들의 어떤 내용과 관련하여 그것을 깨닫는 통찰이 사도에게만 주어졌다는 것을 보여준다.[9]

본문의 요지는 이렇다. 데살로니가교회는 예수님의 재림이 이르렀다고 가르치는 사람들로 인해 마음이 동요되거나 두려워하고 있지만, 바

---

[6] Bockmuehl, *Revelation and Mystery*, 197.

[7] E. Best, *The First and Second Epistles to the Thessalonians* (London: A & C Black, 1972, 1986), 293.

[8] Bockmuehl, *Revelation and Mystery*, 198.

[9] I. H. Marshall, *1 and 2 Thessalonians*, NCBC (Grand Rapids: Eerdmans, 1987), 195, 199.

울은 그 교회에게 재림의 중요한 전조로서 "불법의 비밀"이 나타날 것을 알려준다. "불법의 비밀"은 지금 활동하고 있다. 그러나 그것의 실체는 아직 나타나지 않고 정한 때까지 억제되고 있다(살전 2:6, 7). 그 "비밀"은 지금 감춰진 어떤 것으로 활동하고 있기 때문이다.[10] "불법의 비밀"은 미래에 "불법한 자"가 나타나는 것으로 그 전모가 드러날 것이며, 그 때에는 주님께서 그를 죽이고 폐하실 것이다(2:8). 바울은 그가 받은 미래와 관련한 이러한 통찰을 교회에게 전하여 그들로 하여금 미래의 일로 두려워하지 않고 용기를 얻게 함으로써 사도로서 그의 사명을 수행하고 있다.

---

10) C. A. Wanamaker, *Commentary on 1 & 2 Thessalonians*, NIGTC (Grand Rapids: Eerdmans, 1990), 255.

Christ as the Mystery of God

제8장
디모데전서

디모데전서에는 3:9과 3:16에 "비밀"이라는 단어가 등장한다. 3:9에서는 집사의 자격을 제시하는 문맥에 언급되었고, 3:16에서는 그리스도의 찬양시에 언급되었다. 각각의 경우에 "비밀"이 어떤 의미로 사용되었으며 비밀의 특성이 무엇인지 살펴보자.

1. 디모데전서 3:9

a. 문맥

본문에는 집사가 갖추어야 할 덕목(딤전 3:8-13) 가운데 하나로 정결한 양심에 "믿음의 비밀"이 소개되었다. 바울이 "집사"[1]에게 특히 "믿음의 비밀"을 요구한 것은 에베소 공동체에 속했던 사람 중에 "믿음에 관하여" 파선한 사람이 있었기 때문이다(참조. 딤전 1:19-20).[2]

b. 딤전 3:9 주해

본문 내용은 다음과 같다.

ἔχοντας τὸ μυστήριον τῆς πίστεως ἐν καθαρᾷ συνειδήσει.

깨끗한 양심에 믿음의 비밀을 가진 자라야 할지니.

본문에서 바울이 염두에 두고 있는 "비밀"이 구체적으로 무엇을 가리키는지는 이 단어와 결합된 "믿음의"라는 소유격에서 그 단서를 찾을 수 있다. 바울서신에 "비밀"이 사도의 복음("복음의 비밀," 엡 6:19)이나 그리스도의 계시(엡 1:9), 또는 그리스도의 비밀(골 1:27)을 의미한다면, "믿음의 비밀"은 기독교 믿음의 객관적인 내용인 "믿음에 속한 비밀"을 의미하든지 "믿음과 관련한 비밀"을 의미할 것이다.[3] "믿음"이 가리키는 것은 이어지는 3:16a의 "그렇지 않다고 하는 이가 없도다"[4]라는 선언에서 구체적으로

---

[1] 집사의 원래의 뜻은 "일꾼"이다. 이 단어는 바울이 자신의 사역을 묘사하면서 사용하던 "일꾼"과 동일한 단어다(고전 3:5; 고후 3:6; 골 1:23; 4:7). BDAG, "διάκονος," 230-31.

[2] T. C. Oden, *First and Second Timothy and Titus* (Louisville: John Knox, 1989), 147.

[3] P. H. Towner, 「목회서신 우리에게 무엇을 교훈하는가?」, 이한수 옮김 (서울: 선교횃불, 2006), 147.

[4] W. Lock, *The Pastoral Epistles*, ICC (Edinburgh: T&T Clark, 1924, 1973), 44. 이 말은 문

밝혀져 있다. 그 내용은 3:16b에 언급된 그리스도와 관련한 복음의 본질적인 내용인 그리스도 안에서 계시된 기독교의 신앙고백 즉, 그리스도에 대한 바르고 충분한 신앙고백이다.[5] 바울은 믿음의 비밀과 그리스도에 대한 바른 신앙고백을 연결하여 "비밀"이 그리스도와 그분과 관련된 사도적 복음이라는 사실을 강조한다.[6]

한 마디로 말해서, "믿음의 비밀"은 기독교 신앙의 총체적인 내용인 그리스도와 관련된 비밀이다. 그리스도는 "전에는 감춰졌으나 지금은 계시된" 하나님의 비밀의 총체이다.[7] 이 사실은 바울이 하나님의 비밀을 그리스도와 관련하여 설명하든지, 그리스도와 동일시한 것과 무관하지 않다 (고전 2:1, 2, 6-8; 엡 1:9; 3:4; 골 1:26, 27; 2:2).

집사의 자격으로 요구되는 믿음의 "비밀"은 신비한 어떤 것을 알거나 경험하는 것이 아니라, 전에 하나님 속에 감춰졌으나 이제는 성령으로 말미암아 그리스도 안에서 계시된 복음을 가리키는 것이 분명하다(롬 16:25-26; 고전 2:7, 10-16; 4:1; 엡 3:3-9).[8]

자적으로 "누구나 고백한다"이다. A. T. Hanson, *The Pastoral Epistles*, NCBC (Grand Rapids: Eerdmans, 1982), 83-84를 보라.

[5] J. N. D. Kelly, *A Commentary on the Pastoral Epistles* (Grand Rapids: Baker, 1963), 82, 88; Lock, *The Pastoral Epistles*, 40.

[6] R. A. Ward, *Commentary on 1 & 2 Timothy and Titus* (Waco: Word Books, 1978), 59.

[7] Towner, 「목회서신」, 147; G. W. Knight, III, *Commentary on the Pastoral Epistles*, NIGTC (Grand Rapids: Eerdmans, 1992), 169.

[8] G. D. Fee, *1 and 2 Timothy, Titus*, NIBC (Peabody: Hendrickson, 1984), 87.

2. 디모데전서 3:16

디모데전서 3:16은 3:9에 언급된 "믿음의 비밀"이 무엇인지를 구체적으로 선언한다.

a. 문맥

바울은 디모데에게 교회에서 어떻게 행할지를 알리는 중에 교회가 하나님의 집이며 진리의 기둥과 터라고 밝힌다(3:15). 이런 상황에서 바울은 경건의 비밀을 소개한다.

b. 딤전 3:16 주해

본문은 다음과 같다.

καὶ ὁμολογουμένως μέγα ἐστὶν τὸ τῆς βείας μυσ ὃς ἐφανερώθη ἐν σαρκί, ἐδικαιώθη ἐν πνεύματι, ὤφθη ἀγγέλοις, ἐκηρύχθη ἐν ἔθνεσιν, ἐπιστεύθη ἐν κόσμῳ, ἀνελήμφθη ἐν δόξῃ.

크도다 경건의 비밀이여, 그렇지 않다 하는 이 없도다. 그는 육신으로 나타난바 되시고 영으로 의롭다 하심을 입으시고 천사들에게 보이시고 만국에서 전파되시고 세상에서 믿은바 되시고 영광 가운데서 올리우셨음이니라.

바울은 여기서 교회가 공유하는 신앙고백을 소개하면서 "경건의 비밀"의 위대함을 공포한다. 그 비밀은 하나님의 백성들이 그리스도에 대하여 고백하는 "계시된 진리"인데, "비밀"은 소유격 "경건의"의 수식을 받는다. "경건"($εὐσέβεια$)이란 단어는 "종교"(religion)라고 번역되기도 하지만,[9] 본문에서 이 단어가 가리키는 것은 좀 더 객관적인 면에서 기독교의 근거와 내용이 되는 "믿음"을 지칭한다고 보아야 한다.[10] 타우너(Towner)는 목회서신에서 "경건"이라는 단어가 시종일관 "그리스도 사건으로 가능해진 하나님에 대한 참 지식에 의해 결정되는 삶의 스타일을 뜻한다"는 사실을 증명함으로써 "경건"을 종교를 뜻하는 말로 이해하는 것은 적절하지 않다고 주장한다.[11]

여기서 바울은 디모데전서 3:9에서 믿음의 객관적인 내용을 지칭했던 "믿음의 비밀"을 경건한 삶의 근거를 제공하는 역사적인 그리스도 사건으로 재 정의하면서 경건의 비밀과 믿음의 비밀이 바울 복음의 핵심인 그리스도와 본질적으로 동일하다는 사실을 천명한다.[12] 그 내용은 구체적으로 관계대명사($ὅς$)구문에 담긴 여섯 개의 문장으로 표현되었다.

$ὅς$[13] (그분은),
$ἐφανερώθη\ ἐν\ σαρκι$ (육신으로 나타난바 되시고)
$ἐδικαιώθη\ ἐν\ πνεύματι$ (영으로 의롭다 하심을 입으시고)

---

[9] BDAG, "$εὐσέβεια$," 412; Hanson, *The Pastoral Epistles*, 84.

[10] Fee, *1 and 2 Timothy*, 92.

[11] Towner, 「목회서신」, 148, 287.

[12] Bockmuehl, *Revelation and Mystery*, 212; Towner, 「목회서신」, 149.

[13] 이 단어는 본문비평의 문제가 있다. 그 선행사를 $τὸ\ μυστήριον$으로 생각하고 있는

ὤφθη ἀγγέλοις (천사들에게 보이시고)

ἐκηρύχθη ἐν ἔθνεσιν (만국에서 전파되시고)

ἐπιστεύθη ἐν κόσμῳ (세상에서 믿은바 되시고)

ἀνελήμφθη ἐν δόξῃ (영광 가운데 올리우셨음이니라).

본문에 사용된 동사는 모두 -θη로 끝나는 부정과거(aorist) 수동태로서 각운을 형성하며, 세 번째 동사(ὤφθη)를 제외하고는 ἐν전치사구를 동반한다. 부정과거형 동사는 여기에 언급된 것이 과거에 발생한 행위를 표시한다.[14] 이 찬양에 묘사된 분은 그리스도이시다.

여기서 바울은 그리스도의 성육신으로부터 그분의 높아지심, 그리고 그리스도 선포와 교회의 믿음을 아우르는 하나님의 구원의 사건들을 비밀의 내용으로 제시한다.[15] 바울이 여기서 그리스도와 관련된 이 내용을 "경건의 비밀"이라고 언급한 것은 디모데전서에 반영된 거짓 교사들이 왜곡된 교훈을 가르치는 것을 견제하려는 의도가 담긴 게 틀림없다.[16] 그들은 혼인을 금하고 금식을 강요하는 등 잘못된 경건을 가르쳤으며, 금욕을 경건의 표지라고 생각했다(4:1-5). 바울은 이들이 비의적인 지식을 강조하는 것을 믿음과 진리에서 떠났고 영과 귀신의 가르침을 따르는 것이라

ὅ(D* lat)와 선행사를 θεός로 이해한 ὅς(A C D)로 나뉜다. 본문비평의 문제와 UBS⁴에서 ὅς를 {A} 등급으로 본문으로 채택한 이유를 설명한 Metzger, 「신약 그리스어 본문 주석」, 555-56을 보라. 또한 Fee, *1 and 2 Timothy*, 95. 하지만 본문에서 ὅς는 그리스도를 가리키는 것이 분명하다.

14) R. J. Karris, "1 Timothy 3:16 - The Universality of Salvation in Christ Jesus," in *A Symphony of New Testament Hymns* (Collegeville: Liturgical, 1996), 113.

15) M. Dibelius and H. Conzelmann, *The Pastoral Epistles*, Hermeneia (Philadelphia: Fortress, 1983), 63.

16) Karris, "1 Timothy 3:16," 115-16.

고 판단한다(4:1). 그리고 그는 이 찬양에 묘사된 그리스도를 믿는 믿음에 근거하여 바른 경건을 추구하기를 권한다(4:6-8). 비밀 내용과 관련하여 찬양 내용을 살펴보자.

찬양 내용 중 첫 행("육신으로 나타난바 되시고")은 언뜻 보기에 과거 역사 가운데 등장하신 그리스도의 성육신을 언급하는데(요 1:14), 성육신에만 제한되지 않고 인성을 입으신 그리스도의 출현과 그분의 지상 사역 전체를 지칭한다고 보는 것이 더 낫다.[17] 여기서 바울은 신성을 가지신 분이 세상에 들어오시면서 자신을 "육신으로" 계시하셨음을 강조한다. 그러므로 "나타난바 되다"라는 단어는 계시 용어이다.[18] 이 단어는 전에 감춰진 것이 구원사적으로 모습을 드러낸(계시한) 것을 표현한다.

세 번째 행의 그리스도께서 "천사들에게 보이셨다"는 표현은 예수 그리스도의 부활을 언급하는 것인데, 여기서 특히 주목을 끄는 것은 "보이시고"가 수동태라는 점이다. 이것은 그리스도의 자기 현현(self-exhibition)을 강조한다.[19] 바울이 그 대상으로 천사들을 언급한 것은 그리스도 사역의 우주적인 특성을 강조하려는 데 목적이 있음이 분명하다.[20]

네 번째 행("만국에서 전파되시고")과 다섯 번째 행("세상에서 믿은바 되시고")은 신약 시대에 사도에 의하여 이방인들에게 전파된 복음의 종말론적 현상을 가리킨다(롬 16:26; 엡 3:6, 8; 골 1:27).[21] 예수님(의 성육신과 부활)과 그분의

---

[17] Kelly, *Pastoral Epistles*, 90; Towner, 「목회서신」, 153.

[18] Knight, *Pastoral Epistles*, 184.

[19] ὤφθη가 예수님의 부활의 나타남을 가리키려고 사용된 예를 보라. 눅 24:31, 34; 행 9:17; 13:31; 고전 15:5-8. 그러나 이 단어가 부활 이후 현현에 제한되지 않는다는 타우너의 주장도 귀담아 두어야 한다. Towner, 「목회서신」, 159.

[20] Knight, *Pastoral Epistles*, 185; Karris, "1 Timothy 3:16," 121.

[21] Fee, *1 and 2 Timothy*, 95; P. H. Towner, *The Goal of Our Instruction: The Structure of*

구원하시는 사역과 그 결과는 영광스러운 복음의 내용을 구성한다. 이 내용은 바울이 교회에 전파한 하나님의 비밀과 그리스도의 비밀과 정확히 일치한다.[22]

그러므로 본문의 그리스도 찬양은 기독교 공동체가 믿고 있는 객관적인 교훈 총체를 그 내용으로 한다.[23] 교회가 보유해야 할 믿음의 핵심은 그리스도이다. 그것은 그리스도가 하나님의 비밀의 핵심이시기 때문이다. 여기서 기독교의 경건이 다른 종교의 그것과 다른 독특성이 있다. 디모데전서 3:16은 기독교의 비밀이 우리의 믿음의 내용인 기독론과 밀접한 관련이 있다는 바울 "복음"의 핵심을 요약적으로 묘사한다(참조. 고전 2:1; 4:3; 엡 3:4; 6:19).[24] 기독교의 비밀은 그리스도와 관련한 분명한 역사적 사건에 근거한다. 그것은 기독론적인 사건이며 동시에 종말론적인 사건이다. 디모데전서에서도 "비밀"은 과거에 감춰졌으나 이제는 계시된 하나님의 구원 계획이라는 "비밀" 개념의 특징적인 의미를 상실하지 않았다.[25]

Theology and Ethics in the Pastoral Epistles, JSNTSS 34 (Sheffield: Sheffield Academic, 1989), 128.

[22] D. L. Akin, "The Mystery of Godliness Is Great: Christology in the Pastoral Epistles," in *Entrusted with the Gospel: Paul's Theology in the Pastoral Epistles*, eds. A. J. Köstenberger and T. L. Wilder (Nashville: B&H Academic, 2010), 140.

[23] P. T. O'Brien, "Mystery," in *DPL*, eds. G. F. Hawthorne; R. Martin and D. G. Reid (Downers Grove: IVP, 1993), 623.

[24] C. F. D. Moule, "Mystery," in *IDB*, III: 480.

[25] Kelly, *Pastoral Epistles*, 89.

요약

바울이 "비밀"을 다양한 경우에 적용했지만, 매 경우 우리는 그가 일관된 의미로 이 용어를 사용하고 있음을 관찰할 수 있다. 바울은 이전 시대에는 알려지지 않았지만(감춤), 하나님께서 마지막 날에 자기 백성을 위하여 계시하신 구원사적인 사건(계시)으로서 비밀 개념을 가졌다.

바울의 "비밀" 사용은 구약성경의 선지자들이 받은 계시, 그 중에서도 다니엘 2장에 언급된 라쯔의 의미에 근거한다. 그는 다니엘서(2장)에 등장하는 비밀의 감춤과 계시 패턴을 따라 이 단어를 사용하면서도, 그리스도 안에서 그 비밀이 "계시되었다"는 것과 "그리스도 안에서"만 그 비밀이 알려졌다는, 비밀 이해에 종말론적 관점과 기독론적 관점을 표명한다. 특히 바울은 그의 사도직을 하나님의 비밀을 선포하는 것과 관련하여 이해한다. 앞에서 살펴본 바울서신에 나타난 바울의 비밀 이해는 네 가지로 요약할 수 있다.

첫째, 바울은 "비밀"을 자신이 받은 계시를 표현할 때 사용한다(고전 2:7, 10; 14:2). "비밀"은 원래 올 시대에 계시될 하나님의 구원 계획을 의미했다. 이전에 감춰진 하나님의 경륜이 마지막 때에 나타났다. 바울이 비밀의 내용을 구약성경을 연구하여 얻었든지, 아니면 선지자적 특별 영감을 받아 알게 되었든지 간에 바울 자신은 이 비밀이 때가 찬 경륜을 따른 하나님의 최종적인 계시라고 선언함으로써(갈 4:4; 엡 1:9) 그의 "비밀" 선포에 신적인 기원이 있음을 밝힌다. 이는 "사람의 뜻을 따라 된 것이 아니라 ……오직 예수 그리스도의 계시로 말미암은 것"이다(갈 1:11-12). 그래서 바울 복음은 "예수 그리스도의"[1] 계시이다.

둘째, 바울은 이 비밀을 "그리스도 안에서" 실현된 하나님의 구원 목적이라고 선언한다. "비밀"은 "하나님의 비밀"이며(고전 2:1; 4:1. 참조. 골 2:2), 동시에 "그리스도의 비밀"이다(엡 3:4; 4:3. 참조. 골 4:3). 사도로서 바울의 직분은 하나님의 말씀을 이루어 비밀의 영광이 이방인 가운데 풍성히 알려지게 하는 것이다. 비밀의 기독론적인 특성은 바울이 골로새서에서 이 "비밀은 곧 그리스도시니"라고 선언하는 것에서 극명하게 표현된다(골 1:27). 이것은 바울이 계시로 받은 비밀의 내용이 예수 그리스도이심을 상기시킨다. 그래서 바울은 그의 복음을 그리스도를 전파한 것과 동일시하고(롬 16:25), "비밀"의 계시를 따른 것이라고 선언한다(롬 16:26). 이것은 바울이 자기가 전파한 복음을 "그(하나님)의 아들에 관한" 것이라고 밝힌 것과 관련이 있다(롬 1:2). 한 마디로 말해서 바울은 예전에 "감춰진" 비밀을 그리스도 안에서 "나타나고" "이루어진" 성취 개념으로 바꾸었다.

셋째, 바울은 그의 복음을 그리스도와 동일시할 뿐만 아니라 비밀의 종말론적인 특성을 강조한다(롬 16:25, 26). 이 말은 비밀이 이전 시대에 감춰져 있었고(고전 2:6) 구약시대의 사람들에게는 알려지지 않았었는데, 신약교회의 성도들에게 알려진 마지막 때가 임하였음을 의미한다(엡 3:5, 9). 이러한 이해는 예수님의 죽으심과 부활로 새 시대가 임했다는 바울의 시대 이해에 근거한다(고후 5:15-17). 바울의 비밀 이해는 그의 종말론 이해와 함께한다. 바울에게 미래 종말론은 여전히 남아 있었지만, 그리스도 안에서 올 시대는 이미 지금 여기 와 있다.[2]

---

1) 이것은 목적어로 사용된 소유격(Obj. Gen)이다. Betz, *Galatians*, 63; Bruce, *Galatians*, 89. 그러나 이것을 바울이 받은 계시의 내용이 아니라 바울 설교 내용을 "계시하신 그리스도"로 이해하는 롱게네커의 견해도 무시하지 못한다. Longenecker, *Galatians*, 24.

바울 당대의 유대인들의 생각과는 다르게, 바울의 종말론적 시각의 변화는 예수 그리스도의 오심과 십자가에 죽으심 그리고 부활이 역사에 결정적인 전환점을 가져왔다는 믿음에서 왔다. 그리스도 사건(그리스도의 죽음과 부활)과 바울의 하나님의 비밀 선포는 때가 찬 경륜에 따른 것이다(갈 4:4; 엡 1:9). "때가 찼다"는 표현에는 종말론적 구원과 심판을 행하시는 하나님의 정한 때가 임했다는 묵시적 의미가 담겨 있다.[3] 그 비밀은 하나님의 전 경륜의 나타남이다(행 20:27). 하나님의 전 경륜은 감춰진 비밀(엡 1:9; 3:3, 4, 9; 골 1:27; 2:2)로, 그 뜻(엡 1:1, 5, 9, 11; 5:17; 6:6)으로, 기쁘신 뜻(엡 1:5; 2:9)으로, 목적(엡 1:11; 3:11)으로, 지혜(엡 1:8, 17; 3:10; 1:27)로 각기 달리 표현되었지만, "때의 충만"은 하나님의 구원 계획이 이미 성취되었고 그래서 이전에 감춰진 비밀이 계시되었다는 성취(즉, 이미)의 종말론을 강조한다.[4] 이런 의미에서 바울의 복음 선포는 종말론적 행위였다.[5]

종말이 이미 시작되었으므로 종말과 관련된 비밀의 내용인 하늘에 있는 것이나 땅에 있는 것이 하나가 되는 일이 이미 발생하였다(엡 1:10). 이것이 구체적으로 나타난 예는 유대인과 이방인이 하나가 된 것이다(엡 2:11-22; 3:3-6). 그러나 바울의 종말론에서 현재적 종말론만 존재하는 것은 아니다. 바울은 비밀을 하나님의 계획의 구체적인 내용들, 특히 미래와 관련된

---

[2] M. Silva, "Old Testament in Paul," in *DPL*, 636.

[3] "때가 찼다"는 것은 "이 세상의 끝"(마 13:39, 40, 49; 24:3; 28:20; 히 9:26), "마지막 날"(히 1:2), "때의 충만"(막 1:15; 눅 21:24; 엡 1:10), "말세"(고전 10:11)와 연관이 있다. Bockmuehl, *Revelation and Mystery*, 135과 135 n. 14.

[4] G. B. Caird, *New Testament Theology* (Oxford: Clarendon, 1994), 40-41.

[5] 바울 복음의 종말론적인 특성에 대해서는 다음의 글들을 보라. Beker, *Paul the Apostle*, 156-59, 177-81; O' Brien, *Gospel and Mission*, 6-9. 또한 선지자들의 종말론적 계승자로서 바울에 대해서는 K. O. Sandnes, *Paul-One of the Prophets?: A Contribution to the Apostle's Self-Understanding*, WUNT 2/43 (Tübingen: Mohr-Siebeck, 1991), 48-70을 보라.

하나님의 계획을 언급한다. 이스라엘의 미래(롬 11:25-36)와 우리 몸의 부활 등은 장차 분명히 공개될 하나님의 비밀이다(고전 15:51-57).

넷째, 바울은, 그의 사도직을 비밀을 맡은 자로 이해한다(고전 4:1; 골 1:25, 26). 바울은 이 내용을 다메섹 도상에서 계시로 받았다(행 26:16-18; 엡 3:3).[6] 다메섹 사건은 바울이 선지자로, 또 하나님의 말씀의 일꾼으로 부름 받은 소명 사건이다(갈 1:15, 16; 엡 3:8, 9; 1:23-25). 바울은 그의 사도직을 하나님의 구원 계획인 비밀을 전하는 것으로 이해하고(엡 3:2, 7), 심지어 교회에게 자신을 "하나님의 비밀"을 맡은 청지기와 일꾼으로 알아주기를 바랐다(고전 4:1; 엡 3:8). 그럼으로써 바울은 그의 복음 전체가 계시에 의한 것이고, 그의 사도직이 이 계시의 내용을 전하는 데 있음을 천명한다.[7] 이 비밀이 바울에게 계시된 것은 이전 시대에 알려지지 않은 하나님의 비밀의 풍성함을 이방인들에게 전하게 하려 데 있다(고전 1:26; 엡 3:8, 9; 골 4:3, 4). 바울의 복음 선포는 특히 이방인들이 믿어 순종케 하려고 알게 한 비밀의 계시를 따른 것이다(롬 16:25, 26).

이와 같은 바울의 비밀 이해는 한편 다니엘의 감춤과 계시의 패턴을 따라 구약성경에 예언된 종말론적 비밀의 나타남으로 이해한 것이다. 하나님의 비밀의 감춰진 차원은 처음에 바울과 같은 소수의 몇 사람에게만 알려졌다. 하지만 바울과 같은 중보자에 의해 그 비밀은 다른 사람에게도

---

[6] R. Lemmer, "ἡ οἰκονομία τοῦ μυστηρίον τοῦ ἀποκεκρυμμένου ἐν τῷ θεῷ - Understanding 'body of Christ' in the Letter to the Ephesians," *Neot* 32 (1998), 477. 김세윤은 이방인 선교 역시 이때 받은 계시의 내용이라고 주장한다. Kim, *The Origin*, 56-66.

[7] Kim, *The Origin*, 56; Rowland, *The Open Heaven*, 378.

알려졌다(고전 2:6-10. 비교. 고후 4:3-18). 하나님의 비밀은 옛 시대 사람들에게는 감춰진 채로 있었지만, 이제 하나님의 백성에게는 알려졌다. 성도들은 계시의 시대에 산다. 하지만 하나님께서는 그분의 구원 계획을 자신을 모르는 사람들에게는 그 비밀을 여전히 감추신다.

제 9 장
요한계시록

요한계시록은 묵시이며, 마지막 때의 비밀들을 다루는 책이다. 요한계시록의 서론(1:1)은 요한계시록의 특성을 잘 표현한다. "예수 그리스도의 계시라 이는 하나님이 그(예수 그리스도)에게 주사 반드시 속히 일어날 일들을 그 종들에게 보이시려고 그의 천사를 그 종 요한에게 보내어 알게 하신 것이라." 본문에 따르면, 요한계시록은 예수 그리스도의 "계시"이며, 그 계시는 하나님께서 그의 "종들에게 반드시 속히 일어날 일을 보여준 것"이다.[1] 크라프트(Kraft)는 속히 될 것이 계시된다는 표현에 다니엘 2:28, 29, 45과 아모스 3:7-8에 언급된바 마지막 사건이 실제로 일어나기 전에 하나님께서 선지자들에게 그 내용을 예고해주시는 패턴이 반영되었다고 지적

---

[1] 적어도 본문에 등장하는 "계시"와 "속히 될 일"에는 다니엘의 Theodotion역이 반영되었다. S. Moyise, *The Old Testament in the Revelation*, JSNTSS 115 (Sheffield: Sheffield Academic, 1995), 46.

한다.2) 하나님께서 선지자들에게 마지막 때에 될 일(또는 장차 될 일)을 계시하셨듯이, 요한계시록에서 하나님(1:1)과 주님(1:10-20)은 요한에게 마지막 때와 관련된 내용을 계시하신다는 점에서 요한계시록에 다니엘 2장의 라쯔 개념이 반영되었다는 암시를 받는다. 요한계시록에는 "비밀"이라는 단어가 네 곳(1:20; 10:7; 17:5, 7)에 등장한다. 각각의 경우에 비밀은 구체적으로 어떤 의미로 사용되었는지 살펴보자.

1. 요한계시록 1:20

요한계시록 1:20은 사도 요한이 밧모 섬에서 본 인자 환상(1:10-20) 단락에 들어 있다.

a. 문맥

요한은 인자 환상에서 주님으로부터 그가 본 것을 기록하라는 말씀을 들었다. 요한이 본 것은 금 촛대 사이에 다니시는 인자이며(1:12-18), 그가 기록할 내용은 "네가 본 것과 지금 있는 일과 (이후에)3) 장차 될 일"이다(19절). 20절은 요한이 본 것 중에서 특히 인자의 "오른손의 일곱 별의 비밀과 또 일곱 금 촛대"에 주목한다. 그래서 20절에 표명된 "비밀"의 의미가 무엇인지 알려면 19절의 의미를 먼저 이해해야 한다.

---

2) H. Kraft, *Die Offenbarung des Johannes* (1974), 「요한묵시록」, 국제성서주석 47 (서울: 한국신학연구소, 1983, 1993), 33.

3) 한글 개역성경에는 "이후에"(*meta tauta*)가 생략되었다.

19절은 요한계시록 해석의 핵심 구절이라고 할 만큼 요한계시록의 구조와 내용을 이해하는 데 중요한 구절이다. 많은 학자들이 19절의 "네가 본 것"을 과거의 일(1장)로, "이제 있는 일"을 현재의 일(2-3장)로, "장차 될 일"을 미래의 일(4-22장)로 이해하려 한다.[4] 이 정도까지는 아니지만 비슬리 머리는 이 문구에서 "네가 본 것"은 1:11을 반복한 것이고, "이제 있는 일"과 "장차 될 일"은 요한계시록의 나머지 내용을 가리킨다며, 본문에서 두 개의 요점만을 찾는다.[5]

그러나 이 두 견해는 요한계시록의 장(章)들이 정확하게 과거나 현재 또는 미래로 나눠지는 것이 아니며 요한계시록의 장면과 넓은 문단에 세 시제의 사건이 섞여 있다는 요한계시록의 특성을 간파하지 못한 설명이다. 요한계시록에는 곳곳에 종말론적인 경고와 약속들이 있으면서 동시에 현재 교회에 대한 종말론적인 해석이 엿보이기 때문이다.[6] 11장이 요한계시록 전체가 과거, 현재, 미래를 담고 있음을 분명하게 보여주는 좋은 예이다.

요한계시록의 이러한 특성을 고려한다면, 1:19에 등장하는 문제의 어구는 시간적인 도식이 아니라 다른 면에서 이해해야 한다. 힐(Hill)은 "네 본 것과 이제 있는 일과 이 후에 장차 될 일"이라는 어구가 "예언을 묘사하

---

[4] 이 구절에 너무 얽매어 세대주의자들은 요한계시록을 엄격하게 과거(1장), 현재(2-3장), 미래(4-22장)를 표현하는 것으로 도식화한다. J. Walvoord, 「요한계시록」두란노 강해주석시리즈 (서울: 두란노, 1988), 23; R. L. Thomas, *Revelation 1-7*, EC (Chicago: Moody, 1993), 113. 그밖에 Swete, Charles, Ladd, Kraft, Chilton도 그렇게 보려한다.

[5] G. R. Beasley-Murray, *Revelation*, NCBC (Grand Rapids: Eerdmans, 1983), 68. 그밖에 Caird, Beckwith, Mounce, Johnson, Wall도 이 견해를 견지한다.

[6] 1:19을 중심으로 요한계시록을 세 시대로 나누려는 견해를 비평한 오스본의 간략하지만 핵심적인 비평 내용을 보라. G. R. Osborne, *Revelation*, BECNT (Grand Rapids: Baker Academic, 2002), 97.

는 일반적인 공식"이라고 밝힌다.[7] 마이클스(Michaels)는 여기서 한 걸음 더 나아가 1:19의 세 시제(과거, 현재, 미래)를 요한계시록의 화자인 요한이 환상을 보는 당사자로서 그에게 그 환상을 해석할 수 있는 전지(全知)가 있음을 밝히는 것에 불과하다고 생각하고,[8] 스미스(Smith)는 요한이 자기의 글(요한계시록)이 하나님에 의해 영감을 받은 것임을 강조하려고 이렇게 표현했다고 제시함으로써 19절의 표현을 시간과 관련하여 이해하기보다는 예언으로서 요한계시록과 이 글을 쓰는 요한과의 관계를 보여주는 것으로 이해해야 한다고 주장한다.[9] 이런 점에서 이 문구는 예언자적 관점에서 요한이 본 전체 환상 내용(요한계시록 전체의 내용)을 언급하는 어구로 이해해야 한다.[10]

그러면서도 각각의 표현은 다음과 같은 사실을 강조한다. "네가 본 것"은 요한이 본 인자 환상(1:12-16)에 주목한다. 이 환상에서 그리스도는 살아 계시며, 세상에서 그분에게 속한 사람들을 능동적으로 돌볼 수 있는 분으로 자신을 계시하신다. "이제 있는 일"은 현재 어떤 특정한 어려움에 빠진 교회들의 상태를 염두에 두면서 요한계시록의 메시지가 그들에게 주시는 그리스도의 메시지라는 사실을 강조한다. 그러므로 이 내용은 2-3장

---

[7] D. Hill, *New Testament Prophecy* (Atlanta: John Knox, 1979), 76. 또한 W. J. Harrington, *Revelation*, Sacra Pagina (Collegeville: The Liturgical, 1993), 51; D. Aune, *Revelation 1-5*, WBC 52A (Dallas: Word Books, 1997), 105; 홍창표, 「요한계시록 해설」, 제1권 (서울: 크리스챤 북, 1999), 231를 보라. 이 내용은 비교적 초기에 판우닉이 주장했었다. W. C. van Unnik, "A Formula Describing Prophecy," *NTS* 9 (1962-63): 86-94.

[8] J. R. Michaels, "Revelation 1.19 and the Narrative Voices of the Apocalypse," *NTS* 37 (1991), 606-608.

[9] C. R. Smith, "Revelation 1:19: An Eschatologically Escalated Prophetic Convention," *JETS* 33 (1990), 461-62.

[10] M. Reddish, *Revelation* (Macon: Smith and Helwys, 2001), 42; B. Witherington, *Revelation*, NCBC (Cambridge: Cambridge University Press, 2003), 82.

에 한정되지 않는다. "이 후에 장차 될 일"은 살아계신 주님이 교회와 함께 하신다는 것과 교회는 확신을 가지고 주님의 재림을 기다릴 수 있다는 사실을 강조한다.[11]

빌은 특히 "이 후에 장차 될 일"의 형식이 다니엘 2: 28-29, 45의 용어로 구성되었다는 사실에 주목한다.[12] 두 본문에 다음과 같은 병행구가 발견된다.

요한계시록 1:19	다니엘 (LXX)	다니엘 (Theodotion)
	2: 28 ἃ δεῖ γενέσθαι (후일에 될 일) ἐπ' ἐσχάτων τῶν ἡμερῶν (마지막 날에)	2: 28 ἃ δεῖ γενέσθαι (반드시 될 일) ἐπ' ἐσχάτων τῶν ἡμερῶν (마지막 날에)
ἃ μέλλει γενέσθαι (장차 될 일) μετὰ ταῦτα (이 후에)	2: 29 ὅσα δεῖ γενέσθαι (장래 일) ἐπ' ἐσχάτων τῶν ἡμερων (마지막 날에)	2: 29 τί δεῖ γενέσθαι (반드시 될 일) μετὰ ταῦτα (이 후에)
	2: 45 ἐσόμενα (장래 일) ἐπ' ἐσχάτων τῶν ἡμερῶν (마지막 날에)	2: 45 ἃ δεῖ γενέσθαι (장래 일) μετὰ ταῦτα (이 후에)

---

11) P. Prigent, *Commentary on the Apocalypse of St. John*, trans. W. Pradels (Tübingen: Mohr Siebeck, 2001), 145.

12) Beale, *The Use of Daniel*, 168.

두 본문 사이에 병행구를 보면, 요한계시록 본문이 다니엘 본문을 염두에 두고 예언 성취의 측면을 강조한다는 인상을 받는다. 그런데 빌이 요한계시록과 다니엘에 언급된 마지막 때를 암시하는 용어와 반드시 성취될 것을 가리키는 것 사이에 직접적인 병행구가 존재한다고 생각하는 것과는 달리, 엄밀하게 이야기하자면 요한계시록과 다니엘에는 단어가 정확하게 일치하는 병행구가 아니라 마지막 때와 성취라는 사상적인 병행구가 발견된다고 말해야 옳다.

요한계시록과 다니엘 본문에 다른 요소도 발견되는데, 다음과 같다. 첫째로 요한계시록의 전체 내용을 암시하는 "이 후에 장차 될 일"은 자구적으로는 70인경의 "날들의 마지막에"보다는 Theodotion역의 "이 후에"(단 2:29, 45)를 반영했다. 또한 요한계시록 1:19의 이 후에 "될 일"[13]이라는 언급은 다니엘의 반드시 성취될 것을 가리키는 "후일에 될 일" 즉, "장래 일"(단 2:28, 29, 45. 참조. 계 1:1)의 어구에서 벗어났으며, "곧 이어 발생할 것"을 강조한다. 그나마 요한계시록의 의미와 가까운 경우가 다니엘 2:45(LXX)의 "장래 일"일 것이다.

상황이 이러하다면, 아우네(Aune)가 잘 관찰했듯이, 요한계시록의 "장차 될 일"이라는 표현은 이 본문과 언어적으로 병행 관계가 더 분명한 이사야 48:6의 영향을 받았을 가능성이 더 많다.[14] "네가 들었으니 이 모든 것을 보라 너희가 선전하지 아니하겠느냐 이제부터 내가 새 일 곧 네가 알지 못하던 은비한 일을 네게 듣게 하노니." 이사야 본문은 하나님께서 이

---

13) 요한계시록 1:1과 비교.

14) 이사야 48:6(LXX)은 다음과 같다. "ἐποίησα τὰ καινὰ ἀπὸ τοῦ νῦν ἃ πέλλει γίνεσθαι." Aune, *Revelation 1-5*, 106; Kraft, 「요한묵시록」, 82. 또한 Moyise, *The Old Testament*, 47.

제부터 장차 있게 될 새로운 것을 창조하시겠다는 예언이다. 요한계시록의 내용은 이사야 예언을 염두에 두면서 새 창조가 있을 것이라는 예언 성취가 임박했음을 보여준다. 동시에 비록 다니엘과 요한계시록이 어구적인 변형으로 정확히 일치가 되지는 않았지만, 분명한 것은 요한이 받은 환상(계 1:12-16)과 그 해석(1:19-20)에 다니엘의 꿈 해석에 반영된 종말론적인 계시가 성취되었음이 천명되고 있다는 사실이다.[15]

더욱이 요한계시록 1:20에 등장하는 "비밀"은 1:12-20 환상이 다니엘 2:29, 45에 나오는 "비밀"의 종말론적인 의미를 제시(해석)하려는 데 있다는 확실한 증거다.[16] 이 사실로 미루어, 다니엘 2:28에 나오는 어구('반드시 될 일')는 요한계시록 1:1의 "하나님이 주사 반드시 속히 될 일"과 그것을 "예수 그리스도의 계시"라고 선언한 요한계시록의 표제어와 연결된다.[17] 그렇다면 1:20에 등장하는 "비밀"이 1절에 언급된 계시와 어떤 관련이 있으며, 19절에 언급된 요한계시록의 내용과 20절에 언급된 "일곱 별의 비밀"과 "일곱 금촛대"의 비밀과 어떤 관계가 있는지 살펴보자.

b. 계 1:20 주해

본문 내용은 다음과 같다.

---

[15] 요한계시록에서 1:19-20의 의의를 다니엘 2장과 관련하여 방대하게 논의한 G. K. Beale, *The Book of Revelation*, NIGTC (Grand Rapids: Eerdmans, 1999), 152-70; idem, "The Interpretative Problem of Rev. 1:19," *NovT* 34 (1992): 360-87을 보라.

[16] G. K. Beale, *John's Use of the Old Testament in Revelation*, JSNTSS 166 (Sheffield: Sheffield Academic, 1998), 255.

[17] Kraft, 「요한묵시록」, 33.

τὸ μυστήριον τῶν ἑπτὰ ἀστέρων οὓς εἶδες ἐπὶ τῆς δεξιᾶς μου καὶ τὰς ἑπτὰ λυχνίας· οἱ ἑπτὰ ἀστέρες ἄγγελοι τῶν ἑπτὰ ἐκκλησιῶν εἰσιν καὶ αἱ λυχνίαι αἱ ἑπτὰ ἐκκλησίαι εἰσίν.

네가 본 것은 내 오른손에 일곱 별의 비밀과 일곱 금촛대라. 일곱 별은 일곱 교회의 사자요 일곱 촛대는 일곱 교회니라.

20절은 요한이 본 환상(의 특정한 대상)에 등장하는 중요한 실체인 일곱 별과 일곱 금촛대를 해석한 내용이다. 그리스도께서는 요한에게 상징적인 모습을 보여주시고는(1:12-16), 상징만으로는 그 의미가 분명하게 드러나지 않자, 상징이 가리키는 대상(특히, 1:12, 16)의 의미를 친히 밝혀주신다.[18] 이 본문에서 "비밀"은 직접적으로 일곱 "별"과 연결되어("일곱 별의 비밀") 등장한다. 그 이유를 키너(Keener)는 별이 지중해 세계에서 미래를 알려주는 일종의 계시 기능을 했다는 사실로 설명한다. 키너에 따르면, 하나님께서는 별들을 이용하여 미래를 지시하거나 계시하셨다.[19] 그래서 비밀이 별과 연결된 것은 그 비밀이 계시의 내용을 전달하려는 의도로 등장했음이 분명하다. 주님께서는 일곱 별의 "비밀"을 "일곱 교회의 사자"라고 밝히셨다.

그런데 주님은 "일곱 별"의 비밀만 밝혀주신 것이 아니라, "일곱 촛대가 일곱 교회"라고 "일곱 금촛대"의 의미도 밝혀주셨다. 그러므로 본문

---

18) 꿈, 환상, 에언 등은 해석이 요구되는 "비밀"이다. Aune, *Revelation 1-5*, 106.

19) 키너는 요세푸스와 필로를 예로 든다. C. S. Keener, *Revelation*, The NIVAC (Grand Rapids: Zondervan, 2000), 99.

에서 어구상 "비밀"이란 단어가 "일곱 별"과만 결합되었지만, "일곱 금촛대" 역시 "일곱 별의 비밀"처럼 해석이 주어진 것으로 봐서, 이 상징어들("일곱 별"과 "일곱 금 촛대")은 단지 "상징(symbol)"의 의미를 넘어 "비밀"이란 단어가 지니는 묵시적인 내용을 전달한다는 암시를 받는다. 사실 요한은 하나님께서 가리신 것을 제거하지 않으면 하나님 이외에는 아무도 알 수 없다는 "비밀"의 사용례를[20] 환상의 내용을 설명하는 데 적용하였다. 1:20의 구문을 주의해서 읽으면 이 사실을 쉽게 이해할 수 있다. 본문에서 "비밀"은 목적격으로서, 어떤 관점을 나타낸다. 또한 일곱 금 촛대는 비밀과 병렬되며, 이것 역시 관점을 나타낸다. 그래서 이 구문은 다음과 같이 읽을 수 있다. "일곱 별의 비밀에 관해서라면 ……일곱 별은 사자들이다." "일곱 촛대에 관해서라면 ……일곱 촛대는 일곱 교회다."[21]

20절에 설명이 필요한 또 다른 요소가 있다. 일곱 촛대가 일곱 교회를 가리킨다는 것은 이해하기가 어렵지 않지만, "일곱 별이 일곱 교회의 사자(ἄγγελοι)"라고 표현한 부분은 설명이 필요하다. 여기서는 "사자"가 지칭하는 존재가 누구인지가 문제다. 이 문제를 밝히려는 제안이 몇 가지 있는데, 적어도 네 가지로 요약된다.[22]

첫째, 앙겔로이(ἄγγελοι)를 교회의 지도자(목사나 감독) 즉, 사신들을 가리킨다고 보는 견해(Hendricksen, Hughes).[23] 이 견해에 따르면, 앙겔로이는

---

[20] Witherington, *Revelation*, 83.

[21] 1:20의 문법적 설명에 대해서는 D. B. Wallace, *Greek Grammar Beyond the Basics* (Grand Rapids: Zondervan, 1996), 203-204를 보라.

[22] Osborne, *Revelation*, 98-99.

[23] W. Hendricksen, *More Than Conquerors: An Interpretation of the Book of Revelation* (Grand Rapids: Baker, 1940, 1982), 58; E. Hughes, *The Book of the Revelation* (Leicester: IVP, 1990), 30-31. Zahn, Brownlee, Lenski도 이 견해를 따른다.

각각의 교회를 대표하는 사람들이다. 그런데 요한계시록 2, 3장을 제외한 나머지 부분과 신약의 다른 부분에서 앙겔로이가 교회의 지도자를 지칭하는 예가 없고 대부분 천상적인 실체를 언급한다는 것이 이 견해의 취약점이다.

둘째, 이들을 교회의 지도자를 가리키는 것이 아니라 일반적인 "사신"(메신저)을 가리킨다는 견해(Aune, Thomas). 아우네는 고대 헬라에서 이 단어가 신(神)의 "사신" 또는 일반적인 "사신"을 의미한다는 사실에 호소한다.[24] 토마스(Thomas)는 신약성경의 다른 예에서처럼(빌 2:25; 4:18; 4:12), 이들이 요한을 도와 사역하려고 밧모 섬으로 보냄을 받은 사신들을 가리키고 지도자들을 가리키지 않는다고 생각한다.[25] 코헨(Cohen)은 이 견해를 지지하면서 심지어 후기 성경의 선지자들에게서 "사신"에 해당하는 단어가 "선지자"를 의미하는 말로 대체되었다는 사실을 그 증거로 제시한다.[26] 이 견해 역시 첫 번째 견해와 마찬가지로 적어도 요한계시록에서는 이 단어가 천상적인 실체를 가리킨다는 것을 설명해야 하는 부담이 있다.

셋째, 앙겔로이를 문자적인 천사들로 이해하여 이들을 지상 교회를 대표하는 천사들을 가리킨다는 견해(Beasley-Murray, Wojciechowski).[27] 이들은 말하자면 보호 천사인 셈이다. 이 견해의 결정적인 문제는 요한계시록 2-3장의 내용이 교회의 실제적인 문제와 관련이 있고 교회 안에 있는 사람

---

[24] 아우네는 호머와 유리피데스의 글에 호소한다. Aune, *Prophecy*, 197; idem, *Revelation 1-5*, 108.

[25] Thomas, *Revelation 1-7*, 117-18.

[26] N. G. Cohen, "From Nabi to Mal'ak to 'Ancient Figure,'" *JJS* 36 (1985): 12-24.

[27] Beasley-Murray, *Revelation*, 69; M. Wojciechowski, "Seven Churches and Seven Celestial Bodies (Rev 1,16; Rev 2-3)," *BibNot* 45 (1988): 48-50. Alford, Johnson, Schüssler Fiorenza, Beale도 이 견해를 따른다.

들에게 어떤 것을 요구하는 것이라서, 앙겔로이가 천사를 가리킨다고 이해한다면 이것은 주님께서 각각의 교회의 구체적인 대상을 거명하며 편지를 쓴다는 것과 어울리지 않는다는 데 약점이 있다(2:1, 8, 12, 18; 3:1, 7, 14).

넷째, 앙겔로이를 교회의 인격화 된 영적 생명체 또는 "하늘의 상응인물"을 나타내는 상징적 의미로 이해하는 견해(Ladd, Prigent). [28] 이들은 교회의 영적인 특성을 정형화하는 인물들이다. 문제는 이들을 인격화하는 설명이 지나치게 미묘하고 바로 연이어 나오는 상징어인 "촛대"가 실제적인 교회를 가리킨다면, "별" 역시 실제적인 존재를 가리켜야 이치에 맞다는 데 있다.

이 네 가지 견해 모두 나름대로 장점이 있으며, 또 취약점이 있다. 그래서 그 중에서 어느 하나를 선택하기가 무척 어렵다. 요한계시록이 편지 형식으로 교회에 전달되었다는 요한계시록 2-3장의 실제적인 상황을 고려하면 첫 번째와 두 번째 견해가 가장 그럴 듯하고, 요한계시록에서 앙겔로이는 거의 대부분이 하늘의 천사로 사용되었다는 4장 이후의 용례에 비추어 보면 세 번째와 네 번째 견해가 그럴 듯하다. 오스본(Osborne)은 본문에 언급된 "별들"이 "각각의 교회를 맡은 천사들이지만, 또한 교회와 공동체적으로 동일시되는 존재들"을 가리킨다고 타협안을 내놓았다. [29] 오스본에 따르면, 어떤 의미에서 이들은 교회의 영적인 필요에 개입하면서도, 다른 의미에서 이들은 교회를 대표한다. 다니엘서(단 10:13, 20-21)와 초기 유대교 문헌 대부분에서는 하늘의 천사가 땅의 통치자들의 활동을 지도했다는 생각이 지배적이었다는 것을 고려하면 본문에 언급된 앙겔로이 역시 공동

---

[28] Ladd, *Revelation*, 35; Prigent, *Apocalypse*, 146-47. Swete, Beckwith, Morris, Mounce도 이 견해를 따른다.

[29] Osborne, *Revelation*, 99.

체의 수호천사들을 가리킬 가능성이 많다.[30] 혹시 차선으로 생각할 것이 있다면 그들은 공동체의 지도자들을 대표하는 하늘의 대응 천사로 이해할 수 있을 것이다.[31]

"일곱 별의 비밀"을 "일곱 교회의 천사"로 이해한다면, 이것은 상징의 의미를 밝혀주었다는 점에서 어느 정도 모호한 부분이 제거되었다고 할 수 있다. 그러므로 본문에서 "비밀"은 해석되어야 할 "별"과 "촛대"의 숨겨진 의미를 언급한다. 요한은 "비밀"을 예언의 성취자이신 인자와 관련시킴으로써 요한계시록의 상징적인 실체들의 숨겨진 의미를 드러내며, 그것을 해석함으로써 환상의 종말론적인 의의를 밝힌다.[32]

요한계시록 1:20에서 다뤄지는 두 번째 "비밀"의 내용은 "촛대" 즉, "교회"에 대한 비밀이다. 요한이 본 환상 속에 등장하는 교회(촛대)와 그에 상응하는 것(별)은 다니엘 2장과 7장에 언급된 나라에 대한 예언과 스가랴 4장에 등장하는 성전에 관한 예언 성취의 첫 단계로 제시된다. 이런 이유로, 비록 1:12에 소개된 "일곱 금 촛대"가 성막 안에 있는 금 촛대를 묘사한 출애굽기 25, 37장과 민수기 8장을 배경으로 한다고 생각할 수도 있겠지만, 이 이미지는 스가랴의 환상 내용인 스가랴 4:2, 10에서 왔을 가능성이 더 많다.[33]

---

[30] G. B. Caird, *The Revelation of St. John the Divine*, HNTC (New York: Harper & Row, 1966), 24. 요한계시록에서 앙겔로이가 천사를 가리킨다는 사실은 "땅에서 일어나는 일이 하늘에 깊은 영향을 미치고, 하늘에서 일어나는 일이 땅에 깊은 영향을 미친다"는 진리를 반영하기 때문이라고 설명한 A. J. Bandstra, *In the Company of Angels: What the Bible Teaches What You Need to Know* (1995). 「천사에 대해 얼마나 알고 계십니까」, 류호영 옮김 (서울: 은성, 1996), 150을 보라.

[31] Harrington, *Revelation*, 52; Keener, *Revelation*, 100.

[32] Beale, *Revelation*, 221-22.

[33] Beale, *The Use of Daniel*, 158. 물론 계 1:12, 20의 "촛대"는 뤼크니아($\lambda \nu \chi \nu \iota \alpha$)이고, 슥 4:2의 등잔대는 람파디온($\lambda \alpha \mu \pi \alpha \delta \iota o \nu$)으로 각각 다른 단어가 사용되었다.

스가랴 4:2의 내용은 이렇다. "내가 보니 순금 등잔대가 있는데 그 위에는 기름 그릇이 있고 또 그 기름 그릇 위에 있는 등잔을 위하여서 일곱 관이 있더라." 이 환상은 백성들에게 스룹바벨의 성전 건축이 성공적으로 완수될 것을 확신시키는 내용(슥 4:9)을 다룬다. 여기서 스가랴는 일곱 등잔을 가진 촛대(등잔대)를 보면서 분명히 성전의 가지 일곱 개가 달린 등잔대를 생각했을 것이다(출 25:31-40; 40:4, 24-25).[34] 그러므로 여기서 촛대(등잔대)는 솔로몬 성전 안에 있던 등잔대를 연상시키면서(왕상 7:49; 대하 4:7)[35] 하나님께서 (성전 또는 그의 백성 중에) 틀림없이 임재하실 것이라는 확실한 표시이다. 구약시대에 성막과 성전의 등잔대와 등잔대의 등불은 하나님의 임재 또는 성령을 상징한다(슥 4:2-5, 10).[36] 등잔대는 하나님께서 스룹바벨의 손을 빌려 시작한 제2성전 건축이 중단되지 않고 끝까지 마친다는 것, 더욱이 새 성전이 세워지는 것은 사람의 힘이 아니라 하나님의 영이신 성령에 의해서 분명하게 완성될 것이라는 사실을 보장하려고 언급되었다(슥 4:8).[37] 이것은 "이는 힘으로 되지 아니하며 능력으로 되지 아니하고 오직 '나의'[38] 영으로 되느니라"(슥 4:6)라는 주님의 말씀으로 강조된다.

---

[34] 피터슨은 슥 4:2에 묘사된 등잔대의 모습이 왕정 시대 또는 그 이전의 등잔대 모습이라고 밝힌다. D. L. Petersen, *Haggai and Zechariah 1-8*, OTL (Philadelphia: The Westminster, 1984), 218, 222.

[35] Petersen, *Haggai and Zechariah 1-8*, 217.

[36] 요한계시록 4:5의 "등불 일곱"과 5:6의 "일곱 눈"은 스가랴 본문의 등불 이미지를 이용하여 하나님의 임재를 묘사한다. R. L. Smith, *Micah-Malachi*, WBC 32 (Waco: Word Books, 1984), 204; C. Meyers, "Lampstand," *ABD*, IV: 143; "등불, 등잔대,"「성경이미지사전」, eds. L. Ryken; J. C. Wilhoit; and T. Longman (서울: 기독교문서선교회, 2001), 377.

[37] R. Bauckham, *The Theology of the Revelation* (Cambridge: Cambridge University Press, 1994), 110-12; J. G. Baldwin, *Haggai, Zechariah, Malachi*, TOTC (Leslie: IVP, 1972), 121.

[38] 접미사 "나의"는 사람이 아니라 하나님께서 주관하신다는 사실을 강조한다. Petersen, *Haggai and Zechariah 1-8*, 239.

특히 관심을 끄는 것은 유대의 주석에서는 스가랴의 등잔대를 이스라엘 전체 역사에서 살아왔던 모든 의인들을 대표하는 것으로 이해했다는 사실이다.[39] 이 사실은 요한계시록의 촛대(등잔대)를 교회와 동일시한 상황을 이해하는 데 도움을 준다. 스가랴 4장에 묘사된 내용이 마지막 때의 성전을 첫 성전의 형태와 동일시하였듯이, 요한계시록 1:20에서는 교회가 촛대와 동일시되었다. 스가랴서에는 등잔대 하나에 가지 일곱이 있고 그 위에 등불이 있는 환상이 등장했는데, 요한이 본 환상에서는 아시아의 개별적인 일곱 교회에 맞추려고 일곱 교회가 일곱(7)[40] 촛대로 묘사되었다(1:12, 20; 2:1).

신약성경 저자들은 교회를 하나님의 성전으로 묘사한다(고전 3:16-17; 6:19; 고후 6:16; 엡 2:21-22; 벧전 2:5). 교회 안에 임재하시는 하나님은 성령 하나님이시며(고전 3:16), 교회는 성령님에 의해 유지된다. 스가랴의 환상과 요한의 환상에서 촛대(등잔대)는 그 위에 있는 일곱 등불(하나님의 영)에 의해 힘을 받는다. 하나님께서 과거에 그분의 영으로 백성에게 임재하셨듯이, 이번에는 환난 당하는 교회에게 "성령으로" 함께 하신다(참조. 마 12:28). 이런 의미에서 신약의 하나님의 나라와 구약의 성전은 별개의 두 실체가 아니다.

이처럼 주님은 요한에게 반드시 속히 성취될 비밀들이 앙겔로이와 "교회들"과 관련된 것이라고 해석해주셨다. 그러므로 요한계시록의 예언 성취는 주로 교회와 관련되었지만, 구약 성도들이 기대했던 종말의 절정은 충만하게 성취되지 않았다. 교회는 마지막 때와 관련된 하나님의 계획

---

[39] 이러한 사실을 근거로 신약성경 저자들은 등잔대 비유와 상징으로써 교회(신자들)의 삶을 설명할 수 있었다. 마 5:16, 17; 빌 2:15; 계 1:12. Smith, *Micah-Malachi*, 205.

[40] 보쿰은 "일곱(7)"이란 숫자가 완전수이며, 그래서 "일곱 교회"는 세상의 모든 교회를 대표한다고 생각한다. Bauckham, *The Theology of the Revelation*, 114.

의 궁극적인 성취를 맛보게 될 것이다(참조. 계 21-22장). 하지만 요한계시록 4장 이후에 전개될 내용에 암시되었듯이, 지상의 교회는 환난과 핍박을 경험한 후에 절정의 때를 맞게 될 것이다. 신약성경의 다른 본문에서 (하나님 나라의) "비밀"이 예언의 초기 단계에서 성취되었다는 사실이 강조되었듯이(참조. 막 4:11-12, 30-32), 요한계시록에서도 하나님의 종말론적 비밀은 교회와 관련하여 성취되었음을 보여준다. 그러나 동시에 요한계시록에서는 하나님의 비밀이 미래에 사람들의 예상을 깨는 성취가 있을 것을 강조한다(계 21-22장. 참조. 롬 11:25-26. 참조. 고전 2:7; 엡 3:3-11; 살후 2:7).

2. 요한계시록 10:7

요한계시록의 두 번째 "비밀" 언급은 하늘에서 내려온 천사가 하나님을 향하여 맹세하면서 "비밀"을 선언하는 요한계시록 10:7에 등장한다.

a. 문맥

요한은 하늘에서 내려오는 힘센 천사를 본다. 그 천사는 바다와 땅을 한 발씩 밟고 서 있으며, 그의 손에는 펴 놓인 작은 책이 들려 있다(10:2). 책이 "펼쳐졌다"는 것은 책을 편다(unrolled)는 의미가 아니라 5:1에 언급된 책과는 달리 "봉함되지 않았다(unsealed)"[41]거나 계시된 내용이 "더 이상

---

[41] D. E. Aune, *Revelation 6-16*, WBC 52B (Nashville: Thomas Nelson, 1998), 558.

비밀로 있지 않다(no secret)"는 의미다.[42] 그 천사는 오른손을 들어 맹세하면서 다음과 같이 선언한다. "지체하지 아니하리니 일곱째 천사가 소리 내는 날 그의 나팔을 불려고 할 때에 하나님이 그의 종 선지자들에게 전하신 복음과 같이 하나님의 그 비밀이 이루어지리라"(10:6, 7).

본문에 천사가 등장하고 천사의 손에 펴 놓인 책이 있고 천사가 맹세하는 장면은 다니엘 12:7-10 장면과 비슷하다.[43] 다니엘 12장은 다니엘이 세마포 옷을 입은 분을 보기 시작한(단 10:5-9) 환상 경험의 결론부분이다. 환상 마지막에 다니엘은 "마지막 때까지 이 말을 간수하고 이 글을 봉함하라"는 명령을 받는다(12:4). 그리고 그 마지막 때는 세마포 옷을 입은 자가 좌우 손을 들어 맹세하면서 전해준다. "반드시 한 때 두 때 반 때를 지나서 성도의 권세가 다 깨지기까지이니 그렇게 되면 이 모든 일이 다 끝나리라"(12:7). 사실 세마포를 입은 자가 맹세한 말은 "이 놀라운 일의 끝이 어느 때까지냐?"는 다니엘의 질문(12:6)에 대한 답이다. "어느 때까지?"라는 질문은 죽은 자가 살아나는(12:1-3) 사건과 미래에 있을 환난과 악을 행하는 사람들을 심판하는 것(12:8-12)을 언급한다.

요한계시록 10장에서도 천사는 "때"와 관련하여 맹세한다. 다니엘서 본문(참조. 단 12:7, 9, 11-12)에 언급된 "때"에 관한 언급과는 다르게, 요한계시록의 천사는 "지체하지 아니하리라(또는, 시간이 다시 없으리니)"고 맹세한다(10:6). 그리고 7절은 천사가 지체하지 아니하리라고 말한 내용을 구체적

---

[42] Witherington, *Revelation*, 156. 반대로 "봉함되었다"는 말은 감춰져서, 읽거나 깨닫지 못한다는 것을 암시한다. 크라프트는 이것이 "비밀"의 본래의 의미라고 생각한다. Kraft, 「요한묵시록」, 234. 그러나 계 4-5장에 언급된 천사와 책과 다니엘 12:8, 9에 언급된 천사와 책의 병행구를 비교한 Beale, *The Use of Daniel*, 178-228을 보라.

[43] 빌은 두 본문 사이의 비슷한 점을 근거로, 요한이 다니엘 본문을 모델로 삼았을 가능성이 많다고 생각한다. Beale, *John's Use*, 259.

으로 설명한다. 7절은 "그러나"(ἀλλά)로 시작하는데, 이 역접접속사는 7절의 내용을 6절의 "지체하지 아니하리니"와 대조시켜 "일곱째 천사가 소리 내는 날 즉 그의 나팔을 불려고 할 때에" 하나님의 비밀이 반드시 이루어질 것이라고 알려준다. 이것은 종말론적 예언이 무한정으로 감춰져 있지 않고 역사에 대해 가지고 계신 하나님의 목적이 완성되는 정해진 때가 있을 것을 가리킨다. 하나님께서 역사를 끝내기로 작정하시면 역사에 대한 하나님의 언약적 계획은 마침내 절정에 도달할 것이다.[44] 하나님의 계획이 절정에 도달하려할 때 지체(연기)나 예언과 성취 사이에 존재해왔던 긴 시간(interval of time)은 더 이상 존재하지 않게 된다.[45]

이처럼 "더 이상 긴 시간의 간격이 존재하지 아니할 것이라"는 본문의 언급은 요한계시록의 내용과 관련이 있다. 요한계시록의 내용은 "예수 그리스도의 계시"를 담고 있으며, 이 계시는 하나님께서 요한에게 보여주신 "반드시 속히 일어날 일"이다(1:1). 요한이 1:3에서 그 이유로서 "때가 가깝기 때문이라"고 언급한 것에 비추어 볼 때, 1:1의 "속히" 일어날 일은 "갑작스럽게" 일어날 일이 아니라 "곧(soon)" 있을 일을 암시하며,[46] 과거에 예언된 내용이 성취될 시기가 다가온 것을 가리킨다. 이런 의미에서 요한계시록에서는 성취의 긴박감이 초기의 묵시문학에서 예상되었던 것보

---

[44] R. H. Charles, *A Critical and Exegetical Commentary on the Revelation*, vol. 1 (Edinburgh: T&T Clark, 1920), 263-66; I. T. Beckwith, *The Apocalypse of John* (Grand Rapids: Baker, 1919, 1979), 582-83.

[45] 6절에 사용된 "지체"(χρόνος)라는 단어를 "시간"의 의미가 아니라 "지연"(delay)이라는 의미로 제시한 BDAG, "χρόνος," 1092③; R. L. Thomas, *Revelation 8-22*, EC (Chicago: Moody, 1995), 65; Keener, *Revelation*, 282를 보라. 그리고 "지체"를 성취가 발생하기 전의 긴 시간적인 간격으로 이해해야 한다는 정당성을 제시한 Aune, *Revelation 6-16*, 568를 보라.

[46] Witherington, *Revelation*, 66.

다 더 시급하게 표현되었다.[47] 이 사실은 요한계시록의 결론("반드시 속히 되어질 일")에서도 반복된다(22:6).

특히 10:6의 "지체하지 아니하리라"라는 표현이 그 이전의 기간과 관련되었다는 사실은 본문의 내용이 6:10, 11과 밀접한 관계가 있음을 시사한다. 어린 양이 다섯째 인을 뗄 때 제단 아래 있는 죽임을 당한 영혼들은 하나님께 "땅에 거하는 자들을 심판하여 우리 피를 갚아 주지 아니하시기를 어느 때까지 하시려 하나이까?"(6:10)라고 부르짖는다.[48] 이들의 부르짖음은 하나님께서 그분의 예정된 계획을 속히 실행해주시기를 호소하는 기도이다(참조. 합 1:2).[49] 그들의 부르짖음에 대해 주님께서는 "아직 잠시 동안 쉬되 …… 그 수가 차기까지 하라"고 대답하신다(6:11). 하나님께서는 성도들이 하나님께 그들의 원수를 심판하기까지 "얼마나 더 기다려야 할지"를 묻는 물음에 심판과 성도들을 신원하는 것이 어느 지점에 도달하기까지 "잠시 동안"은 더 지속될 것이라고 대답하신다. 그 시점은 하나님께서 정하신 모든 신자들이 고난 받는 것을 마침내 충족시킬 때이다.[50] 그러므로 6장 내용과 관련하여 10:6의 "지체하지 아니하리라"는 천사의 말은 현재의 고난이 끝나고 죽은 영혼들이 그들의 기도 응답에 더 이상 기다릴 필요가 없는 때가 왔다는, 더 이상의 감춰진 채로 남아 있는 것이 없이 모든 것이 절정에 도달하여 계시될 것이라는 표현으로 이해할 수 있다(참조. 고전 13:8-12).

---

[47] J. M. Ford, *Revelation*, AB 38 (Garden City: Doubleday, 1975), 373; Moyise, *The Old Testament*, 47.

[48] 이것은 에녹1서 47:1-4; 에스라4서 4:35-37; 바룩2서 23:4-5의 경우와 비슷하다.

[49] R. Bauckham, 「예언의 절정 I」 (서울: 한들출판사, 2002), 80.

[50] J. Heil, "The Fifth Seal (Rev 6,9-11) as a Key to Revelation," *Bib* 74 (1993): 220-43, 233-34; Aune, *Revelation 6-16*, 568; Keener, *Revelation*, 282.

b. 계 10:7 주해

요한계시록 10:7은 이와 같은 문맥에서 직접적으로 6절의 그 동안 지체했던 것과 다른(ἀλλά, "그러나") 상황이 발생할 것을 알려준다. 본문 내용은 다음과 같다.

ἀλλ' ἐν ταῖς ἡμέραις τῆς φωνῆς τοῦ ἑβδόμου ἀγγέλου, ὅταν μέλλῃ σαλπίζειν, καὶ ἐτελέσθη τὸ μυστήριον τοῦ θεοῦ, ὡς εὐηγγέλισεν τοὺς ἑαυτοῦ δούλους τοὺς προφήτας.

일곱째 천사가 소리 내는 날 그의 나팔을 불려고 할 때에 하나님이 그의 종 선지자들에게 전하신 복음과 같이 하나님의 그 비밀이 이루어지리라.

"언제까지?"라고 부르짖는 성도들의 관점에서 보면 마지막 심판 이전의 중간기는 길다고 생각할 수 있다. 하지만 하나님의 관점에서 볼 때 그 기간은 짧다(참조. 시 90:4, 13; 벧후 3:4-9). 요한은 지체하지 않는 시간을 10:7에서 좀 더 자세하게 설명하면서 하나님의 그 "비밀"이 그 때 이루어진다고 알려준다.

여기서도 지체와 이루어짐(성취) 패턴은 다니엘 12장의 패턴과 동일하다. 다니엘 11:28-12:13의 예언은 하나님의 백성이 겪을 마지막 때의 고난과 박해와 하나님께서 원수를 멸망시키고 그분의 나라를 세우시는 문제를 다룬다. 하나님께서 그 백성의 원수들을 심판하시는 일(단 11:32-45)은 원수가 하나님의 백성을 다 흩은 후에야 비로소 발생할 것이다. 이런 내용이 알려졌다고 하더라도, 예언과 실현 사이에 시간적인 간격이 존재한다. 다니엘 12:7은 이 예언들이 "한 때와 두 때와 반 때" 기간 동안 발생할 것이며, 그 후에 하나님의 예언하신 계획이 완료된다고 전한다. 다니엘은 이 예언을 충분히 깨달을 수 없었다(참조. 단 12:7-8). 그는 천사에게 예언이 성취되기까지 "얼마나 더" 기다려야 하며, 그것이 "어떻게" 성취되는지 묻는다(단 12:8). 천사는 다니엘에게 예언의 충분한 의미가 "감춰져 있고, 마지막 때까지 봉함되어" 있으므로 이것들을 이해할 수 없을 것이라고 대답한다. 이 비밀은 마지막 때에 살아 있을 "지혜 있는 자"에게 마침내 성취되고 계시될 것이다(단 12:3, 10).

그런데 요한계시록 10장에서는 다니엘이 궁금해 하던 예언 성취의 때가 더 이상 지체하지 않고 특정한 때에 이루어질 것이라고 선언되었다. 하나님의 계시는 "일곱째 천사가 그의 나팔을 불려고 할 때[51]" 이루어진다(10:7). 그러므로 요한계시록 10장에서 천사가 한 맹세는 다니엘 12장의 맹세와 대조적으로, 그 예언이 구체적으로 어떤 상황에서(when), 어떻게(how) 완성될 것인지를 강조한다. 하나님의 비밀이 그 종 선지자들에게 전하신 복음과 같이 이루어지는 때는 "일곱째 천사가 소리 내는 날" 즉, "그의 나팔을 불려고 할 때"이다. 그 때는 "세상 나라가 우리 주와 그의 그리스도의 나라가 되어 그가 세세토록 왕 노릇" 하시고(11:15), 주님께서 세상을 심판하여 "주의 이름을 경외하는 자들에게 상을 주시며, 또 땅을 망하게 하는 자들을 멸망시키실" 때이다(11:18). 이처럼 본문은 하나님의 비밀이

---

51) 본문에 사용된 동사($μέλλη$)는 현재형이지만 미래의 의미이다. Thomas, *Revelation 8-22*, 69; Charles, *Revelation*, 264; R. Mounce, *Revelation*, NIC (Grand Rapids: Eerdmans, 1977), 212.

이루어지는 것을 설명하는데, 여기서 본문의 의미를 결정하는 어구가 두 개 있다.

첫째는 하나님의 비밀이 하나님께서 "그의 종 선지자들에게 전하신 복음과 같이 이루리라"는 어구이다. 본문은 하나님께서 그분의 비밀을 이루시기 전에 그분의 종들(선지자들)에게 알려 오셨음을 암시한다. 그래서 본문에 언급된 하나님께서 "그의 종 선지자에게" 전하신 복음과 같이 이룬다는 표현은 하나님께서 "자기의 비밀을 그 종 선지자들에게 보이지 아니하시고는 결코 행하심이 없으시리라"는 아모스 3:7과 밀접한 관계가 있다.[52] 여기서 요한은 요한계시록의 내용이 그 이전의 선지자들이 예언한 것과 맥을 같이하고, 그 예언의 성취를 다룬다는 사실을 강조하는 듯하다 (참조. 왕하 17:13, 23; 21:10; 렘 25:4; 겔 38:17; 단 9:10; 슥 1:6).

그렇다면 "그 종 선지자들"은 누구를 가리키는가? 요한계시록의 문맥에서 "그 종 선지자들"은 요한과 동시대인인 신약의 선지자들을 가리키는 것이 분명하다. 요한이 본문에서 사용하고 있는 "복음을 전하다"라는 단어는 신약시대의 선포를 특징짓는 단어이다.[53] 이 단어는 아모스 3:7의 "보이다(הלג, galì)"와 같은 의미를 지니는 계시 용어로서 요한계시록에서는 비밀이 더 이상 감춰지지 않고 계시된 대로 성취된다는 사실을 나타낸

---

[52] Hill, *New Testament Prophecy*, 73. 파러는 하나님께서 하나님의 종 선지자들에게 비밀을 계시하신다는 것(계 10:7)과 하나님께서 사자처럼 부르짖으신다는 것(암 3:4, 8; 계 10:3), 그리고 나팔이 울린다는 것(암 3:6; 계 10:7)에서 요한계시록 10:7과 아모스 3장 사이에 병행구가 존재한다는 것을 정확히 간파했다. A. Farrer, *The Revelation of St. John the Divine* (Oxford: Clarendon, 1964), 124.

[53] 하나님께서 통치하신다는 "복음이 선포될 것"은 마지막 때의 징조이며(사 52:7), 이것은 예수님의 복음 선포(막 1:14-15; 눅 4:16-21, 43)에서 성취되었다. Charles, *Revelation*, 266.

다.⁵⁴⁾ 하나님께서는 그분 속에 있는 은밀한 계획을 선지자들에게 말씀하심으로써 계시하셨으며, 하나님께서 그 계획을 이루시는 방법은 구약의 선지자들뿐만 아니라 신약의 선지자들에게도 적용된다.⁵⁵⁾ 하나님의 종들이 하나님 나라의 충만한 성취(11:15)를 선포한 것들은 그들이 예언한 대로 이루어질 것이다. 그래서 요한계시록 본문(10:7)에 사용된 성취를 의미하는 단어($ἐτελέσθη$)는 부정과거형이지만 미래의 의미로 이해된다.⁵⁶⁾

본문의 의미를 결정하는 데 영향을 주는 두 번째이면서 가장 중요한 어구는 "하나님의 비밀"이다. 여기서 소유격 "하나님의"는 다니엘 2장에서처럼 비밀과 관련하여 비밀의 기원이신 분, 또는 비밀을 계시하시는 분을 가리키는 기원의 소유격 또는 주어의 의미로 사용된 소유격이다.⁵⁷⁾ 이 어구는 계시의 주체자가 하나님이신 것을 강조한다. 구약성경에서 "하나님의 비밀"은 인류를 향한 하나님의 계획을 지칭하고, 그 내용은 선지자들에게만 계시되었다.⁵⁸⁾ 바울은 이것을 하나님께서 계시하신 비밀(엡 3:10)과 하나님의 구원 계획에 적용한다(롬 16:25, 26). 그 비밀이 처음에는 하나님의

---

54) Harrington, *Revelation*, 116; Aune, *Revelation 6-16*, 568-70.

55) Charles, *Revelation*, 266. 예수님과 신약의 저자들을 선지자로 인식한 Hill, *New Testament Prophecy*, 48-159를 보라.

56) "에텔레스데"($ἐτελέσθη$)라는 단어는 단 12:7($συντελεσθήσεται$)와 연관이 있는 사상을 전달한다. 이것은 미래에 일어날 일이지만 그 날이 요한에게는 현재로 남아 있어 부정과거로 표현되었다. 월레스는 본문을 예언적 부정과거(proleptic arorist)로 분류한다("will have been fulfilled."). Wallace, *Greek Grammar*, 563-64. 참조. 부정과거형이 미래의 의미로 사용되는 비슷한 예는 계 11:10; 15:1; 21:4와 그 이외에 여러 곳에 나타난다. Aune, *Revelation 6-16*, 551; Beale, *Revelation*, 547.

57) Beale, *Revelation*, 543.

58) Prigent, *Apocalypse*, 333; F. D. Mazzaferri, *The Genre of the Book of Revelation from a Source-Critical Perspective* (New York: de Gruyter, 1989), 285.

마음에만 있고 사람들에게는 감춰졌었으나 지금은 계시되어 예언의 말씀을 듣는 모든 사람에게 알려졌다.[59]

요한계시록에서 "하나님의 비밀"의 계시를 일곱째 천사가 나팔 부는 것과 연결하였다면, 비밀의 계시는 마지막 때의 환난과 하나님의 심판과 관련이 있다. 마지막 때는 그리스도의 부활에서 시작하여 재림에 이르는 전체 시간에 해당하며, 그 마지막에 하나님의 마지막 심판이 있을 것이다. 요한계시록에서는 이 기간을 다니엘 12:7에서 환난의 때를 가리키는 "한 때와 두 때와 반 때"[60]로 표현한다.

하나님의 비밀이 성취되는 열쇠는 예수 그리스도에게 있다. 요한은 그리스도만이 두루마리의 봉인을 제거할 수 있는 분이신 것을 강조함으로써 그분이 예언 성취의 열쇠가 되심을 밝힌다(5:5, 9; 6:1). 그래서 비밀의 계시가 마침내 이루어질 수 있는 것은 그리스도의 죽음과 부활과 승귀로 마지막 날이 시작되었고, 다니엘의 예언이 성취되기 시작한 까닭에 있다.[61] 다니엘은 "마지막 때까지" 예언을 봉인해두라는 명령을 받았다. 하지만 요한은 그 봉인이 제거되어 계시되었다는 사실을 강조한다.

그러므로 요한계시록 10:7에 언급된 "비밀"은 종말론적인 시나리오를 소개할 목적으로 사용되었다는 것이 분명하다.[62] 하지만 여기서도 하

---

[59] Beckwith, *Apocalypse*, 583.

[60] 동일한 의미가 "마흔두 달"이라는 표현(13:5)과 "일천 이백 육십 일"이라는 표현(11:3; 12:6)에서도 나타나며, 요한 계시록에서 요한은 이 삼중적인 시간 언급을 그리스도께서 승천하신 시점에서 시작하여 교회의 고난의 때를 언급하는 것으로 묘사한다(12:4-6, 14). Keener, *Revelation*, 282.

[61] Harrington, *Revelation*, 117.

[62] Aune, *Revelation 1-5*, 106-107.

나님의 계획이 오랫동안 감춰졌고, 마지막 때에(또는 지금) 계시될 것이라는 계시 구도가 등장한다. 요한이 본문에서 "비밀"이란 단어를 채용한 것은 계시가 필요한 마지막 때의 예언에 대한 해석을 언급하려는 데 그 목적이 있다(단 2:19, 27-30, 47; 4:6). 마지막 때에 하나님의 나라가 영원히 설 것이라고 선포되었던 비밀은 구약성경의 관점에서 볼 때에는 예상 밖의 방법이긴 하지만 이미 성취되기 시작했고, 하나님께서 종들에게 알리신 그대로 미래에 이루어질 것이다(11:17-18).[63]

3. 요한계시록 17:5, 7

요한계시록에서 비밀이 언급된 마지막 본문은 17:5, 7이다.

a. 문맥

여기서 "비밀"이란 단어는 일곱 대접을 가진 천사들 중 하나가 큰 음녀에게 내리는 심판을 알리는 맥락에 등장한다(17:1). 요한계시록에서 "음녀"는 하나님과 예수 그리스도와 그분의 백성들을 대적하는 큰 원수다. 요한계시록에 원수들을 표현하는 용어가 많이 있지만,[64] 음녀와 큰 성 바벨

---

[63] G. K. Beale and S. M. McDonough, "*Revelation*," in *CNTUOT*, 1117.

[64] 예컨대, 용(계 12:3, 7-9; 20:2), 사탄 또는 옛 뱀(12:9; 20:2), 짐승(13:1; 17:3), 바다 (21:1) 등이 있다. R. J. Bauckham, *The Climax of Prophecy: Studies in the Book of Revelation* (Edinburgh: Clark, 1993), 185-98, 384-407. 특히 "짐승"의 정체를 논한 D. A. DeSilva, "The 'Image of the Beast' and the Christians in Asia Minor Escalation of Sectarian Tension in Revelation 13," *TrinJ* 12 (1991): 185-208; D. K. K. Wong, "The Beast from the Sea in Revelation 13," *BibSac* 160 (2003): 337-48을 보라. "바다"를 하나님의 구원의 대적자로 설명한 T. E.

론이야말로 요한계시록에 등장하는 가장 분명한 원수다(17:18; 18:2).[65] 음행을 선도하는 음녀는 여자와 어머니(12:1-6, 14-17)와 어린양의 아내(19:7-8; 21:2, 10)와 대조되고, 큰 성 바벨론은 거룩한 성 새 예루살렘과 대조되었다(12:9; 20:2, 8; 21:2, 9-10). 요한계시록 12, 19, 21장에 등장하는 여자가 교회 시대를 아우른다는 사실로 미루어 볼 때, 음녀는 시간을 초월하여 영향을 끼치는 반(反) 그리스도적인 세력과 반(反) 교회적인 세력을 가리키는 것이 분명하다.[66]

그 음녀는 붉은 색 옷을 입고 붉은 색 짐승을 타고 있으며, 또 손에 "가증한 물건과 그의 음행의 더러운 것들"로 가득한 금잔을 가졌다(17:3, 4). 그러나 이 음녀는 혼자 존재하지 않는다. 그는 세상의 악한 자들 전체에게 영향을 끼쳐, 그들을 그 음녀의 성향에 동조하게 한다. 그래서 음녀와 땅의 임금들과 땅에 사는 사람들은 음녀처럼 "음행했고, 음행의 포도주에 취하였다"(17:2). 여기서 "음행의 포도주에 취하였다"는 말은 땅에서 하나님을 모독하는 종교적이고 우상숭배적인 요구를 받아들이는 것을 비유적으로 묘사한다.[67]

천사는 음녀의 정체를 밝힌다. 음녀는 "땅의 음녀들과 가증한 것들의 어미"이다(17:5). 여기에 우상숭배를 언급하려고 "음녀"라는 단어와 "가

Schmidt, "'And the Sea Was No More': Water as People, Not Place," in *To Tell the Mystery: Essays on New Testament Eschatology in Honor of Robert H. Gundry*, eds. T. E. Schmidt and M. Silva (Sheffield: JSOT, 1994): 233-49; D. Matthewson, "New Exodus as a Background for 'The Sea Was No More' in Revelation 21:1C," *TrinJ* 24 (2003): 243-58를 보라.

[65] T. R. Edgar, "Babylon: Ecclesiastical, Political, or What?," *JETS* 25 (1982): 333-41.

[66] A. F. Johnson, "Revelation," *The Expositor's Bible Commentary* XII (Grand Rapids: Zondervan, 1981), 556.

[67] A. B. Mickelsen, *Daniel and Revelation. Riddles or Realities?* (Nashville: Thomas Nelson, 1984), 137.

중한 것"이란 단어가 함께 등장한다. 음녀는 우상숭배자들의 "어미"로서 많은 사람들에게 우상숭배 하도록 영향을 끼쳤다.[68] 요한계시록에서 그리스도가 정결한 여자에 의해 힘을 받는 것(참조. 12:1; 14:4; 19:7, 8; 21:0)과 달리, 음녀는 궁극적으로 사탄에게서 힘을 받는다(17:3, 7; 19:20). 또한 여자가 믿음의 자녀를 낳는 것(12:17)과 다르게, 음녀는 하나님을 모독하는 많은 자녀들을 낳고 지배한다(참조. 17:15).

b. 계 17:5, 7 주해

이런 맥락에서 본문은 음녀의 정체가 무엇인지를 밝히는 내용이다. 본문은 다음과 같다.

> καὶ ἐπὶ τὸ μέτωπον αὐτῆς ὄνομα γεγραμμένον, μυστήριον ἡ μεγάλη, ἡ μήτηρ τῶν πορνῶν καὶ τῶν βδελυγμάτων τῆς γῆς ……Καὶ εἶπέν μοι ὁ ἄγγελος· διὰ τί ἐθαύμασας;ἐγὼ ἐρῶ σοι τὸ μυστήριον τῆς γυναικὸς καὶ τοῦ θηρίου τοῦ βαστάζοντος αὐτὴν τοῦ ἔχοντος τὰς ἑπτὰ κεφαλὰς καὶ τὰ δέκα κέρατα.

> 그의 이마에 이름이 기록되었으니 비밀이라, 큰 바벨론이라, 땅의 음녀들과 가증한 것들의 어미라 하였더라. ……천사가 이르되 왜 놀랍게 여기느냐 내가 여자와 그가 탄 일곱 머리와 열 뿔 가진 짐승의 비밀을 네게 이르리라.

---

[68] 계 13:14-17에는 우상숭배와 물건 매매가 밀접하게 연관되었다. 17장의 음녀와 13장의 짐승의 이름 사이에 관련이 있다.

이 음녀가 어떤 존재인지는 그의 이마에 있는 이름으로써 밝혀진다. 이마에 쓴 이름은 그 사람의 정체를 표시하며,[69] 그 사람이 하나님에게 속한 사람인지(7:3; 14:1; 22:4), 아니면 사탄과 관련된 인물인지를 나타낸다(13:16; 14:9; 20:4). 음녀의 이마에 있는 이름은 "비밀이라, 큰 바벨론이라, 땅의 음녀들과 가증한 것들의 어미"이다(5절). 이름이 음녀가 누구인지를 밝히므로, 여기에 등장하는 "비밀"이란 이름은 음녀의 정체를 밝힐 목적으로 언급되었다는 느낌을 받는다. 문법적으로 "비밀"은 이름과 동격일 수도 있고('비밀 곧 음녀'),[70] 음녀의 이름 중 하나("음녀는 비밀이다")를 가리킬 수도 있다.[71] 그런데 여기서 음녀와 비밀의 관계를 이해하는 가장 중요한 단서는 "비밀" 다음에 등장하는 음녀의 이름인 "큰 바벨론"에 있다.

큰 바벨론은 18장에서 음녀와 동일한 경향을 지닌 실체로서, 도시로 상징화 되어 등장한다(18:2, 3). 특히 18:3에서 "그 음행의 진노의 포도주로 말미암아 만국이 무너졌으며 또 땅의 왕들이 그와 더불어 음행하였다"는 표현은 음녀를 묘사하는 17:2의 용어들("음행," "땅에 거하는," "음행의 포도주")과 정확하게 일치한다(참조. 18:9-19). "큰 바벨론"이라는 용어는 요한계시록 14:8에도 등장하며, 17:18에서는 음녀가 "큰 성"과 직접적으로 동일시된다. "네가 본 그 여자는 ……큰 성이라." 그리고 그 여자는 큰 성이 대표하는 우상숭배이기도 하다. 그러므로 17:5의 "비밀"은 음녀의 기능을 하는 바벨론이라는 상징적인 이름을 의미하는 것으로 이해할 수 있다.[72]

---

[69] Thomas, *Revelation 8-22*, 288.

[70] "on her forehead was written a mysterious name" (NRS, NLT). Ladd, *Revelation*, 224; Charles, *Revelation*, vol. 2: 428.

[71] "Mystery, Babylon the Great" (KJV, NIV). Mounce, *Revelation*, 306-307.

[72] Witherington, *Revelation*, 219.

여기서는 바벨론이 가리키는 것이 무엇인지가 문제다. 요한 당대 상황에서 바벨론은 로마에 대한 비밀스러운 이름으로 해석되기도 했다.[73] 바벨론이라는 하나의 도시로 상징된 음녀는 세상에서 정치적, 경제적인 힘을 발휘한다는 것이 그 이유이다. 당대 로마가 바벨론으로 표현되었다는 사실(참조. 벧전 4:13)을 고려하면 이런 식으로 이해할 수 있을 것이다.[74] 천사는 요한에게 바로 이 음녀 즉, 바벨론에게 임하는 심판을 보이고 있다.

이들 심판은 큰 바벨론과 왕 느브갓네살에게 내리는 심판을 서술하는 다니엘 4장의 예언과 짝을 이룬다. 다니엘 4장은 느브갓네살이 꿈으로 받은 계시인데, 4장 전반부에는 그가 꾼 꿈 내용이 소개되고(단 4:10-17), 그 후에 다니엘의 꿈 해석이 이어진다(4:20-27). 느브갓네살은 다니엘의 해석이 맞는 해석이라면서 꿈에 보인 대로 "큰 바벨론"과 자기의 영광을 자랑하자(4:30), 꿈에 계시된 대로 "나라의 왕위"가 느브갓네살에게서 떠나는 하나님의 심판이 임한다(4:31-33). 이 내용은 느브갓네살에게 "비밀(라쯔)"로 임했다(4:9; MT 4:6). 특히 다니엘이 느브갓네살 왕에게 임할 심판에 대해 예언한 것이 성취되었다고 해석한 것(단 4:30, 31)은 음녀와 동일시 된 큰 성 바벨론(계 17:18)이 "무너졌다!"는 것과 일치한다(특히, 18:2, 3, 21). 또한 요한계시록에서 음녀를 묘사하는 어구에는 이미 음녀에게 닥칠 하나님의 심판과

---

[73] 이것은 전형적인 과거적 해석(Preterist)의 이해이다. Harrington, *Revelation*, 171, 174. 본문의 예는 우상숭배와 성적인 부도덕을 조장하는 로마를 묘사할 가능성이 크다. Bauckham, *Climax of Prophecy*, 343; J. M. Court, *Myth and History in the Book of Revelation* (Atlanta: John Know, 1979), 139-40.

[74] Keener, *Revelation*, 406; W. J. Dumbrell, *The End of the Beginning: Revelation 21-22 and the Old Testament* (Homebush West: Lancer Books, 1985), 31. 그러나 펜테코스트와 왈부어드는 17장을 "ecclesiastical Babylon"으로, 18장을 "political Babylon"으로 이해한다(J. D. Pentecost, *Things to Come* (Findlay: Dunham, 1958), 368; J. F. Walvoord, *The Revelation of Jesus Christ* (Chicago: Moody, 1966), 243-67]. 반면에 17장과 18장은 같은 실체를 언급한다는 에드거의 논의를 보라. 그러나 에드거는 음녀와 바벨론을 국제적인 경제 또는 상업적인 조직이라고 생각한다. Edgar, "Babylon," 333-35, 341.

저주가 암시되었다. "포도주"와 "취했다"는 표현(17:2)과 음녀의 손에 들린 "금잔"(17:4)은 전형적인 하나님의 심판의 도구이다(특히 사 51:17-23; 렘 51:7-8a).[75] 느브갓네살에게 계시되고, 다니엘에 의해 해석된 "큰 성 바벨론"과 관련된 비밀이 요한계시록 17장에 반영된 것이다. 그러므로 요한계시록 17:5에 사용된 "비밀"과 "큰 성 바벨론"이란 용어 자체는 다니엘 2:18-30, 47; 4:6에서 왔고, 요한계시록 17장의 전체 패턴은 다니엘 4장을 따랐다는 것이 분명하다. 이런 의미에서 앞으로 있을 심판을 비밀의 내용으로 이해한 다니엘 4장이 요한계시록 17:5의 "비밀" 언급의 배경이 된다는 암시를 받는다.[76] 마지막 때에 음녀인 바벨론은 교만과 악을 행한 대가로 심판에 직면할 것이다.

그렇다면 요한계시록 17:5, 7에 언급된 "비밀"은 10:7의 사용례와 다르게 감춤과 계시를 알리기보다는 (음녀와 짐승으로) 상징된 실체의 감춰진 의미를 지칭하는 것 같다. 이런 현상에 대해, 래드(Ladd)는 여자의 비밀과 짐승의 비밀이 별개의 것이 아니라 여자와 짐승의 관계가 분리될 수 없음을 보여주는 것이라고 판단한다.[77] 하지만 빌은, 음녀의 실체가 다니엘서에 배경을 둔 마지막 때에 출현할 인물과 관련이 있는 한, 여기서도 "비밀"과 관련하여 어느 정도 종말론적인 의미를 발견할 수 있다고 생각한다.[78] 즉, "비밀"로 묘사된 음녀는 마지막 때 그러나 그리스도께서 오시기 전에 그의 최후를 맞이할 것이다. 17장에 묘사된 환상의 주요 주제는 그리스도

---

[75] Court, *Myth and History*, 142-46.

[76] Beale, *The Use of Daniel*, 250-51.

[77] Ladd, *Revelation*, 226.

[78] Beale, *Revelation*, 858. 이것은 데살로니가후서 2:7의 "불법의 비밀"과 연관이 있다. Marshall, *1 and 2 Thessalonians*, 195, 199.

께서 오시기 직전에 있을 바벨론 멸망이다(17:10-18). 이런 점에서 10:7과 17:5, 7에서 "비밀"은 모두 하나님의 말씀에 따라 마지막 때에 성취될 내용에 대한 예언을 지칭한다.[79]

요약

요한계시록의 "비밀"은 구약성경, 특히 다니엘서에 배경을 두면서 환상의 종말론적인 의의를 밝혀준다. 이것은 마지막 때 일어날 사건들의 성취의 내용과 그 실현이 지금까지는 하나님의 결정적인 계획에 감춰져 있었지만 지금은 성취되었다는 것, 그리고 그 성취가 예상치 못한 방법으로 성취된다는 사실을 보여준다. 그 의미를 밝히는 분은 인자이시다. 특별히 요한계시록에서는 비밀이 교회와 앙겔로이와 관련이 있다. 마지막 때와 관련된 하나님의 계획의 궁극적인 성취인 교회는 "비밀"로 제시된다.

또한 요한계시록에서는 그 동안 예언 성취가 지체되었던 것과 다르게, 이제는 더 이상 지체되지 않고 성취의 때가 도래했음을 알려준다. 성취의 때에는 그 동안 비밀로 알려지지 않았던 교회의 원수와 반(反) 그리스도 세력의 비밀 공개도 포함된다. 예언 성취는 하나님의 종들에게 복음을 전한 것과 같이 이루어진다는 사실이 강조되었다. 요한계시록에서 하나님의 비밀은 말씀과 선지자들의 선포, 그리고 예언 성취 사이에 일관성이 있다는 성경적 사용례를 따른다.

---

[79] Beale, *John's Use*, 269.

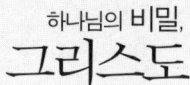

하나님의 비밀,
그리스도

결론

Θέλω γὰρ ὑμᾶς εἰδέναι ἡλίκον ἀγῶνα ἔχω ὑπὲρ ὑμῶν καὶ τῶν ἐν Λαοδικείᾳ καὶ ὅσοι οὐχ ἑόρακαν τὸ πρόσωπόν μου ἐν σαρκί,
ἵνα παρακληθῶσιν αἱ καρδίαι αὐτῶν, συμβιβασθέντες ἐν ἀγάπῃ καὶ εἰς πᾶν πλοῦτος τῆς πληροφορίας τῆς συνέσεως, εἰς ἐπίγνωσιν τοῦ μυστηρίου τοῦ θεοῦ, Χριστοῦ,
ἐν ᾧ εἰσιν πάντες οἱ θησαυροὶ τῆς σοφίας καὶ γνώσεως ἀπόκρυφοι.
Τοῦτο λέγω ἵνα μηδεὶς ὑμᾶς παραλογίζηται ἐν πιθανολογίᾳ.
εἰ γὰρ καὶ τῇ σαρκὶ ἄπειμι, ἀλλὰ τῷ πνεύματι σὺν ὑμῖν εἰμι, χαίρων καὶ βλέπων ὑμῶν τὴν τάξιν καὶ τὸ στερέωμα τῆς εἰς Χριστὸν πίστεως ὑμῶν.
Ὡς οὖν παρελάβετε τὸν Χριστὸν Ἰησοῦν τὸν κύριον, ἐν αὐτῷ περιπατεῖτε,
ἐρριζωμένοι καὶ ἐποικοδομούμενοι ἐν αὐτῷ, καὶ βεβαιούμενοι τῇ πίστει καθὼς ἐδιδάχθητε, περισσεύοντες ἐν εὐχαριστίᾳ.
Βλέπετε μή τις ὑμᾶς ἔσται ὁ συλαγωγῶν διὰ τῆς φιλοσοφίας καὶ κενῆς ἀπάτης κατὰ τὴν παράδοσιν τῶν ἀνθρώπων, κατὰ τὰ στοιχεῖα τοῦ κόσμου καὶ οὐ κατὰ Χριστόν·
ὅτι ἐν αὐτῷ κατοικεῖ πᾶν τὸ πλήρωμα τῆς θεότητος σωματικῶς.

Christ as the Mystery of God

결론

신약성경 저자들은 비밀의 의미를 예수 그리스도에게서 찾았다. 예수 그리스도는 구약의 예언을 성취한 분이시며, 오랫동안 하나님 속에 감춰졌던 구원 계획을 나타내셨다.

복음서는 예수 그리스도의 교훈의 중심인 하나님 나라의 비밀을 소개한다. 예수님은 그 비밀이 때의 충만과 함께 도래한 하나님 나라의 비밀이라고 천명하셨다. 그것은 창조부터 감춰져 왔던 종말론적 비밀이다. 그 비밀은 예수님의 제자들에게는 계시되었고, 예수님의 교훈을 받아들이지 않는 사람들에게는 여전히 감춰져 있다.

"비밀" 개념은 바울에게 와서 훨씬 더 체계적으로 정리된다. 바울은 그리스도의 출현과 더불어 비밀의 내용이 충만하게 계시되었음을 알고, 그 비밀을 그리스도와 동일시한다(롬 16:25-27). 바울은 비밀과 그의 복음과 예수 그리스도를 동일시함으로써 그의 복음의 기독론적인 특성을 강조한다. 바울은 심지어 그의 사도직을 "때가 찬 경륜"을 따른 "하나님의 비밀"을 맡은 것으로 이해한다(고전 4:1).

요한계시록에서는 구약 예언이 그리스도의 초림부터 재림까지 실현되는 것이 비밀로 표현되었다. 이전에는 감춰졌거나 그 뜻이 모호하던 하나님의 비밀이 예수 그리스도와 신약 교회의 출현으로 그 실체가 드러났으며, 여전히 미래에 속한 비밀은 속히 발생할 것을 기대한다.

신약성경의 저자들의 비밀 이해는 구약성경에 계시된 하나님의 계획과 구원 경륜의 종말론적 이해에 근거한다. 하나님의 비밀은 본래 하나님 속에 감춰 있어서 하나님 이외에는 아무도 알지 못하는 것이지만, 그것이 계시되는 시대가 임한 것이다. 하나님의 비밀은 예수 그리스도 안에서 충만히 계시되었다.

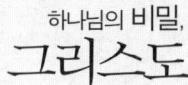

하나님의 비밀,
그리스도

부록

Θέλω γὰρ ὑμᾶς εἰδέναι ἡλίκον ἀγῶνα ἔχω ὑπὲρ ὑμῶν καὶ τῶν ἐν Λαοδικείᾳ καὶ ὅσοι οὐχ ἑόρακαν τὸ πρόσωπόν μου ἐν σαρκί,

ἵνα παρακληθῶσιν αἱ καρδίαι αὐτῶν, συμβιβασθέντες ἐν ἀγάπῃ καὶ εἰς πᾶν πλοῦτος τῆς πληροφορίας τῆς συνέσεως, εἰς ἐπίγνωσιν τοῦ μυστηρίου τοῦ θεοῦ, Χριστοῦ,

ἐν ᾧ, εἰσιν πάντες οἱ θησαυροὶ τῆς σοφίας καὶ γνώσεως ἀπόκρυφοι.

Τοῦτο λέγω ἵνα μηδεὶς ὑμᾶς παραλογίζηται ἐν πιθανολογίᾳ.

εἰ γὰρ καὶ τῇ σαρκὶ ἄπειμι, ἀλλὰ τῷ πνεύματι σὺν ὑμῖν εἰμι, χαίρων καὶ βλέπων ὑμῶν τὴν τάξιν καὶ τὸ στερέωμα τῆς εἰς Χριστὸν πίστεως ὑμῶν.

Ὡς οὖν παρελάβετε τὸν Χριστὸν Ἰησοῦν τὸν κύριον, ἐν αὐτῷ περιπατεῖτε,

ἐρριζωμένοι καὶ ἐποικοδομούμενοι ἐν αὐτῷ, καὶ βεβαιούμενοι τῇ πίστει καθὼς ἐδιδάχθητε, περισσεύοντες ἐν εὐχαριστίᾳ.

βλέπετε μή τις ὑμᾶς ἔσται ὁ συλαγωγῶν διὰ τῆς φιλοσοφίας καὶ κενῆς ἀπάτης κατὰ τὴν παράδοσιν τῶν ἀνθρώπων, κατὰ τὰ στοιχεῖα τοῦ κόσμου καὶ οὐ κατὰ Χριστόν·

ὅτι ἐν αὐτῷ κατοικεῖ πᾶν τὸ πλήρωμα τῆς θεότητος σωματικῶς.

Christ as the Mystery of God

유대문헌에 나타난 "비밀"

케제만은 신약 시대 말 이전에 묵시가 "이미 팔레스타인 지방의 메시아적 유대교의 언저리에 고정되어 있었다"고 판단하면서 "묵시문학이 모든 기독교 신학의 모태다"라고 과격한 주장을 하였다.[1] 이 말은 기독교 신학이 묵시문학에 의해 결정된다는 의미이다. 이런 판단은 과장된 것이기는 하지만,[2] 학자들은 묵시문학을 신구약성경 간에 없어서는 안 될 역사

---

[1] E. Käsemann, "Primitive Christian Apocalyptic," in *New Testament Questions of Today*, trans. W. J. Montague (Philadelphia: Fortress Press, 1967<German: 1965>), 102, 124. 보쿰도 같은 입장이다. R. J. Bauckham, "The Rise of Apocalyptic," *Themelios* III (January, 1978), 10.

[2] 케제만 자신도 동일한 논문에서 예수 그리스도의 부활 사건과 성령 강림 사건이 초기 기독교 공동체에게 "새로운 묵시 사상의 시초였다"고 주장했고, 초기 기독교 공동체는 이 두 중요한 사건을 유대 묵시문학과 혼합하지 않고 오히려 이해의 틀로 채택한 것을 보면, 케제만의 주장이 과장이라는 것이 분명하다. Käsemann, "Primitive Christian Apocalyptic," 101-102.

적인 가교로 인식하고 있는 실정이다.[3] 신약성경에서 발견되는 종말론적인 용어의 상당수가 묵시문학에서도 발견되고,[4] 어떤 경우 유대문헌에 등장하는 용어 중에 구약의 전통에 없는 것이 있다는 것은 사실이다.[5] 하지만 메이첸(Machen)이 지적하였듯이, 바울을 비롯한 성경저자들은 "후에 발전한 어떤 것(묵시문학)이 아니라 선지자와 시편의 종교"의 영향을 받은 것이 분명하다.[6]

이처럼 신약성경 저자들이 유대문헌에서 직접적으로 사상적인 영향을 받지는 않았지만 그들이 선택한 용어에 유대문헌의 용어와 동일한 것이 있다면 그 용어를 찾아보고 그들이 그 용어를 어떻게 이해했는지를 밝히는 것이 필요하다. 필자는 "비밀" 용어를 중심으로 이 문제를 추적하려고 한다.

이 문제를 밝히기 전에 먼저 유대문헌의 범위를 정하는 것이 필요하다. 유대문헌의 범위는 광범위하다. 굳이너프(Goodenough)가 언급했듯이 유대문헌에는 헬라화 된 문헌들도 포함해야 하지만,[7] 이 논문에서는 팔레스타인 유대교의 문헌에 한정하려 한다. 팔레스타인 유대교는 디아스포라

---

[3] D. S. Russell, *The Method and Message of Jewish Apocalyptic: 200 B. C.-A. D. 100* (Philadelphia: Fortress, 1964), 84.

[4] 바울에 나타난 묵시문학적 흔적에 대해서는 G. Vos, *The Pauline Eschatology* (Grand Rapids: Baker, 1972), 22-29; J. G. Machen, *The Origin of Paul's Religion* (Grand Rapids: Eerdmans, 1925), 180-94를 보라. 예수님의 교훈에 반영된 묵시문학적 용어에 대해서는 Vos, *The Pauline Eschatology*, 287을 보라.

[5] L. Morris, *Apocalyptic* (Grand Rapids: Eerdmans, 1972), 85-87.

[6] Machen, *The Origin*, 180.

[7] 굳이너프가 주목하고 있는 것은 헬라적 유대교이며, 그는 디아스포라에서 발견된 비문들을 근거로 유대 종교가 이교도의 상징주의와 이교도의 종교 사상의 영향을 받아 디아스포라 유대교가 철저하게 혼합주의적이라고 지적한다. E. R. Goodenough, *By Light, Light: The Mystic Gospel of Hellenistic Judaism* (Amsterdam: Philo Press, 1969), 5.

유대교처럼 어느 정도 헬라의 영향을 받기는 했지만 상대적으로 고대 유대교 정신을 상당히 보유하고 있었기 때문이다. 팔레스타인 유대교의 문헌으로는 묵시문학과 외경과 쿰란문서를 선택한다.

1. 묵시문학

묵시문학은 이스라엘 백성이 위기 상황에 있을 때 그 상황을 극복하고 새로운 세상이 도래할 것을 기대하며 그들의 신앙을 표명한 글들이다. 유대교의 묵시 사상에 외부의 영향이 있었던 것은 사실이다. 그런데 묵시문학에 반영된 하나님의 감추임과 계시, 이스라엘의 선택과 구원, 하나님의 심판의 날의 도래 등과 같은 주제들은 분명히 구약의 선지자 전통에 속하는 중요한 주제들이다.[8] 보크뮤엘(Bockmuehl)은 묵시 문학가들이 성경의 전통을 어떻게 생각하는지를 설명하면서, 그들은 계시가 "시내 산에서 토라와 전승으로 표현되었으며" 그때 "해석으로서 묵시적인 '계시'가 주어진 것"으로 생각했다고 지적한다.[9] 그 당시 묵시 문학가들은 자기들이 예언적인 계시를 받고 있다고 생각하지는 않았다. 예언이 그치고 새로운 계시가 주어지지 않는 상황에서, 그들은 주의 말씀이 다른 식으로 표현될 것을 기대했다. 그것은 이전 계시를 해석하는 것이었다.[10] 묵시 문학가들은 이전에 주어진 선지자들의 계시에 묵시적인 의의를 이해하는 통찰을 가지

---

[8] R. G. Hammerton-Kelly, "The Temple and the Origin of Apocalyptic," *VT* 20 (1970): 1-15.

[9] M. Bockmuehl, *Revelation and Mystery in Ancient Judaism and Pauline Christianity*, WUNT 2 (Tübingen: Mohr Siebeck, 1990), 27.

[10] Russell, *The Method and Message*, 158이하; C. Rowland, *The Open Heaven: A Study of Apocalyptic in Judaism and Early Christianity* (London: SPCK, 1982), 234이하.

고 그 계시를 해석했다. 그 계시는 주로 현 세계에 나타나는 비밀들이 계시되는 것과 관련된 것들이다.[11]

롤란드(Rowland)는 이 사실에 주목하면서 묵시문학의 공통적인 요소가 "하나님의 감추인 것들을 직접적으로 펼치는 계시의 양태(mode)로 간파될 수 있는 하나님의 뜻"에 있다고 지적한다. 계속해서 롤란드는 "묵시에 관해 말한다는 것은 곧 다양한 하늘의 비밀들을 직접 전달하는 주제에 집중하는 것"을 의미한다고 주장한다.[12] 롤란드의 언급은 비록 묵시문학의 특성 중에 어떤 한 면을 크게 부각시킨 것이긴 하지만, 그의 주장은 묵시의 관심사가 하나님의 비밀과 그 계시를 알리는 데 있다는 사실을 정확히 언급한 것이다. 그래서 많은 학자들이 묵시문학을 인간의 눈에 감춰져 왔으나 영감 받은 저자(들)에게 계시된 "비밀들"(secrets 또는 mysteries)을 기록한 것으로 이해한 것은 묵시 문학의 특징을 잘 파악한 것으로 사료된다.[13]

묵시문학의 주제와 관련한 이러한 언급은 묵시에 대한 일반적인 성격과도 부합해 보인다. 콜린스(Collins)가 언급한 것처럼, 사실 "묵시"는 한 마디로 정의하기가 어려운 단어다.[14] 쿨(Kool)이 묵시를 "미래 특히 마지막 날의 비밀에 대한 기술"이라고 요약적으로 정의했고,[15] "묵시"(apocalyptic)

---

[11] 콜린스는 이것을 "해석에 의한 예언"이라고 부른다. J. J. Collins, "Jewish Apocalyptic against its Hellenistic Near Eastern Environment," *BASOR* 200 (1975): 27-36, 32.

[12] Rowland, *The Open Heaven*, 14.

[13] D. S. Russell, *Prophecy and the Apocalyptic Dream: Protest and Promise* (Peabody: Hendrickson, 1994), 1; M. E. Stone, "Lists of Revealed Things in the Apocalyptic Literature," in *Magnalia Dei: The Mighty Acts of God: Essays on the Bible and Archeology in Memory of G. Ernest Wright*, eds. F. M. Cross, W. E. Lemke, and D. Miller (New York: Doubleday, 1976): 414-52; D. S. Russell, *Divine Disclosure: An Introduction to Jewish Apocalyptic* (London: SCM, 1992), 제 5장.

[14] Morris, *Apocalyptic*, 20-24. J. J. Collins, "Introduction: Towards the Morphology of a Genre," *Semeia* 14 (1974), 9. *Semeia* 14호는 "묵시"를 특집으로 다뤘다.

[15] J. L. Kool, "Apocalypse," *The Encyclopedia of Christianity*, I, ed. Edwin H. Palmer, et al

라는 단어와 "종말론"(eschatology)이란 단어가 같이 등장하기 때문에 대부분의 사람들은 묵시를 미래적인 경향을 지닌 것으로만 이해하는 경향이 있다. 그러나 이 두 용어는 동의어도 아니고,[16] 묵시를 단순히 종말론 용어로 정의해서도 안 된다.[17] 러셀(Russell)은 묵시가 지니는 미래적, 또는 "종말론적" 성향을 인정하면서도, 오히려 "묵시는 우주의 삶과 인간 역사의 과정, 세상의 운명, 그리고 세상 안에 있는 개인들의 미래에 영향을 주는 하늘의 비밀에 대한 특별한 관심을 다룬 특별한 문학 장르"라고 밝힌다.[18] 러셀의 정의에는 묵시문학이 하나님의 비밀을 주요 관심사로 다루고, 종말 그 자체보다는 미래에 계시될 비밀의 내용에 더 관심이 있다는 묵시문학에 대한 그의 이해가 반영되었다.[19] 러셀의 이해에 따르면, 묵시문학에 표현된 미래 대망은 하나님의 비밀이 계시되는 마지막 때에 대한 대망이다.[20]

콜린스는 묵시의 내용을 한층 세분화하면서 "묵시가 네러티브의 틀을 가진 계시 문헌의 한 장르"라고 묵시의 계시적 특성을 강조한다.[21] 콜린스는 여기에 덧붙여 계시 문헌에는 계시가 다른 세계의 존재를 중보자로 사용하여 인간 수납자에게 전달되어 초자연적인 실체를 드러내므로,

---

(Delaware: Wilmington, 1964), 297. Morris, *Apocalyptic*, 21에서 재인용.

[16] Morris, *Apocalyptic*, 18.

[17] R. H. Charles, *Religious Development Between the Old and New Testaments* (London: Williams & Norgate, 1914), 17; Rowland, *The Open Heaven*, 23이하.

[18] Russell, *Prophecy*, 30.

[19] Russell, *Prophecy*, 97, 114-18.

[20] Russell, *Prophecy*, 100.

[21] J. J. Collins, *The Apocalyptic Imagination: An Introduction to Jewish Apocalyptic Literature*, 2nd ed. (Grand Rapids: Eerdmans, 1998), 5.

묵시에 공간적인 의미도 부가해야 한다고 생각한다. 즉, 묵시에는 종말론적(시간적) 차원과 함께 우주론적(공간적) 차원이 있다. 묵시는 "다른 세계에 속한 것을 인간 수신자에게 전달하는 계시로서 종말론적 구원을 묘사한다는 점에서 종말론적(시간적)이고, 현 세계와 다른 초자연적인 세계를 포함한다는 점에서 우주론적(공간적)이라는, 두 초월적인 실체를 계시한다."22)

묵시의 우주론적 차원은 역사의 미래 사건과 관련된 비밀들의 계시 또는 우주의 신적 활동에 관한 감추인 정보를 다룬다.23) 그래서 묵시를 말한다는 것은 특별히 우주의 비밀과 관련된 "하늘의 비밀"을 말한다는 것을 의미한다.24) 이 계시는 대개 환상자의 환상을 매개로 신실한 소수에게 전달된다.25)

반면에 묵시에서 "종말론적인 차원"은 다음과 같은 두 가지 의미가 있다. 첫째, 하나님께서 악한 세상을 심판하시고 그 이후에 현 시대에 하나님의 나라를 세우신다는 것. 둘째, 세상 나라의 심판이 현재 존재하는 우주의 대 파국과 새 하늘과 새 땅에서 한 나라가 세워진다는 것이 바로 그것이다.26) 프릿츠(Fritsch)는 묵시문학이 "역사에 나타난 하나님의 구원 계획의 마지막 단계"에 속하며, "묵시문학에 계시의 마지막 뜻과 하나님의 구원의 목적이 드러난다"고 언급함으로써 묵시문학의 종말론적 특성과 주제

---

22) 보크뮤엘은 여기에 하나를 더 첨가하여 악의(또는 불법의) 비밀들이라는 새로운 범주가 있다고 주장한다. Bockmuehl, *Revelation and Mystery*, 32.

23) G. K. Beale, *The Use of Daniel in Jewish Apocalyptic Literature and in the Revelation of St. John* (Lanham: University Press of America, 1984), 6. 하지만 보크뮤엘은 묵시가 미래에 대한 관심을 갖는다고 하더라도 역사 내에 행하시는 하나님의 구원 계획 수행에 깊은 관심을 보인다는 사실을 약화시킬 필요가 없다고 지적한다. Bockmuehl, *Revelation and Mystery*, 26.

24) Bornkamm, "$\mu\nu\sigma\tau\acute{\epsilon}\rho\iota o\nu$," 821; Rowland, *The Open Heaven*, 14.

25) 에녹1서 82:3, 4; 에스라4서 14:6, 26, 45, 46; 바룩2서 54:5.

26) G. B. Caird, *The Language and Imagery of the Bible* (London: Duckworth, 1980), 243-71.

를 언급한다.27) 이러한 종말론은 묵시문학에서도 비밀($\mu\nu\sigma\tau\eta\rho\iota o\nu$)과 관련하여 이해되며, 이것이 바로 묵시의 정수이다.

묵시문학에서 "비밀"이라는 언급이 가장 많이 나오는 곳은 묵시적 특성이 강하게 나타나는 에녹1서와 바룩2서 그리고 에스라4서이다.28)

a. 에녹1서

에녹1서는 주전 2세기와 주후 1세기 사이에 수집된 여섯 또는 일곱 개의 주요 단락으로 구성된 복잡한 작품이다.29) 대부분의 자료는 아람어로 되어 있고, 쿰란에서 발굴된 사해사본에서도 발견되는 내용을 담고 있다. 에녹1서에 "비밀"에 관한 것을 논의하는 부분은 두 번째 단락인 37-71장이다.30) 저자 에녹은 하늘로 여행하면서 천사와 천사장에게서 하나님의 계시를 받는데, 그가 받은 계시의 내용은 천사와 천사장이 지키고 있는 하

---

27) C. T. Fritsch, 「예언자의 세계」, 현대신서 20, 문익환 옮김 (서울: 대한기독교서회, 1970, 1984), 40.

28) 신약성경 저자들이 위경 자료에서 사상적 영향을 받았다는 주장에 대해서는 회의적이지만, 그들이 묵시의 넓은 배경을 무시하고 용어를 선택하지는 않았을 것이라는 점은 분명하다. 당대 묵시적 환경에 대해서는 K. Koch, "What is Apocalyptic? - An Attempt at a Preliminary Definition," in *Visionary and Their Apocalypses*, ed. Paul Hanson (Philadelphia: Fortress, 1983), 18, 20-29; Morris, *Apocalyptic*, 25-33을 보라.

29) 영어 명칭은 1 (Ethiopic Apocalypse of) Enoch이다. 찰스워드는 에녹1서를 일곱 단락으로 분류한다. J. H. Charlesworth, *The Old Testament Pseudepigrapha*, vol. I. *Apocalyptic Literature and Testaments* (New York: Doubleday, 1983), 5. 반면에, 리드(Reid)는 에녹1서를 여섯 단락으로 분류한다. 첫째 단락(1-36장), 둘째 단락(37-71장), 셋째 단락(72-82장), 넷째 단락(83-90장), 다섯째 단락(93; 91:12-17), 여섯째 단락(91-105). S. B. Reid, *Enoch and Daniel* (Berkely: BIBAL Press, 1989). 러셀은 91-105장을 다섯째 단락으로 분류한다. D. S. Russell, *The Old Testament Pseudepigrapha: Patriarchs and Prophecy in Early Judaism* (Philadelphia: Fortress, 1987), 26.

30) 이 단락은 주후 1세기에 기록된 것으로 알려져 있다. Russell, *Old Testament Pseudepigrapha*, 28.

나님의 비밀들이다. 그 비밀들은 세 범주로 나뉜다. 첫째는 우주의 비밀 또는 천체의 비밀이다. 우주의 비밀들은 우주의 여러 다른 물질들인 해, 달, 별, 번개, 우레, 바람, 날씨 등의 현상을 설명하는 것이다.[31] 둘째는 신적인 지혜의 비밀들이다. 이 비밀은 특히 "하나님의 보좌"에 관한 비밀들의 계시와 관련이 있다.[32] 셋째는 마지막 때를 예언하는 종말론과 관련된 비밀이다. 이 비밀은 역사상 일어나는 인간의 일들이 하나님의 뜻과 어떻게 관련이 있는지를 설명한다.[33]

a) 에녹1서 41:1[34]

이 일 후에 나는 하늘에 있는 모든 비밀들을 보았다. 그것은 한 나라가 어떻게 멸망되어 인간의 행동이 어떻게 균형을 유지하는지에 대한 비밀이다.

이것은 에녹이 하늘 여행을 하면서 본 하나님의 뜻과 인간의 행동과

---

[31] 예컨대, 에녹1서 41: 3, 6; 43:1-4; 60:11-20; 71:4; 80:4. 하나님의 뜻과 인간의 행동의 비밀은 하나님의 행동과 인간의 행동의 관계를 다룬 것으로, 인간의 운명은 하나님에게 비밀이 아니지만, 하나님의 행동은 인간에게 거대한 비밀이다.

[32] 러셀은 이것이 좀 더 구체적으로 에스겔 1장의 메르카바(merkabah) 환상을 가리킨다고 생각한다. Russell, *Old Testament Pseudepigrapha*, 40.

[33] 여기에 브라운은 악한 천사들이 천상의 비밀을 인간에게 알려주는 "악의 비밀"과 하나님의 뜻과 인간 행동의 비밀들을 첨가한다. R. E. Brown, *The Semitic Background of the Term "Mystery" in the New Testament* (Philadelphia: Fortress, 1968), 13-19. 예컨대, 에녹1서 6-11장. 악한 천사의 실체는 종종 Watchers로 명명되기도 한다. 에녹1서의 악한 천사들(watchers)과 관련된 설명을 보려면 Collins, *Apocalyptic Imagination*, 36-45; F. G. Martinez, *Qumran and Apocalyptic: Studies on the Aramaic Texts from Qumran* (Leiden: Brill, 1992), 60-72를 참조하라.

[34] 본문 번역은 Charlesworth, *Pseudepigrapha*에서 필자가 사역했다.

관련한 비밀이다. 에녹이 본 비밀은 구체적으로 한 나라가 어떻게 멸망되며 인간의 행동이 어떻게 균형을 유지하는지를 설명한다(41:2-7). 하늘의 비밀들은 창조주의 주권과 밀접한 관계가 있으며, 우주를 창조하신 그분만이 계시할 수 있으시다.35) 이 비밀은 다른 사람들에게는 감추어 있었지만 에녹("나")에게만은 계시되었다. 에녹은 자신이 음부, 하늘, 피조물과 기상의 변화와 별 등 하늘의 모든 비밀을 계시 받았다고 주장한다. 이것은 간략하게 언급되긴 하였지만 구약의 소드(סוד)와 관련된 선지자의 기능과 유사하다.

b) 에녹1서 48:6-7; 62:7

이 목적을 위하여 그는 택함을 받은 자가 되셨다. 그는 세상 창조 전에 [영들의 주님]의 존전에 영원히 감추어져 있었다. 그는 영들의 주님의 지혜를 의인들과 성도들에게 계시하였다(48:6-7).

인자는 처음부터 감춰져 있었고 지극히 높으신 분이 그의 능력의 임재 속에 인자를 보호하였다. 그 후 지극히 높으신 분은 인자를 성도들과 택함 받은 사람들에게 계시하였다(62:7).

위의 본문들은 종말론적 비밀을 메시아 또는 인자와 연결하는데, 종말론적인 인물이 처음부터 감춰져 있던 주님의 지혜를 마지막 때에 성도들에게 계시한다고 언급한다. 여기서 택함 받은 자는 창조 이전에 이미 존

---

35) Rowland, *The Open Heaven*, 399.

재했으며 종말이 이르러 계시되기 전에는 하나님과 함께 감춰졌던 분이며,[36] 심판 날에 온 세상의 죄를 심판하고(83:7) 사람들의 모든 비밀을 드러내실 하나님의 택함 받은 분으로 소개된다(38:3; 49:2, 4; 61:9). 그분은 성령께서 택한 분이시기 때문에 감추인 것들의 보화를 계시할 수 있으시다(46:3). 본문에 언급된 그분은 "인자"이다. 김세윤은 4QPsDan Aa를 이용하여 "인자" 칭호를 다니엘 7장의 인자와 연결하면서 인자가 천상적인 실체이며 그러므로 그가 "하나님의 아들"이라고 주장한다.[37]

c) 에녹1서 51:3

그 날들에 (택함을 받은 자)는 내 보좌에 앉아 그의 입에서부터 지혜의 모든 비밀들을 쏟아낼 것이다. 영들의 주께서 그 비밀들을 그에게 주었고, 그를 영화롭게 하였기 때문이다.

이 본문은 종말론적인 비밀이 메시아(또는 인자)와 연관을 짓는 에녹1서의 여러 본문 중에서 가장 대표적인 본문이다.[38] 여기서는 창조부터 감추었던 인자("택함 받은 자")가 계시되는 날("그 날들")이 상정되고, 인자는 주님께로부터 지혜를 받아 그 지혜로 모든 비밀을 나타낼 것이다. 이 일은 영들

---

[36] G. W. F. Nickelsburg, *Jewish Literature between the Bible and the Mishnah* (London: SCM Press, 1981), 222-23.

[37] S. Kim, *"The 'Son of Man'" As the Son of God* (Grand Rapids: Eerdmans, 1985), 20. 또한 M. Black, *The Book of Enoch or 1 Enoch* (Leiden: E. J. Brill, 1985), 206과 L. Hartman, *Prophecy Interpreted*, Conjectanea Biblia, New Testament Series I (Lund, 1960), 118-26을 참조하라.

[38] 그밖에 종말론적인 비밀들과 메시아와의 연관성을 다룬 본문들은 다음과 같다. 에녹1서 52:2-4; 비교. 46:2; 49:2-4; 62:7, 8; 63:3, 11.

의 주께서 그에게 비밀을 주셨기 때문에 가능하다.

d) 에녹1서 52:3, 4

내가 나와 함께 가는 천사에게 물었다. "내가 비밀 중에 본 이것들이 대체 무엇입니까?" 천사가 내게 말했다. "네가 본 이 모든 것들은 명령을 내리고 땅에서 찬송을 받기 위해 그분의 메시아에 의해 발생하는 것이다."

본문은 우주론적 비밀을 담고 있다. 에녹은 미래의 나라들과 관련된 하늘의 신비한 것들과 미래의 일들을 본 후(에녹1서 52:1, 2. 참조. 단 2:31-45) 그 의미를 천사에게 묻는다. 천사는 우주의 비밀이 하나님의 메시아에 의해 발생한다고 설명한다. 이것은 땅위에 발생할 모든 것이 역사적-종말론적인 적실성과 관계가 있음을 의미한다.[39]

e) 에녹1서 63:3; 84:3

주님의 능력으로 대대로 모든 비밀스런 일이 드러나며 주님의 영광은 영원합니다. 주님의 모든 비밀들은 깊고, 이루 셀 수 없습니다(63:3).

이는 주님께서 모든 것을 창조하셨으며 모든 것을 주님께서 다스리시기 때문입니다. 단 하나라도 주님께 어려운 것은 없습니다. (절대로) 단 하나 또는 지혜 하나라도 말입니다. 주님의 보좌는 지혜의 자리와 주님의

---

[39] Bockmuehl, *Revelation and Mystery*, 36.

존전에서 물러나 있지 않습니다. 주님은 모든 것을 아시며 모든 것을 보시며 모든 것을 들으십니다. 존재하는 것 중에 주님에게서 감추어 있는 것은 하나도 없습니다. 주님께서 모든 것을 드러내시기 때문입니다 (84:3).

이 본문들은 하나님의 비밀의 심오함과 하나님에게 비밀인 것은 하나도 없다는 것을 지적한다. 그분이 모든 것을 창조하셨고 모든 것을 아시며 그분에게는 그 모든 것을 계시하는 권한이 있으시기 때문이다.

이처럼 에녹1서는 하나님의 비밀에 관심을 가지면서 그 비밀을 계시할 종말론적 인물에도 관심을 가졌다. 그분은 인자이며 하나님의 택함 받은 분이시다. 이 책은 주후 1세기에 기록되었는데도 이 책에 인자를 "비밀"과 동일시하지 않은 것으로 보아 인자는 여전히 종말론적 대망의 대상으로 이해되었다는 것을 알 수 있다. 에녹1서에서는 인자가 감추인 하늘의 비밀 중 하나로 간주되었고,[40] 인자가 오셔서 비밀을 "처음부터 마지막까지" 다 계시하실 것을 기대했다.[41] 에녹1서는 한 인격체인 인자가 지혜를 성도들에게 주어 비밀을 알게 한다는 점을 강조한다.

b. 바룩2서

바룩2서는 신약성경보다 늦은 시기인 주후 2세기 초(117-132년)에 기

---

[40] 러셀은 "가장 큰 비밀이 인자 자신" 이라고 지적한다. Russel, *Method*, 329.

[41] Black, *The Book of Enoch*, 228.

록되었다.⁴²⁾ 그래서 바룩2서가 신약성경에 영향을 준 것에 대해서는 부정적이지만, 머피(Murphy)는 당대 상황에서 신약성경 저자(특히, 바울)와 바룩2서 저자 사이에 공유한 어떤 사상의 공동체가 있었을 것이라고 추정하는 것은 자연스럽다고 생각한다.⁴³⁾ 바룩2서는 주전 587년에 느브갓네살에 의해 함락되어 폐허가 된 예루살렘 도시에 관해 바룩이 본 환상을 묘사한다. 바룩이 황폐해진 예루살렘의 상황에서 마지막에 있을 진리에 대해 궁금해하고 있을 때 주님께서는 바룩에게 지정한 시기에 시온의 원수를 심판할 것이며(20:2), 마지막 시기에 하나님의 "숨겨진 진리"를 말해주겠다고 약속하신다(20:6). 바룩2서에는 "비밀"이 두 가지 다른 의미로 사용되었는데, 하나는 "우주의 비밀"이고 다른 하나는 "종말론적인 비밀"이다.

a) 바룩2서 48:2-3

바룩2서 48:2-3은 우주의 비밀을 언급한다. 이 구절은 하나님께서 알고 계신 불과 바람과 빛과 어두움과 높음 등 우주의 비밀을 언급하는 문맥(48:40(하))에 들어 있다. 여기서 바룩은 주님만 홀로 역사를 아신다는 것과 그분이 가지고 계신 비밀은 사람들에게 계시되지 않았다고 선언한다.

> 오, 주님. 주님께서 시간들의 도래를 명하시자 시간들이 주님 앞에 섰나이다. 주님이 세상의 능력을 지나가게 하시면 세상은 주님을 거스르

---

42) 이 책의 영어 명칭은 II (Syriac Apocalypse of) Baruch이다. Charlesworth, *Pseudepigrapha*, 615-17. 그러나 찰스는 바룩2서의 기록 시기를 이보다는 조금 이른 주후 50-90년으로 잡는다. 이럴 경우 바룩2서는 신약성경이 기록되던 당시에 기록되어 당시 유대인들, 특히 바울의 "비밀"이라는 단어 사용과 좀 더 직접적으로 비교해볼 수 있다. R. H. Charles, *The Apocalypse of Baruch* (2nd Ed.; London: Black, 1896), xvi.

43) F. J. Murphy, *The Structure and Meaning of Second Baruch*, SBL 78 (Atlanta: Scholars Press, 1985), 68.

지 않고 순종합니다. ······주님만 홀로 세대의 길이를 아십니다. 주님은 자신의 비밀들을 많은 사람에게 계시하지는 않으십니다.

이 본문은 아래 비교한 것처럼 아랍어 역 본문과 시리아 역 본문이 조금 다르다.[44]

아랍어 역 본문	시리아 역 본문
You, my Lord, you <u>know</u> the measure of times and you summon the epochs that you have ordained so that they may stand in front of you. The <u>centuries</u> that were created in this world <u>pass</u> and do not disobey you. You alone know the length of the time and you do not disclose your secret <u>to all your creation</u>.	O Lord, you <u>summon</u> the coming of the times and they stand before you. You cause to pass away the power of the worlds and they do not resist you. You <u>arrange the course</u> of the periods and obey you. You alone know the length of the generations and you do not reveal your secrets <u>to many</u>.

아랍어 역 본문에서는 시간의 분량을 하나님만 아신다고 한 반면에, 시리아 역 본문에서는 "모든 피조물"에게 주님의 비밀들이 계시되지 않은 상황에서 장차 올 시간을 주님이 명령하셨다고 기술되어 있다. 또 아랍어 역 본문에서는 단지 피조된 시간(세대들)이 이 세상에 지나갈 것이라고 이해한 반면에, 시리아 역 본문에서는 하나님이 시간의 과정을 정하셨다고 기술되었다. 마지막으로 아랍어 역 본문에서는 하나님이 모든 피조물들에게

---

[44] F. Leemhuis, A. F. J. Klijn, and G. J. H. van Gelder, eds. *The Arabic Text of the Apocalypse of Baruch: With a Parallel Translation of the Syriac Text* (Leiden: E. J. Brill, 1986), 64, 65. 강조는 필자의 것.

비밀들을 계시하는 것은 아니라고 했으나, 시리아 역 본문에서는 단지 많은 사람에게 계시하는 것은 아니라고 기술되었다. 하지만 이것은 번역상 강조의 차이일 것이고, 두 역본에서는 하나님만 시간과 세상에 대하여 절대주권을 가지셨고, 장차 있을 일과 관련한 비밀을 모든 사람에게 계시하는 것은 아니라는 점에서 공통적인 입장을 천명한다.

바룩은 주님만 세상의 심오한 것들을 아신다는 것과 그분은 그 비밀을 사람들에게는 알려주지 않아 사람들은 그 비밀을 모른다고 지적한다(54:1). 그러나 바룩에게는 하나님의 비밀들이 계시되었다. 두 본문에서 강조는 하나님만이 시간과 세대, 세상에서 발생하는 모든 비밀을 알고 계신 분이라는 데 있다.

b) 바룩2서 81:1-4

······이런 일들이 마지막까지 우리에게 존재할 것입니까? ······그러자 능하신 분이 ······시간들의 비밀들을 내게 알리셨으며 기간의 도래를 내게 보이셨다.

이 본문은 종말론적인 비밀을 다룬다. 바룩2서 76-86은 마지막 때와 관련된 비밀들을 언급하면서 바벨론에 있는 이스라엘 백성을 위로하는 내용을 담고 있다. 81장에서 바룩은 감춰진 비밀이 언제까지 계속될 것인지, 또 그것이 마지막까지 존재할 것인지를 묻는다. 그러자 하나님께서는 시간들의 비밀들을 바룩에게 알리셨으며 기간의 도래를 보이셨다고 주장한다(81:1-4). 이런 질문과 확신을 통해 본문은 마지막 때에 관한 비밀을 은연중에 알린다. 이런 내용은 85:8-10에도 이어진다. "지극히 높으신 분은 우리에 대하여 오래 참으셔서 우리에게 장차 올 것을 보이셨고 마지막 때 발생할 일을 우리에게서 숨기지 않으셨다." 본문은 개인이 공동체로 바뀐 것만 다르고 계시가 특정한 대상에게 알려진다는 점에서 81:1-4과 동일하다.

여기서 우리는, 예루살렘의 멸망(주후 70년)과 바르 코흐바 운동(주후 132-135년)을 경험하면서 열악한 상황에 놓여 있는 사람들이 여전히 종말의 비밀에 관심을 가지고 마지막 때가 아직 미래에 있다고 생각한 당대 사람들의 시대 이해를 읽을 수 있다. 그들은 아직 메시아가 오시지 않았다고 생각하고 미래를 기다리며 살았다. 반면에, 신약 저자들에게는 종말이 그리스도와 함께 지금 여기 와 있다.

c. 에스라4서

에스라4서는 주후 1세기말(100년 어간)과 2세기 초엽에 기록되었다.[45] 에스라4서는 14장으로 이루어졌으며, 주제 별로 일곱 단락으로 나뉜다. 이 책은 주로 개인과 국가의 종말론, 그리고 종말론과 관련된 두 시대를 다룬다.[46] 이 책에는 미래에 대한 완벽한 종말론적인 그림이 그려져 있다. 에스라4서의 종말론 이해에 의하면, 현재는 종말까지 악이 번성하는 악의 시대이고 의인을 찾아보기 힘든 환난의 때이다(5:2-13). 하지만 미래 시대에는 의인이 그들이 바라던 것을 얻게 된다(4:27).

여기서 에스라는 환상가로 소개된다. 그는 악인에 의해 지배를 받는 현실 속에서 종말을 약속받지만 현 시대가 왜 악하게 되었는지에 대해서

---

[45] Charlesworth, *Pseudepigrapha*, 517, 520.

[46] T. W. Willett, *Eschatology in the Theodicies of 2 Baruch and 4 Ezra*, JSPSS 4 (Sheffield: JSOT Press, 1989), 73.

는 대답을 듣지 못한다. "지상에 사는 사람은 오직 지상의 일을 이해하고, 하늘에 사는 사람은 하늘의 일을 이해할 수 있기 때문"이라는 것이 에스라가 천사에게서 들은 유일한 대답이다(4:21). 다만 에스라는 메시아에 대하여 간략한 설명을 들을 뿐이다. 메시아는 목자로 묘사되었고, 그분이 오셔서 통치하기 시작하시면 의인들은 부활하고(7:28-44), 그분은 자기 백성들에게 영원한 안식을 주실 것이다(2:34). 에스라는 그가 받은 메시지의 일부분만 선포하고, 나머지는 비밀로 간직하라는 명령을 받는다. 에스라가 받은 하나님의 비밀들은 하나님께서 예루살렘과 세상을 위해 간직해 놓은 미래와 관련된 비밀이다. 대표적인 본문을 예로 들어보자.

에스라4서 14:5-6

> 그리고 내가 그(모세)에게 놀라운 많은 것들을 말했다. 그리고 그에게 때의 비밀들을 보이셨으며 그에게 때의 끝을 선포하였다. 그 때 내가 그에게 명령하였다. "이 말씀들을 너는 밝히 드러내라. 이것을 너는 비밀로 간직하라."

에스라가 받은 계시는 하나님의 비밀이고, 에스라는 자신이 하나님의 많은 비밀을 계시 받은 사람으로 선택을 받았다고 주장한다(6:1, 33-34; 10:38; 12:36-37). 하지만 에스라만 유일하게 하나님의 비밀을 계시 받은 사람은 아니다. 에스라는 시내 산에서 주님과 여러 날 함께 있으면서 때의 비밀을 본 모세를 언급하면서 자신과 모세의 관계를 설명한다. 에스라4서의 저자가 때의 비밀을 받은 사람으로 모세와 에스라를 연결한 것은 유대의 전통에 따라 장로들의 유전(구전 율법)이 기원한 모세와 그것을 전승한 에스

라 두 사람을 염두에 두었기 때문일 것이다.[47]

2. 외경

외경은 주전 200년과 주후 200년 사이에 나온 글들이다. "외경"(apocrypha)이라는 명칭에 "감추인"이라는 뜻이 들어 있으나 실제로 "감추인"이란 의미가 반영된 것은 묵시문학이고 외경은 구약성경의 부록이거나 당대의 역사적인 정황을 알려주는 것들이 대부분이다. 현재 외경으로 분류된 열다섯 권 중에서 "비밀"을 언급하고 있는 책들은 지혜문학으로 분류된 「솔로몬의 지혜」와 「시락」두 권뿐이다.[48]

a. 시락

시락은 원래 시락의 아들 예수가 주전 190년과 175년 사이에 히브리어로 기록한 것을 주전 132년에 헬라어로 번역한 것이다. 원제 「시락의 아들 예수의 지혜」에 암시된 것처럼 시락은 구약성경의 잠언처럼 주로 지혜 주제를 다룬다. 유대교의 지혜문헌은 율법을 최고의 지혜로 생각하면서, 성경을 진리의 책으로 보려한다. 프릿츠는 "지혜"가 유대인들에게 우주를

---

[47] Aboth, 1.1과 "대회당의 사람들"을 설명하는 부분을 보라. H. Danby, ed. *The Mishnah* (Oxford: Oxford University Press, 1933, 1985), 446. 비교. 희년서 6:22. 모세의 유언 12:7의 저자도 희년서 저자처럼 그의 메시지를 모세와 관련시킨다. Russell, *Old Testament Pseudepigrapha*, 102-107.

[48] B. M. Metzger, ed. *The Oxford Annotated Apocrypha* (Expanded Edition; New York: Oxford University Press, 1965), 1977), xi-xxii.

통제하는 법칙이며 하나님의 계시의 일부분으로 이해되었음을 상기시킨다.[49] 지혜는 "우주와 선한 사람들의 삶 속에서 움직이는 질서 정연한 하나님의 계획과 목적을 열어주는 계시이며,"[50] 그래서 그 지혜는 신적인 권위를 지니고 실제로 하나님과 일체이다.[51] 이러한 정신에 따라 시락의 저자는 책 앞부분에서 구약의 잠언의 정신을 되살려, 모든 지혜가 하나님에게서 나온다는 사실을 일깨운다. 하나님의 지혜는 영원하며, 하나님을 사랑하는 사람들에게 지혜가 선물로 주어진다(1:1-10). 시락에는 지혜와 비밀의 관계, 종말론적인 비밀과 비밀의 계시가 다뤄졌다.

a) 시락 4:18

그러자 지혜는 곧바로 그에게 가서 그를 즐겁게 할 것이다. 지혜는 자기의 비밀을 그에게 계시할 것이다.

이 본문은 처음으로 지혜와 비밀[52]의 관계를 언급한다. 여기서 지혜는 비밀을 계시하는 하나님의 일꾼으로 소개되었다.[53] 본문에 의하면 지혜는 지혜를 탐구하는 자에게 비밀을 알려준다. 이것은 율법 연구를 통해

---

[49] Fritsch, {예언자의 세계}, 103.

[50] Fritsch, {예언자의 세계}, 122.

[51] Fritsch, {예언자의 세계}, 121.

[52] 본문에 사용된 "비밀"은 헬라어로 κρυπτά인데, Skehan과 Di Lella는 이것이 렘 49:7-10에서 영향을 받은 것이라고 생각한다. P. W. Skehan and A. A. Di Lella, *The Wisdom of Ben Sira*, AB39 (New York: Doubleday, 1987), 173.

[53] 이 내용은 14:20-21에 반영되었다. "그 마음에 지혜의 길을 묵상하는 자는 지혜의 비밀도 깊이 생각할 것이다."

얻어진다. "율법을 연구하는 사람은 고대의 모든 지혜를 찾을 것이고,⋯⋯ 그는 잠언의 감추인 의미를 찾을 것이다"(39:1-3).[54] 그러나 지혜를 찾지 않으면 지혜는 그 사람을 버린다(4:19).

b) 시락 11:4

좋은 옷 입는 것을 자랑하지 말며 네가 존귀히 되는 날에 자긍하지 말라. 주님의 행사는 놀라우며 그분이 하시는 일은 사람에게 감춰있느니라.

본문은 주님께서 하시는 일이 사람에게 감춰져 있다는 선언으로 시작한다. 그래서 "너에게 너무 힘든 것을 구하지 말며 너의 능력 밖의 것을 탐구하지 말라. 네게 주어진 것을 묵상하라. 네게는 감추어진 것이 필요하지 않다"라는 권면이 필요하다(3:21-22)[55] 이 권면은 하나님에게 속한 것과 사람들에게 계시된 것이 엄연히 구별된다는 것을 가르치는 신명기 29:29의 패턴과 비슷하다.

c) 시락 43:32

이보다 더 큰 많은 일들이 감추어 있다. 우리는 단지 그분이 하시는 일의 극소수만 볼뿐이다.

---

54) 율법 연구는 "명철의 영"을 전제로 하며, 그 영이 있는 사람은 선지자의 부류에 들어간다. M. Hengel, *Judaism and Hellenism*, vol. I (Philadelphia: Fortress, 1974), 135. 이들은 구원 역사의 계승자들이다. M. Hengel, *Studies in the Gospel of Mark* (Philadelphia: Fortress, 1985), 136.

55) 그것은 창조의 측량할 수 없는 비밀이기도 하다. 시락 23:1-33; 6:20-31.

시락 43:32 역시 사람의 한계와 하나님의 크심과 그분이 하시는 일의 비밀스러움을 대조한다. 이 본문에서는 "이것이" 가리키는 것과 "그분이 하시는 일"이 무엇인지 언급이 되지 않았는데, 그것은 앞부분(43:1-31)에 언급된 하나님께서 행하시는 우주적인 현상들이다. 하나님의 창조 사역은 자기 설명적이 아니라 하나님의 사역이 만물의 존재와 임재를 설명한다.[56] 사람의 한계를 보여주는 이 말씀은 비밀을 소유하신 하나님의 크심을 강조한다. 이런 의미에서 하나님의 비밀들은 우주론적 비밀이다.

d) 시락 48:24-25

그분은 능력의 영으로 마지막에 될 일을 보셨으며 시온에서 우는 자들을 위로하셨다. 그분은 마지막 때에 발생할 것을 계시하셨고 그것이 발생하기 전에 감추인 일들(ἀπόκρυφα)을 드러내셨다.

본문은 이사야 40:1-2; 49:8-13; 61:1-3에 언급된 이스라엘의 바벨론 귀환을 언급하는 구절이다. 여기서 우리는 비밀이 성령님에 의해 계시되며 "마지막 때"와 관련된 것이라는 사실을 알게 된다.[57] 이 본문은 어느 정도 하나님께서 후일에 은밀한 일을 나타내신다는 다니엘 2:28과 비슷하다. "감추인 일들"은 마지막 때와 관련된 것이지만 마지막 때가 오기 전에도 하나님께서 계시하신다는 것이다. 그리고 그 비밀을 알리는 것은 "영"과 관련된 사역이다. 이 비밀은 겸손한 자에게 계시된다. 그래서 다음과 같은

---

[56] Skehan and Di Lella, *The Wisdom*, 496.
[57] Skehan and Di Lella, *The Wisdom*, 539.

권면이 필요하다. "자신을 높이지 말라. 넘어질까 염려된다. 그러므로 자신을 낮추라. 주께서 너의 비밀들을 계시하실 것이며, 회중 가운데 너를 던지실 것이다"(1:30).

b. 『솔로몬의 지혜』(The Wisdom of Solomon)

『솔로몬의 지혜』는 솔로몬이란 가명을 사용하여 주전 1세기 중엽 알렉산드리아의 한 디아스포라 유대인에 의해 기록된 것으로 추정한다.[58] 로빈슨(Robinson)은 『솔로몬의 지혜』를 "유대의 묵시 사상과 헬라의 철학 그리고 이스라엘의 구속사가 혼합된 유대 지혜문학"으로 특징짓는다.[59] 이러한 사실은 『솔로몬의 지혜』의 구조를 보기만 해도 잘 알 수 있다. 이 책은 주제별로 종말론(1:1-6:11; 6:17-20), 지혜(6:12-16; 6:21-10:21), 하나님의 심판과 인간의 어리석음(11:15-15:19), (구원) 역사(11:1-14; 16:1-19:22) 등으로 분류된다.

a) 솔로몬의 지혜 2:22

그리고 그들(악한 자들)은 하나님의 비밀스러운 목적들을 알지 못했다.

---

[58] J. S. Lamp, *First Corinthians 1-4 in Light of Jewish Wisdom Traditions, Christ, Wisdom and Spirituality*, Studies in Bible and Early Christianity 42 (Lewiston: The Erwin Mollen Press, 2000), 37.

[59] J. M. Robinson, "Jesus as Sophos and Sophia: Wisdom Tradition and the Gospels," in *Aspects of Wisdom in Judaism and Early Christianity*, ed. R. L. Wilken (Notre Dame: University of Notre Dame Press, 1975), 2. Lamp, *First Corinthians 1-4*, 37에서 재인용.

이 본문은 잘못을 저지른 악한 자들의 길을 경고하면서 주시는 말씀이다. 악한 자들은 하나님의 비밀들을 알지 못한다. 이들에게는 하나님의 비밀들이 계시되지 않았기 때문이다. 본문은 다니엘 2:18-19에서 "지혜자"들이라도 하나님의 비밀을 알지 못한다고 한 것과 맥을 같이 한다. 또한 본문은 악인들이 비밀을 알지 못하는 것이 훗날과 관련되었다는 것을 설명하면서 "하나님의 비밀"을 죽음 이후에 관한 교훈을 가리킨다고 제시한다.[60] 13절은 특히 악인이 죽음 이후의 것을 알지 못하는 이유를, 하나님께서 "사람을 부패하지 않게 창조하셨고, 그를 하나님 자신의 영원성의 형상으로 지으셨기" 때문이라고 설명한다.

b) 솔로몬의 지혜 6:22

> 나는 지혜가 무엇인지 또 그 지혜가 어떻게 존재하게 되었는지를 네게 말하겠다. 나는 비밀들을 네게 감추지 않을 것이다. 하지만 나는 지혜의 과정을 창조의 시작에서 추적하며 그것에 대한 지식을 절대로 지나치지 않을 것이다.

볼프슨(Wolfson)은 본문의 "지혜가 무엇인지를 말하겠다"는 것을 신비종교의 입장에서 해석하면서 "이교 세계에서도 '비밀'을 종교적인 의식 이외에 신들에게 속한 지혜를 언급하기 위해 '비밀'이란 단어를 사용했다"고 주장한다.[61] 하지만 이 의식은 비밀 의식을 보여주지 않을뿐더러

---

[60] 본문은 에녹1서 103:2, 104:12; 61:5과 관련이 있다. D. Winston, *The Wisdom of Solomon*, AB43 (New York: Doubleday, 1979), 121.

[61] Wolfson은 "이교 세계에서도 '비밀'을 종교적인 의식 이외에 신들에게 속한 지혜를

영지주의적 구원 신화와도 연결되어 있지 않다.[62]

오히려 본문은 하나님의 지식에 대한 공개(계시)를 알리는 것인데, 비밀이 늘 감춰져 있지 않고 언젠가 알려질 것을 선언한다. 지혜는 비밀을 계시한다. 지혜는 창조에서 시작된 광범위한 내용을 담고 있기 때문이다. 지혜는 자기를 찾는 사람들에게 그의 폭넓은 비밀을 친히 알려줄 것이다. 레이더(Reider)는 이것을 지혜가 가르치는 교훈과 지혜를 추구하는 사람들에게 내리는 복이라고 이해한다.[63]

지혜 문학에서 하나님의 비밀은 오직 계시에 의해서만 알려지는 것으로 소개된다. 여기서 지혜가 중요한 기능을 담당한다. 지혜는 감추인 것이 무엇인지, 나타난 것이 무엇인지를 가르칠 수 있다(7:21, 22). "지혜는 옛 것을 알고, 장차 올 것을 유추한다"(8:8). 이런 의미에서 솔로몬의 지혜는 감추인 하늘의 실체를 계시한다는 주제에 단서를 제공한다.

3. 쿰란 문헌

학자들은 다른 어느 문헌보다도 쿰란의 문헌들이 신약성경과 유사한 점이 많다고 생각한다. 특히 언어와 문체, 사상과 개념 등에 있어 팔레스타인 유대교의 한 형태인 쿰란의 본문이 신약성경의 여러 부분과 유사하다고 생각하면서 심지어 신약의 여러 저자들의 사상과 어휘가 쿰란에

언급하기 위해 '비밀'이란 단어를 사용했다"고 지적한다. H. A. Wolfson, *Philo*, I (Cambridge: Havard University Press, 1948), 24-26. Brown, *The Semitic Background*, 10에서 재인용.

[62] Bornkamm, "μυστήριον," 814.

[63] J. Reider, *The Book of Wisdom* (New York: Harper & Brothers, 1957), 106.

의존했다고 판단하는 학자들까지 있다.[64]

쿰란 종파는 스스로를 종말론적 절정이 임하기 전에 메시아적 환난의 날에 살고 있는 택함 받은 자들로 이해하였다. 그래서 쿰란 종파는 구약성경의 특정 본문을 자기들의 시대와 상황에 적용한다. 과제는 메시아 시대와 장차 올 시대의 도래를 준비하는 것이다. 그들은 그 일을 위해 율법을 연구하고 성경을 종말론적으로 해석하였다.[65]

쿰란 문서에서 "비밀"이 등장하는 곳은 공동체 규범(1QS), 다메섹문서(CD)공동체의 찬양집(1QH), 전쟁 규율(1QM), 하박국주석(1QpHab) 등이다. 브라운은 쿰란에 있는 네 가지 다른 범주의 비밀들을 제시한다. 그것은 하나님의 섭리의 비밀들, 쿰란 종파의 율법 해석의 비밀들, 우주의 비밀들 그리고 악의 비밀들이다.[66] 쿰란 문헌에 반영된 비밀 이해를 살펴보자.

a. 1QS(The Community Rule 또는 The Manual of Discipline)

쿰란 공동체는 공동체의 규범인 1QS에서 쿰란의 모든 것이 근본적으로 "하나님의 비밀"에 따라 결정된다는 믿음을 표현하였다. 하나님의 비밀은 전 포괄적이고(우주론적 비밀), 마지막 때 계시(종말론적 비밀)와 관련이 있다. 쿰란 공동체는 "비밀"을 하나님의 섭리적 통치로 이해한다. 공동체

---

[64] J. Murphy-O' Connor, *Paul and Qumran: Studies in New Testament Exegesis* (London: Geffery Chapman, 1968)에 실린 논문들을 보라. K. G. Kuhn, "The Epistle to the Ephesians in the Light of the Qumran Text," 115-31; J. Coppens, "'Mystery' in the Theology of Saint Paul and its Parallels at Qumran." 132-58; F. Mussner, "Contributions Made by Qumran to the Understanding of the Epistle to the Ephesians," 159-78.

[65] R. Longenecker, *Biblical Exegesis in the Apostolic Period* (Grand Rapids: Eerdmans, 1975), 38.

[66] Brown, *Semitic Background*, 22-29.

의 생활은 물론이고 심지어 어둠의 천사에 의해 야기된 죄까지 하나님의 비밀과 부합한다는 것이다. 쿰란 공동체는 모든 시간이 하나님에 의해 결정되었다고 확신한다. 시간은 하나님의 지혜로우신 섭리의 "비밀" 안에 있기 때문이다. 하나님께서는 "그분의 명철과 비밀과 그의 영광스런 지혜" 속에서 거짓의 끝을 정하셨다(1QS 3:23). 거짓의 존재를 끝내시는 마지막 날에 하나님께서는 마지막 심판을 행하시고 비밀의 이해를 계시하신다(4:18-22).

1QS 11장에는 하나님의 비밀을 깨닫기 위한 방법이 소개되고 있다. 이곳에 "비밀"(רז)이란 단어가 세 번 등장하는데(3, 5, 19절), "하나님의 놀라운 비밀로부터" 내 속에 빛이 들어온다는 것을 표현하는 곳에서 그러하다. 사실 쿰란 공동체는 하나님의 비밀을 성찰할 수 있는 존재는 아무도 없다고 믿었다(1QS 11:19). 그 비밀을 알 수 있는 지식이 사람들에게는 감추어져 있기 때문이다(1QS 11:6, 18-19). 그래서 하나님에게서 오는 빛이 필요하다(1QS 11:3).[67]

b. 다메섹문서(CD)

섭리의 비밀들과 관련이 있는 것이 율법 해석의 비밀들이다. 하나님의 감춰진 섭리가 쿰란 공동체에 계시될 때 작용하는 것, 그리고 공동체가 하나님의 비밀을 알기 위하여 작용하는 것이 바로 율법 해석이다. 이 문제

---

[67] Flusser와 Safrai는 하나님의 비밀을 깨닫기 위해 빛이 들어와야 한다는 것(1QS 11:4-8)에서 랍비 문헌에 있는 토라의 비밀을 얻기 위해 지혜가 필요하다는 패턴과 동일한 패턴을 찾는다. D. Flusser and S. Safrai, "The Essene Doctrine of Hypotasis and Rabbi Meir," in *Judaism and the Origin of Christianity*, ed. D. Flusser (Jerusalem: The Magnes Press, The Hebrew University, 1988), 307-308.

에 대해 카이로 문서(CD)에 소개된 내용을 살펴보자.

> 그러나 하나님께서는 그분의 계명들을 굳게 붙든 남은 자들과 더불어 그분의 영원한 언약을 체결하셨다. 남은 자들에게는 모든 이스라엘이 곁길로 치우친 감추인 것들을 그들에게 계시하셨다. 하나님께서는 그들(남은 자들) 앞에 그분의 거룩한 안식일들과 그분의 영광스런 절기들과 그분의 의의 증거들과 진리의 길들과 그분의 뜻의 바람을 계시하셨다. 사람은 살기 위해 이런 것들을 행해야 한다. (CD 3:12-16)

여기서 "감추인 것들"은 하나님의 거룩한 안식일들과 영광스러운 절기들로 밝혀졌다. 이것은 이스라엘의 중요한 절기였을 뿐만 아니라 쿰란 공동체의 공동체 생활을 특징짓던 종교의 요소들이다. 이 요소들의 비밀이 공동체 밖에 있는 사람들에게는 감춰졌지만, 의로운 남은 자들(즉 공동체 자신들)에게는 계시로 알려졌다고 믿었다. 베츠(Betz)가 지적한 것처럼, 그들에게 "감추인 것들"이 계시되는 것들은 토라 또는 토라 안에 있는 자명한 증거들이다.[68] 토라는 쿰란 공동체에게 하나님의 비밀들이 계시되는 수단이다. 그래서 그들은 토라를 부지런히 읽고 연구하여 하나님의 뜻을 찾으려 하였다(1QS 8:15; CD 6:7; 7:18).

---

[68] O. Betz, *Offenbarung und Schriftforschung in der Qumransekte*, WUNT 6 (Tübingen: Mohr, 1960), 7. Bockmuehl, *Revelation and Mystery*, 44에서 재인용.

c. 1QH(Hodayot, The Hymn Scroll 또는 Psalms of Thanksgiving)

호다요트(Hodayot)는 쿰란 공동체들이 사용하던 찬양집이다. 이 찬양집에서 공동체는 우주의 비밀을 설명하면서 하나님께서 그분의 비밀의 법에 따라 천체를 두시고 그것들이 자기의 행로를 따라 움직이게 하심을 찬양한 내용이 들어 있다(1QH 1:11-13). 우주의 비밀은 별의 운행과 달력을 결정하는 것, 심연의 비밀들, 새로운 낙원의 신비한 영역, 시와 노래의 화음의 비밀, 인간 언어의 비밀 등 모든 것을 망라한다.[69] 이 비밀은 저절로 알 수 있는 것이 아니다. 비밀을 이해하려면 하나님의 계시가 필요하다. "이 일들을 내가 알게 된 것은 주님의 이해 때문입니다. 주님께서 내 귀에 놀라운 비밀을 계시해주셨습니다"(1QH 1:21). 이 시를 쓴 시인은 자기가 "창조에 관한 놀라운 비밀들"을 아는 통찰을 얻게 되었고, 그 놀라운 비밀들을 의의 택함 받은 사람들에게 전하는 자가 되었다고 확신한다(1QH 2:3).

호다요트는 계속해서 하나님께서 계시를 알리시는 방법을 설명한다. 저자가 받아 주님의 비밀을 이해하게 된 것은 자기 속에 두신 하나님의 영 때문이다(1QH 12:11).[70] 그럼으로써 저자는 하나님의 하늘 회의(heavenly council)에 있는 지혜의 영들에 참여하게 되었다(1QH 11:9-13). 하나님께서 저자에게 계시하셨기 때문에 그는 "많은 사람들에게" 하나님의 능하신 일을

---

[69] J. Coppens, "'Mystery' in the Theology of Saint Paul and Its Parallels at Qumran," in *Paul and Qumran: Studies in New Testament Exegesis*, ed. J. Murphy-O'Connor (London: Geffery Chapman, 1968), 135-36.

[70] Beale은 이것이 "신들의 영"과 비밀을 연결시킨 다니엘서의 예와 유사하다고 지적한다. Beale, *The Use of Daniel*, 27, 28.

알 수 있게 하는, 이른바 "진리의 해석자"로 구비되었다(1QH 4:27, 28).[71] 이런 의미에서 11장과 4장은 아모스 3:7과 예레미야 23:18을 반영한다.

호다요트에는 저자가 자신에게 계시된 "비밀"이 구체적으로 하나님께서 악을 멸망시킬 것이라는 내용을 비밀로 소개하는 부분이 있다(1QH 12:14-20). 이 종말론적인 비밀에는 하나님께서 그분의 영광을 나타내기 위해 옛 언약들을 폐하시고 새 언약을 맺으신다는 내용도 포함된다(1QH 13:11-12).[72] 주님의 "이해의 비밀"로써 이렇게 하시는 것이다(13:12).

d. 1QM(The War Rule)

빛의 자녀들과 킷팀(Kittim)으로 알려진 어둠의 자녀들 사이에 벌어지는 전쟁을 다룬 전쟁 규율(1QM, The War Rule)에서는 비밀이 역사의 과정과 인간사만 아니라 인간과 천사들도 포함한다고 설명되었다. "그의 악한 모든 비밀들 중에서 주님은 우리를 자신의 언약에서 벗어나지 않게 하셨다. 주님께서는 [멸망의] 영들은 쫓아내셨지만 [주님의 택함 받은 자들은] 쫓아내지 않으셨다"(1QM 14:14). 이런 신앙고백은 언약의 자녀들이 당하는 시

---

[71] Ellis는 이러한 패턴이 바울 공동체의 pneumatics들이 주장하는 경향과 비슷하다고 생각한다. 예컨대, 고전 2:7, 13, 14; 14:29; 엡 3장. E. E. Ellis, *Prophecy & Hermeneutic in Early Christianity, New Testament Essays*, WUNT (Tübingen: Mohr, 1978), 35. 그러나 비밀을 깨닫는 데 지혜가 중요한 요소로 작용하고 그 지혜가 하나님의 영의 작용을 동반한다는 점에서, 바울의 "영" 사용이 쿰란의 "영"에 대한 언급을 사상적 배경으로 삼는 것이라는 사실은 이해할 수 있지만, 쿰란에는 바울이 사용하는 "하나님의 영"(the Spirit of God)이나 "하나님에서 오는 영"(the Spirit from God) 또는 "세상의 영"(the Spirit of the world)이라는 어구는 등장하지 않으므로 쿰란의 영이 바울 사도가 사용한 영(특히 고전 2:12)과 병행구절인지에 의문을 제기하는 Davies의 견해는 심각하게 받아들여야 한다. W. D. Davies, "Paul and the Dead Sea Scrolls: Flesh and Spirit" in *The Scrolls and the New Testament*, ed. K. Stendahl (Westport: Greenwood Press, 1957), 179.

[72] 이 사상은 이전에 있던 나라를 폐하시고 새로운 나라를 세우시는 내용을 보여주는 다니엘 2:44-47과 관련이 있다. Beale, *The Use of Daniel*, 28.

련을 종말론적으로 이해하면서 하나님의 비밀을 "종말론적인 시련"으로 해석한 데서 나온다. "언약의 자녀들인 너희는 주님께서 손을 들어 그분의 시련을 그치게 하실 때까지 하나님의 시련에 강해져라. 너희 선 자리에서 그분의 비밀의 시험은 다 채워질 것이다"(1QM 17:8, 9).

e. 1QpHab(A Commentary on Habakkuk)

쿰란 문서에서 종말론적인 "비밀"의 의미를 가장 잘 보여주는 본문은 하박국주석(1QpHab)이다. 쿰란의 주석은 페쉐르(פשר, 또는 פשרים)라고 불리는데, 특히 하박국주석은 그 공동체가 구약성경을 종말론적으로 해석한 대표적인 주석이다. 페쉐르는 넓은 의미에서 랍비들의 율법 해석인 미드라쉬(midrash)와 유사하다. 그것은 율법에 감춰져 있던 것을 공동체를 위해 주해적으로 설명하고 그것을 공동체에게 체계적으로 적용하는 것이다.[73] 바로 이 율법의 "감추인 것들", 즉 "하나님의 계시에 의해서만 해석될 수 있는 수수께끼"가 하박국주석에는 라쯔(raz)로 표현되었다. 페쉐르는 말하자면 할라카 식의 계시이다.[74] 콜린스(J. Collins)는 쿰란 주석의 특징을 한마디로 "공동체의 역사적인 경험을 제시하고 그 경험을 종말론적 시각에서 해석한 것"이라고 표현한다.[75] 브라운리(Brownlee)는 하박국주석의 몇

---

[73] W. H. Brownlee, *The Midrash Pesher of Habakkuk*, SBLMS 24 (Missoula: Scholars Press, 1979), 23.

[74] D. Patte, *Early Jewish Hermeneutic in Palestine*, SBLDS 22 (Missoula: Scholars Press, 1976), 227.

[75] 콜린스는 페쉐르가 당대 유대문헌에 반영된 묵시적인 특성과는 거리가 멀다고 지적한다. 페쉐르가 묵시적인 계시와 유사한 점이 있다면 그것은 성경을 비롯하여 계시의 원천을 비밀스러운 것이고 특별한 해석이 필요한 것으로 인식한 것이다. 그들은 높은 계시를 요구하고 또 그것에 의존한다. Collins, *Apocalyptic Imagination*, 151-52.

가지 명제를 언급하면서 그 중에서 가장 중요한 것을 "구약의 예언이 주석가의 최근 과거 또는 역사의 임박한 절정에 성취되었다고 해석하는 것"이라고 주장함으로써 그것이 구약 예언에 대한 종말론적 의미를 밝히는 것을 꼽는다.[76]

하박국주석의 또 다른 특징은 마지막 때에 일어날 일을 해석해줄 선지자의 중요성을 부각시킨다는 데 있다. 그 선지자는 "의의 교사"이다. 쿰란 공동체는 "의의 교사"가 출현하여 하나님의 비밀을 계시해줄 것을 소망하였으며 이때를 마지막 때 즉, 시간의 충만이 발생할 때라고 믿었다.[77] 이렇게 하여 쿰란 공동체는 종말론적 비밀이 계시되는 때와 한 인물의 출현을 연결시킨다. 쿰란 공동체의 신앙에 의하면, 하나님은 비밀을 계시하는 분이시며, 의의 교사는 "하나님의 입에서 나오는" 예언의 말씀을 직접 받는 탁월한 해석자였다(1QpHab 2:2, 3). 쿰란 공동체는 의의 교사를 선지자들보다 탁월하다고 생각했다. 선지자들은 종말론적인 비밀들에 관한 비밀을 받은 반면에, 의의 교사는 종말의 때를 아는 지식을 받은 유일한 사람이었기 때문이다.[78] 파테(Patte)는 의의 교사가 비록 특별한 환상을 경험하지는 않았을지 모르지만, 쿰란 공동체에게 의의 교사의 해석은 신적인 권위를 지닌 것으로 인식되었다고 지적한다.[79] 이렇게 하여 하박국주석에는 비밀(라쯔)과 해석(페쉐르)이 긴밀하게 연관되어 있고, 심지어 이 두 단어는 한 문단에서 반복적으로 등장하기도 한다. 이 모든 것은 종말론적인 문맥에서 벌어지는 일이다(1QpHab 2:5-8; 7:1-7, 12-13; 9:5-6). 일례로, 1QpHab 7:1-

---

76) Brownlee, *The Midrash Pesher*, 25, 29.

77) Brownlee, *The Midrash Pesher*, 30.

78) Brownlee, *The Midrash Pesher*, 110.

79) Patte, *Early Jewish Hermeneutic*, 218.

5, 8을 살펴보자.

> 하나님께서 하박국에게 장차 마지막 세대에 일어날 일을 기록하라고 하셨다. 그러나 하나님께서는 때의 절정이 언제 일어날지는 하박국에게 알게 하지 않으셨다. 하나님께서 그에게 "쉽게 읽을 수 있게 하라고 말씀하신 이유가 여기 있다. 이 해석(페쉐르)은 이렇다. '이것은 의의 교사에 관한 것이다. 하나님께서는 의의 교사에게 그의 종 선지자들의 말씀들의 모든 비밀들(라찜, 라쯔의 복수형)을 알게 하신다는 것이다. ……마지막 시대는 연장될 것이며, 그 날은 선지자들이 말했던 것보다 더욱 뛰어날 것이다. 하나님의 비밀은 사람들이 놀랄 만한 것이기 때문이다.'"

이 본문에는 비밀과 비밀의 해석이 짝을 이루며 등장한다. 그리고 구약의 선지자들에게 감춰졌던 하나님의 비밀들이 계시되는 종말의 때가 언급되었다. "때의 절정"이라고 표현된 그 때는 "때의 충만"이라고도 번역될 수 있으며, 이것은 메시아의 시대와 관련이 있는 "때가 찼다"는 표현과 동일하다(참조. 갈 4:4).[80] 여기서 감춤(라쯔)과 계시(페쉐르)의 관계는 다니엘 2장에 나오는 밤중에 꿈으로 주는 비밀과 다니엘을 통하여 그 뜻을 해석(페쉐르)하는 것과 비슷한 패턴으로 등장한다.[81] 하박국주석은 선지자들의 글을 비밀로 생각했으며, 그들 시대에 의의 교사가 받아 자기들에게 전해준 해석을 계시로 이해했음을 알려준다.

---

[80] Brownlee, *The Midrash Pesher*, 110.

[81] M. Fishbane, *Biblical Interpretation in Ancient Israel* (Oxford: Clarendon, 1986), 455.

그렇다면 하박국주석에서 "때의 절정"인 종말론적인 시대와 선지서의 종말론적 성취를 강조한 이유는 어디에 있을까? 그 이유를 찾는 것은 어렵지 않다. 유영기는 때의 충만과 관련하여 감춤과 계시 그리고 쿰란 공동체의 정체성과의 관계를 핵심적으로 보여주는 개념을 "새 언약"이라고 생각하면서, 쿰란 공동체가 율법과 선지자의 모든 말씀의 비밀들을 하나님께서 자기들에게 계시하신 것을 믿음으로써 자기들이 마지막 시대의 공동체라고 생각하려는 데 그 이유가 있다고 밝힌다.[82] 선지자들이 알지 못했던 메시아 시대는 미래의 영광에 속한 시대로 이해되었는데, 쿰란 공동체는 이 비밀이 그들의 시대에 계시되었다고 믿었다. 그들은 이것이 의의 교사로 알려진 한 사람의 해석으로 가능해졌다고 확신했다. 브루스는 쿰란 공동체에 비밀과 그 비밀의 해석과의 관계에 대해 다음과 같이 언급한다.

> 비밀(raz)뿐만 아니라 해석(pesher)이 계시되기 전까지는 하나님의 목적이 바르게 이해되지 않는다는 이 원리는 쿰란 주석에 있어 성경 주해의 기초다. "비밀"은 하나님에 의해 선지자에게 전달되지만 그 의미는 하나님께서 택하신 해석자가 페쉐르를 알게 해주기 전까지는 봉함된 채 있다. 그 택함 받은 해석자는 쿰란 공동체의 창시자이고 의의 교사이다.[83]

여기서 쿰란의 중요한 인물인 "의의 교사"가 소개되고 그의 역할의

---

[82] Y. Yu, "The New Covenant: The Promise and Its Fulfilment," (Unpublished Ph. D. Thesis at the University of Durham, 1989), 93.

[83] F. F. Bruce, *Biblical Exegesis in the Qumran Texts* (Grand Rapids: Eerdmans, 1960), 9.

중요성이 천명된다. 하나님께서는 선지서의 참되고 감춰진 의미를 설명할 수 있는 능력을 의의 교사에게 주셨고, 의의 교사는 역사의 과정에서 하나님의 비밀들이 실현되는 중에 그의 쿰란 공동체에게 비밀을 전하고 해석해주었다. 말하자면, 의의 교사는 "위대한 비밀 전달자"였다.[84] 그는 공동체를 위하여 계시를 중보하고 전달하는 공식적인 중개자였으며[85] 구약 예언의 종말론적 해석자였다.[86]

그러므로 쿰란 공동체에게 "비밀"은 단지 감추인 의미들만 가리키는 것이 아니라는 점이 분명하다. 쿰란 공동체가 관심을 가지고 있던 "비밀(들)"은 메시아 시대의 절정에 이를 때에 그들이 겪게 되는 놀라움이기도 하다"(1QpHab 7:8). 선지자들의 경우 올 시대의 놀라움을 다 파악할 수는 없었던 것과 비교하면(참조. 벧전 1:10-12), 쿰란 공동체가 기대했던 메시아 시대에 나타날 놀라움을 "인간의 이해를 넘어서는 하나님의 행위의 놀라운 현현"이었다고 판단한 브라운리의 평가는 정당하다(비교. 신 28:59; 사 28:29; 29:14; 욜 2:28).[87]

마치는 말

유대문헌에 나타난 "비밀" 개념에는 어느 정도 신약 저자들의 비밀 개념과 유사한 점이 있어 보인다. 구약성경에 기원을 두고 있는 비밀 개념

---

[84] Coppens, "Mystery," 136.
[85] Patte, *Early Jewish Hermeneutic*, 211-31.
[86] Beale, *The Use of Daniel*, 36.
[87] Brownlee, *The Midrash Pesher*, 116-17.

에 영향을 받았기 때문일 것이다. 둘 다 하나님의 비밀이 하나님의 고유 영역에 속하고 인간 스스로는 그것을 알 수 없다고 판단한 것과 비밀이 하나님과 하나님의 계시를 받은 사람들에게만 계시되고 다른 사람들에게는 여전히 감춰졌다고 이해한다는 것에 공통점이 있다. 하나님의 계시가 없다면 아무도 "비밀"의 내용을 알 수 없다. 신약 이전 시대의 문헌에서 비밀은 주로 하나님께서 종말의 시기에 그분의 비밀을 계시하신다는 마지막 때와 관련하여 하나님께서 하실 일에 초점이 맞춰져 있다. 그 전까지는 하나님의 비밀의 얼마는 감춰져 있다. 이 점은 묵시적 뉘앙스를 지닌다. 특히 바울의 비밀 이해와 가장 비슷한 점을 보유하고 있다고 하는 쿰란 문서에는 "비밀"이 계시와 연결되었고, 그 계시가 발생하는 때를 이전 시대와 구별되는 마지막 때(종말의 때)로 이해하면서 쿰란 공동체를 종말론적 공동체로 이해한, 마지막 때에 대한 그들의 인식이 반영되었다.

하지만 신약 저자들이 사용한 "비밀"과 이전의 자료(쿰란, 유대문헌, 심지어 헬라종교의 자료에 이르기까지) 사이에 공통점이 있다고 하여[88] 시간적으로 유대문헌이 바울 사상에 영향을 주었다든가 유대문헌이 모든 기독교 신학의 모태라고 주장할 수는 없다.[89] 바울과 유대 문헌 간에 결정적인 차이가 존재하기 때문이다.

첫째, 마지막 때에 대한 하나님의 계획이 지금 의인들에게 계시되고 있다는 묵시적인 사상과 관련하여, 유대문헌과 신약성경의 저자들의 상황

---

[88] G. W. Wiley, "A Study of 'Mystery' in the New Testament," *GTJ* 6/2 (1985), 351-52.

[89] 병행구를 통해 바울의 영향을 주장하는 Coppens, "Mystery," 132-58. 특히, 134-44, 149-50, 152-56과 에베소서의 "비밀"이 쿰란의 영향을 받았다고 주장하면서 그 유사점 목록을 제시하는 Mussner, "Contributions," 162-63을 보라.

이 다르다는 것을 간과해서는 안 된다. 특히 쿰란에서는 종말론적 비밀이 쿰란 종파가 참 이스라엘인 반면, 종파 바깥에 있는 사람들은 잃어버린 사람이요 악인이라고 믿었다. 그러나 바울에게는 하나님께서 유대인과 이방인 두 인종으로부터 그분의 새로운 백성을 형성했다는 것이 비밀이다(롬 11:25-26; 16:25-26; 엡 1:9-10; 3:3-6; 골 1:26-27).

둘째, 유대문헌에서는 율법과 지혜가 그들을 세상의 오염으로부터 보호해주는 울타리였고, 여전히 그들의 신앙과 사상 속에서 중심이다. 그러나 바울에게는 사람들 집단들 사이에 가로 놓여 있는 장애물을 하나님께서 그리스도의 십자가를 통하여 제거하셨다(골 2:13-14; 엡 2:11-19). 바울 이전에는 가로 막힘이 강조된 반면에, 바울에게서는 그 막힌 것이 제거 되었다는 것이 종말론적 비밀이다. 신약 저자들의 비밀 이해에서 종말론적인 상황은 이미 예수 그리스도 안에서 시작되었다는 것이 특징이다.

셋째, 비밀과 관련하여 "감춤과 계시"를 채용한 의도가 바울과 쿰란이 서로 다르다. 유대문헌에서는 감춤과 계시가 율법과 관련이 있다. 즉 모세 율법이 모든 유대인들에게는 계시되었고, 율법의 감춰진 의미가 의의 교사를 통하여 공동체에게는 알려졌다. 이것은 율법이 그들만의 소유물을 주장하는 배타주의(Particularism)를 가리킨다. 반면에 바울에게는 감춤과 계시가 사람들 사이에서가 아니라 시간적인 대조로 나타난다. 바울은 하나님의 비밀이 유대인과 이방인 모두에게 과거에는 감춰졌으나 이제는 그리스도 안에서 계시되었다고 선언한다(골 1:26; 2:3; 롬 16:25-26).[90]

---

90) C. M. Pate, *Communities of the Last Days: The Dead Sea Scrolls, the New Testament and the Story of Israel* (Downers Grove: IVP, 2000), 189-90, 194.

무엇보다도 신약 저자들의 비밀 이해는 "때가 찬 경륜"에 의해 세상에 출현하신 그리스도에게 그 열쇠를 발견한다는 데 다른 유대문헌과 차이가 있다(마 4:17; 막 1:15; 롬 16:25, 26; 갈 4:4; 엡 1:9, 10; 3:5, 9-10). 그래서 바울은 그리스도를 "하나님의 비밀"이신 그리스도로 표현하거나(골 1:27; 비교. 고전 2:1), 비밀에 "그리스도의"라는 소유격을 붙여 그리스도와 비밀의 상관관계를 더욱 분명히 한다(엡 3:4; 골 4:3). 신약성경은 유대문헌보다는 구약 계시의 연속성과 불연속성 속에서 그 의미를 지닌다.

참고문헌

Abbott, T. K. *The Epistles to the Ephesians and to the Colossians*. ICC. Edinburgh: T & T Clark, 1897.

Akin, D. L. "The Mystery of Godliness Is Great: Christology in the Pastoral Epistles." In *Entrusted with the Gospel: Paul's Theology in the Pastoral Epistles*. Eds. Kostenberger, A. J. and Wilder, T. L. (Nashville: B&H Academic, 2010), 137-52.

Allison, D. C. *The End of the Ages Has Come: An Early Interpretation of the Passion and Resurrection of Jesus*. Edinburgh: T&T Clark, 1985.

Ambrozic, A. M. *The Hidden Kingdom: A Redaction-Critical Study of the Reference to the Kingdom of God in Mark's Gospel*. CBQMS 2. Washington D. C.: The Catholic Biblical Association of America, 1972.

Arnold, C. E. *Ephesians: Power and Magic*. Grand Rapids: Bakers, 1989.

_____. *The Colossian Syncretism. The Interface between Christianity and Falk Belief at Colossae*. Grand Rapids: Baker, 1996.

Aune, D. E. *Revelation 1-5*. WBC 52A. Dallas: Word Books, 1997.

_____. *Revelation 6-16*. WBC 52B. Nashville: Thomas Nelson, 1998.

_____. *Prophecy in Early Christianity and the Ancient Mediterranean World*. Grand Rapids: Eerdmans, 1983.

_____. "Human Nature and Ethics in Hellenistic Philosophical Traditions and Paul: Some Issues and Problems." In *Paul in His Hellenistic Context*. Ed. Engberg-Pedersen, T. (Edinburgh: T&T Clark, 1994), 291-312.

Aus, R. D. "Paul's Travel Plans to Spain and the 'Full Number of the Gentiles' of Rom XI 25." *NovT 21* (1979): 232-62.

Baird, J. A. "A Pragmatic Approach to Parable Exegesis: Some New Evidence on Mark 4:11, 33-34." *JBL 76* (1957): 201-207.

Baird, W. "Among the Mature: The Idea of Wisdom in 1 Corinthians 2:6." *Int* 13 (1958): 425-32.

Baldwin, J. G. *Haggai, Zechariah, Malachi*. TOTC. Leslie: IVP, 1972.

Bandstra, A. J. *In the Company of Angels: What the Bible Teaches What You Need to Know* (1995). 『천사에 대해 얼마나 알고 계십니까』. 류호영 옮김. 서울: 은성, 1996.

Barclay, W. *The Letters to the Corinthians*. Philadelphia: Westminster, 1956.

Barr, J. *The Semantics of Biblical Language*. Oxford: Oxford University, 1961, 1978.

Barrett, C. K. *The First Epistle to the Corinthians*. HNTC. New York: Harper & Row, 1968.

Barth, K. *Die Auferstehung der Toten*. 『죽은 자의 부활』. 전경연 편. 서울: 대한기독교서회, 1979.

Barth, M. *Ephesians 1-3*. AB 34. New York: Doubleday, 1974.

_____. *Ephesians 4-6*. AB 34A. Garden City: Doubleday, 1974, 1982.

_____. *The People of God*. JSNTSS 5. Sheffield: JSOT, 1983.

Barth, M. and Blanke, H. *Colossians*. AB 34B. New York: Doubleday, 1994.

Bauckham, R. *The Theology of the Revelation*. Cambridge: Cambridge University Press, 1994.

_____. *The Climax of Prophecy: Studies in the Book of Revelation*. Edinburgh: T&T Clark, 1993.

_____. 『예언의 절정 I』. 최흥식 옮김. 서울: 한들출판사, 2002.

_____. "Colossians 1:24 Again: The Apocalyptic Motif." *EvQ* 47 (1975): 168-70.

Baur, W.; Arndt, W. F.; and Gingrich, F. W. A. *Greek-English Lexicon of the New Testament and Other Early Christian Literature*. 3rd Ed. Chicago: The University of Chicago, 2000.

Beale, G. K. *The Book of Revelation*. NIGTC. Grand Rapids: Eerdmans, 1999.

_____. *John's Use of the Old Testament in Revelation*. JSNTSS 166.

Sheffield: Sheffield Academic, 1998.

_____. *The Use of Daniel in Jewish Apocalyptic Literature and in the Revelation of St. John*. Lanham: University Press of America, 1984.

_____. "Revelation." In *It is Written: Scripture Citing Scripture. Essays in Honour of Barnabas Lindars, SSF*. Eds. Carson, D. A. and Williamson, H. G. M. (Cambridge: Cambridge University Press, 1988), 318-36.

_____. "The Interpretative Problem of Rev. 1:19." *NovT 34* (1992): 360-87.

Beale G. K. and D. A. Carson. Eds. *Commentary on the New Testament Use of the Old Testament*. Grand Rapids: Baker Academic, 2007.

Beale G. K. and S. M. McDonough. *"Revelation."* In *Commentary on the New Testament Use of the Old Testament*. Eds. Beale G. K. and Carson, D. A. (Grand Rapids: Baker Academic, 2007), 1081-161.

Beasley-Murray, G. R. *Revelation*. NCBC. Grand Rapids: Eerdmans, 1983.

_____. *Jesus and the Kingdom of God*. Grand Rapids: Eerdmans, 1986.

Beaton, R. "Isaiah in Mattew's Gospel." In *Isaiah in the New Testament*. Eds. Moyise, S. and Menken, M. J. J. (London: T&T Clark, 2005), 63-78.

Beker, J. C. *Paul the Apostle: The Triumph of God in Life and Thought*. Philadelphia: Fortress, 1980.

Beckwith, I. T. *The Apocalypse of John*. Grand Rapids: Baker, 1919, 1979.

Bell, R. H. *Provoked to Jealousy*. WUNT 2/63. Tubingen: Mohr, 1994.

_____. *The Irrevocable Call of God: An Inquiry into Paul's Theology of Israel*. Tübingen: Mohr Siebeck, 2005.

Best, E. *A Critical and Exegetical Commentary on Ephesians*. Edinburgh: T&T Clark, 1998.

_____. *The First and Second Epistles to the Thessalonians*. London: A & C Black, 1972.

_____. *Ephesians*. NTG. Sheffield: Sheffield Academic Press, 1997. 「에베소서」. 김정훈 옮김. 서울: 이레서원, 2003.

Betz, H. D. *Galatians*. Hermeneia. Philadelphia: Fortress, 1979.

Betz, O. "Der gekreuzigte Christus: unsere Weisheit und Gerechtigkeit." In *Tradition and Interpretation in the New Testament. Essays in Honor of E. Earle Ellis*. Ed. Hawthorne, G. F. with Betz, O. (Tubingen: Mohr-Siebeck, 1987), 195-215.

Bevere, A. R. *Sharing in the Inheritance: Identity and the Moral Life in Colossians*. JSNTSS 226. Sheffield: Sheffield Academic, 2003.

Blass, F. and DeBrunner, A. *A Greek Grammar of the New Testament and Other Early Christian Literature*. Chicago: The University of Chicago, 1961.

Bock, D. L. *Luke 1:1-9:50*. BECNT. Grand Rapids: Baker, 1994.

Bockmuehl, M. *Revelation and Mystery in Ancient Judaism and Pauline Christianity*. WUNT 2. Tübingen: Mohr, 1990.

Boring, E. "The Kingdom of God in Mark." In *The Kingdom of God in 20th Century Interpretation*. Ed. Willis, W. (Peabody: Hendrickson, 1987), 131-45.

Bornkamm, G. "$\mu\nu\sigma\tau\acute{\eta}\rho\iota\text{o}\nu$." In *TDNT*. IV: 802-28.

_____. *Paul*. London: Hodder and Stoughton, 1971.

Boucher, M. *The Mysterious Parable: A Literary Study*. CBQMS 6. Washington: Catholic Biblical Association of America, 1977.

Bousset, W. *Kyrios Christos: A History of the Belief in Christ from the Beginnings of Christianity to Ireneaus*. Trans. Steely, J. E. Nashville: Abingdon, 1970.

Branick, V. "Source and Redaction Analysis of 1 Corinthians 1-3." *JBL* 101/2(1982): 251-69.

Bratcher, R. G. and Nida, E. A. *A Translators Handbook on Paul's Letters to the Colossians and to Philemon*. Stuttgart: UBS, 1977.

Brown, A. R. *The Cross & Human Transformation: Paul's Apocalyptic Word in 1 Corinthians*. Minneapolis: Fortress, 1995.

Brown, C. "$\dot{\epsilon}\pi\iota\phi\acute{\alpha}\nu\epsilon\iota\alpha$." *NIDNTT*. III: 320-24.

Brown, F.; Driver, S. R.; and Briggs, C. A. *A Hebrew and English Lexicon of* the Old Testament. Oxford: Clarendon, 1906, 1980.

Brown, R. E. The Semitic Background of the Term "Mystery" in the New Testament. Philadelphia: Fortress, 1968.

Brown, S. "'The Secret of the Kingdom of God' (MARK 4:11)." JBL 92 (1973): 60-74.

Bruce, F. F. Paul: Apostle of the Heart Set Free. Grand Rapids: Eerdmans, 1977.

_____. Romans. TNTC. Grand Rapids: Eerdmans, 1963.

_____. 1 & 2 Corinthians. London: Morgan & Scott, 1971.

_____. Commentary on Galatians. NIGTC. Grand Rapids: Eerdmans, 1982.

_____. The Epistles to the Colossians, to Philemon and to the Ephesians. NICNT. Grand Rapids: Eerdmans, 1984.

_____. 1 & 2 Thessalonians. WBC 45. Waco: Word Books, 1982.

_____. "Jews and Christians in the Lycus Valley." BibSac 141 (1984): 3-15.

Bruner, F. D. A Theology of the Holy Spirit. The Pentecostal Experience and the New Testament. Grand Rapids: Eerdmans, 1970.

Buchsel, F. "$\gamma\varepsilon\nu\varepsilon\acute{\alpha}$." TDNT. I: 662-63.

Bultmann R. and Luhrmann. D. "$\varphi\alpha\nu\varepsilon\rho\acute{\omega}$." TDNT. IX: 3-6.

Cahill, M. "The Neglected Parallelism on Colossians 1,24-25." ETL 68 (1992): 142-47.

Caird, G. B. New Testament Theology. Oxford: Clarendon, 1994.

_____. Paul's Letters from Prison, New Clarendon Bible. Oxford: Oxford University, 1976, 1991.

_____. The Revelation of St. John the Divine. HNTC. New York: Harper & Row, 1966.

Callan, T. "Prophecy and Ecstacy in Greco-Roman Religion and in 1 Corinthians." NovT 27 (1985): 125-40.

Callow, J. A Semantic Structure Analysis of Colossians. Dallas: Summer

Institute of Linguistics, 1983.

Calvin, J. *The First Epistle of Paul the Apostle to the Corinthians*. Grand Rapids: Eerdmans, 1960.

Caragounis, C. C. *The Ephesian Mysterion: Meaning and Content*. CBNTS 8. Lund: CWK Gleerup, 1977.

Carroll, J. T. and Green, J. B. *The Death of Jesus in Early Christianity*. Peabody: Hendrickson, 1995.

Carson, D. A. *The Cross & Christian Ministry: An Exposition of Passages from 1 Corinthians*. Grand Rapids: Baker Books, 1993.

_____. *Showing the Spirit: A Theological Exposition of 1 Corinthians 12-14*. Grand Rapids: Baker, 1987.

Chae, D. J-S. *Paul as Apostle to the Gentiles: His Apostolic Self-Awareness and its Influence on the Soteriological Argument in Romans*. PBTM. Carlisle: Paternoster, 1997.

Charles, R. H. *A Critical and Exegetical Commentary on the Revelation*. Vol. 1. Edinburgh: T&T Clark. 1920.

Ciampa, R. E. and Rosner, B. S. *The First Letter to the Corinthians*. Nottingham: Apollos, 2010.

Clines, D. J. A. *Job*. WBC 17. Dallas: Word Books, 1989.

Coetzee, J. C. "The Pauline Eschatology." In *Guide to the New Testament. Vol. V: The Pauline Letters: Introduction and Theology*. Ed. du Toit, A. B. (Pretoria: N. G. Kerkboekhandel Transvaal, 1985), 311-42.

Cohen, N. G. "From Nabi to Mal'ak to 'Ancient Figure.'" *JJS* 36 (1985): 12-24.

Collins, J. J. *Daniel*. Hermeneia. Philadelphia: Fortress, 1993.

Collins, R. F. *First Corinthians*. Sacra Pagina. Collegeville: The Liturgical Press, 1999.

_____. *Letters That Paul Did Not Write. The Epistle to the Hebrews and the Pauline Pseudepigrapha*. GNS 28. Wilmington: Michael Glazier, 1988.

_____. "The Case of the Wandering Doxology: Rom 16:25-27." In *New

Testament Textual Criticism and Exegesis: Festschrift for J. Delobel. (Leuven: Leuven University, 2002), 293-303.

Conzelmann, H. *1 Corinthians: A Commentary on the First Epistle to the Corinthians*. Hermeneia. Philadelphia: Fortress Press, 1975(German: 1969).

Cope, O. L. *Matthew: A Scribe Trained for the Kingdom of Heaven*. CBQMS 5. Washington D. C.: The Catholic Biblical Association of America, 1976.

Coppens, J. " 'Mystery' in the Theology of Saint Paul and Its Parallels at Qumran" In *Paul and Qumran: Studies in New Testament Exegesis*. Ed. Murphy-O'Connor, J. (London: Geffery Chapman, 1968), 132-58.

Court, J. M. *Myth and History in the Book of Revelation*. Atlanta: John Knox, 1979.

Craigie, P. *The Book of Deuteronomy*. NICOT. Grand Rapids: Eerdmans, 1976.

Cranfield, C. E. B. *The Gospel according to St Mark*. CGTC. Cambridge: Cambridge University Press, 1959, 1989.

_____. *The Epistle to the Romans*. Vol. 2, ICC. Edinburgh: T&T Clark, 1979.

Culver, R. D. "רוּחַ." *TWOT*, I: 186-87.

Das, A. A. *Paul and the Jews*. Library of Pauline Studies. Peabody: Hendrickson, 2003.

_____. *Solving the Romans Debate*. Minneapolis: Fortress, 2007.

Davies, W. D. & Allison, D. C. *The Gospel According to Saint Matthew VIII-XVIII*. Vol. II. ICC. Edinburgh: T&T Clark, 1991.

Davies, W. D. *Paul and Rabbinic Judaism*. Philadelphia: Fortress, 1981.

de Boer, M. D. *The Defeat of Death: Apocalyptic Eschatology in 1 Corinthians 15 and Romans 5*. JSNTSS 22. Sheffield: JSOT, 1988.

de Villiers, G. R. "Revealing the Secrets, Wisdom and the World in the Similitudes of Enoch." *Neotestamentica* 17 (1983): 50-68.

Deissmann, A. *Light from the Ancient East*. Trans. Strachan, L. R. M. London: Hodder and Stoughton, 1909.

Dennison, W. D. *Paul's Two-Age Construction and Apologetics* (1985). 오광만 옮김. 『바울의 두 세대 구조와 변증학』. 서울: 웨스트민스터출판부, 1995.

DeSilva, D. A. "The 'Image of the Beast' and the Christians in Asia Minor Escalation of Sectarian Tension in Revelation 13." *TrinJ* 12 (1991): 185-208.

Deutsch, C. *Hidden Wisdom and the Easy Yoke: Wisdom, Torah and Discipleship in Matthew 11.25-30*. JSNTSS 18. Sheffield: JSOT, 1987.

Dibelius M. and Conzelmann, H. *The Pastoral Epistles*. Hermeneia. Philadelphia: Fortress, 1983.

Drake, A. E. "The Riddle of Colossians: Quaerendo Invenietis." *NTS* 41 (1995): 123-44.

Driver, S. R. *Deuteronomy*, ICC. 3rd Ed.; Edinburgh: T&T Clark, 1978.

Dumbrell, W. J. *The End of the Beginning: Revelation 21-22 and the Old Testament*. Homebush West: Lancer Books, 1985.

Dunn, J. D. G. *The Theology of Paul the Apostle*. Grand Rapids: Eerdmans, 1998.

_____. *Christology in the Making: A New Testament Inquiry into the Origins of the Doctrine of the Incarnation*. London: SCM, 1980.

_____. *Jesus and the Spirit. A Study of the Religious and Charismatic Experience of Jesus and the First Christians as Reflected in the New Testament*. Philadelphia: Westminster, 1975.

_____. *Romans 9-16*. WBC 38B. Dallas: Word Books, 1988.

_____. *The Epistles to the Colossians and to Philemon. A Commentary on the Greek Text*. NIGTC. Grand Rapids: Eerdmans, 1996.

Eadie, J. *Commentary on the Greek Text of the Epistles of Paul to the Thessalonians*. Grand Rapids: Baker, 1877, 1979.

Edgar, T. R. "Babylon: Ecclesiastical, Political, or What?" *JETS* 25 (1982): 333-41.

Elliott, J. K. "The Language and Style of the Concluding Doxology to the Epistle to the Romans." *ZNW* 72 (1981): 124-30.

Ellis, E. E. *Prophecy & Hermeneutic in Early Christianity, New Testament Essays*. WUNT. Tubingen: Mohr, 1978.

_____. *Paul's Use of Old Testament*. Grand Rapids: Eerdmans, 1957.

Evans, C. A. "The Function of Isaiah 6:9-10 in Mark and John." *NovT* 24 (1982): 124-38.

Fabry, H. "סור." *TDOT*, X: 172.

Farrer, A. *The Revelation of St. John the Divine*. Oxford: Clarendon, 1964.

Fee, G. D. *God's Empowering Presence: The Holy Spirit in the Letters of Paul*. Peabody: Hendrickson, 1994.

_____. *The First Epistle to the Corinthians*. NICNT. Grand Rapids: Eerdmans, 1987.

_____. *1 and 2 Timothy, Titus*. NIBC. Peabody: Hendrickson, 1984.

_____. "Textual-Exegetical Observations on 1 Corinthians 1:2, 2:1, and 2:10." In *Scribes and Scripture. New Testament Essays in Honor of J. Harrold Greenlee*. Ed. Black, D. A. (Winona Lake: Eisenbrauns, 1992), 1-15.

Fiorenza, E. S. *The Book of Revelation: Justice and Judgment*. Philadelphia: Fortress, 1985.

Fitzmyer, J. A. *The Gospel According to Luke I-IX*. AB 28. New York: Doubleday, 1979.

_____. *Romans*. AB 33. Garden City: Doubleday, 1992.

_____. *Paul and His Theology: A Brief Sketch*. 「바울의 신학」. 배용덕 역. 서울: 솔로몬, 1996.

_____. *First Corinthians*. The Anchor Yale Bible 32. New Haven: The Anchor Yale Bible, 2008.

Forbes, C. *Prophecy and Inspired Speech in Early Christianity and its Hellenistic Environment*. WUNT 2/75. Tubingen: Mohr, 1995.

Ford, J. M. *Revelation*. AB 38. Garden City: Doubleday, 1975.

Fox, M. V. "Words for Wisdom: תבונה and בינה; עומה and מומה; עצה and תושיה."

ZAH 6/2 (1993): 149-69.

_____. *Proverbs 1-9*, AB. Garden City: Doubleday, 2000.

France, R. T. *The Gospel of Mark*. NIGTC. Grand Rapids: Eerdmans, 2002.

Fritsch, C. T. 『예언자의 세계』. 현대신서 20. 문익환 옮김. 서울: 대한기독교서회, 1970, 1984.

Gaffin, R. B. *Perspectives on Pentecost*. Phillipsburg: Presbyterian and Reformed, 1979.

_____. *The Centrality of the Resurrection: A Study in Paul's Soteriology*. Grand Rapids: Baker, 1978.

_____. "Some Epistemological Reflections on 1 Cor 2:6-16." *WTJ* 57 (1995): 103-24.

Gamble, H. *The Textual History of the Letter to the Romans: A Study in Textual and Literary Criticism*. Studies and Documents 42. Grand Rapids: Eerdmans, 1977.

Garland, D. E. *1 Corinthians*. BECNT. Grand Rapids: Baker Academic, 2003.

_____. *Colossians and Philemon*. NIVAC. Grand Rapids: Zondervan, 1998.

Gilchrist, R. "צוק." *TWOT*, I: 390-91.

Gnilka, J. *Das Evangelism nach Markus*. EKKNT(1978). 『마르코복음』. 서울: 한국신학연구소, 1985.

Gnuse, R. K. *Dreams and Dream Reports in the Writings of Josephus: a Traditio-historical Analysis*. Leiden: Brill, 1996.

Godet, F. L. *Commentary on First Corinthians*. Grand Rapids: Kregel, 1889, 1977.

Goldingay, J. E. *Daniel*. WBC 50. Dallas: Word Books, 1986.

Goulder, M. D. "Those Outside (Mk. 4:10-12)." *NovT* 33 (1991): 289-302.

Grindheim, S. "What the OT Prophets Did Not Know: The Mystery of the Church in Eph 3,2-13." *Biblica* 84 (2003): 531-53.

Grosheide, F. W. *Commentary on the First Epistle to the Corinthians*. NICNT. Grand Rapids: Eerdmans, 1953.

Grudem, W. *The Gift of Prophecy in 1 Corinthians*. Lanham: University Press of America, 1982.

_____. *The Gift of Prophecy in the New Testament and Today*. Westchester: Crossway Book, 1988.

Guelich, R. A. *Mark 1-8:26*. WBC 34A. Dallas: Word Books, 1989.

Gundry, R. H. *Matthew, A Commentary on His Literary and Theological Art*. Grand Rapids: Eerdmans, 1982.

_____. Mark, A Commentary on His Apology for the Cross. Grand Rapids: Eerdmans, 1993.

Gundry-Volf, J. M. *Paul and Perseverance*. WUNT 2/37. Tubingen: Mohr, 1990.

Guthrie, D. *New Testament Introduction*. (Fourth Ed.〈revised〉). Downers Grove: IVP, 1990.

Hagner, G. "The Future of Israel: Reflections on Romans." In *Eschatology and New Testament. Essays in Honor of George Raymond Beasley-Murray*. (Peabody: Hendrickson, 1988), 77-112.

Hanson, A. T. *The Pastoral Epistles*. NCBC. Grand Rapids: Eerdmans, 1982.

Harrington, D. J. *Paul and the Mystery of God*. Collegeville: Liturgical Press, 1992.

Harrington, W. J. O. *Revelation*. Sacra Pagina. Collegeville: Liturgical Press, 1993.

Harris, M. J. From Grave to Glory. *Resurrection in the New Testament*. 「신약에 나타난 부활」, 서인선 역. 서울: 기독교문서선교회, 1995.

_____. *Colossians & Philemon: Exegetical Guide to the Greek New Testament*. Grand Rapids: Eerdmans, 1991.

Harris, R. L.; Archer, G. L.; and Waltke, B. *Theological Wordbook of the Old Testament*. Chicago: Moody, 1980.

Hartin, J. "*ΑΝΑΚΕΦΑΛΑΙΩΣΑΣΘΑΙ ΤΑ ΠΑΝΤΑ ΕΝ ΤΩ ΧΡΙΣΤΩ* (Eph 1:10)." In *South African Perspective on the New Testament*. Eds. Petzer, J. H. and Hartin, J. (Leiden: E. J. Brill, 1983), 228-37.

Hartman, L. F. and Di Lella, A. A. *The Book of Daniel*. AB 23. New York: Doubleday, 1977.

Harvey, A. E. "The Use of Mystery Language in the Bible." *JTS* 31 (1980): 320-36.

Hatch, E. and Redpath, H. A. *A Concordance to the Septuagint and the Other Greek Versions of the Old Testament*. 3 Vols. Grand Rapids: Baker, 1983.

Hays, R. B. *Echoes of Scripture in the Letters of Paul*. New Haven: Yale University, 1989.

_____. *First Corinthians. Interpretation*. Louisville: John Knox, 1997.

Heil, J. "The Fifth Seal (Rev 6,9-11) as a Key to Revelation." *Bib* 74 (1993): 220-43.

Henaut, B. W. *Oral Tradition and the Gospels: The Problem of Mark 4*. JSNTSS 82. Sheffield: JSOT, 1993.

Hendricksen, W. *More Than Conquerors: An Interpretation of the Book of Revelation*. Grand Rapids: Baker, 1940, 1982.

Hengel, M. *Studies in the Gospel of Mark*. Philadelphia: Fortress, 1985.

Hill, D. *New Testament Prophecy*. Atlanta: John Knox, 1979.

Hodge, C. *Commentary on the First Epistle to the Corinthians*. Grand Rapids: Eerdmans, 1976.

Holladay, C. R. "1 Corinthians 13: Paul and Apostolic Paradigm." In *Greeks, Romans, and Christian Essays in Honour of Abraham J. Malherbe*. Eds. Balch, D. L.; Ferguson, E.; Meeks, W. A. (Minneapolis: Fortress, 1990), 80-98.

Holtz, T. "The Judgment on the Jews and the Salvation of All Israel in Thes 2, 15-16 and Rom 11, 25-26." In *The Thessalonian Correspondence*. BETL 87. (Leuven: University, 1991): 284-94.

Holwerda, D. E. *Jesus and Israel: One Covenant or Two?*. Grand Rapids: Eerdmans, 1995. 『예수와 이스라엘』. 류호영 옮김. 서울: 기독교문서선교회, 1995.

Hooker, M. D. *The Gospel According to Saint Mark*. BNTC. Peabody: Hendrickson, 1991.

_____. "Isaiah in Mark's Gospel." In *Isaiah in the New Testament*. Eds. Moyise, S. and Menken, M. J. J. (London: T&T Clark, 2005), 35-49.

_____. *Not Ashamed of the Gospel. New Testament Interpretations of the Death of Christ*. Carlisle: The Paternoster, 1994.

Horne, C. M. "The Meaning of the Phrase 'And Thus All Israel Will Be Saved.'" *JETS* 21 (1978): 329-34.

Horsley, R. A. *1 Corinthians*. ANTC. Nashville: Abingdon, 1998.

House, H. W. "Tongues and the Mystery Religion of Corinth." *BibSac* 140 (1983): 134-50.

Hughes, E. *The Book of the Revelation*. Leicester: IVP, 1990.

Hunt, A. R. *The Inspired Body: Paul, the Corinthians, and Divine Inspiration*. Macon: Mercer University Press, 1996.

Hurd, J. C. *The Origin of 1 Corinthians*. London: SPCK, 1965.

Hurtado, L. W. "The Doxology at the End of Romans." In *New Testament Textual Criticism: Its Significance for Exegesis. Essays in Honor of Bruce M. Metzger*. Eds. Epp, E. J. and Fee, G. D. (Oxford: Clarendon, 1981), 185-99.

Husser, J. M. *Dreams and Dream Narratives in the Biblical World*. Sheffield: Sheffield Academic, 1999.

Hvalvik, R. "A 'Sonderweg' for Israel: A Critical Examination of Current Interpretation of Romans 11:25-27." *JSNT* 38 (1990): 87-107.

Jeremias, J. *New Testament Theology: The Proclamation of Jesus*. New York: Scribner's, 1971.

_____. *Die Gleichnisse Jesu* (1970). 『예수의 비유』. 허혁 옮김. 왜관: 분도출판사, 1974.

Jewett, R. *Romans A Commentary*. Hermeneia. Minneapolis: Fortress Press, 2007.

Johnson, A. F. "Revelation." *The Expositor's Bible Commentary XII*. (Grand

Rapids: Zondervan, 1981), 397-603.

Johnson, D. "The Structure and Meaning of Romans 11." *CBQ* 46 (1984): 91-103.

Johnson, E. A. *The Function of Apocalyptic and Wisdom Traditions in Romans 9-11*. SBLDS 109. Atlanta: Scholars, 1989.

_____. "Jesus, the Wisdom of God: A Biblical Basis for Non-Androcentric Christology." *ETL* 61 (1985): 261-94.

Johnson, L. *The Writings of the New Testament*. Philadelphia: Fortress, 1986.

Johnson, S. E. "Laodicea and Its Neighbors." *Biblical Archaeologist* 13 (1950): 1-18.

Karris, R. J. *A Symphony of New Testament Hymns*. Collegeville: The Liturgical, 1996.

_____. "1 Timothy 3:16 - The Universality of Salvation in Christ Jesus." In *A Symphony of New Testament Hymns*. (Collegeville: Liturgical, 1996): 112-26.

Kasemann, E. *Commentary on Romans*. Grand Rapids: Eerdmans, 1980.

Keener, C. S. *Revelation*. NIVAC. Grand Rapids: Zondervan, 2000.

Kelly, J. N. D. *A Commentary on the Pastoral Epistles*. Grand Rapids: Baker, 1963.

Kim, S. *The Origin of Paul's Gospel*. WUNT 2/4, 2nd Ed. Tubingen: Mohr, 1984.

Kingsbury, J. D. *The Parables of Jesus in Matthew 13*. 『마태복음 13장에 나타난 예수의 비유』. 김근수 옮김. 서울: 나단, 1991.

_____. *The Christology of Mark's Gospel* (1983). 『마가의 기독론』. 김근수 옮김. 서울: 나단, 1994.

Kistemaker, S. J. *Exposition of the First Epistle to the Corinthians*. Grand Rapids: Baker Book, 1993.

Kittel G. and Friedrich G. *Theological Dictionary of the New Testament*. 10 Vols. Translated by Bromiley, G. Grand Rapids: Eerdmans, 1964-76.

Knight, G. W. *Commentary on the Pastoral Epistles*. NIGTC. Grand Rapids: Eerdmans, 1992.

Koehler, L. and Baumgartner, W. *The Hebrew and Aramaic Lexicon of the Old Testament*. Leiden: Brill, 2001.

Koester, H. *Introduction to the New Testament* (1982). 『신약성서 배경 연구: 헬레니즘 시대의 역사, 문화, 그리고 종교(개정판)』. 이억부 번역. 서울: 은성, 1995.

Kostenberger, A. J. "The Mystery of Christ and the Church: Head and Body, 'One Flesh.'" *TrinJ* 12 (1991): 79-94.

Kraft, H. *Die Offenbarung des Johannes* (1974). 『요한묵시록』. 국제성서주석 47. 서울: 한국신학연구소, 1983, 1993.

Kramer, A. "Mystery without Mystery in Galatians: An Examination of the Relationship Between Revelatory Language in Galatians 1:11-17 and Scriptural References in Galatians 3:6-18, 4:21-31." Ph. D. Thesis at Trinity Evangelical Divinity School, 2004.

Krause, M. S. "Parable, Obduracy, and Mystery: Converging Issues in Mark 4." Unpublished Ph. D. Thesis at Trinity Evangelical Divinity School, 1995.

Lamp, J. S. *First Corinthians 1-4 in Light of Jewish Wisdom Traditions, Christ, Wisdom and Spirituality*. Studies in Bible and Early Christianity 42. Lewiston: The Erwin Mellen, 2000.

Lampe, P. "Theological Wisdom and the 'Word About the Cross.' The Rhetorical Scheme in I Corinthians 1-4." *Int* 44 (1990): 117-31.

Lemmer, R. "ἡ οἰκονομία τοῦ μυστηρίου τοῦ ἀποκεκρυμμένου ἐν τῷ θεῷ – Understanding 'body of Christ' in the Letter to the Ephesians." *Neotestamentica* 32 (1998): 459-95.

Liddell, H. G.; Scott, R.; and Jones, H. S. *A Greek-English Lexicon*. Ninth Ed.; Oxford: Clarendon, 1967, 1983.

Lightfoot, J. B. *Saint Paul's Epistles to the Colossians and the Philemon*. London: Macmillan, 1878. 재판: Grand Rapids: Zondervan, 1959.

Lincoln, A. T. *Paradise Now and Not Yet: Studies in the Role of the*

Heavenly Dimension in Paul's Thought with Special Reference to His Eschatology. SNTSMS 43. Cambridge: Cambridge University Press, 1981.

_____. *Ephesians*. WBC 42. Dallas: Word Books, 1990.

_____. "The Letters to the Colossians." In *The New Interpreter's Bible*. Vol. XI. (Nashville: Abingdon, 2000), 551-669.

Linneman, E. *Is There a Synoptic Problem?: Rethinking the Literary Dependence of the First Three Gospels*. Trans. Yarbrough, R. W. Grand Rapids: Eerdmans, 1992.

Litfin, D. *St. Paul's Theology of Proclamation: 1 Corinthians 1-4 and Greco-Roman Rhetoric*. SNTSMS 79. Cambridge: Cambridge University Press, 1994.

Lock, W. *The Pastoral Epistles*, ICC. Edinburgh: T&T Clark, 1924, 1973.

Lohse, E. *A Commentary on the Epistle to the Colossians and Philemon*. Hermeneia. Philadelphia: Fortress, 1971(German: 1968).

_____. 『신약성서 배경사』. 박창건 옮김. 서울: 대한기독교출판사, 1984.

Longenecker, B. *Eschatology and the Covenant: A Comparison of 4 Ezra and Romans 1-11*. JSNTSS 57. Sheffield: Sheffield Academic, 1991.

Longenecker, R. N. *Galatians*. WBC 41. Dallas: Word Books, 1990.

Longman, T. *Daniel*. NIVAC. Grand Rapids: Zondervan, 1999.

Lopes, A. N. G. "Paul as a Charismatic Interpreter of Scripture: Revelation and Interpretation in 1 Cor 2:6-16." Unpublished Ph. D. Dissertation at Westminster Theological Seminary, 1995.

Louw, J. and Nida, E. A. *Greek-English Lexicon of the New Testament Based on Semantic Domains*. 2 Vols. New York: UBS, 1988.

Lucas, E. C. *Daniel*. AOTC 20. Leicester: Apollo, 2002.

Ludemann, G. *Paul Apostle to the Gentiles: Studies in Chronology*. London: SCM, 1983.

MacDonald, M. Y. *Colossians and Ephesians*. Sacra Pagina. Collegeville: The Liturgical, 2000.

Machen, G. J. *The Origin of Paul's Religion*. Grand Rapids: Eerdmans, 1965.

Malina, B. J. *On the Genre and Message of Revelation. Star Visions and Sky Journeys*. Peabody: Hendrickson, 1995.

Marcus, J. *The Mystery of the Kingdom of God*. SBLDS 90. Atlanta: Scholars, 1986.

_____. "Mark 4:10-12 and Marcan Epistemology." *JBL* 103/4 (1984): 557-74.

Marshall, I. H. *New Testament Theology: Many Witnesses, One Gospel*. 『신약성서신학』. 박문재, 정용신 옮김. 고양: 크리스챤다이제스트, 2006.

_____. *1 and 2 Thessalonians*. NCBC. Grand Rapids: Eerdmans, 1987.

_____. "Romans 16:25-27 – An Apt Conclusion." In *Romans and the People of God. Essays in Honor of Gordon D. Fee on the Occasion of His 65th Birthday*. Eds. Soderlund, S. K. and Wright, N. T. (Grand Rapids: Eerdmans, 1999), 170-84.

Marshall, P. *Enmity in Corinth: Social Conventions in Paul's Relations with the Corinthians*. WUNT 2/23. Tubingen: Mohr, 1987.

Martin, R. *New Testament Foundations: A Guide for Christian Students*. Vol. 2. Grand Rapids: Eerdmans, 1978.

_____. *Mark: Evangelist and Theologian*. Grand Rapids: Zondervan, 1973.

_____. *2 Corinthians*. WBC 40. Waco: Word Books, 1986.

_____. *Colossians and Philemon*. NCBC. Grand Rapids: Eerdmans, 1973.

_____. *The Spirit and the Congregation: Studies in 1 Corinthians 12-15*. Grand Rapids: Eerdmans, 1984.

Martinez, F. G. *The Dead Sea Scrolls Translated: The Qumran Texts in English*. Leiden: Brill, 1996.

Mazzaferri, F. D. *The Genre of the Book of Revelation from a Source-Critical Perspective*. New York: de Gruyter, 1989.

Melick, R. R. *Philippians, Colossians, Philemon*. NAC. Nashville: Broadman, 1991.

Mendelkern, S. *קונקורדנציה לת"ז Veteris Testamenti Concordantiae Hebraicae atque Chaldaicae.* Tel Aviv: Sumptibus Schocken Hierosolymis, 1971.

Merkle, B. "Romans 11 and the Future of Ethnic Israel." *JETS* 43 (2000): 709-21.

Metzger, B. M. *The Text of the New Testament.* Second Ed. Oxford: Oxford University Press, 1968.

_____. *A Textual Commentary on the Greek New Testament.* Second Edition. Stuttgart: UBS, 1994. 『신약 그리스어 본문 주석』. 장동수 역. 서울: 대한성서공회 성경원문연구소, 2005.

_____. (Ed.) *The Oxford Annotated Apocrypha.* Expanded Edition. New York: Oxford University, 1965, 1977.

Meyer, H. A. W. *Critical and Exegetical Hand-Book to the Epistles to the Corinthians.* New York: Funk & Wagnalls, 1884.

Meyer, M. W. "Mystery Religion." *ABD.* IV: 941-45.

Meyers, C. "Lampstand." *ABD.* Vol. IV. (New York: Doubleday, 1992), 141-43.

Michaels, J. R. "Revelation 1.19 and the Narrative Voices of the Apocalypse." *NTS* 37 (1991): 604-20.

Michel, O. "οἰκονομία." *TDNT.* V: 151-53.

Mickelsen, A. B. *Daniel and Revelation. Riddles or Realities?.* Nashville: Thomas Nelson, 1984.

Miller, S. R. *Daniel.* NAC. Nashville: Broadman & Holman, 1994.

Mitchell, M. M. *Paul and the Rhetoric of Reconciliation.* Louisville: Westminster, 1992.

_____. "Concerning περί δέ in 1 Corinthians." *NovT* 31 (1989): 229-56.

_____. "Rhetorical Shorthand in Pauline Argumentation: The Functions of 'The Gospel' in the Corinthian Correspondence." In *Gospel in Paul: Studies on Corinthians, Galatians and Romans for Richard Longenecker.* JSNTSS 108. Eds. Jervis, L A. and Richardson, P. (Sheffield: Sheffield Academic, 1994), 63-88.

Mitton, C. L. *Ephesians*. NCBC. Grand Rapids: Eerdmans, 1973.

Moo, D. J. *The Epistle to the Romans*. Grand Rapids: Eerdmans, 1996.

_____. *The Letters to the Colossians and to Philemon*. PNTC. Grand Rapids: Eerdmans, 2008.

Moritz, T. "'Summing Up All Things,' : Religious Pluralism and Universalism in Ephesians." In *One God, One Lord*. Eds. Clarke, A. D. and Winter, B. W. (Grand Rapids: Baker, 1992), 88-111.

Morris, L. *The Epistle to the Romans*. Leicester, IVP, 1988.

_____. *The First and Second Epistles to the Thessalonians*. TNTC. Leicester: IVP, 1958, 1983.

Motyer, S. *Israel in the Plan of God*. Leicester: IVP, 1989.

Moule, C. F. D. *An Idiom Book of New Testament Greek*. Second Ed. Cambridge: Cambridge University Press, 1953, 1990.

_____. "Mystery." In *IDB*. Vol. 3: 479-81.

_____. *The Epistles of Paul the Apostle to the Colossians and to Philemon*. CGNC. Cambridge: Cambridge University Press, 1957.

Moulton, J. H. and Milligan, G. *The Vocabulary of the Greek Testament Illustrated from the Papyri and Other Non-Literary Sources*. London: Hodder and Stoughton, 1930.

Mounce, R. H. *Romans*. NAC 27. Nashville: Broadman & Holman, 1995.

_____. *Revelation*. NIC. Grand Rapids: Eerdmans, 1977.

Moyise, S. *The Old Testament in the Revelation*. JSNTSS 115. Sheffield: Sheffield Academic, 1995.

Moyise, S. and Menken, M. J. J. Eds. *Isaiah in the New Testament*. London: T&T Clark, 2005.

Muddiman, J. *The Epistle to the Ephesians*. BNTC. London and New York: Continuum, 2001.

Munck, J. *Paul and the Salvation of Mankind*. London: SCM, 1959.

Mundle, W. "ἀποκαλύπτω." *NIDTT*. III: 310-16.

Murphy, R. E. *The Tree of Life: An Exploration of Biblical Wisdom Literature*. New York: Doubleday, 1990.

Murphy-O'Conner, J. "Interpolations in 1 Corinthians." *CBQ* 48 (1986): 81-94.

Nanos, M. D. The *Mystery of Romans: The Jewish Context of Paul's Letter*. Minneapolis: Fortress, 1996.

Nolland, J. *Luke 1-9:20*. WBC 35A. Dallas: Word Books, 1989.

Novum Testamentum Graece. 27th Edition. Ed. Aland, B. et al. Stuttgart: Deutsche Bibelgesellschaft, 1993, 2001.

O'Brien, P. T. *Consumed by Passion: Paul and the Dynamic of the Gospel*. Homebush West: Lancer, 1993.

_____. *Gospel and Mission in the Writings of Paul: An Exegetical and Theological Analysis*. Grand Rapids: Baker, 1993.

_____. *The Letter to the Ephesians*. PNTC. Leicester: Apollos, 1999.

_____. "Mystery." In *DPL*. Eds. Hawthorne, G. F.; Martin, R. P.; and Reid, D. G. (Downers Grove: IVP, 1993), 621-23.

_____. *Colossians, Philemon*. WBC 44. Waco: Word, 1982.

Oden, T. C. *First and Second Timothy and Titus*. Louisville: John Knox, 1989.

Oepke, A. "$καλύπτω, κτλ$." *TDNT*. III: 556-92.

Orr, W. F. and Walther, J. A. *1 Corinthians*. AB 32. Garden City: Doubleday, 1976.

Ortlund, R. C. *God's Unfaithful Wife: A Biblical Theology of Spiritual Adultery*, NSBT. Downers Grove: IVP, 2002.

Osborne, G. R. *Revelation*. BECNT. Grand Rapids: Baker Academic, 2002.

_____. *Romans*. IVP New Testament Commentary Series. Downers Grove: IVP, 2004.

Oss, D. A. "Paul's Use of Isaiah and its Place in His Theology with Special Reference to Romans 9-11." Ph. D. Thesis at Westminster Theological

Seminary, 1992.

Pate, C. M. *Communities of the Last Days: The Dead Sea Scrolls, the New Testament and the Story of Israel.* Downers Grove: IVP, 2000.

Pao, D. W. and Schnabel, E. J. "Luke." In *Commentary on the New Testament Use of the Old Testament.* Eds. G. K. Beale and D. A. Carson. (Grand Rapids: Baker Academic, 2007), 251-414.

Pearson, B. A. *The Pneumatikos-Psychikos Terminology in 1 Corinthians: A Study in the Theology of the Corinthian Opponents of Paul and Its Relation to Gnosticism.* Missoula: Scholars, 1973.

Pentecost, J. D. *Things to Come.* Findlay: Dunham, 1958.

Perriman, A. "The Pattern of Christ's Sufferings: Colossians 1:24 and Philippians 3:10-11." *TynB* 42 (1991): 62-79.

Petersen, D. L. *Haggai and Zechariah 1-8.* OTL. Philadelphia: The Westminster, 1984.

Petzer, J. H. "Contextual Evidence in favour of $KAYXH\Sigma\Omega MAI$ in 1 Corinthians 13.3." *NTS* 35 (1989): 229-53.

Pfitzner, V. C. *Paul and the Agon Motif: Traditional Athletic Imagery in the Pauline Literature.* Leiden: Brill, 1967.

Plessis, PJ Du. *Teleios: The Idea of Perfection in the New Testament.* Kampen: J. H. Kok, 1959.

Pogoloff, S. M. *Logos and Sophia: The Rhetorical Situation of 1 Corinthians.* SBLDS 134. Atlanta: Scholars, 1992.

Pokorny, P. *Colossians: A Commentary.* Peabody: Hendrickson, 1991.

Prigent, P. *Commentary on the Apocalypse of St. John.* Trans. Pradels, W. Tubingen: Mohr Siebeck, 2001.

Quesnell, Q. *The Mind of Mark: Interpretation and Method through the Exegesis of Mark 6,52.* Analecta Biblica 38. Rome: Biblical Institute, 1969.

Reddish, M. *Revelation.* Macon: Smith and Helwys, 2001.

Reicke, B. "πας, άπας." *TDNT.* V: 886-90.

Reitzenstein, R. *Hellenistic Mystery Religions: Their Basic Ideas and Significance*, PTM 15. Trans. Steely, J. E. Pittsburgh: Pickwick, 1978.

Reumann, J. "OIKONOMIA=' Covenant' : Terms for Heilsgeschichte in Early Christian Usage." *NovT* 3 (1959): 282-92.

_____. "OIKONOMIA-Terms in Paul in Comparison with Lucan Heilsgeschichte." *NTS* 13 (1966-67): 147-67.

_____. "Colossians 1:24 ('What is Lacking in the Afflictions of Christ'): History of Exegesis and Ecumenical Advance." *Currents in Theology and Mission* 17 (1990): 454-61.

Ridderbos, H. N. *Paul: An Outline of His Theology*. Grand Rapids: Eerdmans, 1975.

Rigaux, B. & P. Grelot. "Mystery." In *Dictionary of Biblical Theology*. Ed. Leon-Dufour, X. (New York: The Seabury Press, 1973): 374-77.

Riley, H. *The Making Mark, An Exploration*. Macon: Mercer University, 1989.

Robertson, O. P. "Tongues: Sign of Covenant Curse and Blessing." *WTJ* 38 (1975): 43-53.

Robertson, A. and A. Plummer. *First Epistle of St. Paul to the Corinthians*. ICC. Edinburgh: T&T Clark, 1911.

Rowland, C. *The Open Heaven: A Study of Apocalyptic in Judaism and Early Christianity*. London: SPCK, 1982.

Ryken, L.; Wilhoit, J. C.; and Longman, T. Eds. 『성경이미지사전』. 서울: 기독교문서선교회, 2001.

Sanday, W. and Headlam, A. C. *The Epistle to the Romans*. ICC. Edinburgh: T & T Clark, 1895, 1975.

Sanders, E. *Paul and Palestinian Judaism*. London: SCM, 1977.

Sappington, T. J. *Revelation and Redemption at Colossae*. JSNTSS 53. Sheffield: JSOT, 1991.

Schep, J. A. *The Nature of the Resurrection Body*. Grand Rapids: Eerdmans,

1964.

Schlier, H. "κεφαλή, ἀνακεφαλαίομαι." *TDNT.* III: 673-82.

Schmidt, T. E. "'And the Sea Was No More': Water as People, Not Place." *To Tell the Mystery: Essays on New Testament Eschatology in Honor of Robert H. Gundry.* Eds. Schmidt T. E. and Silva. M. (Sheffield: JSOT, 1994), 233-49.

Schnackenburg, R. *Gottes Herrschaft und Reich* (1965). 『하느님의 다스림과 하느님 나라』. 조규만, 조규홍 옮김. 서울: 가톨릭출판사, 2002.

_____. *The Epistle to the Ephesians.* Edinburgh: T&T Clark, 1991.

Schrage, W. *Der erste Brief an die Korinther. 1 Kor 1,1-6,11.* EKKNT 7/1. Neukirchen-Vluyn: Neukirchener Verlag, 1991.

Schreiner, T. R. *Romans.* BECNT. Grand Rapids: Baker, 1998.

Schutz, J. H. *Paul and the Anatomy of Apostolic Authority.* SNTSMS 26. Cambridge: Cambridge University Press, 1975.

Schweizer, E. *The Good News According to Mark.* Atlanta: John Knox, 1970.

_____. *Der Brief an die Kolosser.* EKKNT. Zurich: Benziger Verlag, 1976. 『골로사이서』. 국제성서주석 42. 서울: 한국신학연구소, 1983, 2001.

Scroggs, R. "Paul: ΣΟΦΟΣ and ΠΝΕΥΜΑΤΙΚΟΣ." *NTS* 14 (1968): 33-55.

Seifried, M. A. "Romans." In *Commentary on the New Testament Use of the Old Testament.* Eds. Beale, G. K. and Carson, D. A. (Grand Rapids: Baker Academic, 2007), 607-94.

Siegmann, E. F. "Teaching in Parables." *CBQ* 23 (1961): 161-81.

Sigountos, J. G. "The Genre of 1 Corinthians 13." *NTS* 40 (1994): 246-60.

Silva, M. "Old Testament in Paul." In *DPL.* Eds. Hawthorne, G. F.; Martin, R. P.; and Reid, D. G. (Downers Grove: IVP, 1993), 630-42.

Smillie, G. R. "Ephesians 6:19-20: A Mystery for the Sake of Which the Apostle Is an Ambassador in Chains." *TrinJ* 18 (1997): 199-222.

Smith, C. R. "Revelation 1:19: An Eschatologically Escalated Prophetic Convention." *JETS* 33 (1990): 461-66.

Smith, I. K. *Heavenly Perspective: A Study of the Apostle Paul's Response to a Jewish Mystical Movement at Colossae*. New York: T & T Clark International, 2006.

Smith, R. L. *Micah-Malachi*. WBC 32. Waco: Word Books, 1984.

Snyman, A. H. "Remarks on the stylistic Parallelisms in 1 Cor 13." In *A South African Perspective on the New Testament*. Eds. Petzer, J. H. and Hartin, J. (Leiden: E. J. Brill, 1983), 202-13.

Stanley, C. D. *Paul and the Language of Scripture*. SNTSSS 74. Cambridge: Cambridge University Press, 1992.

_____. "'The Redeemer will come ἐκ Ζιών'": Romans 11.26-27 Revisited." In *Paul and the Scriptures of Israel*. Eds. Evans, C. A. and Sanders, J. A. (Sheffield: JSOT, 1993), 118-42.

Stendahl, K. *Paul Among Jews and Gentiles*. London: SCM, 1976.

_____. "The Apostle Paul and the Introspective Conscience of the West." *HTR* 56 (1963): 199-215.

Sterling, G. E. "'Wisdom among the Perfect': Creation Traditions in Alexandrian Judaism and Corinthian Christianity." *NovT* 37 (1995): 355-84.

Still, T. D. "Eschatology in Colossians: How Realized is it?" *NTS* 50 (2004): 125-38.

Stuart, D. *Hosea-Jonah*. WBC 31. Dallas: Word Books, 1987.

Stuhlmacher, P.*Der Brief an die Romer* (1998). 『로마서 주석』. 장흥길 옮김. 서울: 장로회신학대학교 출판부, 2002.

_____. "The Hermeneutical Significance of 1 Cor 2:6-16." In *Tradition and Interpretation in the New Testament. Essays in Honor of E. Earle Ellis*. Eds. Hawthorne, G. F. and Betz, O. (Tubingen: Mohr, 1987), 328-47.

Suggs, M. J. *Wisdom, Christology and Law in Matthew's Gospel*. Cambridge: Harvard University, 1970.

Sumney, J. L. *Colossians*. NTL. Louisville: Westminster John Knox Press, 2008.

Sweeney, J. "The Priority of Prayer in Colossians 4:2-4." *BibSac* 159 (2002): 318-33.

Taylor, V. *The Gospel According to St. Mark*. Second Edition. Grand Rapids: Baker, 1966, 1981.

The Greek New Testament. Fourth Revised Edition. Edited by Aland, B. et al. Stuttgart: Deutsche Bibelgesellschaft, 1993, 1998.

Theissen, G. *Psychological Aspects of Pauline Theology*. Trans. Galvin, J. Edinburgh: T&T Clark, 1987.

_____. *Studien zur Soziologie des Urchristentums* (Tübingen: Mohr-Siebeck, 1983).『원시 그리스도교에 대한 사회학적 연구』. 김명수 역. 서울: 대한기독교출판사, 1986.

Thielman, F. S. "Ephesians." In *Commentary on the New Testament Use of the Old Testament*. Eds. Beale, G. K. and Carson, D. A. (Grand Rapids: Baker Academic, 2007), 813-33.

Thiselton, A. C. *The First Epistle to the Corinthians*. NIGTC. Grand Rapids: Eerdmans, 2000.

_____. *First Corinthians:* A Shorter Exegetical and Pastoral Commentary. Grand Rapids: Eerdmans, 2006.

_____. "Realized Eschatology at Corinth." *NTS* 24 (1978): 510-26.

Thomas, R. L. *Revelation 1-7*. An Exegetical Commentary. Chicago: Moody, 1993.

_____. *Revelation 8-22*. An Exegetical Commentary. Chicago: Moody, 1995.

_____. *Understanding Spiritual Gift: The Christian's Special Gifts in the Light of 1 Corinthians 12-14*. Chicago: Moody Press, 1978.『성령의 은사들: 고린도전서 12-14장에 근거한 성령의 은사 집중 탐구』. 김지찬 옮김. 서울: 생명의말씀사, 1983, 1997.

Thompson, J. A. *Deuteronomy*. TOTC. Leicester: IVP, 1974.

Thompson, M. M. *Colossians & Philemon*. The Two Horizons New Testament Commentary. Grand Rapids: Eerdmans, 2005.

Towner, P. H. *The Goal of Our Instruction: The Structure of Theology and*

Ethics in the Pastoral Epistles. JSNTSS 34. Sheffield: Sheffield Academic, 1989.

_____. 『목회서신 우리에게 무엇을 교훈하는가?』. 이한수 옮김. 서울: 선교횃불, 2006.

Trudinger, L. "A Further Brief Note on Colossians 1:24." *EQ* 45 (1973): 36-38.

Tuckett, C. M. "Isaiah in Q." In *Isaiah in the New Testament*. Eds. Moyise, S. and Menken, M. J. J. (London: T&T Clark, 2005), 51-61.

_____. "Mark's Concerns in the Parables Chapter(Mark 4, 1-34)." *Bib* 69 (1988): 1-26.

Turner, N. *A Grammar of New Testament Greek*. Vol. III, Syntax. Edinburgh: T&T Clark, 1963.

van der Horst, P. W. "'Only Then Will All Israel Be Saved': A Short Note on the Meaning of καί οὕτως in Romans 11:26." *JBL* 119 (2000): 521-25.

van Roon, A. "The Relation between Christ and the Wisdom of God according to Paul." *NovT* 16 (1974): 207-39.

van Unnik, W. C. "A Formula Describing Prophecy." *NTS* 9 (1962-63): 86-94.

Vermes, G. *The Essene Writings from Qumran*. Edited by Dupont-Sommer, A. Gloucester: Peter Smith, 1973.

von Rad, G. *Deuteronomy*. OTL. London: SCM, 1966.

Voorvinde, S. "Rethinking Israel: An Exposition of Romans 11:25-27." *VR* 68 (2003): 4-48.

Vos, G. *Biblical Theology*. 『성경신학』. 원광연 옮김. 고양: 크리스챤다이제스트, 2005.

Wagner, J. R. *Heralds of the Good News: Paul and Isaiah "in Concert" in the Letter to the Romans*. NovTSup 101. Leiden: Brill, 2002.

_____. "Isaiah in Romans and Galatians." In *Isaiah in the New Testament*. Eds. Moyise, S. and Menken, M. J. J. (London: T&T Clark, 2005), 117-32.

Walker, W. O. "1 Corinthians 2:6-16. A Non-Pauline Interpolation?." *JSNT* 47 (1992): 75-94.

Wallace, D. B. *Greek Grammar Beyond the Basics*. Grand Rapids: Zondervan, 1996.

Walvoord, J. F. *The Revelation of Jesus Christ*. Chicago: Moody, 1966.

_____. 『요한계시록』. 두란노 강해 주석시리즈. 서울: 두란노, 1988.

Wanamaker, C. A. *Commentary on 1 & 2 Thessalonians*. NIGTC. Grand Rapids: Eerdmans, 1990.

Ward, R. A. *Commentary on 1 & 2 Timothy and Titus*. Waco: Word Books, 1978.

Waters, K. L. "The Salvation of Israel in Paul's Thought and Experience: A Post-Radical Literary Investigation of Romans 9-11 and Its Context." Unpublished Ph. D. Thesis at Fuller Theological Seminary, 1999.

Watson, D. F. *Paul, Judaism and the Gentiles*. Cambridge: Cambridge University Press, 1986.

_____. "Paul's Rhetorical Strategy in 1 Corinthians 15." In *Rhetoric and the New Testament: Essays from the 1992 Heidelberg Conference*. Eds. Porter, S. E. and Olbricht, T. H. JSNTSS 90. (Sheffield: JSOT Press, 1993), 231-49.

Weima, J. A. D. *The Significance of the Pauline Letter Closings*. JSNTSS 101. Sheffield: JSOT, 1994.

Welborn, L. L. "On the Discord in Corinth: 1 Corinthians 1-4 and Ancient Politics." *JBL* 106/1 (1987): 85-111.

Wenham, D. *Paul: Follower of Jesus or Founder of Christianity?*. Grand Rapids: Eerdmans, 1995.

Whitely, D. E. H. *The Theology of St. Paul*. Oxford: Basil Blackwell, 1964.

Widmann, M. "1 Kor 2,6-16: Ein Einspruch gegen Paulus." *ZNW* 70 (1979): 44-53.

Wilkinson, S. M. "Paul and His Relationship to the Apocalyptic Tradition. An Assessment of a Neglected Dimension: His Revelatory Experiences." Ph.

D. Dissertation. Pasadena: Fuller Theological Seminary, 2001.

Williams, H. H. D. "Mystery." *New Dictionary of Biblical Theology*. Eds. Alexander, T. D. et al. Leicester. (Downers Grove: IVP, 2000), 674-75.

Williams, J. G. *Gospel against Parable. Mark's Language of Mystery*. Bible and Literature Series 12. Decatur: The Almond, 1985.

Willis, W. L. "AN APOSTOLIC APOLOGIA?: The Form and Function of 1 Corinthians 9." *JSNT* 24 (1985): 33-48.

Wilson, R. McL. *Colossians and Philemon*. ICC. London: T&T Clark International, 2005.

Wilson, W. T. *The Hope of Glory: Education and Exhortation in the Epistle to the Colossians*. Leiden: Brill, 1997.

Witherington, B. *Conflict & Community in Corinth: A Socio- Rhetorical Commentary on 1 and 2 Corinthians*. Grand Rapids: Eerdmans, 1995.

_____. *Jesus the Sage: the Pilgrimage of Wisdom*. Philadelphia: Fortress, 1994.

_____. *Revelation*. NCBC. Cambridge: Cambridge University Press, 2003.

Wojciechowski, M. "Seven Churches and Seven Celestial Bodies (Rev 1,16; Rev 2-3)." *BibNot* 45 (1988): 48-50.

Wolff, H. W. *Joel and Amos*. Hermeneia. Philadelphia: Fortress, 1975.

Wong, D. K. K. "The Beast from the Sea in Revelation 13." *BibSac* 160 (2003): 337-48.

Wright, N. T. *The Epistles of Paul to the Colossians and to Philemon*. TNTC. Grand Rapids: Eerdmans, 1986.

Yarbrough, R. W. "Revelation." *New Dictionary of Biblical Theology*. Eds. Alexander, T. D. et. al. (Leicester: IVP, 2000), 732-38.

Yates, R. "A Note on colossians 1:24." *EQ* 42 (1970): 89-92.

Young, E. J. *The Prophecy of Daniel*. Grand Rapids: Eerdmans, 1947, 1980.

_____. *The Book of Isaiah*. Vol. 1, 2. Grand Rapids: Eerdmans, 1969, 1981.

Zerwick, M. *Biblical Greek*. Rome: Editrice Pontificio Istituto Biblico, 1963,

2001.

Ziesler, J. *Pauline Christianity*. Revised Ed. Oxford: Oxford University Press, 1990.

Zobel, H. "גלה." *TDOT*. II: 476-88.

Zunz, G. *The Text of the Epistles*. Schweich Lectures 1946. London: Oxford University, 1953.

תורה נביאים וכתובים Biblia Hebraica Stuttgartensia. Ed. Elliger, K. et Rudolph. W. Stuttgart: Deutsche Bibelstiftung, 1977.

길성남. 『에베소서 어떻게 읽을 것인가: 만물의 통일과 하나님의 새 인류』. 서울: 성서유니온선교회, 2005.

김세윤. 『바울신학과 새 관점』. 서울: 두란노, 2002.

오광만. "마가복음 우선설 비판." 『개혁논총』 14 (2010): 323-64.

_____. "바울과 유대문헌 비교 연구: 연속성인가? 불연속성인가?." 『대한논총』 3 (2011): 73-115.

왕대일. "묵시문학 다니엘의 종말론 -그 신학적 이해." 『신학과 세계』 37 (1998, 가을): 7-37.

최갑종. "사도 바울과 '비밀'(τὸ μυστήριον), 그의 이방인 선교와 이스라엘의 구원과의 연계성 - 로마서 11:25-32절에 대한 연구." 『진리논단』 4 (1999): 13-60.

홍창표. 『요한계시록 해설』. 제1권. 서울: 크리스챤 북, 1999.